Construction and Management of
Chemical Industry Park

化工园区
建设与管理

杨挺　主编

中国石油和化学工业联合会化工园区工作委员会　组织编写

化学工业出版社
·北京·

内容简介

本书是针对化工园区运营、管理领域的一本工具书，是化工园区管理、建设、服务等领域从业者必备参考书，填补了国内相关书籍领域空白。

全书按照化工园区的形成与发展、理论研究、开发建设、"六个一体化"管理体系四大部分，从规划、设立、建设、运营、管理等具体操作及系统构建入手，结合具体案例分析，向读者系统、全面论述了化工园区开发建设运营体系构建方法、要点及相关政策法规、标准等，集知识性、理论性、科普性、资料性和实用性为一体。

本书适用于化工园区及相关领域从业人员阅读，对于进行化工产业研究的科研人员也有很好的参考价值。

图书在版编目（CIP）数据

化工园区建设与管理/杨挺主编；中国石油和化学工业联合会化工园区工作委员会组织编写．—北京：化学工业出版社，2022.6

ISBN 978-7-122-41217-1

Ⅰ．①化… Ⅱ．①杨…②中… Ⅲ．①化学工业-工业园区-安全管理 Ⅳ．①F407.7

中国版本图书馆CIP数据核字（2022）第061009号

责任编辑：仇志刚　高　宁
责任校对：宋　夏
装帧设计：王晓宇

出版发行：化学工业出版社
　　　　　（北京市东城区青年湖南街13号　邮政编码100011）
印　　装：中煤（北京）印务有限公司
710mm×1000mm　1/16　印张23$\frac{1}{4}$　字数404千字
2022年6月北京第1版第1次印刷

购书咨询：010-64518888　　售后服务：010-64518899
网　　址：http://www.cip.com.cn
凡购买本书，如有缺损质量问题，本社销售中心负责调换。

定　价：168.00元　　　　　　　版权所有　违者必究

《化工园区建设与管理》
编写人员名单

指导单位　中国石油和化学工业联合会
　　　　　　中国化工经济技术发展中心
编制单位　中国石油和化学工业联合会化工园区工作委员会

特约顾问　傅向升　马　静　王　滨　陈建宁

主　　编　杨　挺

副 主 编　马从越　孙瑞华

编 委 会　杨　挺　马从越　孙瑞华　陈　准　石　磊　柏益尧　张　文
　　　　　　程丽鸿　任　芳　刘厚周　徐秀明　张义利　黄志军

特别鸣谢

　　惠州大亚湾经济技术开发区
　　上海化学工业经济技术开发区
　　南京江北新材料科技园
　　国家东中西区域合作示范区（连云港徐圩新区）
　　江苏省泰兴经济开发区
　　宁波大榭开发区
　　杭州湾上虞经济技术开发区
　　中国化工新材料（嘉兴）园区
　　江苏高科技氟化学工业园（常熟新材料产业园）
　　衢州高新技术产业开发区
　　宁东能源化工基地

序

化工园区建设与管理　Construction and Management of Chemical Industry Park

石油和化学工业是国民经济的支柱产业，也是我们建设制造强国的重要保障，在国民经济中占有极其重要的地位。当前，我国石油和化学工业正处于大国向强国迈进的重要阶段，"稳中求进""转型升级"成为当前及整个"十四五"期间行业发展的主基调。化工园区作为我国石油和化学工业发展的重要载体，承担着行业转型升级、高质量发展的历史使命，在促进产业优化布局，推进产业结构调整，引领行业实现创新发展、绿色低碳发展、数字化转型方面发挥了巨大作用，其自身的建设与管理水平直接关系着我国石油和化学工业的未来发展质量。

我国的化工园区始于 20 世纪 80 年代在沿海建立的 14 个国家级开发区，当时是在这些开发区设立了化工区域，经历了探索起步后，化工园区在新世纪迎来了快速发展。特别是"十二五"时期，化工园区进入规模不断壮大、产值显著提高的多样发展阶段，全国涌现出 8 家产值超过千亿的超大型园区，同时化工园区的内涵、要求也在发生着变化，已从简单的化工企业集中区进化成产业延展性好、产业链长的集聚高效发展平台。特别是从 2015 年逐步开始的全国性化工园区规范认定工作，进一步推动了化工园区的规范、绿色、安全发展，跟随着全行业"从石化大国迈向石化强国"步伐，化工园区目前已进入高质量发展的新征程。

一流的产业需要一流的发展平台。建设世界一流的化工园区将是今后化工园区工作者的努力方向，我们要努力建成一批具有全球影响力的、世界一流水平的化工园区,推动我国石油和化学工业从大国向强国迈进实现新跨越。

不过,我们也清醒地看到,我国化工园区在经历了20多年的高速发展后,受不同区域经济发展水平、产业基础、资源与市场条件的影响,发展水平参差不齐,园区整体发展水平与所承载的高质量发展任务不相匹配,规范发展、提质升级的任务十分紧迫和艰巨。面对新形势、新要求,中国石油和化学工业联合会化工园区工作委员会集中各方力量,组织编写了《化工园区建设与管理》。本书是我国化工园区领域的第一本具有实操指导作用的专业书籍,填补了国内相关书籍领域空白,在国家对园区建设、管理要求越来越高的当下,本书的到来可谓恰逢其时。

我希望,本书能成为化工园区从业者的"案头书",能帮助一线人员解决实际困难,提供工作思路,助力化工园区的规范发展、提质升级,助力行业发展平台不断完善。

习近平总书记强调"社会主义是干出来的",衷心希望化工园区的从业者们,要进一步认真学习习近平新时代中国特色社会主义思想,深刻领悟习近平总书记的讲话精神,心怀国之大者,发扬优良传统,以"功成不必在我"的精神境界和"功成必定有我"的历史担当,贯彻新发展理念,不断突破化工园区发展道路上的困难,为化工园区的高质量发展努力拼搏,打造一批世界一流的化工园区,为早日实现我国由石化大国成为石化强国不懈奋斗,为实现中华民族伟大复兴的"中国梦"作出新的更大贡献!

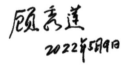
2022年5月9日

前言

化工园区作为我国石油和化学工业的重要载体，承担着行业转型升级、高质量发展的历史使命，其自身的建设与管理水平直接关系着我国石油和化学工业的未来发展质量。据中国石油和化学工业联合会统计，截至 2020 年底，全国重点化工园区或以石油和化工为主导产业的工业园区共有 616 家，其中产值超过千亿的超大型园区由"十二五"末的 8 家增加到 17 家，500 亿～1000 亿的大型园区 35 家，超大型和大型园区产值占比超过化工园区总产值的 50%，规模效益十分明显。

中国石油和化学工业联合会化工园区工作委员会（下称"园区委"）是全国化工园区领域的唯一行业组织，其宗旨是搭建政府与化工园区之间的沟通桥梁，依据国家有关政策和《中国石油和化学工业联合会章程》的规定，密切与各化工园区的联系，促进化工园区在国家石油和化工产业政策的指导下健康发展。也正是本着服务政府、服务园区、服务行业的原则，园区委近年来承担了多项关于化工园区政策研究、布局规划、认定评价、提质升级、试点示范等方面的重点课题，并自 2015 年起牵头成立工作组，全面推进化工园区的标准制定工作，打破了我国化工园区专项标准为"零"的局面。在各化工园区、研究机构、技术单位的共同努力下，制定出一批国家标准、行业标准和团体标准，初步建立起化工园区领域的标准体系框架和基础，不仅为化工园区整体开发建设和运营管理提供了重要依据，也为近期国家和地方化工园区的认定与评价工作提供了有力支撑。

由于化工园区的开发建设管理，是涉及多领域、多学科的复杂体系，且化工园区在我国也仅有20多年的发展历史，目前国内针对化工园区开发建设管理的工具书尚属空白。为了填补这一空白，园区委决定编写一本工具书，以便让化工园区从业者、管理者能够迅速、全面地掌握化工园区建设管理政策、要求。

本书编写团队由园区委组织长期在化工园区一线工作，且拥有丰富实战经验的专业人员组成，并得到了众多化工园区、相关领域专家的大力支持，在此表示感谢！本书是我国化工园区建设与管理类的第一本专业书籍，全面介绍了我国化工园区的发展历史、现状、当前管理政策，系统梳理了化工园区从建设到管理、运营需要的系列文件、程序、实施方法，并全面阐述了化工园区建设管理的"六个一体化"的概念、内涵、系统构建、具体实施等具体内容，同时运用成熟化工园区的具体案例论述了化工园区的开发建设与管理方法，对"十四五"化工园区规范管理、高质量发展具有重要参考价值和指导意义。

在本书历时一年半的编写过程中，不断有相关的政策、文件、管理办法出台，本书历经四次大幅修改、数十次内容修订，最终于2022年3月形成终稿。目前，一批涉及化工园区的政策、标准、规范仍在制修订之中，本书恐无法一一收纳，后续我们将通过园区委官方微信公众号"石油和化工园区"及时解读最新政策及标准要求，欢迎读者关注。

目录 Contents

第1章 化工园区的形成与发展 — 001

1.1 世界石化产业发展分析 — 002
1.1.1 发展历程 — 002
1.1.2 发展现状及趋势 — 004

1.2 世界化工园区发展分析 — 005
1.2.1 形成与发展 — 005
1.2.2 格局特点 — 006
1.2.3 发展趋势 — 008

1.3 中国化工园区发展分析 — 009
1.3.1 形成与发展 — 009
1.3.2 发展现状分析 — 014
1.3.3 发展趋势 — 015

第2章 化工园区理论研究 — 017

2.1 园区核心竞争力理论 — 019
2.2 产业集群理论 — 020
2.2.1 产业集群 — 020
2.2.2 化工产业集群 — 022
2.3 社会生态系统理论 — 023
2.4 园区生态化理论 — 025

2.5	化工园区综合评价理论	027
2.6	化工园区的"六个一体化"发展理论	028
2.6.1	一体化发展理论概述	028
2.6.2	"六个一体化"概念	030
2.6.3	"六个一体化"在化工园区管理实践中的指导意义	031
2.6.4	化工园区"六个一体化"系统构建	032
2.6.5	化工园区"六个一体化"相辅相成	041

第 3 章 化工园区开发建设　　043

3.1	化工园区的设立	044
3.1.1	设立条件	044
3.1.2	设立程序	045
3.2	化工园区组织机构与制度建设	045
3.2.1	机构设置与职能	045
3.2.2	制度体系建设	051
3.3	化工园区规划	053
3.3.1	产业规划的编制	054
3.3.2	总体规划的编制	057
3.3.3	详细规划的编制	059
3.3.4	专项规划的编制	061
3.4	化工园区项目准入与评价	067
3.4.1	概述	067

3.4.2	原则	067
3.4.3	具体构建	067
3.5	**化工园区基础设施和公用工程**	**081**
3.5.1	概述	081
3.5.2	化工园区基础设施和公用工程建设原则	083
3.5.3	化工园区基础设施和公用工程具体构建	084
3.6	**化工园区物流交通体系**	**095**
3.6.1	概述	095
3.6.2	化工园区物流交通体系建设原则	096
3.6.3	化工园区物流交通体系具体构建	097
3.7	**化工园区安全应急和消防救援体系**	**100**
3.7.1	概述	100
3.7.2	化工园区安全应急和消防救援体系建设原则	101
3.7.3	化工园区安全应急和消防救援体系具体构建	104
3.8	**化工园区生态环境保护体系**	**120**
3.8.1	概述	120
3.8.2	化工园区生态环境保护体系建设原则	121
3.8.3	化工园区生态环境保护体系具体构建	123
3.9	**化工园区智慧化**	**133**
3.9.1	概述	133
3.9.2	化工园区智慧化建设原则	134
3.9.3	化工园区智慧化具体构建	137
3.10	**化工园区责任关怀体系**	**150**
3.10.1	概述	150
3.10.2	化工园区责任关怀体系建设原则	151
3.10.3	化工园区责任关怀体系具体构建	152

第 4 章
化工园区"六个一体化"管理体系

4.1	**原料产品项目一体化**	158
4.1.1	原料产品项目一体化的内涵	158
4.1.2	原料产品项目一体化的系统构建	159
4.1.3	典型案例分析	173
4.2	**公用工程物流一体化**	183
4.2.1	公用工程物流一体化的内涵	183
4.2.2	公用工程物流一体化的系统构建	184
4.2.3	典型案例分析	186
4.3	**环境保护生态一体化**	191
4.3.1	环境保护生态一体化的内涵	191
4.3.2	环境保护生态一体化的系统构建	192
4.3.3	典型案例分析	197
4.4	**安全消防应急一体化**	211
4.4.1	安全消防应急一体化的内涵	211
4.4.2	安全消防应急一体化的系统构建	212
4.4.3	典型案例分析	220
4.5	**智能智慧数据一体化**	242
4.5.1	智能智慧数据一体化的内涵	242
4.5.2	智能智慧数据一体化的系统构建	243
4.5.3	典型案例分析	248
4.6	**管理服务科创一体化**	258
4.6.1	管理服务科创一体化的内涵	258
4.6.2	管理服务科创一体化的系统构建	260
4.6.3	典型案例分析	282

附录 291

附录1 工业和信息化部关于促进化工园区规范发展的指导意见 292
附录2 化工园区"十四五"发展指南及2035中长期发展展望 298
附录3 化工园区建设标准和认定管理办法（试行） 320
附录4 化工园区安全整治提升工作方案 324
附录5 关于印发《化工园区安全风险评估表》
《化工园区安全整治提升"十有两禁"释义》的通知 327
附录6 关于"十四五"推动石化化工行业高质量发展的指导意见 353

参考文献 359

第 1 章
化工园区的形成与发展

1.1 世界石化产业发展分析

1.1.1 发展历程

作为重要的战略性基础原材料产业之一,石化产业在国民经济和国防安全领域具有重要的战略地位。在现代经济中,拥有强大而独立自主的石化产业,已经成为衡量大国经济和国防实力的一项重要标尺。

早期的有机化学工业诞生于 19 世纪的德国,从煤焦油中提取染料生产所需的主要原料以及合成氨工艺的诞生,奠定了德国早期在有机化学工业领域的霸主地位。20 世纪初,美国、英国等国纷纷追赶德国,加快了有机合成材料的发展。到 1940 年以后,美国凭借丰富的油气资源,加强了在石油炼制领域的工艺创新,石油裂解工艺和应用使炼厂气逐渐替代了煤焦油,成为现代化工的主要原料。第二次世界大战的爆发也加快了石化产业向美国墨西哥湾地区的集聚进程,战争迫使美国炼油业做出调整,加上炼油技术的进步,为石油化工提供了更加丰富的原材料产能,全球石化产业的研发中心逐渐由德国转移到美国。

20 世纪 60 年代初期,美国和西欧垄断了全球石化产业的大部分产能,在经过 20 多年的快速增长后,美国与西欧的石化产业日趋成熟,国内市场逐渐饱和,产业发展速度缓慢下降。同时,随着日本及广大第三世界国家经济的快速发展,对石化产业的需求迅速增加。为抢占海外市场,大型石化公司的跨国投资推动了石化产业的全球扩散进程,促进了以日本为代表的亚洲石化产业的兴起。

回顾世界石化产业的发展历程,从中可以看到石化产业集群的诞生和兴起与之对应。随着石化产业向资源丰富地区的集中,炼化一体化的优势使其成为世界石化产业结构调整的着力点。"炼化一体化"优化了资源配置,可集中利用炼厂和石油化工企业的各种产品和中间产物,使原料和产品集中进出,减少水、电、气、热等公用工程系统的投资和费用。从经济上看,除了可以降低运输和终端销售成本,减少公用事业、管理成本及其他费用等,同时,一体化的石化联合体还可以根据石脑油烷烃含量,优化原料路线并增加收益。大规模石化装置的集中建设和炼化一体化企业的诞生,促成了一批大型石化基地或石化中心的形成。

2008年美国金融危机爆发以后，石化产业随着世界经济的低迷而跌入低谷，此后较长时间处于反复调整期，生产和消费仍有较大的波动。2009年，在全球性经济衰退的大背景下，发达国家和发展中国家石化产业表现大相径庭，美国、日本及西欧等发达国家和地区在2008年基础上进一步衰退。其中，美国化学品产量同比下降9.4%。而以中国、印度、巴西等为代表的新兴经济体在国内需求持续增长的基础上，化学品产量同比上升12.3%，石化产业的复苏速度远高于发达国家。其中，中国以16%的增速成为世界石化产业回暖的最大动力。

直到2011年开始，随着全球经济的缓慢复苏，石化行业逐渐进入新的一轮景气周期。全球石化产业的发展呈现出明显的地域性差异，美国页岩气的逐步商业化、规模化，使北美重新成为世界石化产业增长中心之一。北美烯烃、甲醇等石化原料产能恢复增长，带动了中下游石化产品的发展，美国已由石化产品净进口国转变为净出口国；加拿大石化企业也开始向亚洲和西欧市场寻求产品出路，北美石化产品竞争力不断提高，成为全球石化产品贸易中的重要竞争者。中东地区依托原料成本竞争优势，炼油、乙烯产能均快速增长，积极扩展下游业务，在国际石化产品贸易市场中的份额进一步提高。日本、韩国及西欧等传统的石化生产国家和地区，由于原料成本高、部分装置老化、市场竞争加剧等因素，面临着较为困难的局面，如欧洲炼厂关闭和出售事件频现，日本已关闭了三套乙烯及多套石化下游装置等。这些地区主要是以石脑油为原料的乙烯联合装置，面临着中东、美国轻质低成本原料乙烯的严峻挑战。

到2015年，世界经济仍处于金融危机后深度调整期，全球经济增速放缓，GDP增长约为3.1%，较2014年放缓0.4个百分点，主要经济体延续分化走势，发达国家温和复苏，新兴经济体经济增长普遍减速。随着全球油价下跌、美国等发达国家制造业回归，国内外石化企业竞争压力逐步增大。

2019年以来，全球宏观形势再次"逆风来袭"：包括作为逆全球化典型的英国脱欧、中美贸易摩擦等事件对区域贸易的压制，包括部分主要经济体下游终端汽车与地产相关消费的减速，也包括地缘政治事件、原油价格和汇率波动带来的不确定性因素增强，使社会偏向谨慎、投资意愿下滑，全球化工产业景气度随之回落。2019年，全球石化产业迎来投产高峰，全球乙烯产能新增830万吨/年，创历史新高。但是石化产品需求增速放缓，供需面进一步宽松，石化产品价格下跌，利润回落。"美强欧弱"、新兴经济体承压的宏观形势促成了全球石化产业的地区景气差异格局。

1.1.2　发展现状及趋势

在气候变暖压力下，世界能源格局正在经历新一轮变革调整，能源消费结构进一步向低碳化、绿色化、多元化方向发展，对石化行业的发展带来长期的影响。在化工市场需求拉动下，世界石油需求总量仍在增长，但在一次能源结构中的占比下降，炼油行业"减油增化"趋势明显，各国石化产业正逐步向高端功能化、精细化、差异化方向转型。

2020年，新型冠状病毒肺炎（以下简称新冠肺炎）疫情使世界炼油产业受到严重冲击，全球炼厂原油加工总量、产能利用率、炼油毛利都大幅下降，部分炼厂减产、关闭或转型生产生物燃料。2020年世界新增炼油能力约5400万吨/年，增幅远低于2019年的1.23亿吨/年，新建大型项目主要为中国的中科炼化和浙江石化。世界炼油重心持续东移，亚太、中东地区炼油能力持续增长，欧洲逐步萎缩，北美停滞不前。2020年，除中国外，世界各地炼厂原油加工量都不同程度下降，平均降幅为8.9%；炼油综合毛利约1.5美元/桶，为近几年新低；油品供应总量下降8.9%，需求总量下降9.7%。

2020年，世界乙烯产能达到1.98亿吨/年，比2019年增加1200万吨/年，2015—2020年年均增长780万吨/年。其中，东北亚地区占世界乙烯产能的28%，北美地区占24%，中东占17%，西欧占11%。2020年世界乙烯消费量为1.68亿吨，同比增长1.8%，2015—2020年期间年均增速为3.4%。2020年世界人均乙烯年消费量约22千克，比2015年提高14%。2015—2020年，全球的城镇化、工业化和信息化加速了产业细分和贸易增长，并孕育了大量新兴消费领域，与人口和收入增长共同成为支撑消费增长的根本动力，带动乙烯消费的增长。

2020年，世界对二甲苯（PX）产能达到6448万吨/年，同比增长13.8%；消费量约4838万吨，同比增长2.5%。2015—2020年期间PX产能快速增长，年均达到7.2%，同期开工率由82%下降至76%。中国PX供应补缺是世界产能增长的主要推动力。

2020年，世界五大合成树脂（PE、PP、PVC、PS、ABS）产能约3.18亿吨/年，年消费量约2.59亿吨，2015—2020年期间年均增速分别为3.4%和3.7%；世界合成纤维产能为9490万吨/年，消费量为7305万吨/年，2015—2020年期间年均增速分别为1.8%和2.5%；世界合成橡胶（包括丁苯橡胶、顺丁橡胶、丁基橡胶、乙丙橡胶、丁腈橡胶、氯丁橡胶、异戊橡胶、苯乙烯嵌段共聚物）产能合计为1614万吨/年，消费量约991万吨/年，2015—2020年期间年均增速分别为1.6%、−0.8%。

总体来看，未来几年人类生产和生活方式将会发生巨大改变，世界石化行业的发展充满了非常大的不确定性。环保、生物技术和人工智能等行业的快速发展，将引领石化产业的发展。新冠肺炎疫情控制后，各国经济"疗伤"的第一原则是扶持和发展本国石化产业，全球石化贸易流量将出现萎缩期，贸易壁垒将比以往更盛，预计全球石化产业将开始复苏。受全球碳减排影响，以经济效益最佳为特征的炼化一体化、高度集中的园区化、建设成本最低的规模化、满足市场需求的产品多元化和高端化、原料高效利用及节能减排的加工方案最优化，以及满足环保要求、节能降耗、安全管理、智能化等新技术的开发及应用将成为世界石化产业的主流发展趋势。

1.2　世界化工园区发展分析

1.2.1　形成与发展

化工园区是在石油和化学工业的推动下衍生和发展起来的。从19世纪中期开始，欧美石油和化学工业开始得到发展，一批大型跨国化工公司相继出现并建立装置，随着这些企业装置规模的不断扩大，产品品种大量增加，产品物流运输需求不断加大。如何更好地实现企业规模化运营，实现上下游产品的有效衔接，成了各大化工公司所关注的焦点。

国际上大部分化工园区最初只是某一个企业的工厂，然后发展成某一个企业的基地，伴随大型跨国化工公司间的业务剥离与重组并购，逐步形成企业与周边相邻和相关企业的综合体，最后才发展成为由某一企业、组织机构或者政府部门统一进行管理的化工园区。化工园区的发展历程大体可以分为以下五个阶段。

第一阶段：德国巴斯夫开启了世界级化工园区建设的雏形和先河

19世纪中期到20世纪中期是欧美石油和化学工业大发展的时期。其间，一批大型跨国化工公司相继出现。随着产品需求的急剧增加，为了适应发展需求，化工公司不断研发新的产品、建设新的化学装置，在这个阶段，巴斯夫路德维希港开始基地化的建设，并开启了世界级化工园区建设发展的雏形和先河。

第二阶段：美国休斯敦地区逐渐形成大型石油化工产业聚集区

从20世纪40年代初起，美国在具有丰富石油资源、众多炼厂和交通运输便利的墨西哥湾沿岸地区，率先采取基地型集中模式发展石油化学工业，在该地区逐步形成了休斯敦、巴吞鲁日、诺科、贝敦、博蒙特、阿瑟港、迪尔派克等一批大型石油化工产业聚集区。

第三阶段：炼化一体化的化工园区发展模式逐渐兴起

20世纪50年代到60年代，在日本太平洋沿岸的东京湾、伊势湾与濑户内海、大阪湾等三湾一海地区，在比利时的安特卫普港、荷兰鹿特丹港形成了较为集中的大型炼化一体化的生产基地，也形成了化工园区的发展模式。

第四阶段：亚洲各地的化工园区相继建成

20世纪70年代中后期和80年代初，在韩国蔚山、丽川、大山，新加坡裕廊，沙特阿拉伯朱拜勒和延布，泰国马塔保，印度贾姆纳加尔等地区，也相继建成了一批具有世界级规模、产业集聚程度更高的石化工业园区。与此同时，中国各地掀起了兴建化工园区的热潮，并在国民经济中发挥着重要作用。

第五阶段：中国化工园区的兴起和快速发展

20世纪90年代中后期以来，中国各省市兴起了建设化工园区的热潮，2000年以后，这股热潮进一步升温，经过二十几年的发展，逐渐形成了一批以上海化学工业经济技术开发区（以下简称"上海化学工业区"）和惠州大亚湾经济技术开发区等为代表的大型化工园区。

1.2.2　格局特点

当前，化工园区已发展成囊括各种产业链的特色产业园区，有石油化工型、精细化工型、矿产资源型，以及集石油化工、天然气化工、精细与专用化学品和功能性化学品为一体的综合化工型等，数量最多、规模最大、最具代表性的是石油化工型和综合型化工园区。

到目前为止，全球已形成几大世界著名的石化产业集群，这些集群有些以大型化工园区形式出现，有些以多个化工园区、企业成片的集群形式出现，石油、化工产业的高度集中带来了良好的产业延展性和聚集高效性。如美国墨西哥湾石油化工产业园区，欧洲比利时安特卫普港，德国路德维希港大型炼化一体化生产基地，亚洲有中国杭州湾、大亚湾区等沿海石化群，日本太平洋沿岸的东京湾沿岸地区、伊势湾与濑户内海、大阪湾等三湾一海地区，韩国蔚山、丽川、大山，新加坡裕廊，沙特阿拉伯朱拜勒和延布，泰国马塔保，印度贾姆纳加尔等。此外，还有卡塔尔的梅赛义德、拉斯拉凡，伊朗的阿萨鲁耶、伊玛姆港等，也是世界上重要的天然气化工产业园区。

大部分国际知名石化产业园区与其他关联产业和加工区毗邻，以利于进一步优化配置、利用资源、协同发展，发挥最大经济效益。这些园区主要呈现以下特点。

（1）依托主要消费区或资源来源地，交通运输便利，配套设施完善，关联产业发达，大多具备良好的产业发展基础条件

比利时安特卫普石化基地依托安特卫普港，园区外公路、铁路、水路四通八达，园区内原料、产品、公用工程等管网系统完备，是欧洲石化产品生产中心之一，产品辐射全球市场，该港每年化工商品贸易额高达120亿欧元以上。日本的化工园区聚集在便于大型油轮停靠的太平洋沿岸地区，一方面依靠东京和关西两大日本国内主要市场；另一方面便于出口海外市场。韩国三大化工园区隔海与日本相望，有大港口作依托，便于原料和产品进出，且距中国沿海大城市不远，很适于该国原料和产业"两头在外"的石化工业发展战略。

（2）装置大型化，炼化一体化，全球知名石化公司集聚，产业集中度高，土地利用率高，单位面积产出高，规模效应明显

美国墨西哥湾沿岸地区聚集了上百家来自世界各地的大型石油石化公司，销售收入占美国石化工业的25%，炼油能力和乙烯产能分别占美国总能力的44%和95%。德国路德维希化工区集中了巴斯夫公司的250套装置，生产五大业务、十二大类的上千种产品，每平方公里产值高达21.4亿美元。日本太平洋沿岸化工产业带集中了日本85%的炼油能力和89%的乙烯产能。韩国蔚山石化区拥有该国32%的炼油能力和19%的乙烯产能，形成了以SK公司为龙头、20多家韩国和外资企业进行下游产品加工生产的格局；丽川石化工业区拥有韩国1/4的炼油能力、36%的乙烯产能，10多家韩国和外资企业在此进行下游产品加工生产；大山石化区则拥有该国12%的炼油能力、31%的乙烯产能。

据不完全统计，在世界共计20家2000万吨/年以上的大炼厂中，至少有11家位于世界著名化工园区内。

（3）采用全方位一体化的建设和生产运行理念

世界各大知名化工园区在建设和生产运行上普遍采用了全方位一体化的理念，在项目设计、产业结构、管理运营、公用工程、环境保护、物流传输等方面按照一体化的理念建设，以产业链和产品链维系在一起，形成较为完善的运行体系。通过集中投资、一体化经营，最大限度地共享原料供应；通过公用工程和辅助设施集中建设、统一供应服务，降低石油和石化产品的生产成本。巴斯夫路德维希港化工区、安特卫普港石化工业区、勒沃库森化工园区都在发展过程中积极遵守一体化发展的理念，因此跻身世界先进化工园区之列。现在，一体化发展的理念已经成为我国化工园区建设管理的公认标准和方向。

（4）充分发挥自身优势，重视园区的特色化建设

为不断满足本地市场对石化化工产品在品种、质量、性能、用途等方面的更高要求和发展高科技产业的需要，美国、日本、欧洲等国家和地区石化工业起步早、发展快的化工园区，充分发挥技术优势，在保留必要的常规大宗石化化工产品生产的基础上，率先着重发展专用化、特色化、功能化、精细化、差别化等高技术含量和高附加值产品，并以此逐步向亚太等新兴市场拓展和转移。

（5）管理规范高效，投资主体间以产业链和产业关系为纽带，建立长期稳定协作关系

世界知名化工园区大多数设有专门的管理公司，负责日常管理工作。有的管理公司还为园区提供公用工程、环保、后勤、辅助设施管理等专业化服务，使入园企业可将主要精力集中在业务运营上，并以产业链和产业关系为纽带，建立长期稳定的协作关系。同时，大部分国际知名化工园区也多与其他关联产业和加工区毗邻，便于进一步优化资源配置，协调发展。这些化工园区的管理模式不尽相同，但管理高效却具有普遍性。在中国，化工园区也应积极引入社会化的第三方专业服务力量，并给予发展公司充分授权，在基础设施建设、产业融合、招商引资、合资合作等方面发挥更大的作用。与此同时，化工园区要运用新的机制进行精细化和智慧化管理，以此实现高效率运行。

1.2.3 发展趋势

从世界化工园区发展来看，其未来发展趋势将呈现以下四个主要特点。

（1）中东各国化工园区在世界石化产业中的地位将日益突出

凭借丰富廉价油气资源的沙特阿拉伯、伊朗、卡塔尔为典型代表的中东各国，已建成或正在进一步完善或拓展各具特点的化工园区。这些化工园区以资源型、出口外向型为特征，在世界化工园区中的地位日益突出。

（2）墨西哥湾沿岸石化产业集群得到快速发展

美国墨西哥湾沿岸以休斯敦一带为典型代表的一体化石化集群早已形成，当地拥有多个知名化工园区、工业区、石油化工企业等，并连片成群，

墨西哥湾沿岸的炼油和石化化工企业在世界石化产业中迄今仍具有很强的竞争力。亚拉巴马化工园区的塑料产业也因依托墨西哥湾沿岸石化集群的原材料近年得到快速发展。

（3）欧洲原有的炼化一体化化工园区仍保持鲜明的竞争力特色

欧洲原有的炼化一体化化工园区仍保持鲜明的竞争力特色，比利时安特卫普的炼化一体化基地拥有5座炼油厂和4套蒸汽裂解装置，仍堪称欧洲最大的炼油石化生产中心。由于德国切姆西特（ChemSite）大型石化工业区和荷兰赫伦（Geleen）化工园区等位处欧洲大陆内地，化工原料（尤其是乙烯和丙烯）供应受到一定制约，已建成的欧洲乙烯管网以及建设中的丙烯管网已经或将为这些化工园区的连片发展带来巨大的共同效益，使安特卫普这一世界级炼化一体化化工园区的重要性得到更充分的发挥。

（4）亚洲化工园区近年迅速壮大

亚洲以新加坡裕廊岛、中国台湾麦寮和韩国蔚山、丽川等为典型代表的石化型化工园区在20世纪末得到快速发展和壮大，从而可以与日本于20世纪60至70年代建成的千叶、鹿岛等石化基地相媲美。当今，以炼化一体化或特色产业发展为代表的化工园区正在亚洲，尤其在中国迅速发展，上海化学工业区、惠州大亚湾经济技术开发区、南京江北新材料科技园（原南京化学工业园区）、宁波石化经济技术开发区等中国的化工园区也脱颖而出。

1.3　中国化工园区发展分析

1.3.1　形成与发展

我国化工园区起步于20世纪80年代，2000年以后开始快速发展。从发展过程看，我国化工园区的发展主要经历了探索起步、高速发展、规范调整、高质量发展四大阶段。

（1）第一阶段（1984—2000年），探索起步阶段

1984—1988年，国务院批准在沿海12个城市建立了14个国家级开发区。1992年，邓小平同志南方谈话后，对外开放步伐进一步加大，开放城市从沿海城市扩大到沿江、沿边和内陆省会，国家级开发区由最初的14个增加到32个。这一阶段开发区的特点为：国家级开发区成为外商投资的热

点，开发区建设已成为区域经济增长的一种模式并起到示范作用，迅速得到推广；跨国公司开始进入开发区，并大规模投资于轻工和电子行业，如摩托罗拉、三星电子和宝洁公司；化工和炼化行业也开始有外资进入，中国石油与法国合资的大连西太平洋石化是第一家也是当时唯一进入国内炼化行业的合资企业；国内园区开始在引进项目的同时重视先进技术的引进。这一阶段的国家级开发区后来部分设立了专门的化工区，所以目前一些部门所统计的化工园区，会包括这些早期的国家级开发区。

（2）第二阶段（2001—2014年），高速发展阶段

截至 2009 年底，国务院已先后批准了 88 个国家级经济技术开发区、57 个国家级高新技术产业开发区、1568 个省级开发区，开发区无论从区域空间分布上还是产业规模上都得到了快速增长。从地域分布看，由于西部大开发战略的实施，国家批准了中西部地区省会、首府城市可以设立国家级开发区，此后开发区遍及全国各地。从产业类型看，重化工业的跨国公司大量进入园区，并形成中下游完整的产业链和在中国的地区布局。随着中国加入 WTO，全球制造业大规模进入中国市场，跨国化工公司看准商机加快了在华布局的步伐。以赛科为龙头的上海化学工业区，以扬巴为龙头的南京江北新材料科技园，以中海壳牌为龙头的惠州大亚湾经济技术开发区，以道康宁、瓦克有机硅为重点的江苏扬子江国际化工园区，由国际氟化工企业聚集形成的江苏常熟新材料产业园（江苏高科技氟化学工业园），以及江浙地区众多以精细化工和新材料为主的化工园区大多在这一时期发展成熟。这些园区紧邻下游终端市场，江海物流交通便利，跨国化工企业与民营化工企业比例较大，园区招商力度大，服务创新意识强，充分把握了此轮全球化发展的机遇获得发展先机。

"十二五"时期，化工园区进入规模不断壮大、产值显著提高的多样发展阶段，全国产值超过千亿的超大型园区达到 8 家。同时，化工园区在我国石油和化学工业中的重要作用日益彰显，其发展情况开始受到高度关注。国家推进危险化学品生产、储存企业进区入园，突出了化工园区重要载体作用，加速了化工园区的进一步发展。其中尤以江苏省启动早、力度大，率先提出对全省散乱污化工企业进行专项整治，部分发展较完善的化工园区开始由招商向选商转变。

根据《国务院安委会办公室关于进一步加强危险化学品安全生产工作的指导意见》（安委办〔2008〕26号）：从 2010 年起，危险化学品生产、储存建设项目必须在依法规划的专门区域内建设，负责固定资产投资管理部门和安全监管部门不再受理没有划定危险化学品生产、储存专门区域的地区提出

的立项申请和安全审查申请。新的化工建设项目必须进入产业集中区或化工园区，逐步推动现有化工企业进区入园。

生态环境部也在持续推进化工产业园区化、专业化发展。自 2011 年 9 月 15 日起，各级环保部门暂停受理在工业园区外新建、改建、扩建危险化学品生产、储存项目的各类申请（节能减排的技术改造项目除外）。

（3）第三阶段（2015—2020 年），规范调整阶段

经过近 20 年的高速发展，我国化工园区在茁壮成长的同时，也出现了分布过多、鱼龙混杂的局面，存在较大的安全风险和隐患。全国当时主要有四类化工园区并存：第一类是以化工为单一主导产业，属于专业化工园区；第二类是在开发区/高新区内设立化工园（区），属于开发区/高新区的一个专业功能区；第三类是在开发区/高新区内拥有部分化工生产企业，但与其他类型企业混杂分布，没有划分出明确的化工企业集中区；第四类是一些所谓的化工集中区，化工企业较为分散，相互之间没有直接联系，也没有统一集中的公用工程体系作为支撑。而在此前阶段，第三、四类化工园区数量非常多，依据石油和化学工业自身的产业特点与可持续发展要求，这两类园区不仅区内企业之间没有形成关联协作、无法实现园区的高效优势，并且与其他产业混杂分布，存在较大的安全环保隐患。为此，工业和信息化部原材料工业司在 2015 年发布了《关于促进化工园区规范发展的指导意见》（工信部原〔2015〕433 号），首次明确了化工园区要规范发展。该意见指出要加强化工园区的规划建设，科学布局化工园区，建立化工园区规范建设评价标准体系，开展现有化工园区的清理整顿，对不符合规范要求的化工园区实施改造提升或依法退出。

2016 年《国务院办公厅关于石化产业调结构促转型增效益的指导意见》（国办发〔2016〕57 号）再次明确提出：全面启动城镇人口密集区和环境敏感区域的危险化学品生产企业搬迁入园或转产关闭工作。新建炼化项目全部进入石化基地，新建化工项目全部进入化工园区，形成一批具有国际竞争力的大型企业集团和化工园区。

我国化工园区抓住企业搬迁入园的机会，在行业供给侧结构性改革中发挥了重要作用，推动淘汰了一批无效产能，改造了一批低端和落后产能，引进建设了一批先进产能。另一方面，化工企业"进区入园"的需求也催生了对化工园区规范发展的迫切要求。

2017 年 10 月，山东省在全国率先开展了对化工园区的认定工作，出台《山东省化工园区认定管理办法》（鲁政办字〔2017〕168 号）及其系列文件，并通过近两年时间率先完成了省内化工园区的规范认定工作，先后共公布了

74家化工园区，10家专业化工园区，以及125家化工重点监控点。山东省对化工产业园区化管理的强化，为促进行业转型升级、提质增效、加快实现新旧动能转换提供了有力支撑。

2019年响水事件后，国家对化工园区规范化工作的重视程度进一步提高，加快了对化工园区重新认定、评价的工作。从2019年下半年起各部委相继针对化工园区和危化品行业管理出台系列文件。其中，2020年2月26日，中共中央办公厅、国务院办公厅印发的《关于全面加强危险化学品安全生产工作的意见》（下面简称"两办文件"）中提出，"制定化工园区建设标准、认定条件和管理办法""对现有化工园区全面开展评估和达标认定"等内容。这是化工园区认定工作第一次出现在两办文件要求当中，意味着化工园区认定及评估工作引起了国家层面的重视，其重要性被提升到了前所未有的高度。各省以国家相关法律法规和标准规范为依据，结合本地区经济发展水平、产业发展基础及资源禀赋等生产要素，研究出台了符合本地区实际的化工园区认定和评价办法，全国化工园区规范认定工作快速推进，多个省份陆续出台化工园区认定办法，对化工园区进行了重新评价、分级认定，不少省份园区数量减至半数。

化工园区的认定和复核将是一项长期而不断更新的工作，通过认定工作，化工园区的规范发展已取得较大成效。截至2021年12月，全国共有29个省、自治区、直辖市发布了化工园区的认定和管理办法，21个省发布了首批或全部认定名单，全国各地共认定化工园区523家，化工园区进入规范化发展新阶段。

（4）第四阶段（2021年至今），高质量发展阶段

从目前全国各省（区、市）化工园区认定评价的情况来看，化工园区总量将受控，总体发展趋势是对现存园区进行提升、改造，无法达标的园区被淘汰；新建园区则要求具有规范性、先进性。因此，对化工园区定期、严格的动态评估将成为今后地方政府的一项重要工作，这也有利于促进化工园区提质升级、高质量发展。

随着化工园区的规范化建设和管理步入正轨，提升化工园区本质安全和绿色发展水平，促进化工产业高质量发展，成为新阶段化工园区的重要发展方向。2021年12月，工信部、自然资源部、应急管理部、生态环境部等六部委联合发布了《化工园区建设标准和认定管理办法（试行）》，从国家层面对化工园区的建设标准和认定管理作出了界定，并明确提出"发展改革、工业和信息化主管部门依据职责负责化工园区产业规划、入园项目核准或备案、化工园区产业转型升级和高质量发展工作"。在具体构建上，中国石油和化学工业联合会发布的《化工园区"十四五"发展指南及2035中长期发展展望》中，提出了化工园区产业创新、绿色化、智慧化、标准化、高质量发展的五大工程，并提出五大工程的"5个50"发展目标。即到2025年，建成50个园区创新中心，培育70个具有一流竞争力的化工园区；创建50家"绿色化工园区"，全面承诺践行责任关怀的重点化工园区超过百家，重点石化基地和化工园区成为"天蓝、水清、草绿"生态优美的产业集聚区；新建50家"智慧化工园区"试点示范单位，30%的省级及以上重点化工园区开展智慧化工园区创建工作；制定并颁布化工园区管理与建设标准数量达到50项，为管理标准化和规范化提供强力支撑；培育50项化工园区高质量发展示范工程，包括20家发展质量高、管理水平优、产业协同好的"高质量发展示范化工园区"，30个技术先进、适用性强、效益显著的"化工园区高质量发展示范项目"，促进现代煤化工与石油化工的协同发展和融合发展。

  与此同时，化工园区的标准体系构建工作也从无到有，全面展开。中国石油和化学工业联合会化工园区工作委员会（以下简称"园区委"）自2015年以来，作为牵头单位，组织了一大批化工园区、研究机构、技术支撑单位，初步建立起化工园区领域标准体系框架和基础，不仅为化工园区整体开发建设和运营管理提供了一定的参考依据，也为各地化工园区认定、管理办法提供了技术支撑。截至2021年底，园区委已牵头编制并发布3项国家标准、1项行业标准、11项团体标准。其中3项国家标准分别是：《化工园区公共管廊管理规程》（GB/T 36762—2018，已于2019年4月1日实施）、《化工园区综合评价导则》（GB/T 39217—2020，已于2021年2月1日实施）、《智慧化工园区建设指南》（GB/T 39217—2020，已于2021年5月1日实施）；行业标准《绿色化工园区评价导则》（HG/T 5906—2021，已于2021年10月1日实施）；11项团体标准分别是《绿色化工园区评价通则》（T/CPCIF 0051—2020，已于2020年7月7日实施）、《化工园区危险品运输车辆停车场建设标准》（T/CPCIF 0050—2020，已于2020年7月7日实施）、《化工园区应急事故设施（池）建设标准》（T/CPCIF 0049—2022，已于2020年7月7日实施）、《化工园区开发建设导则（第1部分：总纲）》（T/CPCIF 0054.1—2020，已于2020年9月30日实施）；《化工园区开发建设导则》7个部分（第3部分：化工园区规划；第4部分：项目准入和评价；第5部分：物流交通；第6部分：基础设施和公用工程；第7部分：安全应急；第8部分：消防救援；第9部分：生态环境）已形成七项团体标准发布，并将于2022年4月1日实施。

同时,《化工园区开发建设导则(第 1 部分:总纲)》已经立项为国家标准,包括《化工园区中试基地建设导则》《化工园区有毒有害气体环境预警体系建设技术规范》《化工园区封闭管理设施设计规范》《化工园区公共实操实训基地建设导则》《化工园区安全风险评估导则》《化工园区雨水排放监控管理技术规范》《化工园区碳中和实施指南》《化工园区公共管廊管架养护技术管理规程》《化工园区公共管廊完整性管理规范》《智慧化工园区建设指南》系列标准等近二十项团体标准正在有序开展编制工作。为了总结化工园区近 30 年来发展的建设经验,适应化工园区管理水平不断提升的需要,化工园区的相关标准仍将继续增加,使化工园区标准体系日趋完善,也为化工园区的高质量发展方向提供更加科学的依据。

1.3.2　发展现状分析

在全国化工园区认定工作大范围开展并公布认定名单前,根据园区委所做的全国性调研统计,截至 2018 年底,全国重点化工园区或以石油和化工为主导产业的工业园区共有 676 家,其中国家级化工园区(包括经济技术开发区、高新区)57 家。全国已形成石油和化学工业产值超过千亿的超大型园区 14 家;产值在 500 亿～1000 亿的大型园区 33 家,100 亿～500 亿的中型园区 224 家,产值小于 100 亿的小型园区 405 家。到"十三五"末,产值超过千亿的超大型园区已增至 17 家。虽然超大型和大型园区的数量仅占我国化工园区总数量的 7%,但二者的产值占比接近 50%。中小型化工园区在我国仍占较大比重,且大多数园区仍处于项目招商和建设初期阶段。我国不同产值大小化工园区数量占比见图 1.1。

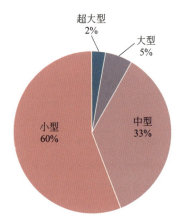

图 1.1　我国不同产值大小化工园区数量占比

从区域分布来看，东部地区（包括北京、天津、河北、上海、江苏、浙江、福建、山东、广东、海南）247家，占比36.5%；中部地区（包括山西、安徽、江西、河南、湖北、湖南）173家，占比25.6%；西部地区（包括内蒙古、广西、重庆、四川、贵州、云南、西藏、陕西、甘肃、青海、宁夏、新疆）198家，占29.3%；东北地区（包括辽宁、吉林、黑龙江）58家，占比8.6%。各地依托自身资源优势与产业基础，一批具有区域特色的化工园区逐步涌现。

杭州湾地区是我国经济综合实力最强的区域，也是我国经济增长的重要引擎之一，苏、沪、浙三地虽都不是资源发达地区，却是我国重要的原油加工省份，具有雄厚的石油化工产业基础，该区域形成了以上海化学工业区、宁波石化经济技术开发区等为代表的全国领先化工园区。

泛大湾区是我国经济最活跃的地区之一，一直处于经济发展和改革的前沿，已形成以惠州大亚湾经济技术开发区、湛江经济技术开发区以及海南洋浦经济开发区等为代表的大型化工园区。

环渤海湾地区（包括北京、天津、河北、辽宁、山东）具有良好的化工产业基础，有以大连长兴岛（西中岛）石化产业基地、东营港经济开发区、天津南港工业区等为代表的化工园区。

以古雷、泉港、泉惠等为主体的海西地区，依托深水岸线资源和特色自然资源优势，在基础化工、氟化工领域有着较好的基础优势，已建成福建漳州古雷港经济开发区、泉港石化工业园区等为代表的化工园区。

西部能源金三角地区围绕宁东、榆林、鄂尔多斯核心区域，依托当地丰富的煤炭、石油、天然气、盐等资源，着力打造现代煤化工产业集群。

1.3.3 发展趋势

根据《化工园区"十四五"发展指南及2035中长期发展展望》，到"十四五"末期，我国化工园区将由规范化发展向高质量发展跃升，围绕化工园区产业发展提升、绿色化建设、智慧化建设、标准化建设和高质量发展示范的"五项重点工程"，五大世界级石化产业集群初具轮廓，重点培育70个具有一流竞争力的化工园区，打造"5个50"。为了实现目标，要求化工园区的建设和管理者们在"十四五"承担起重任，优化升级产业结构，提升绿色可持续发展水平和智慧化管理水平，有序推进化工园区标准化工作，从而推动化工园区整体水平的高质量提升。围绕"十四五"及中长期发展目标和重点任务，今后我国石化化工产业园区的发展趋势主要有以下四个方面：

一是产业集聚程度更加紧密。 石化产业园区是由产业集聚自然形成的，产业集聚又成为新建石化产业园区的象征。产业集聚所带来的成本效应和产业链延伸效应，使资源得到最充分利用，这不仅表现在原材料和能源、动力资源利用上，也表现在土地资源集约利用上。

二是产业链逐步向精细化发展。 企业间的竞争归根到底是技术的竞争，随着跨国公司制造业向亚洲的转移，也出现技术研发机构转移到亚太地区的趋势。随着园区的综合化发展，科技园区已成为综合园区的一部分，最直接的结果就是生产和研发结合在一起。技术进步从产业链上表现出的是产品逐步向精细化发展，产品附加值逐步提高。

三是绿色化、智慧化成为园区发展新方向。 化工园区已成为石化产业协调可持续发展的重要载体和基地。当前，从国家到地方的相关政策均在推动化工企业转型升级乃至绿色搬迁，搬迁大潮同时也促进了化工园区与企业双方向转型升级，绿色化、智慧化将成为促进园区转型升级的主抓手。上海化学工业区、惠州大亚湾经济技术开发区、南京江北新材料科技园、宁波石化经济技术开发区等传统大中型化工园区已具备一定基础，正在高起点开展智慧化工园区建设。一些中小型化工园区也已认识到园区信息化、智慧化的重要意义，逐渐加大投入开启绿色化、智慧化工园区建设的新纪元。

四是现代生产性服务业推动园区向综合化方向发展。 现代工业园区的概念已不单纯是工业企业集合，而是以工业企业为核心、研发中心和现代服务业综合配套的集成体系。尤其是原来为工业项目配套的物流仓储业，在大型石化园区已经形成一定的产业规模，与园区工业伴生发展。

展望未来，在完成全国化工园区统一认定的基础上，越来越多的化工园区将按照《化工园区"十四五"发展指南及2035中长期发展展望》中提出的发展目标而努力，突出高质量发展的主题，围绕五大石化产业集群的培育，坚持创新驱动和绿色发展"两大战略"不动摇，持续发力并组织实施好"五项重点工程"。预计到2035年，全国化工园区的布局将科学合理；实现危化品生产企业全部进入规范的化工园区或实现园区化管理；全部化工园区将建成智慧化工园区和绿色化工园区；形成五大现代石化产业集群；全部化工园区将承诺践行责任关怀。化工园区成为石化产业高质量发展和石化强国的重要支撑。

第2章
化工园区理论研究

工业生产因其规模效应和范围效应的存在往往集聚发展。因生产要素集聚和组织管理需要等因素，在一定地理空间范围内组织产业发展及相关基础设施建设就成为必然，工业园区也因此成为工业发展的主要空间载体。例如，欧洲著名的ARRR（Antwerp-Rotterdam-Rhine Ruhr-Rhine Main）超级化工产业带就是由比利时安特卫普港化工园区、荷兰鹿特丹港化工园区、德国勒沃库森化工园区、德国路德维希港化工园区四大核心化工园区构成。这些工业园区历经长时间的市场检验逐渐形成了强大的国际竞争力，也成为后续工业化国家学习和借鉴的样板。为追求赶超式产业发展，一些后发国家或地区开始根据自身经济发展需求和要素禀赋，通过行政手段划定特定园区，聚集整合各类生产要素，突出产业特色，使之成为适应市场竞争和产业升级的分工协作区。爱尔兰于1959年设立的香农开发区就是根据这个目的而成为世界上首个产业特区。其后，巴西、韩国和中国台湾地区等纷纷效仿，开发区成为工业发展的主流载体。我国在改革开放后也迅速启动了以经济技术开发区为代表的工业园区建设。历经40年，工业园区对我国的工业化、城镇化、改革开放和体制创新都产生了全面而深刻的影响，为我国成为世界工厂做出了巨大贡献。

国际上通常说的化工园区是指在符合一定的自然资源和环境条件要求的特定区域内，依靠主要消费区和资源来源地，占有充足的水源保证或有较强自净能力的纳污水域，且交通条件便利、物流发达、配套产业比较完善的地区，以石化和化工产业为纽带形成的加工体系匹配、产业联系紧密、原料互供、物流成熟完善、公用工程专用、环境污染统一治理、管理统一规范、资源利用高效的产业聚集地。

我国的化工园区定义为：由多个相关联的化工企业构成，以发展石化和化工产业为导向、地理边界和管理主体明确、基础设施和管理体系完整的工业区域。我国化工园区一般包括两种类型：①有关部门批准设立或认定的专业化工园区；②有关部门批准设立或认定的经济（技术）开发区、高新技术产业开发区或其他工业园区中相对独立设置的化工园（区）。

总之，化工园区是以发展化学工业为目的的专业性工业园区，通常由多个相关联的化工企业或项目构成，安全与环境风险高，往往要求空间相对隔离、产业相对集中、基础设施配套齐备和管理专业化。作为高度专业化的一类工业园区，化工园区产业耦合度高，基础设施专业性强，物质流动规模大，能量密度高，环境污染问题突出，亟须推进化工产业生态转型升级，构建以绿色化、生态化、循环化发展为引领的生产方式。作为一类特殊的专业化园区，化工园区既有着一般工业园区的共性特征，也具有化学产业的专业特殊性。一般而言，化工园区相关理论包括园区核心竞争力理论、产业集群理论、社会生态系统理论、园区生态化理论和园区综合评价理论等，还包括园区在经历几个阶段的发展与累积后，逐渐形成的"一体化"发展理论等。

2.1 园区核心竞争力理论

根据国际竞争力理论，园区核心竞争力是指一个园区经济持续发展最根本的原动力，是相对于其他园区拥有不易复制性、可持续性的竞争优势，是聚集产业资源、激励持续创新的动力源泉。一个园区经济的可持续发展、产业升级和竞争力的提升，一方面取决于该园区对既有的优势资源的利用效率，即资源配置或整合能力；另一方面也取决于高级生产要素的聚集和创造能力。短期内，一个园区的要素种类、存量、质量是一定的，但从长期来看，要素种类、存量、质量都是可以改变的。而引起改变的途径有：①生产要素的自主创造；②生产要素的吸引、聚集。因此，根据核心竞争力的内涵，园区核心竞争力归根结底取决于园区的自主创新能力、资源聚集能力和资源配置能力。这三种能力共同构成一个核心竞争力平台或环境，园区管理机构的职能就是如何将园区平台搭建得完备而高效，使得园区既能聚集或自主培育高级竞争力资源，又可以使这些资源最终形成实际的产业竞争力。

从核心竞争力的视角可以看出，化工园区具有四个方面的特征：①靠近资源产地、消费地或港口以节约运输成本，配套基础设施完善，多与上下游产业或关联产业邻近，以实现最大的经济效益。②规模效应明显。装置大型化，具有生产成本低的优势，土地利用率和资源产出率高。③基于自身优势，呈现特色化发展。全球化改变了产业布局和区域分工，通过科学合理的规划，各大化工园区充分发挥自身特色，形成了核心竞争力。④全方位一体化的建设和生产。化工产业呈现链网的特点，生产过程之间具有很高的关联度；上下游产品原料和副产品互供，生产装置可通过管道进行链接，减少了中间环节。通过园区内所有企业之间的基础设施共享、水和能量的梯级利用，可形成规模效应，降低公共成本；关联企业之间也可以形成产品、副产品和废物的共生网络，通过管道进行输送，有利于充分利用资源，降低原料运输和废物处理处置费用，节约成本、提高经济效益。

当前，产业竞争本质和尺度已经发生了重大的变迁。产业竞争已经不再局限在单个企业或者产业链层面,而是超越微观主体上升到集群和园区层面。因此,园区核心竞争力对于化工园区发展而言具有重要的理论指引作用。从竞争力角度,工业园区的实质是产业发展与土地开发和基础设施建设三位一体而形成的具有严格时序和定量依存关系的有机体。产业专业化和生产集成化的好处很多,例如通过物料/能量/水的交换集成,使资源利用率大为提高;共同使用公用工程使投资下降;公用设施投资下降,水平提高;现场空间利用更加紧凑合理,土地投资下降;事实上,工业园区从过去的"三通一平""五通一平"到现在的"九通一平"以及"新九通一平",正是专业化和集成化的结果。

随着知识经济的纵深发展,相对于传统的自然资源、资本和劳动等生产要素,人才、知识、科技和制度环境越来越成为园区发展的关键要素。园区竞争力理论的最新发展特别强调了高级生产要素对提升竞争力和促进经济发展的作用和意义,包括:①企业逐渐成为技术研究与开发的主体;②技术基础设施已经成为未来竞争力的一项关键性资产和基础;③政府管理创新成为国际竞争力系统的重要因素;④重视社会系统的基础竞争力作用等。尤其近年来两化融合为园区发展提供了更多机遇。在信息化和工业化深度融合发展阶段,大数据、互联网+、智能制造等技术使基于共享的范围经济(长尾经济)的优越性越来越大,在我国制造业转型升级中越来越重视"增量升值"的范围经济,正在逐步取代规模经济,正在逐步成为工业主流模式。例如,荷兰调查了77家中小企业发现,企业更倾向于生态工业园,原因是更多的创新机会、更好地改进产品质量机会和新市场的机会。

这些因素有些是工业园区自身发展的内在诉求,有些是技术、市场和政策等外部力量的推拉效应。随着我国步入社会主义建设新时代,工业园区的高质量发展成了发展主旋律,园区核心竞争力理论的指引作用就越发突出。

2.2 产业集群理论

2.2.1 产业集群

产业集群是在特定领域中一群在地理上集中且有相互关联性的企业、专业化供应商、服务供应商、相关产业的厂商,以及相关机构(如大学、标准制定机构、产业协会、智囊团、职业培训提供者和贸易联盟等)构成的产业空间组织。早在20世纪初期，马歇尔等经济学家就注意到工业集群化发展的特征。产业集群的专业化分工降低了产品的生产成本，提高了生产效率。同时，产业集群内部存在技术外溢效应，加快了产业技术创新的步伐，提高了产业集群的技术创新能力。在贸易国际化和经济全球化的今天，产业集群不仅没有因为全球化而消亡，反而成为增强国际竞争优势的重要产业组织形式。因此，产业集群作为国家或地区谋求竞争优势和增强国际竞争力的发展形式，成为政府决策者和经济学家研究的热点。

与产业集群密切相关的概念包括产业链、价值链、生产网络和产业生态系统等。产业链是指制造企业将外部采购的原材料和零配件，通过生产、销售等活动，传递给零售商和用户的活动。Houlihan定义的产业链则是指从供应商开始，经生产者以及分销商环节，达到最终消费者所有的物质流动。价值链是指在企业内部以及企业之间的设计、生产、销售、发送和辅助其产品的过程中进行种种价值创造活动的集合体。其中的活动可分为基本活动和辅助活动两大类：基本活动指与产品的加工流转或服务直接相关生产运营环节，包括内部后勤、生产作业、外部后勤、市场和销售、服务等；辅助活动指为基本活动的运行提供支持的活动，包括采购、技术开发、人力资源管理和企业基础设施等。

生产网络是指若干个企业相互关联形成更大经济组织的关联方式，侧重于强调企业间相互关系的特征和相互关联的程度，不仅包括企业在同一产品内垂直分工形成的价值链关系，还包括为生产同一产品而相互联系在一起的企业之间其他的集成关系。价值网络是指一种整合了顾客日益提高的苛刻要求与灵活有效低成本的制造目标，以数字信息快速配送产品压缩分销成本为手段，强调供应商之间的合作以定制共同解决方案，在战略层面设计运营以增强适应变化的能力的新商业模式。

产业生态系统是指将传统生产制造活动中"消耗原材料、生产产品、排放废物"的运行模式转变为"优化能量和原料消耗、减少废物排放、利用其他过程产生废物或副产物替代原材料使用"模式的综合产业系统。一个产业生态系统往往包含若干个不同类型的企业，可以全部都是工业企业，也可以是农业、服务业甚至是居民或城市等消费主体。在构成主体的内在关系上，不同企业或基础单元之间可以是上下游的供应关系，也可以是同行业之间的横向关系；这种关系可能是互利互惠的，也可能是竞争性质的。更为重要的是，这些构成主体通过不同类型的相互关系形成类似于自然生态系统的复杂关联体。产业集群与产业链、生产网络、价值网络和产业生态系统的比较如表2.1所示。

表 2.1 产业集群与其他经济系统概念比较

分类	参与者	参与者关系	目标效益
产业集群	地理上集中，且有相互关联性的企业、专业化供应商、服务供应商、相关产业的厂商，以及相关的机构	地理边界范围内的各类供应、竞争、合作关系	生产专门产品，实现资源集聚和有效分工，节约空间交易成本，促进学习与创新等
产业链	直接面向客户需求的所有生产过程	物料处理和信息流动等供应关系	满足客户需求
生产网络	制造企业	企业在同一产品内垂直分工形成的价值链关系，以及为生产同一产品而相互联系在一起的企业之间其他的集成关系	提高资源配置效率，促进知识技术创新
价值网络	企业内部以及企业之间进行种种价值创造活动的环节	服务于价值创造活动的上下游企业及其他利益相关者之间的互动	满足顾客日益提高的苛刻要求与灵活有效低成本的制造目标，增强适应变化的能力
产业生态系统	企业，尤其是地理位置临近的工业企业	上下游的供应关系，同行业之间的横向关系；可以是互利互惠关系，也可以是竞争性关系。重点强调副产物和废物交换、能源和水的梯级利用、基础设施共享等物质层面产业共生关系	物质转化与价值增值，实现产业系统与自然生态系统的和谐共荣

2.2.2 化工产业集群

石油和化工产业由于具有产业链条长、关联度高、带动性强等特点，更易形成产业集聚。化工产业集群是指某一区域内，各化工园区（基地）通过产业网络、基础设施网络、供应链网络、人才创新网络及管制网络中的一个或多个网络形成互利关系的共生组织，重点表现为若干个化工园区基于产业链的分工与合作和物流网络的共享，以原料（或产品）、知识等要素为纽带构建而成。化工产业集群的发展更多地受制于市场这只"无形之手"的推动，集群协作通常通过"核心组织"来实现。核心组织可以是公司、大学或政府机构，其关键目标就是增强集群内部各化工园区（基地）的连接，并通过达成集群内化工园区及企业的有效共识和创造更高效的互动渠道来提高整体竞争力。

目前在世界范围内，一批成熟的化工产业集群已经崛起，如德国巴斯夫路德维希港化工园区开创了世界化工园区建设发展的先河，为世界各地化工集群的建设提供了"一体化"发展理念等宝贵经验；新加坡裕廊岛化工园区更是把一体化理念运用到了极致，成为亚洲化工产业集群的典型代表；美国休斯敦化工集群作为美国石化产业的发源地，为美国石化产业奠定了全球的领先地位；欧洲 CHEMPARK 化工集群的建设与发展模式则成为整个欧洲乃至全世界争相学习的对象。

不同化工产业集群的纵深程度和复杂性相异，它代表着介于市场和等级制之间的一种新的空间经济组织形式。按照区域来分，最基础的化工产业集群通常以化工园区（集中区）的面貌呈现，中级规模的化工产业集群（群落）是由多个化工园区（集中区）构成，超级规模的化工产业集群分布由多个中级规模的化工产业集群和卫星化工园区构成，化工园区（集中区）内的企业之间、园区之间、产业集群之间通过共通性和互补性产生关联。在欧洲和北美地区，不同层次的化工集群通过特定管理机构或区域行业协会等联盟进行协调管理，跨国家的产业集群之间通过跨国产业联盟进行协调管理。表2.2 列出了世界级化工产业集群的重要代表。

表 2.2 世界级化工产业集群分类

层级	集群代表
基础化工产业集群	比利时安特卫普港化工园区、荷兰鹿特丹港化工园区、德国勒沃库森化工园区、德国路德维希港化工园区、德国马尔化工园区等
中级规模的化工产业集群（群落）	德国 CHEMPARK 化工集群由"勒沃库森化工园区、多尔马根化工园区、克雷费尔德-约丁根化工园区"构成；德国莱茵-鲁尔化工集群有 ChemSite 化工集群、ChemCologne 化工集群，两者均由数个化工园区构成；德国莱茵-美因化工集群由路德维希港化工园区和其他较小的化工园区构成
超级化工产业集群	欧洲 ARRR 超级化工集群由比利时安特卫普、荷兰鹿特丹、德国莱茵、德国鲁尔 4 个分集群组成；美国休斯敦化工集群由贝敦工业区、迪尔派克工业区、战地工业区、帕萨迪纳工业区、拉波特工业区、南休斯敦工业区等构成

2.3 社会生态系统理论

化工园区，本质是一个随时间、空间和技术变迁的多层次的复杂产业系统，即社会生态系统。Ostrom 针对社会生态系统，提供了一个多层嵌套式的可自定义层级的研究框架，以确定不同治理体系下影响参与者行为的相关变量组合。多中心治理理论是 Ostrom 等在对公共池塘资源治理和公共资源合理配置等问题的研究中提出的重要理论。多中心治理理论建立在一般治理理论上，认为在公共政策实施和治理的过程中，可以使用除了政府和市场之外的"第三只手"，也就是利益相关者的自主管理来分配和使用公共资源。多中心治理理论的出现是由于简单的市场和政府二元理论在解决社会问题时存在明显的局限性。传统的管理模式中，政府是单一管理主体，这种模式具有一定的局限性，难以完善地解决涉及公共事务的管理问题。多中心治理理论的提出旨在改变目前政府管理者在管理公共事务、制定和推行公共政策过程中的垄断地位，引入竞争机制，改善政府和公众以及第三方机构之间的沟通关系，建立协商合作关系，尽量少使用强制性的管理手段，考虑公众需求，引入市场化的管理机制，使各方利益相关者都参与公共事务的管理中来。

按照社会生态系统理论，化工园区包含四个核心子系统（见图2.1）：资源系统（RS），主要指明确地理位置、拥有清晰园区边界且产业链体系和基础设施体系完备的化工园区；资源单位（RU）主要包括化工生产企业生产销售的化工产品和副产品、化工原材料及半成品和化工服务（基础设施服务）企业提供的基础设施服务等；用户（U）则为化工园区的利益相关者，具体包括化工生产企业、化工服务企业、园区管理机构、周边社区居民和相

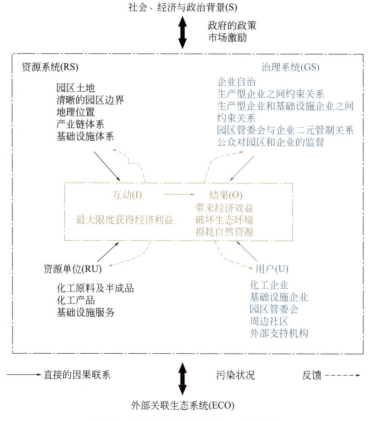

图 2.1　化工园区的社会生态系统理论

关支持机构等；治理系统（GS）是指利益相关者之间的治理（约束）关系，具体包括企业自治、化工生产企业（生产型企业）之间的上下游合作关系（原材料互供和基础设施共享）、化工服务企业（基础服务企业）和化工生产企业（生产型企业）之间的服务与被服务关系、园区管理机构与企业之间的二元规制关系，以及公众、媒体和第三方机构对园区和企业的监督关系（主要监督依据为企业需要遵守的安全环保法律法规、国家标准以及园区管理的相关规章制度等）。

在该框架中，企业倾向于通过资源系统和资源单位之间的互动（I，即生产活动）最大限度多生产产品以实现利润最大化；因此，化工园区在建设运营的过程中，其结果（O）受到四个核心子系统的直接因果联系和反馈的影响，从而影响到该社会生态系统的成本和收益，既包括带来很高的经济效益，也会导致生态环境的破坏和自然资源的损耗。在社会、经济与政治背景（S）方面，包括政府的政策（化工产业园区化政策、化工园区绿色化政策等化工园区生态化政策）以及市场激励手段（园区因其产业集聚的优势为企业带来更高的利润）；外部关联生态系统（ECO）主要是指园区所在地及其周边的生态系统，具有一定的生态系统本底值和污染状况。

2.4　园区生态化理论

工业园区尤其化工园区往往是环境问题的高发地。许多著名的大型工业园区都发生过严重的环境污染事件，例如比利时马斯河谷烟雾事件、美国多诺拉烟雾事件、日本水俣病和骨痛病事件和印度博帕尔事件等都发生在或源自工业园区。这些环境污染事件严重影响了工业园区的竞争力和可持续发展。早期园区生态化的措施主要是建设集中污水处理厂和工业废物焚烧、填埋设施等，后来逐渐拓展到产业规划、基础设施建设和园区管理等整体层面。随着工业园区规划建设的逐渐成熟，来自工程化建设和工厂内部环保措施所做出的环境贡献边际效应递减，工业园区亟须生态化理论的指导和实施手段等方面的创新。

我国老一辈生态学家如马世骏和王如松先生等在经济生态学思想基础上明确提出了产业生态化概念，指出产业生态化的实质是变环境投入为生态经济产出，促进生态资产与经济资产、生态基础设施与生产基础设施、生态服务功能与社会服务功能的平衡与协调发展。欧美也有类似的产业生态化的思想，认为一个工业过程产生的废料可以用作其他工业过程的原材料，从而减少产业活动对环境的影响，并进一步指出这种废物交换或产业共生措施可以在一定地域上促成产业生态系统的形成，由此园区生态化理论逐渐建立并得以发展。

一般认为，园区生态化是以产业生态学和循环经济理论为依据，把工业园传统产业按生态经济原理组织起来，构建具有较高的生态系统承载能力和较完善的生态功能的工业共生网络，把生态技术、生态经营理念、生态经济原理等融合渗透到现有的工业园区体系中，通过两个或两个以上的生产体系或生产环节之间的系统耦合，使物质和能量循环形成多级利用，极大地促进工业园区的社会经济和生态环境系统的良性循环。工业园区生态化的目标包括：高效的物质资源和能源转换系统，高效率的基础设施支撑系统，高水平的园区生态环境质量，多功能、高覆盖的园区绿地系统，高质量的人文环境系统，高效的园区运行和管理系统。可以看出，园区生态化理论的核心是借鉴生态学原理和方法构建园区产业系统，把园区看作一个有机整体，并实现社会、经济和环境效益的三赢。

化工园区可以看作一个由化工产业、基础设施和自然生态共同构成的复合生态系统，三者具有严格的发展时序和定量依存关系。化工园区生态化的内涵是在绿水青山就是金山银山发展理念指引下通过结构优化、生态重组和效率提升等手段建设一个具有高资源产出率、高环境包容性和高自适应性的化工产业发展系统，实现绿色、低碳、循环和高质量发展。因此，化工园区生态化过程需要高质量发展的新境界、新理念和新路径。

化工园区生态化的新境界，是要建设一个符合产业生态学原理，具有高资源产出率、高环境包容性和高自适应性的化工产业发展系统，即一个利用绿色化工技术和智能信息技术将化工产业系统、基础设施系统和自然生态系统高度融合的复合生态系统。

化工园区生态化的新理念，倡导不能仅仅从经济增长的单一视角看待化工区发展，而是要深入研究化工经济与资源环境解耦的举措和办法，着力解决制约化工园区健康发展的重大问题，从而激发化工园区的发展潜力，培植化工园区的发展动力，强化化工园区的发展优势，并进一步拓展化工园区的发展空间，从而使得化工产业迈向更高的发展阶段。

化工园区生态化的新路径，是做好科学评价和顶层设计，使园区的产业系统、基础设施系统和管理系统形成良好的协同互动，打破经济系统与生态系统的传统界限，培植生态链并使之与产业链融为一个有机体，建设智慧园区和生态化园区，打造化工产业发展循环经济的高地和生态化工产业的先导区。

2.5 化工园区综合评价理论

化工园区综合评价是一项复杂的管理工作，这种复杂性来源于以下五个方面。①化工产业的多样性。化工产业是一个庞大的体系，我国多年来形成了石油化工型、精细化工型、矿产资源型等不同类型的化工园区，产业的多样性造成了综合评价的复杂性。②基础设施体系的严格性。化工产业大多具有物质、能量和污染密集的特点，安全和环境风险较高，对水供应、能源供应和废物处理等基础设施提出了非常高的设计、建设和操作要求。③化工园区的开放性。化工园区是一个大进大出的开放体系，其产业发展、基础设施建设和土地开发三者具有严格时序和定量依存关系，对其综合评价需要考虑园区发展的开放性、阶段性和内在结构性。④综合管理的艰巨性。化工产业链复杂、环境影响类别众多、潜在风险高，化工园区的规划和建设需要考虑多个利益主体，协调管理复杂。⑤综合评价的多维性。除了已有评价体系所涉及的定量评价，园区整体性和系统性的考察也需纳入化工园区的综合评价中，以形成对化工园区的科学评价和管理。

评价是管理和决策的基础。关于园区评价及评价指标筛选，Guillerm等提出了四项准则：易理解，即评价指标需要易于被评价人员理解、接受；实用主义，即指标数据要易于获取；相关性，即评价指标要与评价重点及被评价园区的目标相关；部分体现可持续性，该准则要求评价中需综合考虑可持续性的经济、环境、社会及整合维度。国内也存在大量有关园区综合尤其生态化评价原则的研究。张昌蓉等提出，工业园区可持续发展能力评估需要综合考虑经济、资源和环境三方面，同时需要遵循系统性、全面性、代表性、可比性、可得性和可测性原则。结合化工生态工业园的特点，程磊提出化工生态工业园区评价指标体系的构建原则：3R原则与清洁生产原则，整体性原则与可行性原则，准确性原则与发展性原则。

园区生态化评价可使用多项指标，基本上以定量的绩效指标为主，也包含部分定性指标。在实践中，中国也出现了四套指导生态工业园区或园区循环化改造的评价指标体系，包括：原环境保护部出台的《国家生态工业示范园区评价指标体系（HJ 274—2015）》；发改委发布的《园区循环化改造评价指标体系》；中标院提出的《工业园区循环经济绩效评价规范（GB/T 33567—2017）》；以及中国石油和化学工业联合会针对化工园区提出的国标《化工园区综合评价导则》（GB/T 39217—2020）。

2.6 化工园区的"六个一体化"发展理论

2.6.1 一体化发展理论概述

化工园区具有典型的产业集群发展特点。作为石油和化学工业高质量发展的重要载体,化工园区以园区为平台构建产业循环、集约高效、竞争力强的产业链条和产业体系,可以最大限度地发挥产业集聚、企业集中的优势。

化工园区是一个有机的生态系统,而不是化工企业的简单集聚,按照"一体化"集群式发展的理念,根据上下游产业链来合理布局园区内化工企业,从规划开始,综合考虑原料、产品、项目之间的关系,构建相辅相成的安全、消防、应急系统,完善公用工程体系和配套设施,加强一体化管理。通过建设高水平的化工园区,既可以大幅度提高化工行业的安全和环保水平,做到风险可控、事故可防,又能降低企业的生产经营成本,从而促使每一个进入园区的企业充分享受到高效的能源、公用设施等资源配置和产业链式发展红利,并形成帕累托改进❶,最终达到整个园区无限接近帕累托最优。

如何持续不断地形成良性改进机制,是每一个化工园区运营者面临的终身考验,重点任务就是持续不断地提升化工园区的运营效率。提升化工园区运营效率有三个要素:构建高效的管理模式和组织架构;构建互相关联的产业集群;完善配套体系,构建开放、共享的服务平台。

化工园区运营效率要素见图2.2。

构建高效的管理模式和组织架构。园区的管理模式和组织架构多种多样,无论采用政府主导型还是开发公司主导型,都要符合园区自身定位及发展需要,适应园区发展阶段和环境,力求管理流程最优化、管理效率最大化。

构建相互关联的产业集群。化工产业是最易打造循环型工业园区的工业

---

❶ 帕累托优化(Pareto Improvement),也称为帕累托改善或帕累托改进,是以意大利经济学家帕累托(Vilfredo Pareto)命名的,并基于帕累托最优变化,在没有使任何人境况变坏的前提下,使得至少一个人变得更好。一方面,帕累托最优是指没有进行帕累托改进余地的状态;另一方面,帕累托改进是达到帕累托最优的路径和方法。帕累托最优是效率的"理想王国"。

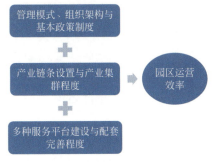

图 2.2 化工园区运营效率要素

产业之一，高度关联的产业链可以有效降低企业生产成本、提高运营效率。园区管理者首先要根据园区地理、资源、市场等特点和优势，明确化工园区的产业定位和功能定位，然后在此基础上规划设计相互关联的产业链条，并通过招商引资逐步完善产业链条。由于化工产业的高度关联性，在园区运营发展过程中，可根据自身资源、产业特点，规划、发展出多个交叉关联的产业链条，并形成高效、集约、共生、互联互通的产业集群。

完善配套体系，构建开放、共享的服务平台。化工园区的公用工程和配套体系建设是体现园区集聚、高效的重要方面，合理的公用设施和服务配套集群，将有效降低企业入驻后的运营成本，提升产业竞争力。在当前激烈的市场竞争环境下，资源、能源、物流成本对于任何企业都是极为重要的。完善的配套设施和多种服务平台，可提高园区环境服务能力和资源整合能力，吸引更多企业入驻，促进园区良性发展。

随着我国化工行业的发展，我国的化工园区已进入提质增效阶段，需要通过提升园区运营效率来增强园区竞争力。而"一体化"正是化工园区提高运营效率的有效途径。一体化能够实现资源配置效益的提高，使整个园区在不增加投入的情况下，通过企业向园区的集中而获得额外收益。一是园区内大量生产要素集聚，通过对生产要素有效合理配置，提高园区资源配置效率，达到效益最大化；二是园区内各企业分工细化，使价值链各环节高度集中，有利于实现纵向生产企业的价值提升和横向企业关联规模经济的提升，从而提高整个园区的经济规模和运行效率；三是园区内企业集中布局可共享基础设施和社会服务，减轻单个企业的负担，提高基础设施的利用率，形成低成本公共服务空间。

具体来说，就是在化工园区区域内，由于企业的集中，各企业之间联系加强，这样实物价值链就可以进行互补和整合，这种互补整合可能带来产业组织创新，各企业按核心竞争力进行产业分工，发挥企业价值链战略环节优势。结合成一体的产业链，可有效减少生产工艺步骤、运输成本、市场信息收集和交易等成本，同时由于各企业战略环节的组合提高了企业的效率，有利于企业专业化服务和差别化产品的形成。

2.6.2 "六个一体化"概念

"一体化"是当前先进化工园区的基本发展战略。随着我国化工园区步入发展成熟期，"一体化"理念也随之不断演变，中国石油和化学工业联合会化工园区工作委员会提出化工园区的"六个一体化"发展理念，并将其作为今后化工园区开发、建设、服务、运营的指导思想。

通过"十三五"以来园区在管理和建设中的实践经验总结，"六个一体化"发展理念现已成为全国化工园区建设管理的公认模式和发展方向，"六个一体化"从物质流、能量流、储运流、废物流、数据流、资金流等更多维度最大限度地发挥园区的集群化发展优势，有助于提升园区内产业链和产品链协同与延伸，有助于提升园区内原料和能源利用水平和互供，有助于提升石化企业的运行效率和效益。

"六个一体化"包括：原料产品项目一体化、公用工程物流一体化、安全消防应急一体化、环境保护生态一体化、智能智慧数据一体化和管理服务科创一体化，可以更加全面概括园区发展的标准和方向。

原料产品项目一体化——从化工园区规划选址的顶层设计开始，对资源（原料）来源、产品和项目关联度等进行充分的考虑与论证，按照一体化设计理念，融合资源、合理布局，实现生产装置互联、上下游产品互供、投资互渗，实现化工园区产业协同发展。

公用工程物流一体化——统筹考虑化工园区生产运行所需的水、电、气、风、能源、储运等，合理布局公用工程、辅助设施和物流系统，以最大程度降低企业运营成本，充分体现化工园区集聚优势。

安全消防应急一体化——从化工园区整体运行的角度出发，通盘考虑园区安全、消防、应急需求，实现风险分级管控与隐患排查治理双重控制，在硬件设施上进行一体化布局，完善多层级的安全应急监管体系，建立健全化工园区安全监管长效机制，提高化工园区本质安全。

环境保护生态一体化——按照化工园区环境保护体生态系统优化管控的理念，对生产过程、产业链接、基础设施和环境管理等诸多层面的内容遵循源头规划控制、过程清洁生产、后期末端治理（含资源利用）的全程管控原则，在化工园区建设管理过程中严格各级监管监督机制，从全生命周期角度推进污染防治、环境保护和资源管理,达到系统治理的最佳效果,形成环境保护与生态发展的和谐统一。

智能智慧数据一体化——以信息与通信技术为支撑,围绕安全生产、环境管理、应急管理、封闭化管理、运输管理、能源管理、办公管理、公共服务和保障体系等领域,通过数据整合与信息平台建设实现智慧化管理与高效运行的化工园区,实现信息、数据交互共享、分析预判,从而有效降低安全环境风险,实现化工园区资源优化配置,整体效益最大化。

管理服务科创一体化——通过建立专家评估、招商引资、人才培养、金融支持、责任关怀和品牌价值体系,提升化工园区管理效能和服务水平,通过建设园区科技创新中心、企业创新平台、中试基地,提升化工园区科技创新能力。

化工园区建设管理的"六个一体化",正是通过创新性构建原料产品项目、公用工程物流、安全消防应急、环境保护生态、智能智慧数据、管理服务科创这六大方面的协同、合作、共享体系,实现化工园区产业升级、设施完善、管理优化,进而从本质上提升安全环保水平,打造绿色园区、智慧园区,全面提升化工园区综合实力和可持续发展能力。

2.6.3 "六个一体化"在化工园区管理实践中的指导意义

"六个一体化"充分体现了产业协调、绿色发展这一原则,融会贯通于化工园区开发、建设、运营的各个环节,对于化工园区的实际管理具有重要指导意义。

从规划与选址的顶层设计开始,就充分考虑资源可承载能力和环境容量,突出优势,弥补短板,合理布局区内企业;在招商方面立足产业基础延补升级,发展园区循环产业链条;在现有企业提升中,推动存量企业依据自身特点和园区整体发展方向改造提升;在安全、环保方面,从规划开始,在符合国家要求的基础上,打造完善化工园区软硬件各级安全、环保设施和管理体系,提高化工园区的本质安全,降低园区环境风险,构筑生态型园区。

在公用工程配套、物流一体化方面,结合园区产业特点,统筹考虑产业发展、安全生产、物流输送、"三废"处理等各方面的需求,完善水、电、气、运等系统集成,提升园区运营效率、降低企业运营成本。

通过建设智慧园区、绿色园区，将智能智慧数据一体化、环境保护生态一体化落到实处，通过提升管理服务水平，推进科技创新，可以大幅度提高化工园区的营商环境水平，构建园区高质量、可持续发展支撑体系。

2.6.4 化工园区"六个一体化"系统构建

化工园区建设管理的"六个一体化"构建是一个庞大而繁复的工程，每个"一体化"下都有多条支撑体系需要构建和完善，"六个一体化"的创新经验是化工园区建设管理可参照的科学理论支撑，为园区提质升级工作提供实践方向和路径。

（1）原料产品项目一体化

其目标在于融合资源、合理布局，构建生产装置互联、上下游原料产品互供、投资互渗的完整产业链条，实现区内产业协同发展。

大型石化园区或煤化工园区以大型炼化一体化装置或煤化工装置为依托，延伸产业链，形成园区内化工企业之间的原料、中间体、产品、副产品及废弃物的互供共享关系，实现企业间无缝链接和一体化清洁生产。化工园区原料、产品、项目互供互通示意见图2.3。

石化企业自身生产层次上实现物质与能量循环，以实施清洁生产作为该层次发展循环经济的切入点，通过采用先进适用的生产技术、管理模式和新型设备，降低单位产品的资源投入量和能源消耗。在化工园区中构建"原料产品项目一体化"，实现生产装置互联、上下游产品互供、管道互通、投资相互渗透，有效提高资源和能源的利用效率，在石油化工生产领域走出一条走可持续发展的循环经济新路径，是化工园区可持续发展的必然路径，也是提升化工园区核心竞争力的关键要素之一。

以上海化学工业区为例，区内企业间在化工原料、中间体、产品、副产品及废弃物等方面形成互供、共享关系，产品之间的关联度达到80%以上。从化工区的"龙头"——119万吨/年乙烯工程产出的乙烯、丙烯、丁二烯，到苯、甲苯、二甲苯等基础化工原料，再到分别制成异氰酸酯、聚碳酸酯等中间化工原料，直至延伸加工成合成树脂、软泡材料、黏合剂、涂料等精细化工产品，上游、中游、下游项目相关共生，一体化聚集，形成企业之间化工原料、中间体、产品、副产品及至废弃物的互供共享关系。

在精细化工等专业性的化工园区中，亦通过采用产业延伸和产业耦合等手段，把一个产业的产品、副产品或废弃物作为另一产业的投入或原材料，

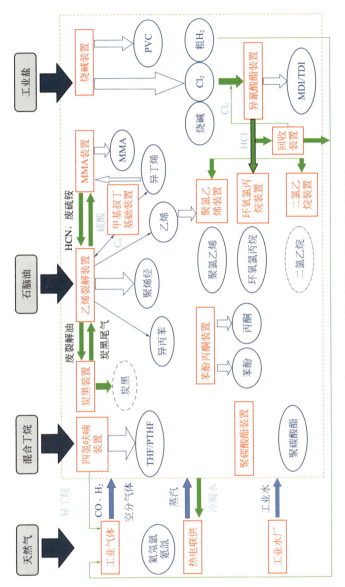

图 2.3 化工园区原料、产品、项目互供互通示意

第 2 章 化工园区理论研究

推动整个园区关联产业间的循环发展,在产业之间实现物料、能量的逐级递接延伸,形成不同产业板块之间的闭路循环。

例如以氟硅化工为特色的国家循环化改造试点园区浙江衢州高新技术产业园区,以巨化、元立、华友等龙头企业为重点和依托,通过企业的循环化改造、产业的空间集聚和产业链整合、各个产业之间的副产品充分实现相互循环利用,建成覆盖全市的工业固体废物和医疗废物处置中心,实现企业内循环、产业小循环、园区中循环、社会大循环的四重循环。目前,该园区拥有以巨化集团、华友钴业、中天氟硅为依托的氟硅钴新材料企业50多家,已形成完整的氟材料、有机硅、无机硅三大产业链以及国内最全的氟硅新材料产品体系(产品达17大类200多种),呈现"氟硅联动,两硅联动"的发展态势。

(2)公用工程物流一体化

其目标在于拥有水、电、气、运系统集成体系,完善的安全、环保配套设施,实现公用及物流体系的资源共享。

化工园区内公用工程和物流储运的成本很大程度上决定了区内化工企业的运营成本,要结合园区产业特点,统筹考虑产业发展、公用设施、物流输送、维修服务等各方面的需求,以有利于统筹布局与提高效率为原则,完善水、电、蒸汽、气体供应、能源、储运一体化设置,其目标在于实现公用工程及物流储运体系的资源共享。资源共享是化工园区一体化的核心竞争优势之一,实现设施共享是首要步骤。化工园区公用工程互通示意见图2.4。

设施共享可减少能源和资源的消耗,提高设施和设备的利用效率,避免重复投资。借鉴比利时安特卫普、新加坡裕廊等世界级石化基地的经验,以"一体化"的公用工程岛形式,向园区化工用户集中供应各类公用工程。这些公用工程生产装置具有建设规模大、生产效率高、投资成本费用低、项目用地少的优势,大大提高了园区化工企业的生产竞争能力。

公用工程物流一体化的核心在于:一方面,园区统一集中规划建设三废处理、仓储码头、物流配送、热电联产、供水供电、公共管廊、道路连接线、维修和综合服务设施,建成高度集约化的公用工程岛,实现公用工程的统一供给,为区内企业提供完善、系统、经济、安全的公共服务,营造了良好的园区投资环境;另一方面,企业通过使用园区建设的公用工程资源,提高资源利用率。

在公用工程建设过程中,可以按照"整体规划、片区开发、逐步推进"

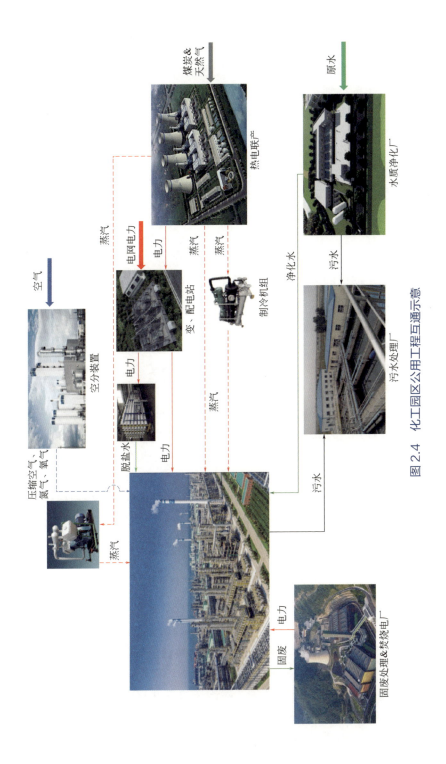

图 2.4 化工园区公用工程互通示意

的开发模式，紧跟石化项目进展情况，深入对接企业公用工程需求，确定科学合理的保障方案，建设相匹配的基础设施及公用工程配套保障能力，提升园区承载力。对于处于建设初期的园区，既要防止在基础设施上一次性投入太多，又要防止项目划定土地后基本不投入、坐等投资，造成土地闲置。同时，也需要园区深入研究现场公用设施运营及公用工程市场化、社会化管理模式，提高管理效能。

（3）安全消防应急一体化

其目标是安全、消防、应急硬件设施布局科学、互相呼应，拥有完善多层级的化工园区安全监管体系和健全的安全应急管理长效机制，化工园区本质安全得到提升。

通过分析园区开发建设过程中突出的安全问题，结合我国化工园区安全监管现状，化工园区的安全管控一体化体系，包括三个子体系，即园区政府部门综合监管体系、园区企业安全生产责任体系、园区安全生产监督管理体系。这三个子体系下涵盖了园区管委会安全监管、园区安全生产监督管理局监管、园区相关部门安全生产监管、园区施工单位安全生产责任、园区企业安全生产责任、园区安全生产监督检查制度、园区安全生产事故及重大事项报告处理制度等二级职责和制度。

通过加强化工园区安全生产、消防和应急联动委员会组织领导，充分发挥其统筹协调作用。严格执行"新、改、扩"建项目"三同时"制度，实行分类指导和分级管理，建立健全包括危险化学品企业的安全生产行政许可、隐患排查治理、重大危险源管理等内容在内的安全管理体系。园区可以从企业生产经营全流程、全生命周期开展工作，全面辨识安全风险和现状隐患，最终形成包括企业全部岗位作业活动、设备设施等在内的企业安全风险辨识清单，应用科学分级方法实现企业内部安全风险的分级，绘制安全风险空间分布图。

遵循"预防为主，防消结合"的原则，根据园区可能发生的安全环保事故特点和危害性配备相应的应急救援车辆、器材、设备和物资，构建完善统一的园区应急物资保障体系及保障制度。建设消防救援站，结合自身安全风险类型和实际需求建设气体防护站。气体防护站宜与消防救援站联合设置，成立专业的危险品处置队伍，开展定期演练。

借鉴国内外先进化工园区经验，围绕"信息共享，指挥有力，快速高效，规范有序"原则，实行一体化应急救援工作机制，纵向上构建企业-园区-上级单位三级应急管理体系，横向上实现园区安全生产、公安、消防、电力、交通、海事、医疗、环保、气防、生命线工程抢险等应急联动，建立园区政府与企业之间、企业与企业之间、企业与专职救援队伍之间的应急联动机制，通过园区应急响应中心，统一受理园区内各类突发事件，协调、指挥应急联动单位应对处置一般突发事件，协助园区管理者应对处置重特大事件。

（4）环境保护生态一体化

其目标是通过环境保护生态一体化建设，最终实现对园区环境风险的管控、对企业排放的监管、对生产三废的集中治理和污染防治以及对园区生态化水平的整体提升，达到系统治理的最佳效果，形成环境保护与生态发展的和谐统一。

按照化工园区环境保护、生态系统优化管控的理念，应对生产过程、产业链接、基础设施和环境管理等诸多层面的内容进行系统化管理。化工园区环境保护生态一体化体系见图2.5。

图2.5　化工园区环境保护生态一体化体系

化工产业的园区化聚集，对于石化企业的环境综合一体化管控具有突出优势，可通过源头规划控制、过程清洁生产、后期末端治理、园区生态化建设等环节对生态环境进行全过程一体化管控。

① 源头规划控制。从园区层面，在园区规划建设过程中对环保设施和产业链设置进行认真分析与研究，实现科学规划、合理布局，产业链设置

应最大限度地提升区内企业间物料的循环利用，减少外排。通过污染控制前置，在项目入区环节严格把关，从源头上控制区域能源消耗及污染物排放。

②过程清洁生产。园区应重视项目引进和建设的资源管理与控制：严把项目立项审批及设计审核关，保证入园项目高起点，优先发展技术先进、能耗低、污染少的工艺技术和产品；严格审核入区项目的设计、建设方案，确保工艺设计符合有关用能标准和节能设计规范，污染物排放符合环保要求，污染物排放总量符合总量控制要求。不同工艺对水质的要求不同，通过水资源的交换利用，在园区内建立水循环系统，实现水资源的梯级利用及高值利用，提高区内水资源的重复利用率。构筑园区内废水综合利用集成网络，通过再生水回用在整个网络实现大循环。

③后期末端治理。园区可通过实施园区三废的管控处理，构建园区、企业和产品等不同层次的环境治理和管理体系，通过园区三废统一集中处理，最大限度降低污染物排放水平。如确定园区特征污染物，制定、备案并实施园区自行监测方案。加强环境监测能力建设，适时建立园区环境监测机构或委托有资质的环境监测机构开展监测，建设数字化环境监控设施及系统。

园区废水处理实施"一体化"管控，园区要在分类收集-分质处置-事故管控-末端控制等各环节进行把控，实现区内污水集中统一处理，原则上一个园区只应设置一个污水排放口；园区应配套建设固体废物集中收集场所，对固体废物进行安全集中处置，依法依规对固体废物进行减量化、资源化、无害化处理和规范化管理，针对危险废物的生产环节、贮存环节、运输环节、接收环节、处置环节进行全过程监控；园区针对挥发性有机物（VOCs）应建立一体化立体防控系统，建立企业废气排放档案，形成网格化区域在线监测，采取有针对性技术手段全面完成园区废弃物综合治理。

④园区生态化建设。在"绿水青山就是金山银山"发展理念指引下通过结构优化、生态重组和效率提升等手段建设一个资源产出率高、环境包容性高和自适应性强的化工产业发展系统，实现绿色、低碳、循环和高质量发展。

（5）智能智慧数据一体化

其目标是拥有一体化综合管理系统集成平台，逐步实现对化工园区重点防控面的智能预警与分析评价。

在构建智能智慧数据一体化的过程中，化工园区要结合自身产业特色，以大数据为核心、以融合服务为根本，通过体系规划、信息主导、改革创新，全力推进大数据技术与园区现代化深度融合、迭代演进，加快园区信息系统和公共数据互联互通、开放共享，切实提升园区智慧管理水平。推进企业数字化转型，建设智慧工厂、智能车间，最终形成"安全舒适、生态环保、智能运营、融合服务、创新发展"的智慧化工园区。智慧化工园区整体构架见图2.6。

图2.6 智慧化工园区整体构架

化工园区"智能智慧数据一体化"的建设内容如下：

① 安全生产 构建安全生产监管、风险分级管控和隐患排查治理三大功能模块，实现对化工园区内重点监管的危险化工工艺、重点监管的危险化学品、重大危险源等重点装置、重点设备和重点场所等基础信息的统一管理。实现对园区内企业、重点场所、重大危险源、基础设施实时风险监控预警。发挥信息平台风险分级管控和隐患排查治理功能模块的作用，提升园区安全生产现代化综合治理水平。

② 生态环境管理 构建化工园区环境质量监测、污染源监测和环境溯源三大功能，建立完善的智慧环保防控体系。实现对大气、水环境、噪声实时监测和污染溯源以及园区所有企业的危险固体废物信息的统一监管，实现对园区环境的整体评价及对园区污染源的整体评价。

③ 应急管理 加强对园区应急资源、应急处置案例、值班过程进行动态信息管理和统计分析，对应急预案进行编制管理、备案管理、电子保存、

综合查询等数字化管理，应急预案和典型应急事件场景的虚拟演练。发挥信息平台在园区应急处置救援过程中的信息传递、指挥调度和辅助决策作用，最大程度减少事故造成的生命财产损失，防止事故引发次生灾害。

④ 封闭化管理　通过建设视频监控、高点监控、封闭卡口、门禁、入侵和紧急报警系统，对园区内人员和车辆进行实时监控和实时定位，实现园区的封闭化管理，保障园区和企业安全。

⑤ 运输车辆管理　建设化工园区运输车辆管理系统，实现对运输公司与车辆基础信息的有效管理，危险货物运输车辆动态监控以及对运单信息的统计分析。

⑥ 能源管理　构建能源监测预警、统计分析和能效分析与优化功能模块，对化工园区内用能单位主要能源品种的使用信息进行数据采集与实时监测，通过地图查看化工园区能源消费分布情况，从化工园区、行业及产品的角度进行能效分析，采用可行手段进行重点用能单位能效分析、重点用能单位能效对标管理、化工园区能效评价、能效领跑者管理等。

⑦ 办公管理　建设园区办公管理系统，实现化工园区各组织机构线上公文管理、事务管理及信息共享与交流管理，实现无纸化办公，提高办公效率。

⑧ 公共服务　建设园区公共平台，实现信息查询与推送、线上交易服务、在线培训及舆情监控与分析等功能，为化工园区及园区企业提供线上公共服务。

（6）管理服务科创一体化

通过建立科技创新、项目准入、招商引资、人才培养、金融支持、责任关怀和品牌价值体系，提升化工园区一体化管理服务和科技创新水平，其目标是拥有完善的服务保障体系和高效的服务能力，实现驱动创新，支撑园区走特色发展之路。

化工园区高质量发展的管理服务体系包括产业规划招商管理、配套设施服务、人才金融支持、科技研发创新、责任关怀与品牌体系建设等。除了关注产业基础配套硬件设施之外，更应注重服务保障和科技创新品牌等软实力的建设。

科技创新是各行业发展前进的源动力，也是化工园区管理者应当重点关注的环节。目前，我国企业参与科技创新成果转化的动力不足，科技成果转化率低于发达国家，园区在推进孵化器建设、建立产学研合作长效机制中的作用尤为重要。提高科技成果转化率，需要进一步完善和推广"创

业苗圃 - 孵化器 - 加速器 - 产业园"科技创新创业孵化链条建设，借鉴国外先进经验，完善产业孵化园功能，扩大其辐射范围，更好地为创新型企业提供服务与支持。此外，化工行业的中试阶段是技术产业化的关键环节，化工园区提供可供中试项目入住的园区中试基地是园区管理为科技创新服务的重要环节。

推行市场化开发运营，推动园区成立市场化运营公司或通过引入战略投资者等方式将投融资平台改造为市场化运营公司，可以更好地承担园区部分开发建设、投资运营、招商引资、专业化服务等功能。园区的开发建设可以充分发挥民间资本的作用，对一些短期能回收的基础设施项目，可以允许民间资本参与或经营，减少非公益设施建设的盲目性。通过 BOT（建设 - 经营 - 移交）、BOOT（建设 - 拥有 - 经营 - 移交）、BOO（建设 - 拥有 - 经营）、BRT（建设 - 租赁 - 移交）、DBOM（设计 - 建设 - 经营 - 维护）、ABS（资产证券化）等方式，吸引业主投资建设和经营基础设施，形成"政府引导、社会参与、企业为主、市场运作"的新机制。

园区的品牌建设是由内而外、由顶层设计到实施策略的精耕细作，实现企业品牌和园区品牌的有效互动，必须从产业链上将企业、产业在园区平台上凝聚起来，高起点规划、高标准建设、高效率运营、高效能管理，通过提升企业的品牌价值来巩固和增值园区品牌，依靠创新驱动，强化企业和投资者的心理认同和情感共鸣，同时，通过对园区功能、投资环境和基础设施的优化，扩大园区品牌的辐射范围和对企业的吸引力。以企业品牌带动园区品牌，把各种生产要素重新进行整合，形成以龙头企业为主导、产业链完整的产业集群。园区品牌的建设与推广必须扣住园区经济发展的主题，吸引符合园区主题的各种资源入园，拉动进入园区的各种资源向符合主题方向配置，使园区经济标准化、高质量运行。园区要想在激烈的市场竞争中脱颖而出，必须像经营品牌一样经营园区，要运用市场化、品牌化的方法把资本、土地、文化、生态环境等有形生产要素转化为更高价值的无形资产，以获得差异化的竞争优势。

2.6.5 化工园区"六个一体化"相辅相成

化工园区建设管理"六个一体化"并不是孤立存在、各成体系，而是相辅相成、互为支撑。"六个一体化"充分体现了产业协调、绿色发展这一原则，其中的六方面又穿插在规划、布局、管控、服务、创新等工作中的方方面面。

当前，我们正处于化工园区高质量发展的新阶段，高质量发展已经成为我国化工园区发展的必然选择。化工园区"六个一体化"的创新理论体系，是化工园区建设管理的科学理论支撑。在化工园区的实际建设和管理中，可以结合园区自身特点，进行一体化改造和提升。通过进一步推进石化园区六个"一体化"覆盖率，打造一批规划先进、产业链完整、配套产业齐全、营商环境优秀的石化园区，最终实现化工园区高质量发展的目标。

第 3 章
化工园区开发建设

3.1 化工园区的设立

3.1.1 设立条件

按最新要求，化工园区通常是经省级及以上人民政府批准设立或认定，申请设立的化工园区应满足相应的要求，包括：①应符合国家、省和设区市产业布局规划要求，在上级国土空间总体规划确定的建设用地范围之内，符合国土空间规划要求；②应编制产业规划，且产业规划符合国家和化工产业政策要求；③应编制总体规划并获得相关部门批复，或选址和产业发展符合区域总体规划，并与生态环境专项规划、安全专项规划和消防专项规划等衔接；④区域环境影响评价或规划环境影响评价通过相关生态环境管理部门的审查，资源和生态环境承载力满足相关要求，评估报告在时效期内；⑤应经过整体安全风险评估，且满足国家安全风险基准要求，评估报告在时效期内；⑥用地面积应满足化工园区发展建设需要，化工园区规划中建设用地面积，包括：公共管理与公共服务用地、工业用地、物流仓储用地、交通设施用地、公用设施用地、绿地等，不包含山岭、河流和基本农田；⑦产业用地不超过国土空间规划确定的四至边界；⑧外围应设置隔离带，隔离带应满足安全防护距离要求；⑨应具备集中供热、分质供水、双电源供电及分级用电负荷、供应工业气体、三废收集处理处置等能力；⑩应建立安全生产应急救援体系、安全风险监控体系、突发环境事件应急体系、环保监测监控体系、园区封闭化设施、危险品运输车辆停车场等基础设施。

化工园区是区域经济发展的主要载体和平台，关系到区域经济发展大局，是执行城市产业职能的重要空间形态，在改善区域投资环境、引进外资、促进产业结构调整和发展经济等方面发挥着积极的辐射、示范和带动作用，成为地方经济发展、腾飞的助推器。作为工业发展的一种有效手段，化工园区在降低基础设施成本、刺激地区经济发展、促进当地就业等方面发挥了巨大的推动作用。以集中化、关联化、共享化为优势的化工园区，是世界化工产业的发展趋势，在节能减排、推进循环经济、提高行业整体技术水平、推动产业升级等方面发挥着越来越大的作用。随着我国持续推进化工企业入园、推进化工园区规范发展以及中国城镇化建设步伐的加快，化工园区正在成为中国化工行业发展的主流模式。

3.1.2 设立程序

近年来,我国化工园区进入规范发展阶段,布局调整初见成效,集约化程度显著提高。同时,对于化工园区安全环保要求也日益提高。相关部委出台多个化工产业规范指导意见,化工园区作为行业发展的重要载体,其规范发展受到重视,多个省份明确提出禁止新增化工园区,新设化工园区的条件和审批要求日益严格。

(1) 申请程序

一般设立化工(工业)园区应当符合省(市)人民政府相关规定的条件,以及当地国土空间、土地利用、环境保护、林业保护利用等规划,并按照相关规定报省(市)人民政府进行审批。

(2) 提交材料

① 申请书;
② 化工(工业)园区规划(产业规划和总体规划);
③ 可行性研究报告和有关部门的评审意见;
④ 规划环境影响评价文件;
⑤ 选址意见书和有关部门的批准文件。

图 3.1 所示为某省申请省级开发区(含高新技术产业园区、经济开发区、工业园区、产业园)设立的审批程序流程。

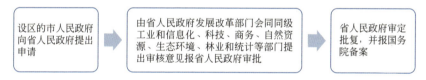

图 3.1　申请省级开发区设立的审批程序流程

3.2 化工园区组织机构与制度建设

3.2.1 机构设置与职能

3.2.1.1 机构设置

管理模式是管理体制的具体体现。我国的大部分化工园区,管理模式大体上可归纳为以下三种:政府型、协作型、公司型。

（1）政府型管理模式

政府型管理模式可分为两种，一种是"纵向协调型"管理模式，另一种是"集中管理型"管理模式。"纵向协调型"管理模式由所在城市的政府全面领导园区的建设与管理，设置管理委员会，成员由原政府行业或主管部门的主要负责人组成，园区内各类企业的行业管理和日常管理仍由原行业主管部门履行，管委会只负责在各部门之间进行协调，不直接参与园区的日常建设管理和经营管理。所在区县政府负责园区内的公安、消防、卫生、网点等的管理。图 3.2 所示为"纵向协调型"管理模式的化工园区管委会设置。

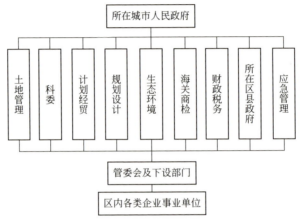

图 3.2 "纵向协调型"管理模式的化工园区管委会设置

"集中管理型"管理模式由市政府在园区设立专门的派出机构——管委会，全面管理园区的建设和发展，具有较大的经济管理权限和相应的行政职能。管委会可自行设置规划、土地、项目审批、财政、税务、劳动人事、工商行政等部门，可享受城市的各级管理部门的权限，同时也接受主管部门必要的指导和制约，真正体现了"小政府、大社会"的特点。图 3.3 所示为"集中管理型"管理模式的化工园区管委会设置。

（2）协作型管理模式

协作型管理模式也可以分为两种，一种是政企合一模式，即在管委会下设一个开发公司，管委会负责决策、职能管理以及服务性工作，而开发公司则负责园区内的基础设施建设。这种开发公司尽管是经济实体，但管理行为很大程度上仍然是行政性的。管委会和开发公司在人员设置上相互混合，负责人通常是互相兼任，即是通常所说的"两块牌子，一套班子"。在这种管理模式下，政府的管理具有双重性质，不仅行使审批、规划、协调等行政职

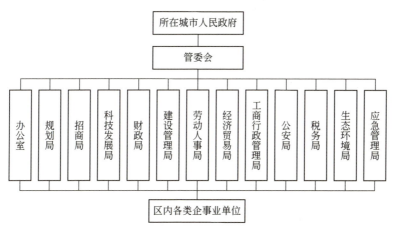

图3.3 "集中管理型"管理模式的化工园区管委会设置

能,同时还负责资金筹措、开发建设等具体经营事务,而开发公司基本上没有自我决策权。此种模式随着地方行政管理改革已基本转型为政企分开型管理模式。

图3.4所示为协作型的化工园区管委会设置。

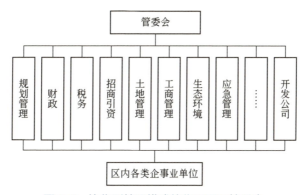

图3.4 协作型管理模式的化工园区管委会

另一种是政企分开型管理模式,即:管委会作为地方政府的派出机构,行使政府管理职权,不运用行政权力干预企业的经营活动,只起监督协调作用,而开发公司作为独立的经济法人,实现企业内部的自我管理,从而实现政府的行政权与企业的经营权相分离。政企分开模式,目前为国内大多数园区所采用。根据具体情况不同,又可分为三种类别:

① 管委会与开发公司并存,既设有管委会,又设开发公司,管委会负责宏观决策,监督、协调和项目审批,开发公司负责项目引进,经营各种基础设施。

② 管委会与专业公司并存，设立管委会和多个专业公司，由专业公司负责各项基础设施的建设。

③ 管委会与联合公司并存，管委会作为政府派出机构行使管理职权，而负责园区建设及项目引进的开发公司是由管委会与其他企业共同出资建立的股份公司。

（3）公司型管理模式

公司型管理模式（图3.5）又被称为企业型管理模式。这种管理模式主要是以企业作为园区的开发者与管理协调机构，政府并不设立派出机构，而是通过建立开发公司作为经济法人，组织区内的经济活动，并承担部分管理协调职能等。开发公司直接向所在地区政府负责，实行承包经营，担负土地开发、项目招标、建设管理、企业管理、行业管理和规划管理等职能。而园区的其他管理事务，如劳动人事、财政税收、工商行政、公共安全等，主要还是依靠政府的相关职能部门根据职责分工不同设置7个直管组织机构，分别为综合办公室、经济发展部门、规划建设部门、社会事务管理部门、招商投资服务部门、安全应急部门、生态环境保护部门。在实际工作中，由于监、管难分，该管理模式使用不多。图3.5所示为公司型管理模式的化工园区管理机构设置。

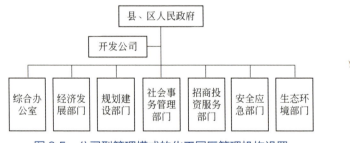

图3.5　公司型管理模式的化工园区管理机构设置

3.2.1.2　管理职能

化工园区（包括各类开发区）管委会在某种意义上是体制创新下的一种新型组织形态，我国现行法律体系中，只有地方性法规或行政规章对化工园区（包括各类开发区）管委会作出了"政府的派出机构"或只对管委会授权而不问其法律性质的一般性认定。我国各类开发区及其管委会在宪法、法律与行政法规中都很难找到支撑。从整体管理模式来看，国内化工园区（包括各类开发区）管理体制主要是行政主导型，通过政府的派出机构——管委会的形式来进行运作。

化工园区管委会总体职能：作为具体工作执行机构代表上级政府（政府型）或作为独立法人管理主体（公司型）对园区实施协调、管理和服务职能；负责化工园区的规划和建设的落实与监督；对所进园区的项目进行落地服务、监督和管理；协调环保、安监、消防、公安等职能部门，各负其责做好园区管理服务工作，为园区打造良好的发展环境；协调政府和有关部门，搞好化工园区服务工作；完成上级政府交办的其他事宜。

化工园区通常组织机构和管理职能如下：

（1）综合办公室

综合办公室主要职能包括组织负责园区党委、管委会机关日常事务和内部科室的组织协调服务，负责园区党委和管委会各项决定、规章制度的督促、检查工作；负责各级各类参观考察活动的组织、讲解和接待工作；负责各类调研报告、规范性文件起草收发、报送等文秘工作；负责园区党委和管委会的机要、信息、会务、档案和来信来访接待工作；负责园区人事、组织、党务、政务、宣传、精神文明、工会、社会治安治理、平安创建、廉政建设等工作；负责机关的资产管理和后勤保障工作等。

（2）经济发展部门

经济发展部门主要职能包括对园区企业实行宏观指导，规范企业行为，推进现代企业制度建设；负责园区内化工投资项目和技改项目的审批（审核）工作；协助入园企业办理建设项目的"一书二证"（即项目选址意见书、建设用地规划许可证、建设工程规划许可证）；协助有关部门组织项目工程验收；负责园区内企业技术改造和科研产品开发；负责园区企业项目的环保预审工作；负责制定园区产业扶持政策和技改奖励政策；负责做好签约项目的后期服务工作；负责园区技改项目的审核、企业管理、安全生产（包括企业基础设施及厂房、办公楼建设安全管理）等工作；负责园区企业经济运行分析、统计和生产企业水电等基本生产要素的服务协调工作；负责园区建设投资融资及财务工作；推荐评选优秀企业家和劳模工作；协助企业财务会计和内部审计工作；负责协调企业建设中涉及的政策处理工作等。

（3）规划建设部门

规划建设部门主要职能包括组织实施园区总体规划和（控制性）详细规划，并协调园区基础设施和配套设施的建设；协助入园企业按照园区的总体规划、详细规划和专项规划，落实好企业内部建设规划及施工标准；负责园区企业厂区规划和建设的管理工作，督促企业在建设过程中提高利用率；负责做好入驻企业的选址定点工作，引导企业入驻相应的功能区域；负责园内建筑工程的初步审查；负责入园项目水、电、气、暖、通信等配套设施接入的审批和服务工作；负责园区内企业的绿化美化、环境卫生等公共设施规划建设工作等。

（4）社会事务管理部门

社会事务管理部门主要职能包括园区范围内村民与企业纠纷、劳资纠纷的调处；负责社会矛盾的调处，社会治安综合治理；负责征拆安置转户和低保衔接工作；负责入园项目的水、电协调配套服务；负责园区已建成的道路、路灯、排水排污管网维护与维修；负责园区范围内绿化培植与管理；负责园区路灯亮化建设；负责园区环境卫生与保洁；负责园区各类公益活动的组织和其他专项活动等。

（5）招商投资服务部门

招商投资服务部门主要职能包括收集整理各种招商信息，组织园区招商引资优惠政策的对外宣传工作；负责各类展会的组织协调工作；负责园区招商项目的编写、上报和项目储备库建设；负责研究园区内外、国内外招商引资政策，制定园区招商战略、年度计划和工作目标；组织和实施入园项目的审核、考察、洽谈、签约、引进和上报工作；提出园区招商引资优惠政策；负责组织项目引进前、中、后的各项跟踪服务工作等。

（6）安全应急部门

安全生产监管局主要职能包括组织起草园区安全生产方面的规则、规程、措施；分析、预测园区安全生产形势，研究、协调和解决安全生产中存在的重大问题；制定化工园区安全生产发展规划、年度安全生产目标、阶段性工作目标、主要任务和实施方案；定期组织安全生产检查，排查安全生产事故隐患，并督促企业及时进行整改；负责园区生产安全伤亡事故统计和分析工作、依法参加安全生产事故的调查处理和办理结案工作，并监督事故查处的落实情况、研究制定园区安全生产应急救援预案，组织指挥和协调园区内安全生产应急救援工作；组织园区安全生产宣传教育工作，及时宣传贯彻落实国家、省、市有关安全生产的法律法规；督促生产经营单位主要经营管理者、安全管理人员、特种作业人员依法参加上级安全监管部门组织的安全资格培训；负责安全应急信息化建设；负责监督管理化工园区企业的安全生产工作；依法监督化工园区企业贯彻执行安全生产法律、法规情况及其安全生产条件和有关设备（特种设备除外）、材料、劳动保护用品的安全管理工作；依法监督检查化工园区新建、改建、扩建工程项目的安全设施与主体工程同时设计、同时施工、同时投产使用情况；依法监督检查生产经营单位作业场所职业卫生情况和重大危险源监控、重大事故隐患的整改工作，依法查处不具备安全生产条件的生产经营单位等。

（7）生态环境部门

生态环境部门主要职能包括贯彻国家、省、市落实生态环境及水资源管理方针政策、法律法规和标准规范；负责组织指导、协调生态文明建设工作；负责园区范围内环境污染事故和生态破坏事件的调查处理；负责突发生态环境事件的应急、预警工作；落实供水污水特许经营协议相关工作，负责供水污水处理设施的运行监管和服务监督；负责推进节约用水管理工作；负责实施重点流域、重点区域污染防治规划；负责污染物总量控制的落实；负责区域污染防治专项工作；负责固体废物管理；负责环境宣教工作；负责自然与生态保护工作；负责环保科技推广工作；组织开展重点企业清洁生产审核；参与指导和推动循环经济、清洁生产与环保产业发展工作；贯彻落实国家、省、市应对气候变化和推进绿色低碳发展的战略、规划和政策；负责组织各级环保专项资金申报；负责环境信息化建设；负责环境统计（污染源普查）工作；负责环境法制工作；负责园区"碳达峰碳中和"工作；负责日常环境监察管理工作等。

3.2.2 制度体系建设

化工园区通过建设园区制度体系来加强和规范化工园区建设管理及入园企业新建、改建、扩建化工投资项目管理，促进化工产业安全绿色、低碳集约、创新高效发展，进一步规范园区管理。制度体系包括管理体制、环境监管制度、资源监管制度、安全监管制度、项目准入和退出制度、责任关怀体系、其他管理制度等。

（1）管理体制

园区管理机构作为所在地人民政府的派出机关，要按照精简高效的原则，进一步整合归并内设机构，集中精力抓好经济管理和投资服务。加强对园区与行政区的统筹协调，完善园区财政预算管理和独立核算机制，充分依托所在地各级人民政府开展社会管理、公共服务和市场监管，减少向园区派驻的部门，逐步理顺园区与代管乡镇、街道的关系，依据行政区划管理有关规定确定园区管理机构管辖范围。

（2）环境监管制度

完善化工园区环境监管制度，提升环境治理能力，促进园区建成绿色、生态、循环经济园区。严格项目环境准入，刚性执行污染物处置标准，提升污染物收集及处置能力，扩大能源清洁化利用范围，强化环境监测监控能力，夯实环保基础设施建设，确保企业污染物排放全面达标。

（3）资源监管制度

落实最严格水资源管理制度，实行水资源消耗总量和强度双控，严格执行水资源论证制度，严格水土保持监督管理，防控废弃渣土水土流失危害，加强节约用水管理，推动现有园区全面完成污水集中处理，同步配套污水集中处理设施和污染在线监控系统。

（4）安全监管制度

坚持"安全第一、预防为主、综合治理"的原则，牢固树立安全红线意识，统筹发展和安全，着力建立安全监管制度，以制度织密织牢安全生产管控网。在规划、建设过程中要加强安全管理，严格执行安全设施"三同时"制度，强化安全执法能力建设和安全监管责任体系建设。加强园区各相关规划的衔接，严格落实安全生产和环境保护所需的防护距离，促进产业发展与人居环境相和谐。

（5）项目准入和退出制度

化工园区项目准入和退出制度的科学性和合理性，决定着园区的发展质量和发展方向。园区产业选择应符合国家产业政策、行业发展方向以及所在区域整体布局。要建立健全化工园区科学评价考核体系和项目准入、退出制度，就是否符合园区产业链特征、促进地方经济发展、安全环保、工艺先进性等指标，全方位客观评价申请入园项目。化工园区需要建立符合产业政策、规划，符合化工园区规划环境影响评价、产业规划等规范文件要求的项目准入、退出机制，严格禁止档次低、耗能高、污染超标的项目进入园区。

（6）责任关怀体系

建设责任关怀体系是推动化工园区与社会、民众和谐关系的有效保障。园区应立足自身实际，编制具有特色化、品牌化的责任关怀工作方案，积极强化园区安全环保意识，提醒并监督企业自觉履行安全环保义务，承担安全环保工作责任。

积极传播责任关怀理念，利用网络、新媒体等信息交流平台，大力宣传园区安全环保先进典型和化工科普常识，引导公众对园区加深了解，消除负面影响，共同创造和谐共存的良好氛围。

（7）其他管理制度

化工园区应根据园区需要建立其他管理制度，如企业动态评价机制、专家咨询机制、专业第三方服务机制、第三方保险机制、信息公开制度等。

3.3 化工园区规划

化工园区规划是园区空间发展的指南、可持续发展的蓝图，是各类开发保护建设活动的基本依据。建立权责清晰、科学高效的园区规划体系，整体谋划园区开发保护格局，综合考虑国土利用、生态环境保护、当地资源、消费市场、水资源、物流交通等因素，科学布局生产空间、生态空间、生活空间，是实现高质量发展的必然要求。做好化工园区顶层规划设计工作，旨在适度超前引领园区建设发展，为发展规划的落地实施提供有力保障。

化工园区规划工作贯穿园区开发和建设始终，是园区建设的纲领、是园区管理的依据。化工园区应当按照"生态优先、绿色发展，以人为本、安全发展，因地制宜、差异化发展"的原则，科学有序地建立一套完善的园区规模体系。

在中国石油和化学工业联合会牵头编制的团标《化工园区开发建设导则 第1部分 总纲》（T/CPCIF 0054.1—2020）（已通过国标立项，国标计划号20203820-T-469）中，明确化工园区规划体系包括产业规划、总体规划、详细规划和相关专项规划，应以产业规划为引领，总体规划、详细规划为基础，专项规划为技术支撑，实现系统协调统一。

在化工园区开发策划阶段，须开展的规划工作主要包括产业规划、总体规划；在建设运营阶段，园区须开展的规划工作主要包括详细规划，以及安全生产、生态环境保护、消防救援、综合交通、基础设施和公用工程等专项规划。

化工园区规划体系总体框架图见图3.6。

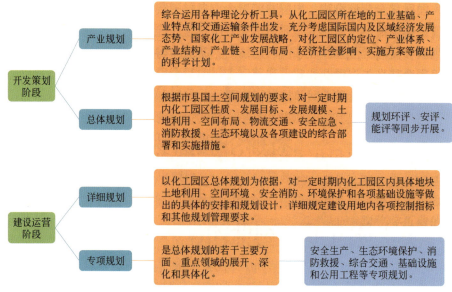

图 3.6　化工园区规划体系总体框架图

化工园区规划体系编制应系统、协调、统一，强化产业规划的统领作用，总体规划、详细规划的基础作用和专项规划的技术支撑作用，按照《中共中央国务院关于建立国土空间规划体系并监督实施的若干意见》提出的规划体系框架，参考工业和信息化部《关于促进化工园区规范发展的指导意见》（工信部原〔2015〕433号）中的要求，将园区的产业发展规划、总体规划、详细规划、各专项规划等规划、方案和技术文件融合为统一的"化工园区国土空间规划"，实现"多规化合一（融合）"。

3.3.1　产业规划的编制

产业规划亦称产业发展规划，是综合运用各种理论分析工具，从化工园区所在地的工业基础、产业特点、原料市场和交通运输条件出发，充分考虑国际国内及区域经济发展态势，国家化工产业发展战略，对化工园区发展的定位、产业体系、产业结构、产业链、空间布局、经济社会影响、实施方案等做出的科学规划。

3.3.1.1　主要任务

产业规划是制定化工园区总体规划、详细规划和专项规划等各类规划的基础。其顾名思义就是在充分分析外部经济与行业发展形势的大环境下，认真调研当地省市或园区（即规划对象）的资源特点、产业特色、周边市场、安全环保和能耗容量等的优势和不足；在正确的指导思想指引下提出产业规划原则和发展战略，确定产业定位、制定完善产业链（建链 - 强链 - 补链 - 延链 - 固链）和产业集群建设的途径和措施，并在此基础上明确在规划时限和规划范围内可以达到的经济和社会发展目标和效益，以及确定园区建设和招商方向等。

3.3.1.2 编制原则与要点

（1）编制原则

产业规划的编制首先需要明确产业边界，即能发展什么产业，不能发展什么产业，或者说能招什么项目，不能招什么项目。产业规划应坚持循环化和集约化、绿色化、高端化的发展方向。化工园区产业规划应遵循统一规划、滚动发展，统筹布局、集群发展，集约要素、高端发展，市场导向、特色发展，创新驱动、转型发展，经济建设与生态文明相协调的编制原则。

① 统一规划，滚动发展　由于园区和区内企业的生产运营始终处于动态变化之中，规划也应随着产业发展的实际情况进行调整和完善。未来随着园区产业规模的扩大及产业质量的提升，其产业结构应与经济社会相适应而滚动发展。

② 统筹布局，集群发展　化工园区在发展不同类型产业时，应综合考虑规划项目与现有产业或企业之间的关联程度，明确其在产业链条中的位置，并据此统筹项目的空间布局，以实现资源最优化配置，提高生产效率；同时对其能否延伸产业链条或提升现有产业技术水平进行评价与考察，以促使规划项目更好地融入产业集群，增强区域内整体产业发展潜力并提升产业的整体竞争力。

③ 集约要素，高端发展　对化工园区现有产业，应重视资源要素的集约利用，加快传统产业技术改造和产品升级换代步伐，鼓励企业加大研发和新产品培育力度，引领行业发展；坚持发展具有较强竞争力的高端精细与专用化学品和化工新材料，进一步优化产品结构，形成主导产品优势，提升核心竞争力。

④ 市场导向，特色发展　产品市场的开发和培育是化工园区产业发展的关键。只有把握稳定的下游消费市场，才能在竞争中立于不败之地。规划遵循市场经济规律，以产品的市场需求为前提，项目设计从当地的市场条件

实际情况出发，确保规划项目实施后具有良好的经济效益。

⑤ 创新驱动，转型发展 "创新驱动，转型发展"是现今国内外发展环境的重大变化对化工园区提出的新要求，园区应紧密依靠制度创新、科技创新和管理创新，建立完善的创新体系，使创新资源有效集聚、创新能力显著增强、创新效益大幅提升，形成创新发展格局；进而以创新为驱动力。

⑥ 经济建设与生态文明相协调 一方面，化工园区应始终坚持以经济建设为中心，全面推行清洁生产，推广节能技术和产品，强化环境污染防治和资源综合循环利用，努力形成高附加值、低能耗、低污染、低排放的高端低碳产业循环发展新模式，最终实现经济建设与生态文明的协调统一。

（2）编制要点

园区产业发展规划主要内容应该包括：

① 总论 主要包括规划背景、规划目的、规划时限和范围、编制依据等。

② 园区产业发展的外部环境分析 主要包括国内外的经济形势、石化化工行业现状和发展趋势等。

③ 园区基础条件及发展现状分析 主要包括园区基础条件分析和产业发展现状分析等。

④ 园区产业重点发展方向研究 主要包括产业重点发展方向研究和产业链方案。

⑤ 规划效果分析 主要包括如经济效益分析、社会效益分析。

⑥ 保障措施及建议 主要是为实现规划目标应采取的路径、措施和建议。

3.3.1.3 需提供的资料清单

在做化工园区产业规划前，规划组织单位应积极配合规划编制单位，为规划编制单位提供尽量详细的基础资料，协助规划编制单位开展现场调研工作，以便规划编制单位深入了解园区情况，编制更加科学、合理的产业规划。

① 近期公布的省市国民经济和社会发展统计公报、上位规划等。

② 园区以往的相关审批文件、产业规划、总体规划、环评报告等。

③ 园区企业名单、主要产品及规模汇总表。

④ 园区最新基本情况。
⑤ 园区配套设施情况和公用工程费用等。
⑥ 园区在谈项目情况（包括名称、规模、进展等）。
⑦ 园区内企业和招商企业情况调查表（含企业基本情况及生产情况等）。
⑧ 园区可提供的其他资料。

3.3.2 总体规划的编制

3.3.2.1 主要任务

化工园区总体规划是根据市县国土空间规划的要求，对一定时期内化工园区性质、发展目标、发展规模、土地利用、空间布局、物流交通、安全应急、消防救援、生态环境以及各项建设的综合部署和实施措施。

3.3.2.2 编制原则与要点

（1）编制原则

① 底线约束、绿色发展　坚持保护优先、集约节约，在资源环境承载能力与国土空间开发适宜性评价的基础上，优先划定不能进行开发建设的空间范围，严格落实上级规划的管控性要求和约束性指标。

② 本质安全、提升品质　按照"统一规划、合理布局、严格准入、一体化管理"的原则，做好园区的规划和企业布局，将园区内企业之间的相互影响降到最低。

③ 多规合一、全域管控　坚持以企业为中心，优化国土空间功能和布局，统筹生产、生活、生态空间。落实主体功能区战略和制度，将各相关专项规划叠加到统一的国土空间基础信息平台上，形成园区全域"一张图"。

④ 因地制宜、分类指导　尊重规律，前瞻谋划，科学分析，根据自然禀赋、人文特色、不同地区发展阶段特征和需求，有针对性地开展规划编制工作。坚持问题导向和目标导向，鼓励规划"留白"，确保规划能用、管用、好用。

⑤ 多方参与、科学决策　按照"政府组织、专家领衔、部门合作、公众参与、科学决策"的工作组织方式，坚持落实责任、部门协同，坚持"开门编规划"，强化规划全过程公众参与，扩大公众和社会各界参与程度，不断完善公众参与制度，建立专家咨询机制，发挥不同领域专家的作用，提高

规划科学决策水平。

（2）编制要点

化工园区总体规划应统筹统领和综合平衡各专项规划的相关需求，各类基础设施、公用工程、安全生产、生态环境保护、消防救援等设施应统筹衔接、共建共享。化工园区总体规划应包括安全生产、消防救援、生态环境保护和综合防灾减灾的章节或独立编制相关专项规划。化工园区总体规划编制要点包含以下几方面内容：

① 现状分析　结合园区现状用地底图，分析国土空间开发利用的趋势变化、结构布局、程度效益，总结国土空间开发利用的特点和问题，提出优化完善建议。

② 规划实施评估　全面评估现行城乡规划、土地利用规划以及国土空间规划的实施情况，总结成效、分析问题，明确规划的重点，提出国土空间开发保护格局优化的建议。

③ 风险评估　科学评判国土安全、气候安全、生态环境安全、水安全、能源安全等对园区周边带来的潜在风险和隐患，提出规划应对措施。

④ 重大问题研究　化工园区总体规划应结合实际，开展以下重大问题研究。主要包括：国土空间开发保护战略、产业布局、自然资源保护利用、土地资源节约集约利用、水资源合理利用与配置、生态保护修复、规划运行保障等。

3.3.2.3　需提供的资料清单

编制化工园区总体规划应收集基础测绘、土地、水、海洋、林草、地质、矿产、生态、环境、灾害、经济、基础设施和公用工程、航运岸线等方面的基础数据和资料，以及相关部门规划成果、管理数据等，对基础资料进行分类整理和初步分析。基础资料收集可参考如下分类：

① 园区范围与区位条件　园区范围与区划、毗邻地区等情况；区位优势、所处地域优势和产业优势情况。

② 自然条件与自然资源　气候气象、地貌、土壤、植被、水文、地质、自然灾害（如洪涝、地震、地质灾害）等情况；水资源、矿产资源等情况。

③ 人口情况　企业数量、职工人数、人口密度等情况。

④ 经济情况　园区经济综合发展状况、产业结构、主导产业状况及发展趋势等情况。

⑤ 园区建设　道路交通、基础设施和公用工程等情况。
⑥ 其他　生态环境保护、安全生产、消防救援等情况。
⑦ 相关规划成果　地形图、遥感影像图、上一轮土地利用总体规划、上一轮城乡规划、上一级国土空间总体规划等。

3.3.3　详细规划的编制

3.3.3.1　主要任务

化工园区详细规划的主要任务是，以化工园区总体规划为依据，对一定时期内化工园区内具体地块土地利用、空间环境、安全消防、环境保护和各项基础设施等作出具体的安排和规划设计，详细规定建设用地内各项控制指标和其他规划管理要求。化工园区详细规划为土地综合开发和规划管理提供必要的依据，同时用以指导修建性详细规划的编制。

3.3.3.2　编制原则与要点

（1）编制原则

① 区域协调原则　以上位规划为依据，从区域环境来分析园区发展的功能目标，以园区产业结构优化和产业布局为指导，结合区域发展趋势把握园区内功能区的布局结构、基础设施和公用工程配套和综合交通体系建立，促进区域协调发展。

② 和谐发展原则　力求保护和合理利用现有的山体、林木及水体，结合园区绿地系统的建设，提高绿化覆盖率，将绿色贯穿整个园区规划，体现人与自然和谐共存的生态环境理念。

③ 可持续发展原则　力求通过园区建设带动地区经济发展，以取得环境效益和社会经济效益的双赢，并十分注重分期建设和经济技术的可行性。

④ 现代化原则　在规划中注重运用新思维、新观念，在建筑和环境设施方面力求运用高新技术，以体现环境质量、生活质量、社会服务及管理的现代化。

⑤ 弹性的原则　根据园区内产业项目发展的特点，为园区提供可大可小、可分可合，具有较大选择自由度的用地地块。

⑥ 土地利用最优原则　结合区域产业发展态势及基础设施和公用工程设施空间布局，最大程度挖掘土地价值的潜力，确保土地价值利用最大化，

体现市场的实效性。

⑦ 可操作性原则　充分考虑规划的实施时序、动迁因素、资金因素、政策因素等其他不可预见因素，在规划中引入"刚性控制＋弹性控制"规划理念，确保规划实施的可操作性。

(2) 编制要点

① 指标控制　详细确定规划用地范围内各类用地的界线和适用范围，提出各地块用地规模、建筑控制高度、建筑系数、容积率、绿地率等控制指标；规定各类用地内适建、不适建、有条件可建的建筑类型。规定基础设施和公用工程设施配套、建筑后退红线距离等。控制指标分为规定性指标和指导性指标两类，规定性指标是在规划管理时必须执行的指标；指导性指标是供管理者和设计者参考的指标。

a. 规定性指标　规定性控制指标可包含用地性质、用地面积、建筑系数、建筑控制高度、容积率、绿地率、建筑后退红线距离、出入口位置、基础设施和公用工程配套、行政办公及生活服务设施用地所占比重等。

b. 指导性指标　指导性指标包含建筑形式、体量、风格要求，建筑色彩要求和其他环境要求等。

② 综合交通　规划园区铁路运输系统、水路运输系统、道路运输系统和管道运输系统等。确定园区范围内的路网系统及其与外围道路的联系，并在总体规划道路网络等级结构上对园区范围内道路系统进行深化细化。规定各级道路的走向、红线宽度、断面形式、交叉口形式、渠化措施、主要控制点坐标和标高等。提出危险品运输、大件运输等专用通道。确定公共交通场站、危险品运输车辆停车场等交通设施用地界线，确定园区公共管廊带防护设计要求。

③ 基础设施与公用工程　确定园区雨水、电信等基础设施的规划容量，工程管线的走向、管径和工程设施的用地界线；确定给水、污水、电力、供热、工业气体、公共管廊、一般工业固体废物处置、危险废物处理处置等公用工程的规划原则、建设标准和布局要求；确定园区公共埋地管线平面、竖向位置，材质和断面，校核道路断面；确定园区长输管道敷设方式、埋设深度、管道位置、用地界线等，提出管控要求；提出园区基础设施和公用工程的安全保障措施。

④ 安全、环保、消防要求　确定园区外部安全防护距离、土地安全规划控制线和安全保障设施布局等；确定园区生态环境保护目标，提出事故应急设施（池）、污水集中处理厂及其配套管网等环保基础设施的规划容量、

用地界线及控制要求；确定园区消防站数量、位置和规模，提出消防道路、消防供水、消防供电、消防通信等规划要求。

3.3.3.3 需要提供的清单资料

① 已批准的城市总体规划或分区规划的规划技术文件及其他必要文件，化工园区的区域位置、性质、地位、作用及相互影响等。

② 准确反映化工园区近期现状的地形图（比例尺1∶1000—1∶2000）。

③ 土地现状利用资料，城乡规划主管部门提供化工园区范围内用地的拨地红线图，规划区以及周围的用地情况（比例尺1∶1000或1∶2000）。

④ 建筑现状资料，包括各类建筑的分布、建筑面积、建筑质量、层数、性质等资料。

⑤ 公用工程、基础设施及管网现状资料。

⑥ 土地经济分析资料，包括地价等级、土地级差效益、有偿使用状况、开发方式等。

⑦ 有关气象、水文、地质和地震资料。

⑧ 化工园区发展历史资料。

⑨ 化工园区及所在城市环境保护相关资料。

⑩ 化工园区及周边消防设施资料。

⑪ 化工园区内企业基础资料。

应根据化工园区的特点择其重点搜集研究。

3.3.4 专项规划的编制

化工园区专项规划是在化工园区总体规划的框架下，针对化工园区的某一方面或某一个特定问题而制定的规划，包括且不限于表3.1所列出的内容。

表3.1 化工园区专项规划类型一览表

序号	一级	二级
1	安全生产专项规划	
2	消防救援专项规划	
3	生态环境保护专项规划	
4	智慧园区建设专项规划	
5	封闭管理专项规划	

续表

序号	一级	二级
6	职业健康专项规划	
7	绿色低碳发展专项规划	循环化改造专项规划
		循环经济专项规划
		水资源综合利用专项规划
		非常规水利用专项规划
		可再生能源利用专项规划
		节能降碳专项规划
8	综合交通专项规划	铁路运输系统专项规划
		水路运输系统专项规划
		管道运输系统专项规划
		道路运输系统专项规划
		物流交通系统专项规划
		危险品车辆停车场专项规划
		交通管理与安全专项规划
9	基础设施与公用工程专项规划	给水工程专项规划
		排水工程专项规划
		电力工程专项规划
		通信工程专项规划
		供热工程专项规划
		燃气工程专项规划
		工业气体工程专项规划
		工程管线综合专项规划
		事故应急设施（池）工程专项规划
		一般工业固体废物处置工程专项规划
		危险废物处理处置工程专项规划
		公共管廊工程专项规划
		长输管道专项规划

续表

序号	一级	二级
10	环境景观类专项规划	绿地系统专项规划
		河湖水系专项规划
11	综合防灾专项规划	抗震防灾专项规划
		防洪（潮）专项规划
		防涝专项规划
		气象灾害防御专项规划
		地质灾害防护专项规划

其中，安全生产、生态环境保护、消防救援专项规划为化工园区重点编制的专项规划，其他专项规划应根据园区需要组织编制。专项规划是总体规划的若干主要方面、重点领域的展开、深化和具体化，必须符合总体规划的总体要求，并与总体规划相衔接。

3.3.4.1 安全生产专项规划

（1）主要任务

化工园区安全生产专项规划应衔接化工园区产业规划、总体规划、详细规划及园区所在地国土空间规划内容，满足现行安全生产法律、法规和标准规范相关要求，对园区的选址安全、总体布局安全、周边土地规划安全控制线和公用设施安全保障、园区安全设施和应急救援等方面进行风险分析和规划控制，并作为建设项目入园安全许可的依据。

（2）编制内容

① 园区整体风险分析　开展园区危险有害因素辨识与分析、进行典型事故后果计算分析、进行园区整体个人风险和社会风险定量计算和分析。

② 园区危险品运输风险分析　开展园区危险品公路、铁路、水路和管道运输统计分析，进行危险品运输风险定量计算和分析。

③ 园区选址安全　开展园区选址安全政策、法律法规和标准规范符合性分析。

④ 园区外部安全防护距离规划　根据定量风险计算和外部安全防护距离标准，进行园区外部安全防护距离现状符合性分析。

⑤ 园区土地使用安全规划控制线及隔离带规划　根据园区开发现状、总体规划和产业规划，以及事故后果和风险状况，设置园区外部土地使用安

全规划控制线，对园区周边土地实施限制性开发。

⑥ 园区安全功能分区及多米诺效应防护规划　开展园区危险化学品生产装置和储存设施多米诺效应计算和分析，结合园区整体风险状况，进行园区安全功能分区，为园区功能分区和土地开发提出安全要求。

⑦ 园区封闭与危险品运输系统安全规划　对园区封闭化管理模式、卡口、物理围栏、电子围栏、视频监控、危险品运输车辆停车场、危险品运输路线、危险品运输管控系统等进行设计规划。

⑧ 水、电、汽、风等公用工程安全保障能力规划　对园区生产和生活用水供水水源和供水能力，供电电源和供电负荷，以及蒸汽、仪表风等供给保障能力进行分析，并提出安全保障要求。

⑨ 医疗救护系统规划　针对园区可能事故类型和后果危害分析，对园区医疗急救队伍、急救医疗器械和药品储备，医疗紧急转运系统等进行规划。

⑩ 气体防护系统规划　对站点选址、站点防护配备、急救配备、检测配备、个人防护设备、专用车辆和通信设备，以及运行机制等进行规划。

⑪ 应急物资储备系统规划　对应急物资储备机构、应急物资储备方式、应急物资储备、应急物资储备信息系统、应急物资紧急调运进行规划。

⑫ 自然灾害引发安全事故系统规划　对地震、洪水、泥石流、海啸、台风等自然灾害引发的生产安全事故进行预防性规划建设。

⑬ 安全监测预警与应急救援指挥系统规划　建设重大危险源检测预警信息系统、安全生产和应急救援指挥系统、公共管廊综合管理信息系统、雷电预警系统、红外检测预警系统。

⑭ 安全风险管控体系规划　对园区安全和应急管理体制机制、管理机构和队伍、全过程安全管理制度、安全生产应急预案体系、第三方服务、黑名单制度、承包商安全管理等提出规划。

3.3.4.2　消防救援专项规划

（1）主要任务

化工园区消防建设是保障园区安全生产、应急救援的重要基础内容。化工园区消防救援专项规划应满足现行法律、法规和标准规范相关要求，与园区的总体规划、详细规划等上位规划相协调，分析消防设施现状、梳理园区火灾风险隐患、评估园区消防应急能力、优化消防安全布局、协调园区公共消防设施建设等内容，为园区消防决策管理提供基础依据，为园区综合应急救援体系构建提供基础保障。

（2）编制内容

① 园区火灾风险分析　采用重大危险源辨识、定性或定量的风险评估方法对不同功能区的火灾危险性进行分析，确定园区不同功能区的火灾风险等级，并根据火灾风险等级和消防重点保护的需要，将化工园区规划建成区分为两大类：火灾高风险区（也称重点消防区）和火灾低风险区（也称一般消防区）。

② 消防安全布局　根据化工园区内企业的工艺、装置的风险类别、火灾风险等级，采用防火隔离带、水系等进行区块划分，包括园区的总平面规划、企业规划、危险品场所规划、管廊与管道规划等。

③ 消防站　园区、周边消防站与企业消防站现状、位置规划、类型规划。

④ 消防装备　各消防站装备配备规划、企业消防站装备配备、专业处置队装备配备。

⑤ 消防道路　一级消防通道、二级消防通道、三级消防通道及危险品运输通道的规划。

⑥ 消防给水　市政给水管网规划、消防水池规划及天然水源的利用。

⑦ 消防监控预警　可燃气体监控预警、火灾监控预警、消防联动控制等。

⑧ 消防通信　园区消防调度指挥专用无线通信网的规划，公众无线通信网作为消防无线通信网的补充。

⑨ 化工园区排水与事故池　排水排污规划、事故池规划。

⑩ 化工园区封闭管理　危险品停车场规划、周界报警系统规划、视频监控系统规划。

⑪ 应急救援信息化　监控预警系统规划、应急救援响应系统、应急物资支持系统、应急预案管理等。

3.3.4.3　生态环境保护专项规划

（1）主要任务

化工园区生态环境保护专项规划应根据园区环境现状、污染源分布、周边环境敏感目标、产业规划方向，结合园区环境保护设施建设现状，协调基础设施和公用工程规划，进行科学编制。化工园区管理部门应按照生态环境保护专项规划，开展生态环境保护能力建设，定期进行跟踪评价并及时整改。

（2）编制内容

① 环境空气保护规划　分析园区规划范围内的环境质量现状、环境质量变化趋势、周边环境敏感目标、现有企业及污染源分布、环境保护措施、环境管理、存在的环境问题等结合产业规划和总体规划、规划环境影响评价确定园区资源利用上线、生态环境质量底线，建立项目准入清单及负面清单，制定化工园区清洁生产、循环经济体系建设规划。

② 水资源利用与水污染防治规划　根据园区内企业的产业、工艺及废水污染源，提出园区的雨污分流和节水管控要求，确定污水收集和集中处理、集中排放口建设方案，提出中水利用和水污染物污染控制要求和措施等。

③ 固体废物处置规划　根据园区固体废物生产情况，提出园区固体废物分类收集、综合利用，危险废物贮存、转运、处理处置等要求和实施方案。

④ 土壤环境保护规划　提出园区土壤、地下水监测及监控管理计划、分区防渗要求、生态环境治理与修复要求。

⑤ 声环境保护规划　根据园区噪声污染源及园区周边声环境保护目标分布情况，提出园区内交通噪声、生产噪声、施工噪声控制规划。

⑥ 生态环境保护规划　根据园区内企业的产业、工艺及废气污染源，提出园区的集中供热、能源结构优化、环境准入等源头控制措施，常规、特征污染因子的污染控制要求和措施等。

⑦ 环境风险防范规划　根据园区生态环境风险源情况、环境风险评估结果，提出园区环境风险防范措施防控体系、突发环境污染事件应急能力风险防控体系建设规划。

⑧ 环境监测及管理规划　根据园区周边环境特点及污染源特点、规划环境影响评价文件及其审查意见，提出园区及周边环境空气、地表水、土壤、地下水、声环境等方面的环境监测方案的规划；制定覆盖环境空气、地表水、地下水、土壤等环境监控管理体系规划。

3.3.4.4　其他专项规划

化工园区其他专项规划也必须符合园区总体规划要求，并与总体规划相衔接。化工园区可根据园区实际工作需求，对能源、自然资源开发、水利、交通、公用工程、低碳发展、智慧园区建设等相关领域进行专项规划的编制工作。化工园区其他专项规划编制应依据产业规划和园区总体规划要求，合理确定规划指标和规模，按照国家相关法律法规和相关规范要求，形成专项规划的编制成果。

3.4 化工园区项目准入与评价

3.4.1 概述

化工园区要牢固树立安全发展、绿色发展理念，强化源头管控，推进产业结构调整，科学审慎引进化工项目，建立和完善项目的准入评价制度，严格把控入园项目，从源头降低园区的安全、环境风险。同时，化工园区应对存量项目进行持续性跟踪评价，对不符合园区发展方向和要求的项目进行及时淘汰，持续推进园区产业结构优化升级。

3.4.2 原则

化工园区在园区开发建设初期就应该制定适应区域特点、科学的项目准入管理制度，要把符合安全生产标准、资源环境容量要求和有利于完善园区产业链，作为项目准入的前置条件。

化工园区应严格化工项目准入条件，制定完善的化工产业发展规划，制定并完善涉及"两重点一重大"危险化学品建设项目立项联合审批机制；要结合现有化工产业特点、资源优势、专业人才基础和安全监管能力等情况，制定新建化工项目准入条件，制定完善危险化学品"禁限控"目录，支持危险化学品生产企业开展安全生产技术改造升级，依法淘汰达不到安全生产条件的产能。

化工园区项目应根据项目特点，符合立项、环境影响评价报告、安全预评价报告、涉及特定项目社会稳定性风险评估报告、资源利用（节能、节水）等专项评估的审批要求。

3.4.3 具体构建

3.4.3.1 项目评价程序

可根据管理要求或管理程序，建立化工园区项目国家、地方、园区三级准入和评价体系，由具备相关评价权限的管理机构组织建设评价小组，评价小组可以由管理机构的领导、各部室、行业主管部门、专家等组成，或委托专业第三方进行项目评价。根据化工园区的类型、级别、危险性、管理难度、发展方向等特点，建立评价指标体系，对入园项目进行准入评价，对现有存量项目进行持续性评价。

3.4.3.2 制订项目准入与评价制度

（1）制订项目准入与评价制度

化工园区项目准入与评价主要文件可见表3.2。

表3.2 化工园区项目准入与评价主要文件

序号	文件名称
1	《中华人民共和国安全生产法》
2	《中华人民共和国节约能源法》
3	《中华人民共和国清洁生产促进法》
4	《中华人民共和国环境保护法》
5	《化工园区安全风险排查治理导则（试行）》
6	《危险化学品企业安全风险隐患排查治理导则》
7	《环境影响评价公众参与办法》
8	《国家发展改革委重大固定资产投资项目社会稳定风险评估暂行办法》
9	《关于开展提升危险化学品领域本质安全水平专项行动的通知》（安监总管三〔2012〕87号）
10	《关于促进化工园区规范发展的指导意见》（工信部原〔2015〕433号）
11	《建设项目安全设施"三同时"监督管理办法》（国家安全生产监督管理总局令36号第77号修正）
12	《危险化学品重大危险源监督管理暂行规定》（国家安全生产监督管理总局令40号第79号修正）
13	《危险化学品建设项目安全监督管理办法》（国家安全生产监督管理总局令45号第79号修正）
14	《关于促进石化产业绿色发展的指导意见》（发改产业〔2017〕2105号）
15	《关于提升危险废物环境监管能力、利用处置能力和环境风险防范能力的指导意见》（环固体〔2019〕92号）
16	《中共中央办公厅国务院办公厅印发关于全面加强危险化学品安全生产工作的意见》
17	《全国安全生产专项整治三年行动计划》（安委〔2020〕3号）
18	《工业项目建设用地控制指标》
19	《产业结构调整指导目录》
20	《石油和化工产业结构调整指导目录》
21	《外商投资产业指导目录》
22	《鼓励外商投资产业目录》

续表

序号	文件名称
23	《产业发展与转移指导目录》
24	《中西部地区外商投资优势产业指导目录》
25	《市场准入负面清单》
26	《危险化学品目录》
27	《剧毒化学品目录》
28	《易制毒化学品的分类和品种目录》
29	《重点监管危险化工工艺目录》
30	《易制爆危险化学品名录》
31	《高耗能落后机电设备（产品）淘汰目录》
32	《高耗水工艺、技术和装备淘汰目录》
33	国家安全监管总局《淘汰落后安全技术装备目录（2015年第一批）》
34	国家安全监管总局《淘汰落后安全技术工艺、设备目录（2016年）》
35	国家安全监管总局《推广先进与淘汰落后安全技术装备目录（2017年）》
36	国家安全监管总局、科技部、工业和信息化部《推广先进与淘汰落后安全技术装备目录（第二批）》，2017年
37	《应急管理部办公厅关于印发〈淘汰落后危险化学品安全生产工艺技术设备目录（第一批）〉的通知》（应急厅〔2020〕38号）
38	《环境保护综合名录》
39	《高污染燃料目录》
40	《危险化学品企业安全分类整治目录》
41	《化工园区建设标准和认定管理办法》

近年来，国家颁布了《环境保护部关于加强化工园区环境保护工作的意见》（环发〔2012〕54号）、《工业和信息化部关于促进化工园区规范发展的指导意见》《化工园区安全风险排查治理导则（试行）》（工信部原〔2015〕433号）、《化工园区建设标准和认定管理办法（试行）》（工信部联原〔2021〕220号）、《国家发展改革委商务部关于印发〈市场准入负面清单（2020年版）〉的通知》（发改体改规〔2020〕1880号）、《产业结构调整指导目录（2019年本）》（2021年修订）等多个文件从不同方面对化工园区项目准入提出了要求。2021年，"三线一单"（生态保护红线、环境质量底线、资源开发利用上线和环境准入清单）被纳入党中央国务院出台的多项重大政策和规划中，"三线一单"是区域生态环境准入和区域环境管理的重要依据。《化工园区建设标准和认定管理办法（试行）》，要求化工园区管理机构应严

格根据《化工园区总体规划》和《化工园区产业规划》，制定适应区域特点、地方实际的《化工园区产业发展指引》和危险化学品"禁限控"目录。

化工园区应以安全、集约、绿色、低碳和高质量发展为基本原则，建立入园项目准入评价和存量项目评价制度。以项目立项审批作为时间节点，立项审批前作为入园项目准入评价阶段，立项审批后作为存量项目评价阶段。宜从合规性、产业发展、技术水平、安全风险控制、污染控制、应急管理、能源消耗控制、资源利用、信息化、经济效益、社会效益、投资者实力等几个方面建立评价指标体系，推荐的准入和评价指标见表 3.3。

表 3.3 推荐的化工园区项目准入和评价指标

一级指标	二级指标	序号	三级指标	准入评价 约束性/引导性指标	存量项目评价 约束性/引导性指标
合规性	政策合规	1	相关产业政策	约束性指标	约束性指标
		2	行业标准规范	约束性指标	约束性指标
	规划合规	3	国土空间规划	约束性指标	约束性指标
		4	总体规划	约束性指标	约束性指标
		5	产业发展规划	约束性指标	约束性指标
		6	安全专项规划	约束性指标	约束性指标
		7	环保专项规划	约束性指标	约束性指标
	专项评价合规	8	专项评价与审批	—	约束性指标
产业发展	产业定位	9	产业关联度	约束性指标	约束性指标
		10	产业特色	引导性指标	引导性指标
		11	功能配套产业	引导性指标	引导性指标
	市场前景	12	生命周期	引导性指标	引导性指标
		13	市场地位	引导性指标	引导性指标
		14	市场前景	引导性指标	引导性指标
		15	市场增长率	引导性指标	引导性指标
	产业化条件	16	原辅料供应	引导性指标	引导性指标
		17	产品市场半径	引导性指标	引导性指标
技术水平	技术成熟度	18	生产工艺	约束性指标	约束性指标
		19	生产装备水平	引导性指标	引导性指标

续表

一级指标	二级指标	序号	三级指标	准入评价 约束性/引导性指标	存量项目评价 约束性/引导性指标
技术水平	技术可获得性	20	技术来源	引导性指标	引导性指标
	清洁生产	21	清洁生产水平	约束性指标	约束性指标
安全风险控制	本质安全	22	重点监管的危险化工工艺	约束性指标	约束性指标
		23	工艺安全可靠	—	约束性指标
		24	自动化水平	引导性指标	引导性指标
		25	重点监管的危险化学品	约束性指标	约束性指标
		26	大宗危险化学品储运	约束性指标	约束性指标
		27	危险化学品重大危险源	约束性指标	约束性指标
	防护距离	28	防火间距	—	约束性指标
		29	外部安全防护距离	约束性指标	约束性指标
污染控制	三线一单	30	三线一单	约束性指标	约束性指标
	污染物达标	31	废气治理	约束性指标	约束性指标
		32	废水治理	约束性指标	约束性指标
		33	固体废物管理	约束性指标	约束性指标
		34	噪声污染防控	约束性指标	约束性指标
应急管理	应急准备	35	安全风险等级	—	约束性指标
		36	环境风险等级	—	约束性指标
		37	应急物资装备	约束性指标	约束性指标
		38	应急救援队伍	约束性指标	约束性指标
	应急培训及演练	39	应急培训	—	约束性指标
		40	应急演练	—	约束性指标

续表

一级指标	二级指标	序号	三级指标	准入评价 约束性/引导性指标	存量项目评价 约束性/引导性指标
能源消耗控制	能耗管理	41	能源消费总量	约束性指标	约束性指标
		42	万元产值能耗	约束性指标	约束性指标
		43	单位产品能源消耗限额	约束性指标	约束性指标
		44	节能设备和工艺	引导性指标	引导性指标
	能源结构	45	燃料管控	约束性指标	约束性指标
	碳排放管理	46	碳减排	约束性指标	约束性指标
		47	碳达峰与碳中和	约束性指标	约束性指标
资源利用	循环经济	48	能源梯级利用	引导性指标	引导性指标
		49	工业用水重复利用率	引导性指标	引导性指标
		50	中水回用率	引导性指标	引导性指标
	资源约束	51	建设用地控制指标	约束性指标	约束性指标
		52	单位产品用水定额	约束性指标	约束性指标
信息化	信息化管理	53	安全信息化	引导性指标	引导性指标
		54	环保信息化	引导性指标	引导性指标
		55	生产管理信息化	引导性指标	引导性指标
经济效益	投入指标	56	固定资产投资总额	约束性指标	约束性指标
		57	投资强度	约束性指标	约束性指标
	产出指标	58	单位土地应税销售收入	约束性指标	约束性指标
		59	单位土地税收	约束性指标	约束性指标
社会效益	社会责任	60	责任关怀	引导性指标	引导性指标

续表

一级指标	二级指标	序号	三级指标	准入评价 约束性/引导性指标	存量项目评价 约束性/引导性指标
社会效益	社会责任	61	信息公开	约束性指标	约束性指标
投资者实力	经济实力	62	资金实力	引导性指标	引导性指标
	诚信守法	63	资信评价	引导性指标	引导性指标
		64	安环事故	约束性指标	约束性指标
		65	行政处罚	约束性指标	约束性指标
	运营管理	66	行业经验	引导性指标	—
		67	团队人才	引导性指标	引导性指标

注：约束性指标是必选指标，引导性指标是可选指标。

① 合规性　项目应符合国家和地方相关产业政策、行业标准规范要求，符合国家和地方的国土空间规划，以及园区的总体规划、产业发展规划、安全和环保等专项规划，符合相关专项评价的具体要求，符合园区规划环境影响评价、园区整体性安全评价及审查意见要求。项目不应属于《环境保护综合名录》中的"双高"产品或重污染工艺，不属于高耗能、高排放项目。

对已列入淘汰和禁止目录的产品、技术、工艺和装备以及存在重大安全隐患、不具备安全和环保生产条件、不符合本地产业发展规划的项目应禁止进入园区。

② 产业发展　国家发展改革委工业和信息化部《关于促进石化产业绿色发展的指导意见》（发改产业〔2017〕2105号）要求，推动园区循环经济发展，构建循环经济产业链，提高产业关联度和循环化程度。化工园区应优先引进有利于形成相对完整的"上中下游"产业链和主导产业，实现化工园区内资源的有效配置和充分利用；优先引进特色产业、重点招商目录扶持类项目，或与化工产业协同发展的配套类项目。

项目产品宜处于生命周期的成长期或成熟期。项目产品宜具有一定市场前景及增长率。项目所采用的技术应具备产业化条件。

③ 技术水平　装置规模及工艺技术是园区项目准入的重要方面，国内石化园区发展初级阶段由于不太注重这方面要求，一些入园项目建成之后即

面临淘汰或没有经济性，园区不得不采取"腾笼换鸟"的办法将这些企业置换出去，造成经济上的浪费和投资损失。原则上，新入园项目的装置工艺技术水平应达到同行业国内先进水平，装置规模应符合行业准入标准、达到或超过行业内平均水平。项目应采用清洁生产工艺，所采用的技术应成熟可靠，并且具有可获得性。

④ 安全风险控制　新入园项目应考察其项目安全管理体系及能力水平，入园企业应优先考虑已取得国际职业健康安全管理体系（OHSAS18001，QHSE）认证或国家安监总局安全生产标准化二级以上证书的企业。把符合安全生产标准、园区产业链安全和安全风险容量要求，作为危险化学品企业准入的前置条件，大力支持产业匹配、工艺先进的企业入园建设，严格禁止工艺设备设施落后的项目入园，严格限制本质安全水平低的项目建设。

危险化学品建设项目应由具有相关工程设计资质的单位设计；坚持严格准入，严禁不符合安全生产标准规范和不成熟工艺的危险化学品建设项目入园；坚持一体化管理，提升化工园区应急保障能力，规范建设和安全管理。

涉及重点监管的危险化工工艺、重点监管的危险化学品和危险化学品重大危险源的项目，或涉及大宗危险化学品的储运项目，应实施相关部门联合审查，审查合格后再进行评价。国内首次使用的涉及危险化学品的化工工艺及装备应通过安全可靠性论证。新建化工生产储存装置应当依照有关法律、法规、规章和标准的规定装备自动化控制系统，涉及易燃易爆、有毒有害气体的生产储存装置必须装备易燃易爆、有毒有害气体泄漏报警系统，涉及"两重点一重大"（重点监管的危险化学品、重点监管的危险化工工艺、危险化学品重大危险源）的生产储存装置应装备安全联锁系统。

项目防火间距设计应符合 GB 50016、GB 50160、GB 50984、GB 51283、GB 51428 要求，外部安全防护距离设计应符合 GB/T 37243 要求。

项目涉及"两重点一重大"装置的专业管理人员原则上应具有大专以上学历、操作人员原则上应具有高中以上文化程度，企业特种作业人员应持证上岗，并建设身份识别系统，加强对证件有效性和特种作业人员身份的管理。

⑤ 污染控制　化工园区应对涉及生态保护红线、环境质量底线、资源利用上线和生态环境准入清单的项目，实施相关部门联合审查，审查合格后再进行评价。

新入园项目的污染物排放应达到园区所在省市污染物排放要求，并受园区自身污染物排放总量的限制。已经发布行业准入条件的、对污染物排放方面有要求的，也可以作为入园项目的准入标准。项目应具备废气尤其是挥发性有机物、SO_2、NO_x 和有毒有害及恶臭气体收集和处理措施，实现达标排放。项目接管废水的指标应满足园区污水处理厂工艺设计的要求。项目应落实固体废物，尤其是危险废物的合理利用、处理处置途径，固体废物暂存、处置应符合 GB 18597、GB 18599 等要求。项目应采取噪声污染防控措施，确保厂界噪声达标。

⑥ 应急管理　项目应强化安全风险、环境风险识别和管理，编制应急预案。

项目应具备所需的应急物资、装备和救援队伍，或在园区内通过应急互助解决。

项目应按要求开展应急培训及演练。

⑦ 能源消耗控制　项目应满足属地碳减排、碳达峰、碳中和的相关要求；满足属地能源消耗总量和能源消耗强度控制要求；不应使用本园区禁燃区内禁止燃料组合类别，符合国家发布的单位产品能源消耗限额限定标准，未发布限额标准的，不得超过行业单位产品能耗平均水平；宜采用最新标准推荐采用的节能设备和工艺。

⑧ 资源利用　项目宜坚持资源共享、土地集约节约、循环经济的原则，达到行业、园区工业用水重复利用率和中水回用率、工业项目建设用地控制指标要求，项目的单位产品用水定额宜达到国内同行业先进水平。

⑨ 信息化　涉及重点监管的危险化工工艺、重点监管的危险化学品和危险化学品重大危险源的项目应设置重大危险源在线监测监控设施、可燃和有毒有害气体泄漏检测报警装置、关键岗位视频监控，有条件的园区宜实现视频的 AI 识别。

项目污水预处理排口、废气排放口、雨水（清下水）排口按要求设置连续自动监测设备，在污染治理设施、监测站房、排放口等位置安装视频监控设施。

有条件的企业宜建设智能工厂，实现资源配置优化、过程动态优化。

⑩ 经济效益　化工园区应结合园区的产业定位、投资、税收等情况以及未来发展产业导向，结合当地经济与社会发展现状，设置适合园区发展的入园项目总投资、投资强度、产出强度、税收强度。对部分投资规模不大，在《产业结构调整指导目录》（2019 年）中属鼓励类以及化工新材料、高端精细化工、新能源等项目，战略新材料和前沿新材料项目，以及采取化学方法进

行资源综合利用项目，其投资规模限制可适当放宽，此类项目需经化工专家论证，由投资管理部门牵头环保、安监等部门联合认定。项目应满足园区建设投资或固定资产投资总额及投资强度要求，满足园区单位土地应税销售收入和税收要求。

⑪ 社会效益　企业积极承诺并践行责任关怀，并按要求进行信息公开，接受各方监督。

⑫ 投资者实力　项目投资主体应具备较强的资金实力，良好的诚信记录，较丰富的运营管理经验。

需要注意的是，能耗管理指标、产出指标等指标属于后评估指标，在企业入驻时可暂不作为考核指标，但园区应通过合同约定等方式对企业予以监管，比如若企业稳定达产后还达不到这些后评估指标，则可被罚款、取消相关优惠政策，直至劝其退出园区等。

根据《化工园区建设标准和认定管理办法（试行）》，未通过认定的化工园区不得新建、改扩建化工项目（安全、环保、节能和智能化改造项目除外）；新设立化工园区承接列入国家或地方相关规划的化工项目应经省级人民政府或其授权机构同意，项目投产前化工园区应通过认定。

（2）建立产业升级与退出机制

园区管理机构应推进园区内化工企业的技术创新和技术改造，采用清洁生产技术及先进技术装备，降低单位产品能耗、物耗、碳排放和减少污染物的产生与排放，分阶段淘汰落后工艺、技术、设备和产品。对园区内的企业，要推行清洁生产，坚持高端化、精细化、生态化、循环化的发展方向，推进技术创新、优化产业结构、发展循环经济。督促不符合国家及属地相关法律法规、标准、产业政策规定的项目开展技术改造，限期完成整改，实现产业升级。

化工园区宜对存量项目实施持续性评价，根据化工园区管理需求自行设置评价频次，可根据持续性评价结果对存量项目进行分类分级管理，化工园区可针对不同项目分级制定资源及政策的差异化配置、倾斜扶持措施。

化工园区内凡存在重大事故隐患、生产工艺技术落后、不具备安全生产条件的企业或项目，责令停产整顿，整改无望的或整改后仍不能达到要求的企业，应依法予以关闭。化工园区应建立黑名单制度，建立健全企业、承包商准入和退出机制。对污染严重、不能稳定达标、危险废物无法落实安全利用或处置途径的化工生产项目实行限期治理，逾期未治理或治理达不到规定要求的，坚决依法关闭。地方人民政府要依法依规妥善处理园区内企业的整改或关闭工作。

（3）积极承接退城入园及产业转移项目

根据退城入园及产业转移项目的产品类型、生产规模、上下游产业链、公用工程需求、占地面积、"三废"排放等情况，结合园区产业规划以及园区安全风险评估合理布局，实现工艺技术升级。积极承接城镇人口密集区高风险危险化学品企业搬迁入园，鼓励当地政府将搬迁企业的环境容量进行等量或减量转移。

3.4.3.3 项目前期工作

此外，项目前期工作对于项目的成败具有十分重要的意义，国外常以初步设计完成作为项目决策点，国内通常以可行性研究报告获批作为项目决策点。前期工作包括项目选址、市场分析、投资机会研究、可研报告、环评报告、安评报告、节能评估报告、初步设计、施工图设计等方面的内容。另外，还要考虑周边社区对项目的满意度和公众对项目的认知率，这是构建和谐社会的重要一环。下面介绍重点安全评价、环境影响评价、节能评估、社会稳定风险评估等几个项目前期工作。

（1）入园项目安全评价

涉及"两重点一重大"建设项目，由设区的市级以上政府相关部门联合建立安全风险防控机制。危险化学品企业内部改造、建设项目设计变更的，应经原设计单位、具备工程设计综合资质或相应行业专业资质设计单位确认。

加强重点环节安全管控，严格落实安全生产"三同时"。涉及"两重点一重大"的化工装置或储运设施应装备自动化控制系统，重大危险源应实现在线监测监控；构成一级、二级重大危险源的装置设施应装备紧急停车系统，其中涉及毒性气体、液化气体、剧毒液体的，还应配备独立的安全仪表系统。此外，还要加强油气管道安全管理；强化托运、承运、装卸、车辆运行等危险货物运输全链条安全监管；严格危险货物运输车辆通行管控等。

深入开展安全风险排查，持续推进产业结构调整，研究制定推动化工产业退出、转型升级的政策措施，严格落实国家产业结构调整指导目录和淘汰落后安全技术工艺、设备目录，及时公布淘汰落后产能企业名单，严禁承接已淘汰落后产能，加快推进城镇人口密集区危险化学品生产企业搬迁改造。

相关内容见 3.7.3.2 安全布局和项目安全审查。

（2）入园项目环境影响评价

入园项目必须开展环境影响评价工作，并经有审批权限的生态环境主管部门批准。园区内企业应按要求编制建设项目环境影响评价文件，将环境风险评价作为危险化学品入园项目环境影响评价的重要内容，并提出有针对性的环境风险防控措施。

根据《中华人民共和国环境影响评价法》（2018 年第二次修订）国家对建设项目的环境影响评价实行分类管理（详见《建设项目环境影响评价分类管理名录》），根据建设项目对环境的影响程度，分别编制环境影响报告书、环境影响报告表或者填报环境影响登记表。

根据《建设项目环境影响评价技术导则总纲》（HJ 2.1—2016），建设项目环评报告书主要包括以下内容：

① 概述；
② 总则；
③ 建设项目工程分析；
④ 环境现状调查与评价；
⑤ 环境影响预测与评价；
⑥ 环境保护措施及其可行性论证；
⑦ 环境影响经济损益分析；
⑧ 环境管理与监测计划；
⑨ 环境影响评价结论；
⑩ 附录附件。

环境影响报告表采用规定格式，可根据工程特点、环境特征，有针对性突出环境要素或设置专题开展评价。环境影响报告表和环境影响登记表的内容和格式，由国务院生态环境主管部门制定。

依法应当编制环境影响报告书、环境影响报告表的建设项目，建设单位应当在开工建设前将环境影响报告书、环境影响报告表报有审批权的环境保护行政主管部门审批；建设项目的环境影响评价文件未依法经审批部门审查或者审查后未予批准的，建设单位不得开工建设。依法应当填报环境影响登记表的建设项目，建设单位应当按照国务院环境保护行政主管部门的规定将环境影响登记表报建设项目所在地县级环境保护行政主管部门备案。

建设项目环境影响报告书、环境影响报告表经批准后，建设项目的性质、规模、地点、采用的生产工艺或者防治污染、防止生态破坏的措施发生重大变动的，建设单位应当重新报批建设项目环境影响报告书、环境影响报告表。建设项目环境影响报告书、环境影响报告表自批准之日起满 5 年，建设项目方开工建设的，其环境影响报告书、环境影响报告表应当报原审批部门重新审核。编制环境影响报告书、环境影响报告表的建设项目，其配套建设的环境保护设施经验收合格，方可投入生产或者使用；未经验收或者验收不合格的，不得投入生产或者使用。

入园项目必须符合园区规划环境影响评价结论及审查意见的相关要求。原环境保护部《关于加强规划环境影响评价与建设项目环境影响评价联动工作的意见》（环发〔2015〕178 号）规定"对于明显不符合相关规划环评结论及审查意见的项目环评文件，各级环保部门应将与规划环评结论的符合性作为项目审批的依据之一"，《关于以改善环境质量为核心加强环境影响评价管理的通知》（环环评〔2016〕150 号）规定"对于不符合规划环评结论及审查意见的项目环评，依法不予审批。"《关于进一步加强产业园区规划环境影响评价工作的意见》（环环评〔2020〕65 号）规定"产业园区招商引资、入园建设项目环评审批等应将规划环评结论及审查意见作为重要依据。"已经进行了环境影响评价的规划包含具体建设项目的，规划的环境影响评价结论应当作为建设项目环境影响评价的重要依据，建设项目环境影响评价的内容应当根据规划的环境影响评价审查意见予以简化。

入园项目必须计入污染物排放总量控制。园区所在辖区人民政府应进一步明确园区污染物排放总量，将园区总量指标和项目总量指标作为入园项目环评审批的前置条件，确保建成后该项目和园区各类污染物排放总量符合总量控制目标要求。鼓励通过结构调整、产业升级、循环经济、技术创新和技术改造等措施减少园区污染物排放总量，鼓励在排污许可证登记基础上开展园区内排污权交易。

（3）入园项目节能评估

固定资产投资项目（新建、改建及扩建的基本建设项目及技术改造项目），应根据《中华人民共和国节约能源法》《国务院关于加强节能工作的决定》《固定资产投资项目节能审查办法》（国家发改委 2016 年第 44 号令）（以下简称《节能审查办法》）等文件的要求，编制节能评估报告，为园区加强能源管理，合理配置能源资源，提供能源利用率，严格控制高耗能项目，促进经济可持续发展提供决策依据。为实现国家、地方有关节能减排的宏观政策目标，加强化工项目合理用能管理，从源头严把节能关。

根据《节能审查办法》，国家发展改革委核报国务院审批以及国家发展改革委审批的政府投资项目，建设单位在报送项目可行性研究报告前，需取得省级节能审查机关出具的节能审查意见。国家发展改革委核报国务院核准以及国家发展改革委核准的企业投资项目，建设单位需在开工建设前取得省级节能审查机关出具的节能审查意见。

年综合能源消费量5000吨标准煤以上（改扩建项目按照建成投产后年综合能源消费增量计算，电力折算系数按当量值，下同）的固定资产投资项目，其节能审查由省级节能审查机关负责。其他固定资产投资项目，其节能审查管理权限由省级节能审查机关依据实际情况自行决定。年综合能源消费量不满1000吨标准煤，且年电力消费量不满500万千瓦时的固定资产投资项目，以及用能工艺简单、节能潜力小的行业［具体行业目录见《国家发展改革委关于印发〈不单独进行节能审查的行业目录〉的通知》（发改环资规〔2017〕1975号）］的固定资产投资项目应按照相关节能标准、规范建设，不再单独进行节能审查。

固定资产投资项目节能报告应包括下列内容：

① 分析评价依据；

② 项目建设方案的节能分析和比选，包括总平面布置、生产工艺、用能工艺、用能设备和能源计量器具等方面；

③ 选取节能效果好、技术经济可行的节能技术和管理措施；

④ 项目能源消费量、能源消费结构、能源效率等方面的分析；

⑤ 对所在地完成能源消耗总量和强度目标、煤炭消费减量替代目标的影响等方面的分析评价。

固定资产投资项目节能审查意见是项目开工建设、竣工验收和运营管理的重要依据。政府投资项目，建设单位在报送项目可行性研究报告前，需取得节能审查机关出具的节能审查意见。企业投资项目，建设单位需在开工建设前取得节能审查机关出具的节能审查意见。未按规定进行节能审查，或节能审查未通过的项目，建设单位不得开工建设，已经建成的不得投入生产、使用。

节能审查意见自印发之日起2年内有效。通过节能审查的固定资产投资项目，建设内容、能效水平等发生重大变动的，建设单位应向节能审查机关提出变更申请。固定资产投资项目投入生产、使用前，应对其节能审查意见落实情况进行验收。

（4）社会稳定风险评估

根据《关于印发〈国家发展改革委重大固定资产投资项目社会稳定风险

评估暂行办法〉的通知》（发改投资〔2012〕2492号），国家发展改革委审批、核准或者核报国务院审批、核准的在中华人民共和国境内建设实施的固定资产投资项目需进行社会稳定风险评估。项目单位在组织开展重大项目前期工作时，应当进行社会稳定风险分析，并作为项目可行性研究报告、项目申请报告的重要内容设独立篇章。由项目所在地人民政府或其有关部门指定的评估主体组织对项目单位做出的社会稳定风险分析开展评估论证，提出社会稳定风险评估报告。评估主体作出的社会稳定风险评估报告是国家发展改革委审批、核准或者核报国务院审批、核准项目的重要依据。

根据《国家发展改革委办公厅关于印发〈重大固定资产投资项目社会稳定风险分析篇章和评估报告编制大纲（试行）〉的通知》（发改办投资〔2013〕428号），重大固定资产投资项目社会稳定风险分析篇章大纲如下所示：

① 编制依据；
② 风险调查；
③ 风险识别；
④ 风险估计；
⑤ 风险防范和化解措施；
⑥ 风险等级；
⑦ 风险分析结论。

重大固定资产投资项目社会稳定风险评估报告篇章大纲如下所示：

① 基本情况（项目概况、评估依据、评估主体）；
② 评估内容（风险调查评估及各方意见采纳情况、风险识别和估计的评估、风险防范和化解措施的评估、落实措施后的风险等级确定）；
③ 评估结论（拟建项目存在的主要风险因素；拟建项目合法性、合理性、可行性、可控性评估结论；拟建项目的风险等级；拟建项目主要风险防范、化解措施；根据需要提出应急预备和建议）。

3.5 化工园区基础设施和公用工程

3.5.1 概述

（1）化工园区基础设施

化工园区基础设施是指为化工园区企业及个人提供公共服务的基本物质工程设施，是保证化工园区社会经济活动正常和非正常进行的公共服务系统。化工园区基础设施具有城市基础设施的特点，同时又具有化工园区的行业特点。由于二者服务对象不同，在设计时采用的计算指标差异较大，具体工作中应针对化工园区规划产业的特点，结合当地实际情况，作出合理预测。化工园区基础设施是保障化工园区产业发展的基础条件，应与化工园区产业发展项目相匹配，其发展程度将影响并制约化工园区的安全、环保和可持续发展。

化工园区基础设施包括且不限于公共道路、港口码头、市政雨排水、区内公共交通、通信等工程。

① 交通基础设施　包括化工园区公共道路、公共交通、公共铁路、公共港口码头、公共停车场等对内、对外交通设施。

② 市政基础设施　包括化工园区市政雨排水设施、邮电通信设施等。

③ 环保基础设施　包括垃圾收集处理设施、园林绿化设施等。

④ 应急备用设施　包括应急物资储备、紧急避险平台、消防和人防等化工园区防灾减灾，处置突发事件的设施。

⑤ 公共服务设施　包括化工园区行政管理设施、文化教育设施、医疗救护卫生设施、科技创新设施、金融保险设施等社会性服务设施。

（2）化工园区公用工程

化工园区公用工程是指为化工园区企业正常生产提供能源、动力保障的配套工程，包括且不限于供水（工业水、生活水）、供电、供热（高、中、低压蒸汽）、工业气体、公共管廊、污水处理厂、危险废弃物处置设施等工程。化工园区公用工程是化工园区重要的组成部分，与化工园区企业的生产相辅相成，有着密切关系，为这些企业提供公共动力辅助设施。

化工园区公用工程主要包括：

① 供水工程　为化工园区企业提供生产、生活、消防和施工用水的供水系统，包括水源、水处理设施、配套管网等系统工程。

② 供电工程　为化工园区企业提供生产、生活用电的电源厂、变电站、高压线廊道及配套管网系统工程。

③ 供热工程　为化工园区企业提供生产、生活用蒸汽和热水的供热热源、换热站及配套管网系统。

④ 工业气体集中供应系统　为化工园区企业提供生产、生活用工业气体（压缩空气、氮气、氢气等）和燃气的气源、调压站及配套管网系统。

⑤ 公共管廊工程　为化工园区企业提供厂际管道敷设路由的公共管廊架及附属设施系统。

⑥ 污水处理工程　为化工园区企业提供污水净化的系统。污水处理是为使污水达到排放某一水体或再次使用的水质要求，对其进行净化的过程。污水处理工程是指用各种方法将污水中所含的污染物分离出来或将其转化为无害物，从而使污水得到净化的工程。

⑦ 危险废物处置工程　为化工企业提供危险废物处置的设施及场所。危险废物是指列入国家危险废物名录或者根据国家规定的危险废物鉴别标准和鉴别方法认定的具有危险特性的固体废物。危险废物的通常特性主要指毒害性、易燃性、腐蚀性、反应性、浸出毒性和传染疾病性等。危险废物处置是指将危险废物焚烧和用其他改变危险废物的物理、化学、生物特性的方法，达到减少已产生的危险废物数量、缩小危险废物体积、减少或者消除其危险成分的活动，或者将危险废物最终置于符合环境保护规定要求的填埋场的活动。

⑧ 化工园区危险品运输车辆停车场　依据化工园区规划确定的，为化工园区企业危险品运输车辆提供停车和其他配套服务等综合功能的公共场所。

⑨ 化工园区封闭管理工程　为规范化工园区人流、物流、车流的进出，减少外来不稳定因素等对园区企业的生产和建设造成干扰，以确保园区内生产环境安全有序，将化工园区与外界相对隔离和封闭的系统工程，包括封闭管理设施、其他施行封闭化管理必要的辅助设施设备及与之匹配的信息化系统。

⑩ 化工园区应急事故池　收集储存和转输化工园区内企业排放的事故水的构筑物或其他设施，由事故应急储存设施、转输系统和辅助设施组成。

3.5.2　化工园区基础设施和公用工程建设原则

① 化工园区基础设施和公用工程应坚持科学规划、合理布局、管理规范、一体化发展的原则。

② 化工园区应统筹规划、建设、管护基础设施和公用工程，各工程之间应协调、共享。

③ 化工园区基础设施和公用工程应遵循绿色可持续发展理念，坚持循环化、低碳化的建设原则。

④ 化工园区基础设施和公用工程应坚持一次规划、分步实施，节约

建设用地，节省建设投资、最大限度发挥大型化、集约化、规模化优势的原则。

3.5.3　化工园区基础设施和公用工程具体构建

　　化工园区基础设施和公用工程是化工园区开发建设中的纽带和载体，化工园区企业生产经营工作和生活的共同的物质基础，是化工园区主体设施正常运行的保证，化工园区对基础设施和公用工程的安全性、可靠性要求较高，要求化工园区的基础设施和公用工程建设能全面地、具体地反映化工园区的使用要求，真正服务于化工园区。化工园区应按照统筹、协调、共享的原则，规划、建设、管理和维护基础设施和公用工程。化工园区基础设施和公用工程建设的水平越高，与外界沟通交流的能力就越强，化工园区自身的发展能力也会增强。

　　（1）供水工程

　　化工园区的供水有别于一般的城市供水，对供水水量、供水水质及供水安全性要求较高。化工园区的供水水源应安全、可靠，园区宜建设统一的供水设施及配套管网，满足化工园区生产、生活、消防用水需求；同时宜根据化工园区用水需求采用分质供水系统，如市政自来水供水系统、再生水供水系统、高品质水供水系统等，临海的化工园区可经经济技术比较后建设海水淡化水厂供水，临海的大型石化企业还可采用海水作为直流冷却用水。另外应促进化工园区入驻企业采用节水工艺，严格控制用地用水指标。

　　为化工园区供水的水厂宜采取保障措施保证化工园区生产和消防用水安全；水厂设置2条输水管线，保证输水的安全性，当一条管线发生事故时，另一条输水管线的事故给水量不应小于设计给水量的70%；化工园区应合理选择备用水源，备用水源配备建设取水加压措施，当化工园区规划水源发生意外停供时，采用应急水源补充化工园区用水。

　　各供水系统管网应根据用水要求合理分布于化工园区，与生产、生活、消防相关的供水管网尽量环状布置，不能形成环状管网的要采取保障供水安全的措施；生活用水管网严禁与非生活用水管网连接；在供水管网建设的同时，配套建设管网监测和压力监控系统，通过定期监测等安全监管措施，提高供水管网的安全性。

在布置供水管网的同时应考虑化工园区的消防供水安全，在肩负消防供水的供水管网上按照相关规范要求设置消火栓和消防水鹤，同时考虑多水源消防供水，在可以利用的排洪渠、水库、湖泊、海洋附近配套建设取水平台及取水设施。

（2）排水工程和污水处理厂

化工园区的排水体制应采用雨污分流、清污分流制。按照《石油化工污水处理设计规范》（GB 50747）要求，为防止初期雨水外流造成污染，在石化企业内设置初期雨水收集池，对企业内部易污染区降雨量15～30mm的初期雨水进行收集，送入企业污水处理站或园区污水处理厂处理。

根据《化工园区综合评价导则》（GB/T 39217—2020）的要求："化工园区应配备专业化工废水集中处理设施（独立建设或依托骨干企业）及其配套管网，实现化工园区内生产废水的100%纳管收集、集中处理和稳定达标排放；污水管网原则上应明管设置（北方高寒地区除外，但需对埋地管网做好防渗处理）、压力排放，并对纳管废水进行在线监测监控和阀门控制。纳管废水水质需满足国家和地方相关管理规定或具有法律效力的纳管协议。"

化工园区企业污水由化工园区污水处理厂统一处理。进入污水处理设施的污水需对含有的特征污染物进行预处理，处理程度由企业与污水处理厂协定。污水处理厂建设实行一次规划，分步实施。污水处理厂的设计标准符合环境保护要求。污水处理厂应采用模块建设模式，杜绝污水混合接触可能造成的危险。控制污水处理厂内的设备、建（构）筑物与火源地点的防火间距，并在污水处理厂设置事故池，事故池应将污水处理厂事故时全部污水储存，事故池后设有回输管道，将污水处理装置事故状态下超标污水分时送回污水处理装置前端处理。提高对污水处理厂入口和外排污水的实时监控能力，在污水处理装置入口、出口安装在线测定仪，在总排放口安装COD、氨氮和油分测定仪，对污水中的污染物含量实行自动监测，使环境保护管理部门能及时掌握污水治理设施运行状况和排污情况。污水处理厂采取防腐措施，预防污水处理系统损坏，并加强污水处理系统防火安全治理。

化工园区污水系统应合理布置、安全可靠、技术先进、经济合理。化工污水管线采用明管敷设的方式，便于及时发现渗漏、及时维修，防止由于排水管道及排水井的渗漏，污染地下水及土壤，同时便于监管，防止污水违规排放；污水管线采用新的管材及施工工艺，减少污水排放系统和设施安全隐患；污水管线设置防爆装置，防止燃烧、爆炸沿污水管网蔓延扩展。

化工园区的企业雨水在接入市政雨水管渠前，需要对初期雨水进行收集、监测和处理，达标后方能接入市政雨水管渠中。石化企业雨水在排入市政雨水管渠前（企业红线内）设置雨水收集监控池和切断设施，并在收集监控池内设置流量、COD、OIL、pH等在线分析仪表，数据即时传至化工园区相关监测中心，对企业雨水排放进行远程实时在线监控，一旦超标立即关闸，防止污染雨水排入市政雨水管渠或外排，减小污染范围，做到达标排放。对于初期雨水除了采取相应的防范措施，还要加强环境监管，从源头消减污染物。

（3）电力工程

化工园区对供电可靠性要求高，应保障双电源供电，根据《供配电系统设计规范》（GB 50052）要求对用电负荷进行分级，满足不同等级负荷的供电要求；各级电网具有充分的供电能力，做到受进、送出电力不存在障碍，能够满足各类用电负荷增长的需要；供电可靠性满足N-1的供电安全准则，对有特殊需要的用户，且在用户提出要求的情况下，供电可靠性可以考虑满足N-2要求；重要企业除市政供电电源外，还需设置柴油发电机组作为企业重要设备的应急备用电源。化工园区配电设施与园区环境相协调，设备满足安全可靠、免（少）维护的要求，高压电网采用环网接线。高压架空线路之间以及其与工艺管线、装置及化工厂区保持安全距离。电缆线路等电气设施距石化厂区工艺装置不宜小于30m，如不满足要求则应采用防止可燃气体窜入和积聚的措施；相同通道的主备用配电回路，应做好防火安全隔离，保障一路电源故障时，不影响另一路电源工作。

对爆炸、火灾危险场所内可能产生静电危险的设备和管道，均应采取防静电接地措施。防爆区域根据需要选用相应等级的防爆电气设备，做好防爆密封处理。防爆区域根据需要选用相应等级的防爆灯具。

（4）供热工程

化工园区作为一个资源密集和优化配置的区域，必须根据化工园区的实际情况发展集中供热，对能源梯级利用，解决不同化工产品的生产用汽需求，保证企业充足、可靠的动力供应。化工园区集中供热可采用热电联产的发展模式，并提升机组效率，降低蒸汽机组碳排放。

热电厂应配置备用锅炉，当有一台锅炉发生故障时，可启用备用锅炉保障用户供汽，可防备因热源故障而影响供热。热电厂及供热系统全面采用DCS控制系统，自动调整供热参数，减少人为误操作带来的影响。

化工园区供热工程应实现热力管网从热源至热用户管控一体化，建议由专业公司统一建设管理。化工园区内设有不同压力级别的蒸汽管网，用户可根据需要接不同管网。大部分管网采用枝状布置，对特别重要的蒸汽用户，可根据要求采用点对点供应。热力管网走向尽量与道路平行，主干线尽量短、直，沿化工园区次干道布置，并尽量通过热负荷中心区。

化工园区供热工程应建立管网监控体系，实时监测重要节点压力、温度、流量等问题，并可在热力监控室实现参数监控、流量调节、故障报警。同时建立应急措施，保障用热安全，应急维护及时有效。

（5）工业气体集中供应系统

化工园区工业气体集中供应系统、工程的建设符合国家政策和相关规范要求，一次规划，分步实施。实行集中建站，专业化经营管理，设备选型考虑节能、先进。管网按照管理方便，输送损失小的原则布置。

化工园区常用的工业气体有压缩空气、氮气、氧气等。压缩空气分为仪表压缩空气和装置压缩空气，仪表压缩空气为净化压缩空气，主要用于操作启动自控仪表；装置压缩空气为非净化压缩空气，主要用于吹扫、置换、操作气动工具和气动检修设备。氮气主要用于密封、保护、开/停车或事故状态时的吹扫置换以及部分生产装置的工艺过程。氧气具有氧化性和助燃性，在化工行业，氧气可用于改变产品分子结构，提高乙烯、丙烯、氯化物工艺的生产能力；在炼油、煤制气行业，氧气可用于石油提取和精制，增加油、气井产量和脱硫等。

（6）公共管廊工程

化工园区公共管廊工程设计遵循安全第一和经济合理的原则，根据化工园区总体规划、产业规划及布局，选择合理的规模及路径，一次规划、分期建设、分层实施，并满足相关国家标准和技术规范的要求。

化工园区公共管廊宜采用地上建设。在靠近道路侧设置照明设施、消防应急设施、防撞设施等，与公共管廊同步建成。

公共管廊宜与铁路、道路等中心线平行，减少与铁路、道路的交叉，必须交叉时，交叉角应符合 GB 50489 的要求。交叉处应采用跨越方式，管廊跨越铁路、道路时，跨越高度和跨度应符合 GB 50160、GB 50187 和 GB 50316 的要求。公共管廊与架空高压线交叉时应在下方通过，两者垂直间距应符合 GB 50061 和 GB 50545 的要求。公共管廊与居民区、学校等公共场所及建（构）筑物、铁路、公路、航道等的距离，应符合 GB 50316 的要求。

公共管廊附属设施主要包括巡检通道、公共电缆桥架、视频监控系统、周界报警系统、公共广播系统、数据传输和显示系统。公共管廊区域可以设置视频监控系统、周界报警系统、公共广播系统等措施,对公共管廊的重要区域进行实时监控。

联系公共管廊左侧企业的管道宜布置在公共管廊的左侧,反之联系公共管廊右侧企业的管道宜布置在公共管廊的右侧。公共管廊上的管道按《工业管道的基本识别色、识别符号和安全标识》(GB 7231—2003)的要求设置安全标志及色带。在条件允许的情况下,公共管廊上的高温管道尽量布置在上方,低温管道布置在下方;需设置π型补偿器的高温管道应布置在靠近管廊柱子处;大直径和重的管道应靠近管廊柱子布置或敷设在低层管架上。在公共管廊下宜设置防止化工污水流淌的措施。

公共管廊应参照国标《化工园区公共管廊管理规程》(GB/T 36762—2018)实行统一设计管理,确保管廊上的管道荷载不超过管廊设计荷载,并应实行统一施工管理,公共管廊架是禁火区域,在管廊上铺设管道时,必须开具动火单,作业现场应配备消防器材,并需有专职消防人员对施工现场进行安全监护。公共管廊管理单位应组织经常性定期巡检,并制定事故应急预案,经常演练。公共管廊使用单位负责管道的安全运营及日常维护,承担管道安全方面的主体责任,配合管理单位的运营、维护及管理,并承担由于自身过失造成的对周边或相邻的其他管道的损失或损害赔偿责任。

图 3.7 所示为上海化学工业区,目前已建公共管廊长度约 27 千米,管廊上敷设的管道 350 余根且总长度达 540 千米,形成"三纵三横"的网格布局。

 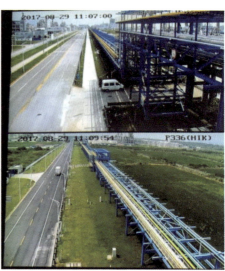

图 3.7　上海化学工业区

（7）固废集中处理设施

化工园区产生的固体废物主要包括：一般工业固体废物，主要包括冶炼废渣、粉煤灰、炉渣、煤矸石、尾矿、脱硫石膏等固体废物；危险废物，具有腐蚀性、易燃性、毒性、反应性或感染性中一种或一种以上的危险特性的废物；生活垃圾，园区内人们在日常生活中或者为日常生活提供服务的活动中产生的固体废物。

化工园区应根据各企业固废产生情况，建设集贮存、物化、焚烧、填埋及资源综合利用为一体的集中处理设施，避免产生二次污染。集中处理设施应充分考虑园区发展，在满足现有废物处理的基础上，为今后的发展适当预留空间。

固废处置过程在做到无害化、减量化的基础上，最大限度实现资源化。

生活垃圾由市政环卫部门集中收运处置，化工园区内可不设置独立生活垃圾处理设施。

一般工业固体废物的处置应首先考虑根据类别进行综合利用，无法综合利用的再送至一般工业固体废物填埋场进行处置。

贮存、处置危险化学品废弃物的建设项目，其职业安全卫生及环境保护设施，必须与主体工程同时设计、同时施工、同时投产使用，并经当地县以上生态环境部门和其他有关部门验收合格后，方可投入使用。对危险废物的容器和包装物以及收集、贮存、运输、利用、处置危险废物的设施、场所，应当按照规定设置危险废物识别标志。重点危险废物集中处置设施、场所退役前，运营单位应当按照国家有关规定对设施、场所采取污染防治措施。

图3.8所示为西中岛再生资源产业园危险废弃物处置流程，主要包括五个单元，即综合利用区、物化处理处置区、焚烧处置区、固化/稳定化处置区及安全填埋处置区。

（8）电信工程

化工园区内的电信工程包括电信设施、有线电视及邮政设施、移动通信设施、微波通信、安全监控信息平台、信息网络、电力系统通信建设等内容。

电信网络以"大容量、少局所、多模块"为发展要求，按照规范要求设置电信局所，预留用地，大型企业结合自身情况在企业内设置电信交换机房，接入就近的市政电信分局。

有线电视采用双向化的有线电视光纤传输网，形成混合光纤同轴电缆网（HFC网络），建立模拟和数据两个传输平台，逐步实现有线电视多功能开发利用，提高有线电视普及率。按照"布局合理、技术先进、功能齐全、服务

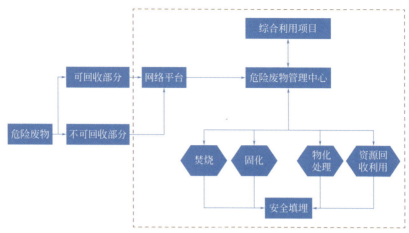

图 3.8　西中岛再生资源产业园危险废弃物处理流程

便捷"的原则，加强邮政局所建设，拓宽服务领域，提高综合服务能力，建设功能齐全，服务优良的现代化邮政服务设施。

建设现代化、稳定、高效且带有丰富应用的 4G、5G 移动通信系统，为化工园区电信、网络事业奠定良好的硬性基础。移动通信基站统一规划，建设覆盖全区的移动通信基站。基站建设应与周围环境相协调。涉及各企业时应积极配合，做好相关设施敷设。

通信微波站的微波电路主要应用在海运、海事、广播电视、电信、电力、气象、公交、防汛、海关、铁路、政府等各类部门。应按照有关规定严格保护若干国家重要微波电路空中通道。

在化工园区内设置监测、监控系统，建设安全监控信息平台。在主要市政路口、公共管廊等公共区域设置工业电视系统，进行图像实施监控和记录，对企业重大危险源视频监控，对重大危险源可燃、有毒气体报警，对企业有毒排放物等在线监测、监控，利用应急管理软件实现应急管理的"平战结合"和与安监、环保、消防、公安等系统的应急联动。

建设以光交叉连接技术为核心的高速、灵活、可靠的覆盖整个化工园区的智能化传输信息网络。建设以光纤接入为主，数字微波为辅，具有多种业务的宽带接入网。通信线缆实现光纤到厂，光纤到楼（FTTB）。满足电话业务、基本数据业务、IP 增值业务的需要。电话、宽带数据通信、有线电视线路全部同沟敷设，建设综合的通信管道系统。

以大力发展高速率、大容量、低损耗、高可靠性的光纤通信为原则和目标，使其成为电力系统通信的主要手段；电力系统通信通道应满足继电保护、远动、调度自动化的要求，使其能够可靠传输；多利用送电线路架设光缆以减少架空线路投资，尽量在新建送电线路上架设 OPGW 光缆（optical fiber composite overhead ground wire，也称光纤复合架空地线），使其能够与送电线路同步建设，同步实施；若采用电缆，应与电缆同路由敷设普通光缆。

通信机房是指为用户提供固定通信、移动通信、宽带网络、有线电视和数据处理等通信业务的专用建筑。它是现代通信网络的基础设施，是保证通信网络可持续发展的必要条件。随着通信网络向全业务网络演进，与之相应的信息通信网基础设施——通信机房也向着全业务综合通信机房方向发展。

（9）防洪排涝设施

化工园区的防洪工程设计标准应根据防洪工程等别、灾害类型，按照国家现行有关标准的规定确定。在园区范围内的各类防护对象，如工矿企业、交通运输设施、水利水电工程、电信设施等，在工程实施前，需重新核实防洪标准。

化工园区的治涝工程设计应与防洪工程相结合，与排水系统相协调，充分利用现有河道、沟渠等将涝水排入承泄区，充分利用现有湖泊、洼地滞蓄涝水。

以泰兴经济开发区为例，园区通过河道治理，基本形成布局合理、功能完备、高效运行、管理先进的现代化治涝工程体系。①完善防洪保障体系：依托长江达标堤防及沿线口门封闭工程建设，提高如泰运河、天星港等河道堤防防洪标准，完善开发区防洪保障体系。②构建互连畅通水系：合理规划河网布局，清淤拓浚现有河道，提高河道通畅性，构建互连畅通的河网水系格局。③提高外围排涝能力：合理规划闸站布局，提高外围排涝能力，提高开发区排涝标准。④建设活水工程系统：科学规划活水路线，合理布局引水工程，建设活水工程系统。⑤架构"海绵城市"系统：依据"海绵城市"规划理念，架构开发区"海绵城市"建设系统，提高"渗、滞、蓄、净、用、排"水平，提升开发区排、滞涝、净化雨水能力。

（10）化工园区应急事故池

化工园区应建立事故水环境风险防控体系，确保化工园区事故状态下事故水处于受控状态，降低化工园区外环境受到污染的风险。化工园区应按照国家相关标准和化工园区事故水环境风险防控体系的要求，建设和完善园区事故状态下水体污染的预防与控制设施，将化工园区内企业产生的事故水控制在园区内。

化工园区的应急事故池是防控水环境风险的重要公共基础设施，通过合理选址，确定应急事故池规模，构建由收集、拦截、存储、转输设施组成完善的化工园区的水环境风险防控体系，能有效防控突发事故引发的水环境污染风险。

化工园区应急事故池的设计应根据化工园区环境风险评价提出的园区重点风险源、风险源性质、位置、事故发生风险类型等因素，因地制宜、技术经济合理地采用不同的形式和规模。

图 3.9 为泉港石化工业园区事故应急池示意图。

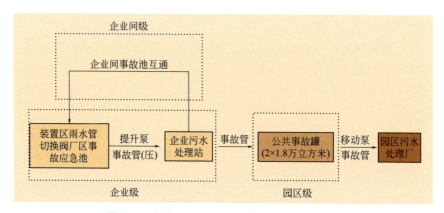

图 3.9　泉港石化工业园区事故应急池示意图

泉港石化工业园区在其南山片区建设 2 个公共应急罐，储罐直径为 38 米，储罐高度为 16.8 米，两个罐间距 10 米，单个事故罐的操作容积约为 17150 立方米（考虑 0.9 的装料系数，全容积为 19043 立方米），总容积约 34300 立方米。项目企业事故废水通过提升泵送至园区事故罐，企业应急池提升泵由园区统一配备，提升泵选用防爆应急救援移动泵，提升泵既考虑事故时事故废水的提升，同时也用于事故后废水处理输送泵。事故废水总管沿现有公共管廊空余管位布置，穿过主要道路以及部分企业大门时埋地敷设。

（11）化工园区封闭管理工程

根据应急管理部《化工园区安全风险排查治理导则（试行）》（应急〔2019〕78 号）规定：化工园区应结合产业结构、产业链特点、安全风险类型等实际情况，实行封闭化管理。原则上要按照不同防护等级，通过采取不同的封闭监控管理手段，实行封闭化管理。化工园区应建立完善的门禁系统和视频监控系统，对物料、人员、车辆进出实施全过程监管。

化工园区应从物理边界上划清明显的界线，避免与园区管理、生产相关活动无关的人员车辆等进入园区，减少园区安全风险隐患。化工园区封闭管理是保障园区安全发展，营造和谐、舒适的园区环境，降低社会风险的有效方式。

封闭管理工程是智慧化工园区的一个重要组成领域，封闭管理设施应基于智慧化工园区信息共享平台进行设计、建设、运行与维护。

（12）应急备用设施

应急备用设施是应急救援的"武器"，是安全生产的最后一道防线，大量事实证明，在化工园区发生突发公共事件时，拥有快速反应和专业业务能力的应急救援团队，具备有效的应急备用设施，能够完善化工园区功能，推动化工园区规模化、产业化的健康发展。加强应急备用设施建设，提高事故应急处置能力，可有效控制和降低安全风险。

① 应急物资储备　化工园区应充分利用现有资源，建立平时分开管理、用时统一调度的物资装备储备保障体系。涉及危险化学品的生产经营单位应按照有关规定配备危险化学品事故应急救援装备和物资，储备有关专业应急救援装备和物资。建立应急物资和装备数据库，根据需要和实际情况配备必要的应急救援装备，做好各自监管领域应急物资的统计，并建立危险化学品事故应急物资、装备专项数据库。

基本装备包括：通信装备、车辆（指挥车、消防救援车辆、工程车辆）、工程机械设备（破拆设备）、泄漏处理设备、检测设备、医疗救援设备、个人防护设备、应急电力设备等。

② 应急救援管理平台　应急救援管理平台的建设主要以"安全第一、预防为主、综合治理"为理念，以"平战结合"为指导思想，对事故前、事故中、事故后全方位监管。事故前对企业的预案和应急资源进行管理，对员工进行演练培训，为事故的应急响应做准备。事故中针对发生的事故自动生成匹配预案，对重大事故应急救援过程辅助决策支持，进行应急资源和应急救援队伍的调度，对事故作出快速响应。事故后，对已发生的事故进行调查分析、整理归档、完善预案，帮助日后的救援更加快速高效。

应急救援管理平台包括：应急指挥场所和移动应急平台、基础支撑系统、数据库系统、综合应用系统、信息接报发布系统等。

③ 消防应急设施　综合考虑与化工园区消防应急有关的各种因素，结合化工园区的自身消防特点，制定化工园区消防装备配备标准，引导和规范

化工园区的消防装备的配备。目前国内尚未出台关于化工园区消防装备配备的相关标准要求，各化工园区可通过模拟极端事故状况等方式评估需要的消防装备，进一步提高园区消防安全水平，预防和控制潜在的重特大事故，降低区域风险，确保园区的生产安全和社会稳定，实现化工企业良性、可持续发展。

图 3.10 所示为国家危险化学品应急救援惠州基地。

图 3.10　国家危险化学品应急救援惠州基地

国家危险化学品应急救援惠州基地位于广东省惠州市大亚湾石化区，占地 2.3 万平方米，建筑面积 1.8 万平方米，总投资 1.8 亿元。基地于 2014 年 9 月建成使用，建有综合楼、应急平台、培训中心、危险品应急救援专业队营房及车库、应急物资库及附属设施等。基地具备危险化学品应急救援、实训演练、安全培训等功能，基地打造了国内第一支由安监部门主导、政企共建、专职专业的危险化学品应急救援专业队，可以提供危险化学品堵漏、洗消、转运、侦检、有毒气体防护、高空救援、有限空间救援、灭火抢险救援等专业救援服务。

（13）公共服务设施

公共服务设施是结合化工企业生产全过程的服务需求，提供伴随项目落地、产品生产、运输和销售所涉及的一系列公共配套服务设施。公共服务设施均以企业的需求为导向建设，如行政办事大厅、金融服务中心，可以涵盖政务审批、招商引资、产业政策和营商环境、法律、金融、保险等服务。同时园区还为帮助企业降低运营成本，支持企业产业升级和科技研发，推动化工园区的产品升级，切实增加化工园区的附加值，提供物流、维修维保、检测、培训、技术等公共服务平台，如建设物流中心、实操实训基地、应急医疗中心、科技创新中心、维修平台、检测平台、中试基地、孵化器等。

公共服务设施的建设发展标志着化工园区开发建设的成熟度及竞争力。随着园区的不断发展，园区的公共服务设施也要有所侧重，及时高效地整合、调动各类服务资源，鼓励服务资源共享，发挥协同和错位发展效益，降低企业的使用成本，合理有序地开发建设公共服务设施。加强与就近高校、专业机构的联盟，在研发检测、技术培训、投融资交易、人才培养、产品销售等方面加强合作，提升企业面向市场和资源的响应能力。

3.6 化工园区物流交通体系

3.6.1 概述

化工园区物流交通体系是指在园区运输范围内和统一的运输过程中，按照各种交通运输方式的技术经济特点，形成分工协作、有机结合、布局合理、联结贯通的物流交通运输综合体系。

化工园区物流交通体系涵盖了五种运输方式（道路运输、水路运输、铁路运输、管道运输和其他运输），其不仅仅是五种运输方式的简单总和，而是立足于各种运输方式的有机联系，使五种运输方式协作配合、有机结合、联结贯通，体现了各种运输方式的"协作、协调、协同"，即运输过程的协作、运输发展的协调和运输管理的协同。

从交通运输建设来看，为了提高交通运输总体效率和效益，各种运输方式要统筹规划，协调发展，合理布局；从交通运输的组织管理来看，在统一的运输市场中运输组织结构联合，动作协同。在经济的不同发展阶段，需要建立与其相适应的运输规模、运输能力、运输管理体制等，特别要适时调整运输体系的结构，以提高运输效率和整体的经济效益。

3.6.2 化工园区物流交通体系建设原则

化工园区物流交通体系构建应结合其自身特性,做到因地制宜。由于化工园区多为封闭式管理,因此,化工园区内的物流交通发展可较为独立,以适应化工园区的发展为基本任务。

化工园区物流交通运输应根据不同货物品类的运输特性,结合区域综合运输网络中各种现代运输方式的技术经济特征,考虑园区综合运输能力约束,确定合理的运输布局,选择最佳运输方式和运输路径,尽可能使货物运输广义费用最小化。由于化工园区内的货物品类复杂,具有很强的危险性,因此,物流交通运输系统还应强调运输的安全性,并通过科学的管理手段,保障运输的安全。

在具体建设中应遵循如下几点原则:

(1)发掘现有交通优势,搭建多模式运输体系

化工园区物流交通体系构建应充分依托港口、铁路、公路、管道、索道、皮带等现有交通设施,协调不同货运形式之间的协调与联运关系,充分发挥各模式运输能力和优势,提升园区物流交通体系的综合效益。

(2)梳理功能,优化等级

明确道路、水路、铁路、管廊等各类交通形式的功能,道路按性质、功能以及交通量进行梳理分级,并各自形成系统,充分发挥各级道路的使用效力,实现路网结构更完整,功能更分明、布局更合理,从而优化物流交通系统,提高通行效率。

(3)结合实际,适度超前

化工园区运输网络规划与建设要适应园区物流交通运输的需要,利用科学的预测和规划方法,本着实事求是、量力而行、适度超前的原则,合理地确定园区的路网密度、线路走向和技术等级。

(4)构建科学合理的货运组织形式

以货运运输的需求预测分析为依据,以解决化工园区物流交通问题为出发点,协调货运运输系统组织形式多样性,整合货运运输系统的差异性,保障货运运输的安全与畅通,形成高效的物流交通运输体系。

(5)平面合理,竖向科学

依托化工园区现有自然体系及现状地形,科学规划,充分体现与自然地形和谐共处原则，统筹兼顾总体平面和竖向的使用功能要求，处理好道路排水与场地建设过程中的各种矛盾与问题，保证园区竖向的合理性、经济性。

（6）安全高效，设置独立通道

结合化工园区产业链及生产企业，运用物联网与云计算技术建立危险化学品监管系统，规划危险品运输车辆专用停车场及危险品运输专用独立通道，为危险品原料运进及产品运出提供全过程高效安全防护保障。

（7）可持续发展，保护环境

化工园区物流交通体系应紧密结合园区交通现状与自然现状，在满足园区物流交通运输畅通和物流交通系统功能完善的同时，保护自然环境、保护文物、防止水土流失、保持生态平衡、减少占用耕地有机结合，坚持可持续发展战略，注重物流交通安全、生态、环保。

3.6.3　化工园区物流交通体系具体构建

（1）道路运输系统

化工园区道路运输系统路网应布局合理、等级明确、路径短捷顺畅、道路断面科学、附属设施完备，满足园区规划功能分区、货物集散、消防救援、交通组织、安全疏散等功能需求。

在路网布局上，应与园区外公路网顺畅衔接，必要时应设置大件运输通道和危险品车辆专用通道，过境交通道路不宜穿越化工园区，新规划建设的化工园区不应有过境交通道路穿越。化工园区内道路网络布局除了需满足货物运输需求外，更重要的作用是敷设各类地上、地下管线以及以物料和蒸汽运输为主的管廊，同时还应满足在紧急事故情况下，安全施救、疏散、消防救援等需要。

在道路等级划分上，应按功能的主次进行协调，根据人流、车流的通行规律和流量，形成不同的道路等级系统。

在横断面布置上，道路规模确定应结合园区发展的实际需求，并考虑园区的远期发展预留一定宽度。化工园区内大部分工作人员多采用班车通勤，非机动车出行较少，因此，道路横断面一般不宜设置过宽的非机动车道及人行道。

在附属设施配套上，应考虑化工园区特征，通过信号控制、车速管控、封闭管理、监控管理等方式，加强交通管理设施。还应综合考虑地上、地下市政管线、管廊的布局要求，并满足消防、救护、抗灾、避灾等特殊要求。

2020年4月《化工园区危险品运输车辆停车场建设标准》（T/CPCIF 0050—2020）正式发布，并于2020年7月7日开始实施，标志着危险品运输车辆停车场已成为化工园区必要的配套设施。化工园区应结合园区实际情况，开展危险品运输车辆停车场建设。

（2）铁路运输系统

化工园区铁路运输系统应科学规划、综合比选，减少铁路对园区用地切割，减少铁路与道路及其他设施的交叉，统筹考虑园区其他运输系统，建立多种运输方式的联运模式。

为化工园区服务的铁路线路主要以货运功能为主。化工园区货运铁路布置方式大致可以分为两种：第一种方式为物流中心型，即在园区集中建设大型的物流中心，并在其附近布置铁路物流中心；第二种方式为贯穿园区型，即铁路线贯穿整个化工园区，园区内较大的铁路用户厂区内均修建铁路装卸线。

若采用物流中心型的铁路布置方案，需要做到铁路货运系统与道路货运系统的良好衔接。道路货运作为"点到点"的终端式服务，将货物运至货运物流中心集聚，再由铁路进行货物外运。若采取贯穿园区型的铁路布置方式，则需要考虑铁路支线的走向，充分考虑产业链上下游关系，预留货运铁路的主要通道，串联生产区域和仓储区域。一般采取引支线入园区的方式，将铁路系统接入园区内部。铁路应尽可能利用原有货运铁路干线，避免与主要客货通道和铁路支线的频繁交叉，合理选取接入点，并结合工程地质进行外接铁路的专项规划。

（3）水路运输系统

水路运输是以船舶为主要运输工具，以港口或港站为运输基地，以水域包括海洋、河流和湖泊为运输活动范围的一种运输方式。临港化工园区应充分利用岸线、航道资源，设立园区公共码头和仓储设施，构建水路运输系统。主要有两种空间布局形式，一种是前方公共码头、仓储设施等与后方陆域园区结合的非集中型布局模式，另一种是在有充足开敞空间港口区，将作业区与集装箱堆场集中在园区内部建设。化工园区水路运输系统的建立应根据岸线资源条件、功能区划分、港口吞吐量预测等，重点考虑岸线利用、水陆域布置、港界、港口建设等。同时，还应建立完善的港口集疏运系统，强化与园区陆域的相互联系，保障园区水路运输系统的健康、稳步发展。

(4）管道运输系统

化工园区内管道运输系统主要包括长输管道运输和厂际管道运输。

长输管道运输具有运距长、管距大、输量大等特点，是个较为复杂的系统工程。管道输送的介质多为易爆、易燃、有毒的天然气、煤层气、煤制天然气、液化石油气等气体和原油、成品油等液体，一旦被破坏，发生安全事故，会对人民生命财产造成不可估量的损害。化工园区内长输管道应综合考虑园区安全和生态环境保护，协调区域规划，科学确定敷设方式，合理选线，建设配套设施，满足与企业、生产装置和相关设施的安全距离要求。对于仅穿越园区但不为园区供应能源的长输管道应按照相关法律、法规、标准、规范、管理条例等，加强防护管控。而穿越园区且为园区供应能源的长输管道，还应综合考虑园区管道的衔接问题，保障供应的可行性、安全性和稳定性。

公共管廊是化工园区内输送化学品、蒸汽和污水等厂际管道的一种组织形式。在大型化工园区内，由于蒸汽量大、参数多、管径大，物料管廊和蒸汽管廊往往单独设置。在蒸汽管道数量不多、管径较小的情况下可以合并为公共管廊。

一般而言，园区内部的公共管廊位于道路一侧的绿化带内，并呈环状布置，可以把化工园区内尽可能多的地块串联起来，达到彼此之间物料互供、能源共享的目的。所有易燃、可燃气体或液体以及非危险液体在园区内均可利用公共管廊敷设。公共管廊一般架空敷设在管架上，而蒸汽管道因温度变化产生巨大推力，宜采用低支架或地面敷设，可以减少大量投资。公共管廊应该由专业的管廊公司统一建设、经营和管理，为各个有需要的用户提供公共的管架和专用的管位。

公共管廊与外部区域管道干管进行对接时，应尽量避免穿越工业地块，保持地块完整性，并沿园区边界走行，与工业生产装置保持一定的安全距离。当管廊与铁路走向一致时，应布置在不同的通道内，避免彼此间的干扰。

(5）其他运输系统

化工园区其他运输系统主要有索道运输系统和皮带运输系统等。

索道运输系统能够把各种物料安全高效地运至目的地。其触地占地面积很小，就算在山区，支架也可以跨越长距离和大的障碍。当传统的公路或铁路运输无法提供解决方案时，索道运输系统有时可以高效胜任，展现可靠的性能，同时具有能源效率高，节省空间，不受地形、天气、距离限制等优点。

皮带运输系统具有运输距离长、运输能力大、工作阻力小、便于安装、耗电量低、磨损较小等优点。适用于输送易于掏取的粉状、粒状、小块状的低磨琢性物料及袋装物料，如煤、碎石、砂、水泥等。

化工园区采用索道运输或皮带运输方式时，应与其他运输系统合理衔接。

（6）多式联运系统

化工园区应从基础设施、运输服务、信息一体化等多方面综合推进多式联运的发展。合理定位道路、铁路、水路、管道等在多式联运中的分工，科学构建多式联运的基础设施网路，在不同运输方式的转换节点上构建枢纽点；构建多式联运大通道；推广甩挂运输、集装箱多式联运、铁路驼背运输、水路滚装运输等多种多式联运的运输模式；探索"一票到底"的货运服务产品，通过整合、联盟等方式发展具有多式联运主服务主体的运输经营企业；建设多式联运公共信息平台，基于物联网等技术手段，推动多种交通运输方式物流公共信息平台的有效对接。

化工园区多式联运系统应建立道路、铁路、水路、管道等运输系统在物流发展上的协同工作机制，加强各种交通运输方式相关部门的沟通协调，在用地、规划、建设、投融资、财税等方面出台相应的支持政策，全面推进多式联运系统建设。

通过加大关键技术研发，从而优化物流基础设施衔接、提升设施装备水平、优化多式联运运营环境。为了提升信息化服务水平，进而提升多式联运的自动化水平与运转效率，基于物联网、5G等先进技术，研发为多式联运服务的智能化信息平台，实现在多式联运过程中多交通运输方式的信息共享、货物监控等功能。

3.7 化工园区安全应急和消防救援体系

3.7.1 概述

化工园区作为石油和化工产业的主要载体，园区内化工产业关联紧密，危险化学品种类繁多、储量大，化工工艺复杂，重大危险源聚集，区域内装置繁多，设备密集，事故风险高，应急救援的难度较大。

化工园区应遵守国家、地方的相关规定，围绕加强科学规划与建设、构建安全生产一体化管理体系、严格园区安全生产监督管理和强化组织领导四个方面，从园区机构设置、队伍建设、规划布局、项目准入、公用工程和辅助设施建设、监督管理体制机制、安全生产和消防安全责任制、安全风险分级管控、事故隐患排查治理、应急救援能力、安全消防应急管理信息化系统以及安全消防应急社会化服务体系等维度，建设和逐步完善化工园区的安全应急和消防救援体系。

3.7.2 化工园区安全应急和消防救援体系建设原则

化工园区的安全应急和消防救援首先要符合各级政府、相关部门的一系列规定。为加强化工园区、化工企业聚集的集中区或工业区（以下统称园区）安全管理，我国出台了一系列的政策文件，其中有专门针对化工园区的，也有对企业、项目等的规定与监管要求，以降低园区系统安全风险，增强园区安全应急保障能力，提升园区本质安全水平。

化工园区安全应急和消防救援法律法规政策文件汇总见表 3.4。

表3.4 化工园区安全应急和消防救援法律法规政策文件汇总

序号	文件名称
1	《中华人民共和国安全生产法》（2021年修正版）
2	《中华人民共和国消防法》（2019年修正版）
3	《危险化学品安全管理条例》（国务院令第591号，2013年修正）
4	《生产安全事故应急条例》（国务院令第708号）
5	《生产安全事故应急预案管理办法》（应急管理部令第2号）
6	《建设项目安全设施"三同时"监督管理办法》（国家安全生产监督管理总局令36号第77号修正）
7	《危险化学品重大危险源监督管理暂行规定》（国家安监总局令第40号，第79号令修正）
8	《危险化学品建设项目安全监督管理办法》（国家安全生产监督管理总局令45号第79号修正）
9	《机关、团体、企业、事业单位消防安全管理规定》（公安部令第61号）
10	《中共中央国务院关于推进安全生产领域改革发展的意见》（中发〔2016〕32号）
11	《关于全面加强危险化学品安全生产工作的意见》（厅字〔2020〕3号）

续表

序号	文件名称
12	《中共中央办公厅国务院办公厅关于印发〈地方党政领导干部安全生产责任制规定〉的通知》（厅字〔2018〕13号）
13	《国务院关于建立完善守信联合激励和失信联合惩戒制度加快推进社会诚信建设的指导意见》（国发〔2016〕33号）
14	《消防安全责任制实施办法》（国办发〔2017〕87号）
15	《国务院办公厅关于印发危险化学品安全综合治理方案的通知》（国办发〔2016〕88号）
16	《国务院安全生产委员会关于调整国务院安全生产委员会组成人员的通知》（安委〔2021〕6号）
17	《国务院安全生产委员会关于加快推进安全生产社会化服务体系建设的指导意见》（安委〔2016〕11号）
18	《国务院安委会办公室关于实施遏制重特大事故工作指南构建双重预防机制的意见》（安委办〔2016〕11号）
19	《国务院安全生产委员会关于开展劳动密集型企业消防安全专项治理工作的通知》（安委〔2014〕9号）
20	《国务院安委会办公室关于进一步加强化工园区安全管理的指导意见》（安委办〔2012〕37号）
21	《化工园区安全风险排查治理导则（试行）》（应急〔2019〕78号）
22	《应急管理部关于全面实施危险化学品企业安全风险研判与承诺公告制度的通知》（应急〔2018〕74号）
23	《国家安全监管总局 保监会 财政部关于印发〈安全生产责任保险实施办法〉的通知》（安监总办〔2017〕140号）
24	《化工和危险化学品生产经营单位重大生产安全事故隐患判定标准（试行）》（安监总管三〔2017〕121号）
25	《工业和信息化部关于促进化工园区规范发展的指导意见》（工信部原〔2015〕433号）
26	《国家安全监管总局关于加强安全仪表系统管理的指导意见》（安监总管三〔2014〕116号）
27	《国家安全监管总局关于加强化工企业泄漏管理的指导意见》（安监总管三〔2014〕94号）
28	《国家安全监管总局关于加强化工过程安全管理的指导意见》（安监总管三〔2013〕88号）
29	《国家安全监管总局住房城乡建设部关于进一步加强危险化学品建设项目安全设计管理的通知》（安监总管三〔2013〕76号）
30	《火灾高危单位消防安全评估导则（试行）》（公消〔2013〕60号）
31	《危险化学品企业安全风险隐患排查治理导则》
32	《危险化学品重大危险源辨识》（GB 18218—2018）
33	《化学品分类与标签规范》（GB 30000）
34	《危险化学品应急救援物资配备要求》（GB 30077—2013）
35	《企业安全生产标准化基本规范》（GB/T 33000—2016）

续表

序号	文件名称
36	《重大火灾隐患判定方法》(GB 35181—2017)
37	《危险化学品生产装置和储存设施风险基准》(GB 36894—2018)
38	《危险化学品生产装置和储存设施外部安全防护距离确定方法》(GB/T 37243—2019)
39	《智慧化工园区建设指南》(GB/T 39218—2020)
40	《建筑设计防火规范》(GB 50016—2018)
41	《石油化工企业设计防火标准》(GB 50160—2018)
42	《工业企业总平面设计规范》(GB 50187—2012)
43	《化工企业总图运输设计规范》(GB 50489—2009)
44	《石油化工可燃和有毒气体检测报警设计标准》(GB/T 50493—2019)
45	《石油化工安全仪表设计规范》(GB/T 50770—2013)
46	《消防给水及消火栓系统技术规范》(GB 50974—2014)
47	《精细化工企业工程设计防火标准》(GB 51283—2020)
48	《煤化工工程设计防火标准》(GB 51428—2021)
49	《城市消防站建设标准》(建标 152—2017)
50	《化工园区生产安全事故应急救援体系评估指》(DB37/ 4212—2020)
51	《化工园区应急管理与救援规范》(DB43/T 1778—2020)
52	《化工园区事故应急设施(池)建设标准》(T/CPCIF 0049—2020)
53	《化工园区危险化学品运输车辆停车场建设标准》(T/CPCIF 0050—2020)
54	《化工园区开发建设导则第 1 部分：总纲》(T/CPCIF 0054.1—2020)
55	《"十四五"危险化学品安全生产规划方案》(应急〔2022〕22 号)

在化工园区的安全应急和消防救体系建设中，要遵循以下原则：

① 统筹兼顾，协调发展　正确处理安全生产与经济社会发展、与速度质量效益的关系，坚持把安全生产放在首要位置，促进区域、行业领域的科学、安全、可持续发展。

② 科学规划，合理布局　坚持产业集聚、布局集中、用地集约和安全环保的原则，规范化工园区的设立和选址，严格规划区域功能，优化安全布局，完善公用工程配套以及安全、消防和应急保障设施。

③ 严格准入，规范管理　坚持严格准入，严禁不符合安全生产标准规范和不成熟化工工艺的规模化危险化学品建设项目(试验性项目除外)入园。坚持一体化管理，提升化工园区应急保障能力，规范建设和安全管理。

④ 系统排查，重点整治　全面排查化工园区安全风险，突出对系统性安全风险的整治，提升本质安全水平，避免多米诺效应，防范危险化学品重特大安全事故，实现化工园区整体安全风险可控。

⑤ 依靠科技，创新管理　加快安全科技研发应用，加强专业技术人才队伍和高素质的职工队伍培养，创新安全管理体制机制和方式方法，不断提升安全保障能力和安全管理水平。

3.7.3　化工园区安全应急和消防救援体系具体构建

3.7.3.1　机构设置和队伍建设

（1）应急管理委员会

化工园区宜设立应急管理委员会作为园区应急管理工作的最高议事机构，原则上由园区党工委主要领导任主任，园区管委会主要领导任第一副主任，园区党工委、管委会相关领导担任副主任，园区党工委、管委会下属职能部门、常设机构和重点企业事业单位等主要负责人担任委员。园区应急管理委员会下设办公室，由园区管委会分管领导兼任办公室主任，应急管理部门、消防救援大队等单位主要负责人兼任办公室副主任，应急管理部门承担办公室日常工作。园区可以成立若干个专项应急指挥机构，由园区管委会主要领导或分管领导担任指挥长，相关行业主管部门主要负责人担任副指挥长。专项应急指挥机构在园区应急管理委员会的领导下开展工作，主要负责制定并组织实施现场救援工作方案，统一领导现场处置工作。连云港徐圩新区应急管理委员会组织结构如图 3.11 所示。

（2）安全生产委员会

化工园区应成立安全生产委员会，原则上由园区管委会主任担任安委会主任，管委会各副主任和园区应急管理部门主要负责人任安委会副主任，应急管理部门以外的其他职能部门主要负责人担任安委会委员。安委会下设安委办，安委办设在园区的应急管理部门，由应急管理部门主要负责人兼任安委办主任。具体构建可参考《国务院安全生产委员会关于调整国务院安全生产委员会组成人员的通知》（安委〔2021〕6 号）或所在地人民政府安全生产委员会组建方式。化工园区安全生产委员会主要职责是负责统筹协调化工园区安全生产工作，协调解决安全生产重大问题，督促落实安全生产责任制，

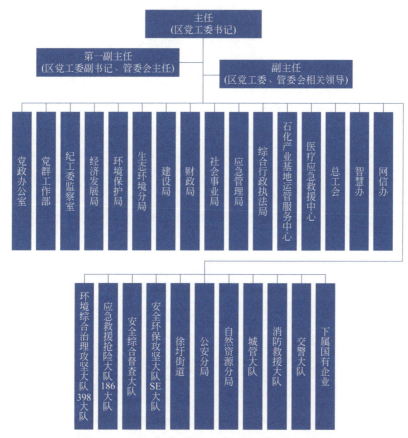

图 3.11 连云港徐圩新区应急管理委员会组织结构

督促各成员单位履行安全生产职责，抓好本部门、本系统的安全生产工作，组织开展各项安全生产检查，督促整改事故隐患。园区也可根据行业监管需要设立安全生产专业委员会，具体可参考连云港徐圩新区安全生产专业委员会组成结构（图 3.12）。

图 3.12 连云港徐圩新区安全生产专业委员会组成结构

（3）消防安全委员会

设有消防部门的化工园区应成立园区消防安全委员会，原则上由园区管委会分管安全主任担任消防安全委员会主任，园区公安部门、应急管理部门、消防部门等主要负责人任消防安全委员会副主任，其他职能部门分管安全负责人担任消防安全委员会委员。消防安全委员会下设办公室，设在园区的消防部门，由消防部门主要负责人兼任消防安全委员会办公室主任。化工园区消防安全委员会主要职责是在园区管委会领导下负责全园区消防工作的统一指导和综合协调，按照"预防为主，防消结合"的方针，认真组织全区开展消防安全工作，提高抗御火灾的综合能力，防止火灾事故，减少火灾损失。园区消防安全委员会设立具体可参考惠州大亚湾区消防安全委员会组织结构（图3.13）。

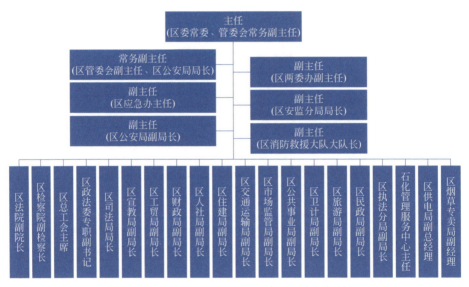

图 3.13 惠州大亚湾区消防安全委员会组织结构

（4）应急管理局

化工园区应急管理局的设置和主要职责见本书3.2.1节内容。应急管理局内负责危险化学品安全监管和执法人员中应配备具有相关化工专业学历或化工安全生产实践经历的人员或注册安全工程师等专业监管人员，且比例不低于75%。

（5）消防救援大队

化工园区宜设立消防救援大队，负责指导火灾预防和消防监督执法相关工作，依法行使消防安全综合监管职能；负责消防安全委员会办公室工作；负责综合性消防救援预案编制、战术研究，组织执勤备战、训练演练等工作；负责石化产业基地内火灾扑救和重大灾害事故及其他以抢救人员生命为主的应急救援工作；负责消防安全方面宣传教育及培训工作等。

（6）监管执法队伍

依据《关于全面加强危险化学品安全生产工作的意见》，化工园区应设置或由所在地人民政府负有安全生产监督管理和消防安全监管职责的部门派驻安全和消防监管执法队伍。化工园区监管执法队伍中专业监管执法人员的数量可根据化工产业规模、企业数量、风险等级等实际情况配备，由所在地的党委和政府研究确定，并按照程序审批后施行。到2022年底具有安全生产、消防安全相关专业学历和实践经验的执法人员数量不低于在职人员的75%。

（7）应急救援专业组织

化工园区应根据化工园区现场救援需要成立应急救援专业组织，其组成与职责如下。

① 综合协调组　由园区管委会办公室、应急管理部门牵头，组织协调事故现场救援。负责向各组传达指挥指令，协调和督促各组工作，报告各组救援工作中的重大问题和专家人员的技术信息，向上级应急部门报告事故情况及请求援助。

② 施救处置组　由消防部门牵头，负责控制危险源，在紧急状态下的现场抢险作业，现场灭火、堵漏、伤员的搜救、设备容器的冷却剂事故后对被污染的区域的洗消工作。

③ 伤员抢救组　由卫生部门牵头，负责抢救伤员并在现场附近的安全区域内设立临时医疗救护点，确保伤员能在事发现场或医院得到及时救治。

④ 安全警戒疏散组　由公安部门牵头，负责事故现场的警戒和治安管理，维持现场秩序，保持社会治安稳定，对现场周围人员进行疏散与防护指导，将周围物资进行转移等。

⑤ 环境监测组　由环保部门牵头，负责环境质量监测和环境保护监督及执法，维护环境安全。

（8）危险化学品事故处置专业队

在国家级、省级大型化工园区或化工产业密集地区，建设有危险化学品事故处置专业队，开展专业培训，形成区域作战优势，并组建化工灭火救援专家队伍。

3.7.3.2　安全布局和项目安全审查

（1）选址

① 化工园区应位于地方人民政府规划的专门用于危险化学品生产、储存的区域，符合化工园区所在地区化工行业安全发展规划。园区所在地区应编制符合《国家安全监管总局办公厅关于印发化工行业安全发展规划编制导则的通知》（安监总厅管三〔2013〕96号）内容要求的《化工行业安全发展规划》。

② 化工园区选址应把安全放在首位，进行选址安全评估，化工园区与城市建成区、人口密集区、重要设施等防护目标之间保持足够的安全防护距离，留有适当的缓冲带，将化工园区安全与周边公共安全的相互影响降至风险可以接受。缓冲带是指在化工园区规划用地红线外侧，利用自然的水体、山体、绿地、林地等天然或人工设置的缓冲区域，实现危险源与防护目标间的有效隔离，缓冲带内原则上不进行土地开发利用。

园区与城市建成区、人口密集区、重要设施、敏感目标之间的安全防护距离计算应遵循《危险化学品生产装置和储存设施外部安全防护距离确定方法》（GB/T 37243—2019）。

化工园区安全与周边公共安全相互影响的安全风险应符合《危险化学品生产装置和储存设施风险基准》（GB 36894—2018）的规定。

（2）规划

化工园区应编制《化工园区总体规划》和《化工园区产业规划》，《化工园区总体规划》应包含安全生产、消防和综合防灾减灾规划章节或单独编制规划。详细内容见本书3.3节化工园区规划。

（3）布局

① 企业布局要综合考虑主导风向、地势高低落差、企业装置之间的相互影响、产品类别、生产工艺、物料互供、公用设施保障、应急救援等因素，合理布置功能分区。

化工园区内各企业的总体布局符合《化工企业总图运输设计规范》（GB 50489—2009）、《工业企业总平面设计规范》（GB 50187—2012）、《建筑设计防火规范》（GB 50016—2018）等标准的要求。

精细化工企业还应符合《精细化工企业工程设计防火标准》（GB 51283—2020）要求。石油化工企业还应符合《石油化工企业设计防火标准》（GB 50160—2018）的要求。煤化工企业还应符合《煤化工工程设计防火标准》(GB 51428—2021)的要求。

② 劳动力密集型的非化工企业不得与化工企业混建在同一园区内。劳动密集型企业是指生产需要大量的劳动力，即产品成本中劳动活量消耗占比重较大的企业，又称为劳动集约型企业。根据《国务院安全生产委员会关于开展劳动密集型企业消防安全专项治理工作的通知》(安委〔2014〕9号)的要求，劳动密集型企业专项治理的范围是指同一时间容纳30人以上，从事制鞋、制衣、玩具、肉食蔬菜水果等食品加工、家具木材加工、物流仓储等劳动密集型企业的生产加工车间、经营储存场所和员工集体宿舍。

③ 化工园区行政办公、生活服务区等人员集中场所布置在化工园区边缘或化工园区外，且与生产功能区相互分离，即与生产功能区间有一定的间距，相互之间通过道路等隔离，处于相对独立的分区。

④ 消防站、应急响应中心、医疗救护站等重要设施的布置应有利于应急救援的快速响应需要，并与涉及爆炸物、毒性气体、液化易燃气体的装置或设施保持足够的安全距离，安全距离不低于《石油化工企业设计防火标准》(GB 50160—2018)规定的防火间距的要求，且安全风险可控。

（4）项目安全审查与管理

① 化工园区应严格根据《化工园区总体规划》和《化工园区产业规划》，制定适应区域特点、地方实际的《化工园区产业发展指引》和"禁限控"目录。产业发展指引是依据化工园区产业规划，制定的符合园区长远发展利益的产业指导目录。"禁限控"目录是充分考虑危险化学品特性和区域生产、储存、运输等承载能力，为降低区域运行风险而制定的禁止、限制和控制的危险化学品项目目录。

② 化工园区的项目准入应充分考虑园区产业链的安全性和科学性，有选择地接纳危险化学品企业入园。把符合安全生产标准、园区产业链安全和安全风险容量要求，作为危险化学品企业准入的前置条件，大力支持产业匹配、工艺先进的企业入园建设，严格禁止工艺设备设施落后的项目入园，严格限制本质安全水平低的项目建设。详见本书3.4节化工园区项目准入与评价相关内容。

③ 对化工园区的化工建设项目应依法开展项目安全审查，危险化学品建设项目应有相关工程设计资质的单位设计，新建化工装置必须装备自动化控制系统，涉及"两重点一重大"的化工装置必须装备安全仪表系统。

入园企业应严格按照《建设项目安全设施"三同时"监督管理办法》(国家安全生产监督管理总局令36号第77号修正)或《危险化学品建设项

目安全监督管理办法》（国家安全生产监督管理总局令 45 号第 79 号修正）实施建设项目安全审查。

入园企业应严格按照《国家安全监管总局住房城乡建设部关于进一步加强危险化学品建设项目安全设计管理的通知》（安监总管三〔2013〕76 号）要求进行安全设计管理。严格控制涉及光气、剧毒化学品生产企业的建设项目，从严审批涉及"两重点一重大"的建设项目。

化工园区新建化工装置必须装备自动化控制系统，涉及"两重点一重大"的化工装置必须按照《国家安全监管总局关于加强安全仪表系统管理的指导意见》（安监总管三〔2014〕116 号）装备安全仪表系统，危险化学品重大危险源企业必须按照《危险化学品重大危险源监督管理暂行规定》建立健全安全监测监控体系。

④ 化工园区内凡存在重大事故隐患、生产工艺技术落后、不具备安全生产条件的企业，责令停产整顿，整改无望的或整改后仍不能达到要求的企业，应依法予以关闭。重大事故隐患指的是存在符合《化工和危险化学品生产经营单位重大生产安全事故隐患判定标准（试行）》（安监总管三〔2017〕121 号）规定的事故隐患。

3.7.3.3　安全风险评估

（1）评估目的

化工园区应推动园区整体安全风险评估，提高安全风险预判和防范能力，避免造成重大的人员财产损失和不良的经济社会效益，评估项目主要包含：

① 通过对化工园区固有（潜在）或预计的危险、有害因素进行定性、定量的清晰辨识和科学评估，明确园区的本质安全现状，为政府和园区管理机构提供技术支撑；

② 系统分析化工园区安全风险的叠加和连锁效应以及区域安全风险的分布状态，综合测算化工园区的安全容量，明确化工园区发展的规模、产业结构的布局，指导化工项目的发展规模和导向；

③ 提出科学配置与园区相适应的公用工程、基础设施、应急救援设施、避难场所、防灾设施，加强物流仓储规划，强化物流输送及管廊设置的建议，规范园区相关安全设施的配置和管理；

④ 通过检查并评估园区正式运行企业开展安全生产条件评价、安全风险分级管控和事故隐患排查治理的实施情况，对实施不到位的企业进行督

导，促其把措施做到位；

⑤ 预测园区危险化学品重大危险源的火灾、爆炸或泄漏事故可能造成的事故后果，评估其个人风险和社会风险是否在容许范围内，了解主要风险来源，针对事故后果和社会影响，督促企业加强日常安全管理和制定并落实专项预案；

⑥ 协助园区管理机构梳理园区风险，根据风险评价情况指导园区完善相关安全设施及安全生产管理体系，识别企业间多米诺效应，落实有关问题的整改，实现化工园区风险控制和管理。

（2）评估人员和技术要求

化工园区安全风险评估应委托具有相应能力的专业安全生产技术服务机构承担，风险评估技术人员应包括化工、安全、电气、仪表自动化、储运、地质、给排水、消防应急等专业人员，从事安全风险评估工作3年以上，技术负责人应具备化工或安全工程专业副高级及以上职称并从事安全风险评估工作5年以上。

承担化工园区安全风险评估的技术团队或技术服务机构应具有开展工作所必要的工作场所、仪器设备和软件工具，并具备正确使用必要仪器设备、软件工具进行测试分析、模拟计算的技术能力。

（3）委托与责任

化工园区管理机构应与安全生产技术服务机构签订书面委托合同，明确评估对象和各自的责任、权利和义务，为安全生产技术服务机构开展化工园区区域安全风险评估提供必要的条件，并对其真实性负责。

安全生产技术服务机构应客观公正、实事求是地开展评估工作，并对其做出的评估结果负责。

（4）评估周期

化工园区每5年至少进行一次安全风险评估，园区每年开展一次自评并做好台账管理。化工园区发生如下情况时，应重新进行安全风险评估：
① 产业规划发生产业链改变；
② 地质条件和外部社会环境发生重大变化；
③ 发生区域性重大或特别重大生产安全事故。

（5）工作要求

化工园区安全风险评估应结合国家有关法律法规和标准规范要求，评估化工园区布局的安全性和合理性，安全风险评估计算应遵循《危险化学品生产装置和储存设施外部安全防护距离确定方法》（GB/T 37243—2019）。化工园区安全与周边公共安全相互影响的安全风险应符合《危险化学品生产装置和储存设施风险基准》（GB 36894—2018）。同时，对多米诺效应进行分析，提出安全风险防范措施，降低区域安全风险，避免多米诺效应。

3.7.3.4 配套功能设施建设

化工园区的建设以有利于生产安全为原则，保障供水水源应充足、可靠，保障双电源供电，完善应急指挥中心、消防站、封闭化设施、污水和危险废物处置设施、危险品运输车辆停车场、事故应急设施（池）等公用工程配套和安全保障设施，具体要求详见本书 3.5 节化工园区基础设施和公用工程部分，本章只对化工园区配备的安全应急设施进行说明。

（1）安全设施

① 化工园区宜建设安全生产教育培训基地，配备专业的讲师、教材、场所，提升安全生产管理人员及从业人员专业素质能力。

② 化工园区应严格管控运输安全风险，运用物联网等先进技术对危险化学品运输车辆及司机、押运员进行实时监控，对危化品车辆实行专用道路、专用车道和限时限速行驶等措施，同时对管控措施执行情况进行监控，对入园危险品运输车辆进行全过程监管。有危险化学品车辆聚集较大安全风险的化工园区应建设危险化学品车辆专用停车场并严格管理。

③ 化工园区应实行封闭化管理，建立完善的化工园区门禁系统和视频监控系统，建设卡口、岗亭、道闸、视频周界、电子围栏等防侵入设施，对易燃易爆、有毒有害化学品和危险废物等物料、人员、车辆进出实施全过程监管。

④ 化工园区应在公共管廊靠近道路侧设置照明设施、消防应急设施、防撞设施，宜建设视频监控设施、有毒有害气体泄漏监测设施。

⑤ 化工园区应加强对台风、雷电、洪水、泥石流、滑坡等自然灾害的监测和预警，整合融入化工园区统一的信息化平台，做好及时的预警预报。

⑥ 化工园区应能保障双电源供电。供电应满足化工园区各企业和化工园区配套设施生产、生活及应急用电需求，电源可靠。

⑦ 化工园区应建立完善的安全监测监控体系，包括高空瞭望视频监控、重点道路和路口视频监控、企业危险场所视频监控、重大危险源监测监控、有毒有害气体及可燃气体周界监测监控，利用信息化平台进行整合，形成统

一的安全监测监控体系。

(2) 应急管理和消防救援设施

① 化工园区应设置专用监控、值守场所，建设应急响应中心，建立应急值守与接处警系统，以实现对安全生产事故的快速反应和应急救援。

② 化工园区消防站布点应根据化工园区面积、危险性、平面布局等因素综合考虑，消防车种类、数量、结构以及车载灭火药剂数量、装备器材、防护装具等应满足安全事故处置需要。

③ 化工园区宜建设环状消防供水管网，消防水源应充足可靠，应对消防用水水压进行监测监控，水压不足时应及时预警，对化工园区附近有天然水源的，应设置供消防车取水的消防车道和取水码头。

④ 化工园区应整合和优化专业的危险化学品应急救援资源，并根据自身安全风险类型和实际需求，配套建设医疗急救场所和气防站。

⑤ 化工园区应建立健全化工园区内企业及公共应急物资储备保障制度，统筹规划配备充足的应急物资装备，建立完善应急物资保障体系。

⑥ 合理分析和估算安全事故废水量，根据需求规划建设公共的事故应急池，对事故应急池进行水位监测以及视频监控，确保化工安全事故发生时能满足废水处置要求。

⑦ 应建设有效的信息传达渠道，建设应急广播、大屏信息发布、融合通信等智能预警发布系统，有效实现应急救援指令上传下达。

⑧ 化工园区应建设紧急避难场所，同时化工园区内各主干道路上应设置逃生避难场所指引标志。

3.7.3.5 风险分级管控和隐患排查治理

(1) 安全风险分级管控

① 健全安全风险评估分级标准　化工园区应细化《化工园区安全风险排查治理导则（试行）》（应急〔2019〕78号）及有关文件要求，制定化工园区安全风险辨识、评估和分级标准，为园区的安全风险分级管控工作提供依据。鼓励企业制定安全风险排查治理企业标准。

② 全面完成化工园区安全风险评估分级　配合地方政府按照《化工园区安全风险排查治理导则（试行）》（应急〔2019〕78号）要求，全面完成化工园区安全风险评估分级，评估为A级（高安全风险）的，原则上不得批准新、改、扩建危险化学品建设项目（安全、环保水平技改提升类项目除外），限期整改提升，2021年底前仍为A级的要关闭退出；评估为B级（较

高安全风险）的，原则上要限制新、改、扩建危险化学品建设项目，2022年底前仍未达到 C 级（一般安全风险）或 D 级（较低安全风险）的要予以取消化工园区定位。

③ 建立完善园区风险分级管控体系。

a. 实施分级分类安全监管。园区负有安全监管责任的部门要督促指导企业落实主体责任，认真开展安全风险分级管控和隐患排查治理双重预防工作。要结合企业风险辨识和评估结果以及隐患排查治理情况，组织对企业安全生产状况进行整体评估，确定企业整体安全风险等级，并根据企业安全风险变化情况及时调整。

b. 推行企业安全风险分级分类监管，按照分级属地管理原则，针对不同风险等级的企业，确定不同的执法检查频次、重点内容等，实行差异化、精准化动态监管。对企业报告的重大安全风险和重大危险源、重大事故隐患，要通过实行"网格化"管理明确园区有关主管部门、安全监管部门的监管责任，加强督促指导和综合协调，支持、推动企业加快实施管控整治措施，对安全风险管控不到位和隐患排查治理不到位的，要严格依法查处。要制定实施企业隐患自查自治的正向激励措施和职工群众举报隐患奖励制度，进一步加大重大事故隐患举报奖励力度。

c. 有效管控区域安全风险。园区要组织对公共区域内的安全风险进行全面辨识和评估，根据风险分布情况和可能造成的危害程度，确定区域安全风险等级，并结合企业报告的重大安全风险情况，汇总建立区域安全风险数据库，绘制区域"红橙黄蓝"四色安全风险空间分布图。对不同等级的安全风险，要采取有针对性的管控措施，实行差异化管理。对高风险等级区域，要实施重点监控，加强监督检查。要加强城市运行安全风险辨识、评估和预警，建立完善覆盖城市运行各环节的城市安全风险分级管控体系。

（2）事故隐患排查治理

① 健全事故隐患排查治理标准　化工园区应结合园区实际，细化《化工园区安全风险排查治理导则（试行）》（应急〔2019〕78 号）及有关文件要求，科学制定《化工园区事故隐患排查治理实施导则》并严格落实。督促企业落实《危险化学品企业安全风险隐患排查治理导则》的规定，鼓励企业制定事故隐患排查治理企业标准。

《化工园区事故隐患排查治理实施导则》应至少包含园区事故隐患排查治理的原则、要求、隐患排查方式及频次、隐患排查内容、隐患治理与上报等内容。

② 建立安全隐患排查治理长效机制　督促企业建立健全全员参与的隐患排查治理工作机制，认真开展隐患排查治理，精准排查治理生产装置、生产工艺、设备管线等方面的泄漏爆炸风险隐患，确保各类事故隐患能够及时发现、及时整改。建立各部门、各单位共同参与的公共设施安全隐患排查治理机制，定期组织事故隐患排查治理，保障园区各类公共设施安全运转。

③ 强化重大事故隐患治理　结合园区内企业类型，深刻吸取近年来重特大事故教训，针对性地开展涉爆粉尘、液氨制冷、危险品运输车辆停车场、建设施工、受（有）限空间作业等专项治理，实行挂牌督办、督促整改等措施，坚决消除重大事故隐患。对不具备《安全生产法》和其他有关法律、行政法规和国家标准或者行业标准规定的安全生产条件，经停产停业整顿仍不具备安全生产条件的，予以关闭；有关部门应当依法吊销其有关证照。

3.7.3.6　应急管理

（1）应急预案

① 应急预案的编制　化工园区应遵循《生产经营单位生产安全事故应急预案编制导则》（GB/T 29639—2020）编制化工园区生产安全事故应急预案，包含综合应急预案和专项应急预案。化工园区应急预案应与园区内各企业的应急预案相衔接，且与上级政府部门的应急预案相互衔接，不得有冲突。

综合应急预案应包括下列内容：
a. 化工园区的应急组织机构及职责；
b. 应急预案体系；
c. 生产安全事故描述；
d. 预警及信息报告；
e. 应急响应；
f. 保障措施；
g. 应急预案管理等内容。

专项应急预案包括但不限于下列内容：
a. 事故风险分析；
b. 应急指挥机构及职责；
c. 处置程序和措施等内容。

② 应急预案的评审、公布和备案　化工园区应急管理部门应当组织有关专家对本部门编制的部门应急预案进行审定；必要时，可以召开听证会，听取社会有关方面的意见。参加应急预案评审的人员应当包括有关安全生产及应急管理方面的专家。应急预案的评审或者论证应当注重基本要素的完整性、组织体系的合理性、应急处置程序和措施的针对性、应急保障措施的可行性、应急预案的衔接性等内容。

化工园区应急预案经评审或者论证后，由园区管委会主要负责人签署，向园区从业人员公布，并及时发放到本园区有关部门、岗位和相关应急救援队伍。

化工园区的应急预案，应当报抄送上一级人民政府应急管理部门，并依法向社会公布。

③ 应急预案的实施。

a. 应急预案培训演练。

化工园区应当采取多种形式开展应急预案的宣传教育，普及生产安全事故避险、自救和互救知识，提高从业人员和社会公众的安全意识与应急处置技能。

化工园区应当将本部门应急预案的培训纳入安全生产培训工作计划，并组织实施本行政区域内重点生产经营单位的应急预案培训工作。应急培训的时间、地点、内容、师资、参加人员和考核结果等情况应当如实记入本本园区的安全生产教育和培训档案。

化工园区应急管理部门应当至少每两年组织一次应急预案演练，提高本部门、本园区生产安全事故应急处置能力。应急预案演练结束后，应急预案演练组织单位应当对应急预案演练效果进行评估，撰写应急预案演练评估报告，分析存在的问题，并对应急预案提出修订意见。

b. 应急预案修订。

化工园区应急管理部门应当建立应急预案定期评估制度，对预案内容的针对性和实用性进行分析，并对应急预案是否需要修订作出结论。有下列情形之一的，应急预案应当及时修订并归档：

◆ 依据的法律、法规、规章、标准及上位预案中的有关规定发生重大变化的；

◆ 应急指挥机构及其职责发生调整的；

◆ 安全生产面临的风险发生重大变化的；

◆ 重要应急资源发生重大变化的；

化工园区建设与管理

◆ 在应急演练和事故应急救援中发现需要修订预案的重大问题的；
◆ 编制单位认为应当修订的其他情况。

应急预案修订涉及组织指挥体系与职责、应急处置程序、主要处置措施、应急响应分级等内容变更的，修订工作应当参照《生产安全事故应急预案管理办法》（应急管理部令第2号）规定的应急预案编制程序进行，并按照有关应急预案报备程序重新备案。

化工园区应当按照应急预案的规定，落实应急指挥体系、应急救援队伍、应急物资及装备，建立应急物资、装备配备及其使用档案，并对应急物资、装备进行定期检测和维护，使其处于适用状态。

化工园区发生事故时，应当第一时间启动应急响应，组织有关力量进行救援，并按照规定将事故信息及应急响应启动情况报告事故发生地人民政府应急管理部门和其他负有安全生产监督管理职责的部门。生产安全事故应急处置和应急救援结束后，事故发生单位应当对应急预案实施情况进行总结评估。

（2）应急救援力量

化工园区要强化危险化学品应急救援力量建设，开展国家和区域危险化学品应急救援力量需求评估。针对现有救援力量难以覆盖的区域，统筹国家综合性消防救援力量和危险化学品专业救援力量，合理规划和调整优化危险化学品应急救援队伍建设。推进区域性危险化学品应急救援队伍和大型危险化学品生产储运企业应急救援队伍建设。

（3）应急救援能力

化工园区要强化应急救援队伍战斗力建设，抓紧补短板、强弱项，提高各类灾害事故救援能力。

一是加强应急救援装备配备。化工园区内的国家级应急救援基地要着眼应对重特大、复杂事故需要，加快推进应急救援关键装备轻型化、智能化、模块化建设，重点加强国际先进、安全可靠、机动灵活、实用性强的专业救援设备装备。化工园区内的应急救援队伍要充分考虑企业风险状况、危险化学品种类、事故类型等因素，调整、优化装备配备布局，补充完善承担生产安全事故救援任务所必需的救援车辆以及侦测搜寻、抢险救援、通信指挥、个人防护等装备器材。

二是做好实训演练。化工园区应积极组织危险化学品应急救援专业实训，推动专业救援实训工作常态化、制度化、规范化，提高专业救援队伍的组织指挥和处置技能。吸取国内外重特大生产安全事故教训，按照要求定期组织开展有针对性的实战演练，完善应急演练评估改进和预案修订机制，切实提高演练实效。

三是提高区域协同救援能力。在组织跨地区生产安全事故救援过程中，需要组织动员大量的人力、物力、财力。针对各地区、各部门和救援队伍存在各自为战的现象，借鉴各地探索实践，提高区域协同救援能力。

（4）企业应急处置能力

危险化学品生产安全事故发生后，从业人员能否第一时间正确处置、及时避险，企业能否迅速有效组织救援，直接决定了救援行动的成败和事故的危害程度。化工园区应急管理部门要切实做好《生产安全事故应急演练基本规范》（AQ/T 9007—2019）和《生产安全事故应急演练评估规范》（AQ/T 9009—2015）实施工作，加强宣传教育，指导企业全面掌握有关要求，认真做好危险化学品生产安全事故应急准备工作。督促危险化学品企业准确理解和认真落实各项要求，针对本企业安全风险特点，全面加强应急准备，建立完善应急管理机构和专兼职应急救援队伍，在风险评估的基础上，科学编制应急预案，储备应急物资装备应符合《危险化学品应急救援物资配备要求》（GB 30077—2013）的要求，加强应急培训演练，切实做好值班值守和应急处置救援，提高事故应急处置能力，实现"救早救小"。

3.7.3.7 安全应急和消防救援管理信息化建设

建设智慧化工园区安全监管信息系统，加强对化工园区内重点监管的危险化工工艺、重点监管的危险化学品、重大危险源、油气输送管道高后果区、管廊管线、危险化学品停车场、重点装置、重点设备和重点场所等基础信息的统一管理。将安全生产行政处罚信息统一纳入监管执法信息化系统，实现信息共享，取代层层备案。实现对园区内企业、重点场所、重大危险源、基础设施实时风险监测预警。加强对台风、雷电、洪水、泥石流、滑坡等自然灾害的监测和预警，并落实有关灾害的防范措施，防范因自然灾害引发危险化学品次生灾害。发挥信息平台风险分级管控和隐患排查治理功能模块的作用，提升园区安全生产综合治理水平。

建设智慧化工园区应急管理系统，加强对园区应急资源、应急处置案例、值班过程进行动态信息管理和统计分析，对应急预案进行编制管理、备案管理、电子保存、综合查询等数字化管理，开展应急预案在典型应急事件场景的虚拟演练。发挥信息平台在园区应急处置救援过程中的信息传递、指挥调度和辅助决策作用，最大程度减少事故造成的生命财产损失，防止事故引发次生灾害。

建设智慧化工园区消防管理系统，可作为智慧化工园区应急管理系统子应用模块，加强对化工园区消防管理管理，实现包含而不限于消防安全监管、火灾风险等级管控、火灾隐患排查管理、应急响应管理、救援车辆管理和消防培训及演练等功能。

具体建设详见本书 3.9 节。

3.7.3.8 安全消防应急社会化服务

（1）安全生产责任险

① 大力推行安全生产责任保险　建立健全安全生产责任保险制度，在园区危险化学品、建筑施工和民用爆炸物品生产等高危行业领域强制实施安全生产责任保险。推动保险机构开发适应各类企业安全生产需求的个性化保险产品，推动安全生产责任保险与其他交叉险种优化组合。

② 强化事故预防控制　结合园区实际，制定安全生产责任保险费用列支、管理和安全预防费使用的相关规定，严格监督检查，确保专款专用。制定合同范本，把生产安全事故预防工作纳入保险合同内容，明确保险机构开展安全风险管控规范要求。建立保险机构和技术服务机构事故预防合作机制，提高风险辨识管控和隐患排查治理水平。鼓励保险机构开展事故预防相关技术的研发推广应用。

③ 建立激励推动机制　将实施安全生产责任保险制度情况纳入安全生产工作考核内容，不断加大推行力度。充分运用安全生产责任保险差别费率和浮动费率的杠杆作用，推动企业加强安全管理，不断提高从业人员安全技能，改善现场作业环境。

（2）注册安全工程师及事务所

① 做好使用注册安全工程师的使用工作　危险物品的生产、储存单位和技术服务机构要按照要求配备注册安全工程师，安全生产管理机构负责人一般应具有注册安全工程师职业资格。鼓励园区其他行业企业配备注册安全工程师。

② 加强注册安全工程师事务所建设　支持注册安全工程师事务所开展安全生产社会化服务工作。鼓励生产经营单位向注册安全工程师事务所购买技术服务，或开展安全生产委托管理服务。

(3)安全生产和消防安全培训

① 加快安全生产和消防安全网络培训建设　加强网络平台建设和资源整合,形成兼容、开放、共享、规范的安全生产和消防安全网络培训机制。拓展新媒体安全培训形式,构建共建共享、互联互通的学习培训云平台。加强安全生产和消防安全培训数据平台建设,实行考试、发证、网上审核、档案管理网上生成、考试远程视频监控、培训和证书信息联网查询。

② 建立供给式培训服务机制　加强实操实训和仿真式、模拟式、体感式等培训。推动培训机构为中小微企业开展帮扶培训。分行业和工种,遴选优秀教师队伍,建立园区师资库。实施安全生产和消防安全培训名师名课工程,支持形成一批具有品牌效应的培训机构。

③ 深入开展安全知识普及活动　支持培训机构面向企业和社会公众开发安全生产和消防安全宣传教育产品。支持培训机构与社会组织、保险机构、科研院所等相互合作、优势互补,拓宽宣传渠道,广泛普及安全生产和消防安全知识。鼓励引导基层群众性组织、新闻媒体、志愿者等开展群众喜闻乐见的安全生产和消防安全知识宣传活动,努力提高全民安全健康意识和风险防范能力。支持具备条件的专业机构参与安全发展城市和企业安全文化建设等相关工作。

(4)社会化服务

化工园区宜建立统一的安全生产社会化服务信息平台,加速信息交流、要素集聚、市场融通,实现服务需求和供给资源的共享对接。鼓励各地区制定中小企业的安全生产和消防安全技术服务资助行动计划,对安全风险突出、自身能力不足的小微企业给予适当帮扶。除应当依法设置安全生产管理机构或者配备专职安全生产管理人员的,其他长期聘用技术服务机构或专家获得安全生产服务的企业,可视同其配备了相应的兼职安全生产管理人员。

3.8　化工园区生态环境保护体系

3.8.1　概述

化工园区生态环境保护,包括化工园区及化工园区内的企业采取有利于节约和循环利用资源、保护和改善环境、促进化工园区生产建设与周边环境、自然和谐的经济、技术政策和措施,使化工园区经济社会发展与环境保

护相协调等内容。化工园区生态环境保护体系，是指以改善生态环境质量为核心，以解决生态环境突出问题为导向，深入强化上下游产业链条，大力推进水、气、土、固废等全面整治，着力完善环境管理体制机制，创新绿色产业发展路径和发展空间，全力提升化工园区的发展水平。

聚焦在化工园区范围内，企事业单位（污染源）应承担生态环境保护的主体责任，需要对项目的清洁生产、减少和防治污染，投入必要的资金、人员、设施设备和日常管理，确保达标排放和生态环境污染风险可控；地方政府（包括化工园区管理机构）应承担属地和监督管理责任，对区域环境质量负责，强化对企业履行主体责任的监督管理，配套相应的环保基础设施（集中式污水处理厂、污水管网、危险废物处理处置中心等）、监测监控能力和监督管理能力，确保生态环境质量符合相关环境功能区划要求并逐步改善。

3.8.2　化工园区生态环境保护体系建设原则

（1）化工园区生态环境保护的基本原则

化工园区生态环境保护应符合表3.5所列法律法规政策文件要求。

表3.5　化工园区生态环境保护法律法规政策文件

序号	文件名称
1	《中华人民共和国环境保护法》
2	《中华人民共和国大气污染防治法》
3	《中华人民共和国水污染防治法》
4	《中华人民共和国固体废物污染环境防治法》
5	《中华人民共和国环境噪声污染防治法》
6	《中华人民共和国循环经济促进法》
7	《中华人民共和国清洁生产促进法》
8	《建设项目环境保护管理条例》
9	《水污染防治行动计划》
10	《土壤污染防治行动计划》
11	《大气污染防治行动计划》
12	《规划环境影响评价条例》
13	《建设项目环境影响评价分类管理名录》
14	《排污许可管理办法（试行）》（部令第48号）

续表

序号	文件名称
15	《国务院关于加强环境保护重点工作的意见》（国发〔2011〕35号）
16	《关于加强化工园区环境保护工作的意见》（环发〔2012〕54号）
17	环境保护部、工业和信息化部、国土资源部、住房和城乡建设部2012年11月26日联合发布的《关于保障工业企业场地再开发利用环境安全的通知》（环发〔2012〕140号）
18	《环境保护部关于加强工业企业关停、搬迁及原址场地再开发利用过程中污染防治工作的通知》（环发〔2014〕66号）
19	《工业和信息化部关于促进化工园区规范发展的指导意见》（工信部原〔2015〕433号）
20	《关于印发〈排污许可证管理暂行规定〉的通知》（环水体〔2016〕186号）
21	《关于做好环境影响评价制度与排污许可制衔接相关工作的通知》（环办环评〔2017〕84号）
22	《关于进一步加强产业园区规划环境影响评价工作的意见》（环环评〔2020〕65号）
23	《规划环境影响评价技术导则总纲》（HJ 130—2019）
24	《规划环境影响评价技术导则产业园区》（HJ 131—2021）
25	《建设项目环境影响后评价管理办法（试行）》（环境保护部部令第37号，自2016年1月1日起施行）
26	《建设项目环境影响评价技术导则总纲》（HJ 2.1—2016）

化工园区生态环境保护体系，应坚持生态文明建设导向、坚持国际标准、坚持改革创新为基本原则，强化系统综合施策治理，打好蓝天、碧水、净土三大攻坚战，持续推进生态环境治理体系和治理能力现代化建设，重点建设涵盖绿色产业发展、资源能源高效利用及碳减排、环境基础设施配套、环境质量改善、环境风险管控等工作。

（2）加强生态环保规划与环境敏感目标保护

促进传统产业优化升级，构建绿色产业链体系。构建市场导向的绿色技术创新体系，强化产品全生命周期绿色管理。大力发展节能环保产业、清洁生产产业、清洁能源产业，加强科技创新引领，着力引导绿色消费，大力提高节能、环保、资源循环利用等绿色产业技术装备水平。

对重点区域、重点流域、重点行业和产业布局开展规划环评，调整优化不符合生态环境功能定位的产业布局、规模和结构。严格控制重点流域、重点区域环境风险项目。从环保角度判断规划布局的整体合理性，预测规划实施后对大气环境、水环境、生态环境等环境要素，确保规划布局满足环境保护目标的要求。

（3）加强生态环境承载能力建设与保护

生态环境承载力是生态承载力与环境承载力概念的复合，包括某一地域在某个时间段内，在不破坏该地域生态系统（包括资源与环境系统）自我维持、自我调节能力的基础之上，在满足一定的社会生活水平前提下，该地域所能容纳和承受的一定人口数量下的活动强度。对于化工园区来说，生态环境承载力是指在特定的时间与条件下，区域生态环境所能承受的临界值。

生态环境承载力就组成要素而言，包括资源承载力、社会经济承载力和环境承载力。生态环境承载力同时具有客观性和主观性，客观性是指在一定的实际状态下，某一地域的生态环境承载力是客观存在的，是可以衡量和把握的，而主观性是指生态环境承载力的状况和水平因人类社会行为的内容、规模、速度和强度的不同而不同，人类可以通过自身行为，特别是社会经济行为来改变生态环境承载力的大小，控制其变化方向。

化工园区生态环境承载力的建设与保护，第一需要确保区域各要素环境质量不下降，环境承载力就基本能保持稳定；第二需要通过强化环保基础设施和企业污染治理能力建设，尽可能减少外排污染物对外部生态环境的压力，提升现有单位环境消纳能力对应的产业规模和产出贡献；第三是强化园区生态环境治理与修复工作，如强化绿化、人工湿地、河道水网修复、污染场地修复以及防护距离范围内绿化隔离带建设等，提升区域生态环境的综合承载能力。

3.8.3 化工园区生态环境保护体系具体构建

3.8.3.1 化工园区规划环评与建设项目环评

化工园区在开发建设前，必须开展规划环境影响评价，并获得相关审批部门的审查意见。化工园区产业定位、布局、范围、结构、发展规模等发生重大变化或调整，应对修编后的规划重新开展环境影响评价。化工园区规划环境影响评价应按照 HJ 130、HJ 131 的要求开展，提出评价结论以及规划优化调整建议，明确不良生态环境影响的减缓措施，提出生态环境保护建议和管控要求等。化工园区规划环境影响评价应对入园项目提出生态环境准入、污染防治等要求，提出入园项目环境影响评价简化的内容。化工园区规划实施五年以上且没有发生重大调整的，规划编制机关应组织规划环境影响的跟踪评价。根据 HJ 130，规划环评主要包括以下内容，并可根据园区实际，对报告章节设置、主要内容及图件进行适当增减：

① 总则；
② 规划分析；
③ 现状调查与评价；
④ 环境影响识别与评价指标体系构建；
⑤ 规划方案综合论证和优化调整建议；
⑥ 环境影响减缓对策和措施；
⑦ 如规划方案中包含具体的建设项目，应给出重大建设项目环境影响评价的重点内容要求和简化建议；
⑧ 环境影响跟踪评价计划；
⑨ 说明公众意见、会商意见回复和采纳情况；
⑩ 评价结论；
⑪ 附图。

原则上，化工生产项目必须开展项目环境影响评价并获得批复方可投入实施；入园项目开展环境影响评价应符合化工园区规划环境影响评价结论和审查意见等规范文件要求。环境影响相对可控的化工园区新建、改建、扩建项目可根据地区环境影响评价简化管理要求开展环境影响评价工作；建设项目环境影响后评价应当在建设项目正式投入生产或者运营后三至五年内开展。原审批环境影响报告书的环境保护主管部门也可以根据建设项目的环境影响和环境要素变化特征，确定开展环境影响后评价的时限。建设项目环境影响评价文件主要包括环境影响报告书、环境影响评价报告表、环境影响评价登记表。

建设项目环评报告的格式详见本书 3.4.3.3 项目前期工作。

3.8.3.2 园区生态环境保护基本能力建设

（1）优化化工废水分类收集与集中处理体系

化工园区应建设集中式污水处理厂（可依托骨干企业）及配套管网，实现废水分类收集、分质预处理和集中处理相结合。园区废水应当采用专用明管输送（北方寒冷地区可采用地埋专管，但需做好防渗处理），原则上一个园区或一个厂区只允许设立一个污水总排口。

新建园区应建设集中式污水处理厂及配套管网，确保园内企业排水接管率达 100%。废水排入城市污水处理设施的现有园区，必须对废水进行预处理达到城市污水处理设施接管要求，特别是毒害类物质、盐分、难降解污染物及其他市政污水厂不具备处理能力的特征污染物需达到直排标准。接纳园区工业废水的城镇污水处理设施不能稳定达标运行或相关工艺不能有效处理所接纳工业废水的，相关园区工业废水要限期退出城镇污水处理设施或采取其他有效措施进行处理。

园内企业应做到"清污分流、雨污分流"，实现废水分类收集、分质预处理，达到园区集中式污水处理厂接管要求后，方可接入污水处理厂集中处理。园内企业排放的废水原则上应经专用明管（北方寒冷地区可采用地埋专管，但需做好防渗处理）输送至集中式污水处理厂，并设置在线监测监控装置、视频监控系统。有雨水/清下水排放的企业，宜在清下水排口安装与污水排口同类特征污染物的在线监测监控设施。

（2）推进中水回用与污水再生利用

鼓励有条件的园区实施区域中水回用。化工园区中水回用存在的问题主要是：

① 化工园区污水成分复杂、水质不稳定、污水处理难度较大。

② 各地对中水回用的需求差异性较大，各地对中水回用率要求各不相同，中水回用需综合考虑污水深度处理技术难度与中水回用经济效益、各地水资源禀赋差异。

③ 各个园区的地理、自然条件不同，有些地方缺少纳污水体或水体承载能力较差。

④ 部分园区废水排放体系未实现清污分流，污水深度处理难度大。化工园区应根据自身的自然环境条件、水资源禀赋条件，实施清污分流，制定中水回用与污水再生利用政策，制定中水回用率要求。

① 鼓励企业根据自身需求，实施厂内中水回用与污水再生利用。

② 鼓励跨企业中水调配利用，避免资源浪费。

③ 鼓励建设集中式中水处理回用设施，建设生态湿地，实施中水回用与污水再生利用，确保回用水水质，避免资源浪费和中水回用的环境安全风险。

（3）提升危险废物处理处置设施

危险废物环境监管体系分为三大部分："源头严防、过程严管、后果严惩"。提升化工园区危险废物利用处置设施建设及处理处置能力，应从以下几个角度考虑：

① 推进危险废物源头减量与资源化利用　推进企业采取清洁生产等措施，从源头减少危险废物的产生量和危害性，优先实行企业内部资源化利用危险废物，或通过合理的技术及管理手段实现危险废物的减量化（如污泥干

化)和无害化(如焚烧)。

② 推进危险废物规范化环境管理　化工园区应加强危险废物产生、贮存、运输、利用和处理处置各个环节的环境监督检查,督促企业落实相关法律制度和标准规范要求。

③ 强化化工园区环境风险防控　深入排查化工园区环境风险隐患,落实化工园区环境保护主体责任和"一园一策"危险废物利用处置要求。新建园区要科学评估园区内企业危险废物产生种类和数量,尽可能保障在设区市范围内解决危险废物利用处置能力和闭环管控。鼓励有条件的化工园区建立危险废物处理处置基地和危险废物智能化可追溯管控平台,实现危险废物处理处置能力园区内配套和全过程管控。

④ 提升危险废物环境应急响应能力　深入推进跨区域、跨部门协同应急处置突发环境事件及其处理过程中产生的危险废物,完善现场指挥与协调制度以及信息报告和公开机制。加强突发环境事件及其处理过程中产生的危险废物应急处置的管理队伍、专家队伍建设,将危险废物利用处置龙头企业纳入突发环境事件应急处置工作体系。

⑤ 严厉打击固体废物环境违法行为　深入开展"清废行动";会同相关部门,以污泥、废盐、废酸、多氯联苯废物、焚烧飞灰等危险废物为重点,依照有关环境保护法律法规加强危险废物环境监督管理,持续开展打击固体废物环境违法犯罪活动。推进企业环境信用评价,将违法企业纳入生态环境保护领域违法失信名单。

⑥ 危险废物处理处置能力区域协调　统筹危险废物处置能力建设。推动建立"省域内能力总体匹配、省域间协同合作、特殊类别全国统筹"的危险废物处置体系。园区应与市、省等各级生态环境保护部门协同合作,开展危险废物集中处置区域合作,跨省域协同规划、共享危险废物集中处置能力,统筹危险废处置能力建设,实现危险废物利用处置能力与实际需求基本匹配,实现区域范围内危险废物利用处置能力布局合理,保障化工园区的各类危险废物可以得到及时有效的处理处置。鼓励石油开采、石化、化工等产业基地、大型企业集团根据需要自行配套建设高标准的危险废物利用处置设施。有条件的化工园区可研究配套建设危险废物集中贮存、预处理和处置设施,避免大量危险废物跨地区转移带来的环境风险。

(4)加强集中供热能力建设,鼓励推进集中供冷,深入推进碳减排工作

在集中供热规划区域范围内,应统一规划、建设、管理供热等公用工程,同时鼓励和引导企业使用集中供冷系统,严禁违法违规新建、改扩建应淘汰燃煤供热锅炉，并逐步关闭应淘汰存量燃煤供热锅炉，积极推动燃煤锅炉改气、改电等清洁能源替代方案，降低燃煤烟气对环境的影响。同时结合园区内企业节能及清洁生产、循环经济体系建设，深入开展碳减排工作，支撑区域碳达峰、碳中和中长期目标的达成。

3.8.3.3 加强项目管理

（1）强化企业废水收集处理管理

加强推进企业清污分流、雨污分流改造，企业废水不得通过清下水管网偷排、清下水不得进入废水处理设施稀释排放。

企业应按环境影响评价和审批批复要求建设废水污染治理设施，废水预处理工艺应具备难降解、高毒性特征污染物去除能力，应设置废水处理站事故池（罐）或尾水排放池。

企业废水预处理设施关键节点宜安装水、电、蒸汽等计量装置，企业废水处理设施应委托有资质单位进行工程设计并存档或委托资质单位进行方案编制，台账（应包括自测水质水量、药剂使用量、用电量、污泥产生量等内容）记录应完全、规范、真实。有条件的园区还应当实现重点污染治理设施运行工况的在线监控，确保环保"三同时"制度的落实。

企业应正常运行污染防治设施，保障生化系统正常运行，不得通过暗管偷排、不得存在超标排污等违法行为。

企业自动监测设施应按规范要求安装、联网及正常运行，并按要求与环保部门联网；运行维护记录应符合规范要求；不得存在弄虚作假、故意扰乱自动监测设施运行等环境问题。并按照规范要求制定、实施自行监测方案，按照排污许可证管理要求公开环境信息。

（2）强化大气有毒有害气体和VOCs管理

加强企业废气，特别是对有毒有害、恶臭气体的收集和处置，加强挥发性有机物（VOCs）治理、无组织排放管控，深入开展对化工企业污染防治设施的建设及运行管控、加强废气排放口规范化管理，开展大气污染源自动监控专项整治行动。

严格控制工艺废气排放、密封点泄漏、储罐和装卸过程挥发损失、废水废液废渣系统逸散等环节及非正常工况排污。通过实施工艺改进、生产环节和废水废液废渣系统密闭性改造、泄漏检测与修复（LDAR）、罐型和装卸方式改进等措施，从源头减少VOCs的泄漏排放；对具有回收价值的工艺废气、储罐呼吸气和装卸废气进行回收利用；对难以回收利用的废气按照相关要求处理。规范化设置废气排放口采样孔和采样平台。重点污染源按照规范设置在线监测设施。加强自动监测设备的关键运行参数及相关设备运行记录管理。

（3）强化危险废物管理

落实危险废物申报登记制度，建立健全危险废物管理数据库，对园区内所有产生、贮存、运输、利用和处理处置危险废物的企事业单位进行申报登记。

企业应切实履行环保主体责任。坚持强化固体废物产生者的责任，谁污染谁负责，谁产废谁治理。加强产废单位危险废物贮存、处置工作的管理，对超期超量贮存危险废物的产废单位，责令按规定限期处置。禁止企业无合同或采取虚假合同委托他人运输、利用、处置危险废物。

推动危险废物转移制度的落实，严厉打击危险废物非法转移倾倒，强化危险废物全过程监管。

规范固体废物的回收和资源化利用，推动固体废物资源化再生利用产业规范化、规模化、集聚化发展，促进固体废物资源化利用水平的提升。

（4）加强污染场地调查与修复

《国务院关于加强环境保护重点工作的意见》（国发〔2011〕35号），环境保护部、工业和信息化部、国土资源部、住房和城乡建设部2012年11月26日联合发布的《关于保障工业企业场地再开发利用环境安全的通知》（环发〔2012〕140号）、《环境保护部关于加强工业企业关停、搬迁及原址场地再开发利用过程中污染防治工作的通知》（环发〔2014〕66号），均提出"被污染场地再次进行开发利用的，应进行环境评估和无害化治理"的要求。

以已关停并转、破产、搬迁的化工、农药和危险化学品生产、储存、使用等，且原有场地拟再开发利用的企业作为对象，组织开展场地环境调查和风险评估，排查被污染场地，建立被污染场地数据库和环境管理信息系统并共享信息。

合理规划被污染场地的土地用途。经风险评估对人体健康有严重影响的被污染场地，未经治理修复或治理修复不符合相关标准的，不得用于居民住宅、学习、幼儿园、医院、养老场所等项目开发。

严控污染场地的土地流转。关停并转、破产或搬迁工业企业原场地采取出让方式重新供地的，应当在土地出让前完成场地环境调查和风险评估工作；关停并转、破产或搬迁工业企业原有场地被收回用地后，采取划拨方式重新供地的，应当在项目批准或核准前完成场地环境调查和风险评估工作。

经场地环境调查和风险评估属于被污染场地的，应当明确治理修复责任主体并编制治理修复方案。未进行场地环境调查及风险评估的，未明确治理修复责任主体的，禁止进行土地流转。

开展污染场地治理修复。地方各级环境保护主管部门会同有关部门，在当地政府等的领导下，因地制宜组织开展被污染场地治理修复工作；督促责任人采取隔离等措施，防治被污染场地污染扩散。

切实防范场地污染。新改扩建项目，在环境影响评价阶段应当对建设用地的土壤和地下水污染情况进行场地环境调查和风险评估，提出防渗、监测等场地污染物防治措施，建设项目竣工环境保护验收时，应对场地污染防治措施等进行验收。企业土地使用权发生变更时，该企业应对土壤和地下水情况进行监测，造成污染的要依法治理修复。

落实相关责任主体。本着"谁污染，谁治理"的原则，造成场地污染的单位是承担场地环境调查、风险评估和治理修复责任的主体。造成场地污染的单位发生变更的，由变更后继承其债权、债务的单位承担相关责任；造成场地污染的单位已经终止的，由所在地县级以上地方人民政府依法承担相关责任；该单位享有的土地使用权依法转让的，由土地使用权受让人承担相关责任。根据责任主体的划分，环境调查、风险评估和治理修复等所需费用应列入企业搬迁成本、企业改制成本或土地整治成本。

3.8.3.4 监测监控与预警应急能力

（1）环境监测监控与预警

构建涵盖大气、地表水、地下水、土壤环境等各环境要素于一体，构建涵盖固定监测站与移动监测车、无人机等移动监测于一体，构建在线自动监测与例行监测、实验室监测于一体，构建日常监测与应急监测于一体的多重复合监测监控网络，有效支撑园区环境质量管控。园区管理机构应建立环境风险防范管理工作长效机制，加强预警阈值的研究设定，鼓励构建适用性强的污染物扩散和迁移状况模拟模型，加快园区环境风险预警体系建设。

（2）重点污染源监控

加强污染源监测监控体系建设，对园区内的排污企业，特别是一些重点污染源进行有效的监管：

① 建立健全园区污染源特征物污染名录库和污染源清单，有条件的企业或园区可开展水、气特征性污染物指纹库建设，以利于园区污染源监控监管与溯源管理。

② 纳入重点排污单位名录的重点排放源，主要排污口应安装自动监控设施，对排放情况进行实时监控，并与生态环境部门及园区环境管理信息化系统联网。

③ 对重点污染物，如苯系物、卤代烃等可具有追踪与溯源功能，必要时配备移动式检测设备，一旦发现某项污染物超标或变化异常，可以快速追踪到具体的污染源头。

④ 鼓励重点区域对无组织排放突出的企业，在主要排放工序安装视频监控设施或开展泄漏气体检测与修复（LDAR）工作。鼓励企业配备便携式 VOCs 监测仪器，及时掌握排污状况。具备条件的企业，可通过分布式控制系统（DCS）等，自动连续记录环保设施运行及相关生产过程主要参数。自动监控、DCS 监控等数据至少要保存一年，视频监控数据至少保存三个月。

（3）环境风险防控

① 环境风险评估及应急预案　化工园区和企业应开展突发环境事件风险评估、编制突发环境事件应急预案，至少每 3 年对环境应急预案进行一次修订；并结合风险源变化情况、管理要求、预案实施情况适时修订。根据风险评估及应急预案，建设园区、企业的风险防范设施及应急设施、物资、装备、队伍等。化工园区及企业应开展应急预案的培训和考核，定期组织突发环境事件应急预案演练、开展各职能部门与企业之间应急处置拉动演练，建立应急互助和联动机制。

② 环境风险隐患排查　化工园区应建立环境风险隐患排查制度，开展企业隐患排查工作。化工园区应配合职能部门对存在环境风险隐患的企业责令限期整改，消除环境隐患。化工园区应建立并定期更新环境风险源档案，形成环境风险隐患排查与消除的长效机制。

③ 健全园区环境风险防控工程　化工园区应建立完善的环境风险三级防控工程。一方面要对园区企业自身规范构筑首层防控网，按照相关国家标准和规范要求设计和建设行之有效的围堰、防火堤、事故应急池、雨污切换阀等环境风险防控设施；另一方面园区应在统一标准指导下，规范风险防范及应急设施建设，确保园区事故废水得到有效收集。同时园区还应在雨水总排口和周边水系之间建立可关闭的应急闸门，确保事故状态下进入雨水管网的事故废水与外环境有效隔离。

④ 风险防控体系　化工园区应建立风险防控体系和应急救援体系，包括应急预案，风险防控与应急措施、应急救援组织体系、预警机制、应急响应

体系、应急监测机制、应急保障体系等。化工园区应建立应急组织机构体系、事故水防控体系、有毒有害气体环境风险预警与应急体系、危险废物突发环境事件应急体系。

（4）提升化工园区和产业集群监测监控能力

加快推进化工园区和产业集群环境空气质量 VOCs 监测工作，石化、化工类工业园区应建设监测预警监控体系，具备条件的，开展走航监测、网格化监测以及溯源分析等工作。涉恶臭污染的工业园区和产业集群，推广实施恶臭电子鼻监控预警。园区管理机构应当组织建设有毒有害气体环境风险预警体系，建设园区环境风险防范设施。

3.8.3.5 碳排放管理

化工园区应根据国家和地方有关温室气体排放控制的要求，推动园区碳减排；宜制定碳减排行动方案，编制碳达峰、碳中和等相关规划；宜建立碳管理工作队伍，制定温室气体排放统计和报表制度、基础数据调取和共享制度，推广和应用绿色低碳技术；应完善准入制度、推进产业结构调整，调减高能耗、高污染及资源依赖型化工项目；宜采用清洁能源替代、能源效率提升、废热余热综合利用、园区绿化，降低园区碳排放。

化工园区内企业宜通过技术改造，优化生产方式，提高能源利用效率，减少碳排放；化工园区内重点排放单位应向省级生态环境主管部门报告碳排放数据，清缴碳排放配额，公开交易及相关活动信息，并接受生态环境主管部门的监督管理。

3.8.3.6 推进化工园区环境污染第三方治理模式

建立吸引社会资本投入生态环境保护的市场化机制，推行环境污染第三方治理，构建政府、企业、社会共同参与的保护与治理新机制。

（1）明确排污单位污染治理主体责任和第三方治理责任

排污者承担污染治理主体责任，可依法委托第三方开展污染治理，依据与第三方治理单位签订的环境服务合同履行相应责任和义务。第三方治理单位按有关法律法规和标准以及合同要求，承担相应的法律责任和合同约定的责任。如第三方治理单位在有关环境服务活动中弄虚作假，对造成的环境污染和生态破坏负有责任，除依照有关法律法规予以处罚外，还应与造成环境污染和生态破坏的其他责任者承担连带责任。在环境污染治理公共设施和工业园区污染治理领域，政府作为第三方治理委托方时，因排污单位违反相关法律或合同规定导致环境污染，政府可依据相关法律或合同规定向排污单位追责。

（2）注重加强政策支持和引导

环境污染第三方治理要坚持政策激励和制约机制并重，加强配套政策的支持和引导。首先，应鼓励绿色金融创新，一是鼓励地方设立绿色发展基金，积极引入社会资本，为第三方治理项目提供融资支持。二是探索引入第三方支付机制，依环境绩效付费，保障排污单位和第三方治理单位权益。三是依法依规在环境高风险领域探索建立环境污染强制责任保险制度。鼓励保险机构发挥在环境风险防范方面的积极作用，对企业开展"环保体检"，为加强环境风险监督提供支持。其次，以大气、水、土壤污染防治领域为重点，积极开展试点示范，有针对性的遴选潜在项目，建立环境污染第三方治理试点项目储备库，纳入相关污染防治专项资金支持范围。整合第三方治理案例信息，征集和遴选第三方治理领域典型案例，编制发布第三方治理典型案例目录，帮助和引导排污企业开展第三方治理工作。

（3）进行管理制度和模式创新

发挥政府和企业的双重作用，建立与实际情况和需要紧密结合的制度，避免生搬硬套，明确政府和市场、企业各自的定位和职责。按照最低管理成本原则界定各自职责，政府负责制订规则和监管规则的实施，同时也要遵守规则，创造良好市场环境；企业要完善服务，讲诚信，加强新技术在环境管理和服务当中的运用，不断提高服务质量的水平。

（4）创新第三方治理机制和实施方式

目前各地对第三方治理模式有了多种类型的实践，第三方治理已经向综合服务、深层服务和个性化服务发展。鼓励第三方治理单位提供包括环境污染问题诊断、污染治理方案编制、污染物排放监测、环境污染治理设施建设、运营及维护等活动在内的环境综合服务。鼓励引入第三方治理单位，对区内企业污水、固体废弃物等进行一体化集中治理，并支持第三方治理单位参与排污权交易，以多种形式实践第三方治理模式。

（5）鼓励第三方治理信息公开

具有公平和严格的法治环境是第三方治理模式顺利实施的必要条件。全面落实环境保护法律法规，加大执法力度。对偷排偷放、不正常使用防治污染设施、伪造或篡改环境监测数据等恶意违法行为，依法严厉处罚，对负有连带责任的环境服务第三方治理单位，应依法追责。对重大典型案件要加大媒体曝光力度。加快推进第三方治理信息公开，构建第三方治理信息平台，鼓励第三方治理单位在平台公开相关污染治理信息。各级环保部门应及时公开随机抽查情况和处理结果，完善有奖举报制度和投诉受理机制。依法依规公布治理效果不达标、运营管理水平低、综合信用差的第三方治理单位名单。研究将第三方治理单位违法违规信息纳入相关信用信息共享平台。

3.9 化工园区智慧化

3.9.1 概述

全球范围内新一轮技术革命和产业变革正在孕育兴起，我国正处于全面深化改革、加快转变经济发展方式、实现经济结构战略性调整的关键时期，两化融合的战略思想，驱动了信息化和工业化两大历史进程不断发展、交叉、渗透与融合，工业社会正在加速向信息社会演进。

当前，国内化工园区发展正处于产业结构调整、产业转型升级和新兴产业发展二次创业的关键历史时期，着力推进两化深度融合，以信息化带动工业化、以工业化促进信息化，已经成为化工园区追求可持续发展的必由之路。随着化工企业园区化发展步伐的加快，如何借智能智慧手段来实现化工园区的高效监管与科学防控，已成为化工园区绿色可持续发展的重要议题。而智慧化工园区作为智能智慧数据一体化的具体承载，是促进两化融合的重要抓手，国家高度重视智慧化工园区的建设与发展。

智慧化工园区是"中国制造2025"提出的智能制造在化工领域的具体落实，是化工园区发展的高级阶段。《工业和信息化部关于促进化工园区规范发展的指导意见》（工信部原〔2015〕433号）中特别指出："要加强化工园区信息化基础设施建设，鼓励园区采用云计算、大数据、物联网、地理信息系统等信息技术，建立网上交易、仓储、物流、检验检测等公共服务平台。整合园区各有关部门的业务数据，建设园区公共基础数据库，强化标准及接口建设，与入驻企业实现数据共享。积极推动能源管理体系和工业企业能源管理信息化建设。鼓励有条件的化工园区全面整合园区信息化资源，以提升园区本质安全和环境保护水平为目的建设智慧园区，建立安全、环保、应急救援和公共服务一体化信息管理平台"。

3.9.2　化工园区智慧化建设原则

智慧化工园区是以生态理念为核心，以新一代信息与通信技术为支撑，开发具有专业化、集成化特征的系统平台，通过整合化工园区相关信息资源，对园区安全、环保、节能、应急等重点工作做出快速、准确的智能响应，切实达到提高园区环境质量水平、本质安全水平、综合监管能力和降低企业运营成本，从而实现化工园区的管理精细化、决策科学化、服务高效化等目标。

（1）安全环保，合理合规

我国对"两化融合"工作相当重视，针对化工园区的信息化建设，各相关部委出台了不少促进政策。工信部发布的《深入推进新型工业化产业示范基地建设的指导意见》（工信部联规〔2016〕212号）和《关于促进化工园区规范发展的指导意见》（工信部原〔2015〕433号）中，明确了"鼓励有条件的示范基地积极开展智慧园区建设试点，推动园区智能化管理，培育批智能化水平较高的示范基地"的工作要求，并对建设智慧园区提出了"鼓励有条件的园区全面整合园区信息化资源，以提升园区安全和环境保护水平为目的，建立安全、环保、应急救援和公共服务一体化信息管理平台"的指导意见。

2020年2月26日，中共中央办公厅、国务院办公厅印发了《关于全面加强危险化学品安全生产工作的意见》，将智慧化建设作为化工安全的重要工作之一，要求强化危险化学品安全研究支撑，加强危险化学品安全相关国家级科技创新平台建设，研究建立危险化学品全生命周期信息监管系统，综合利用电子标签、大数据、人工智能等高新技术，对生产、贮存、运输、使用、经营、废弃处置等各环节进行全过程信息化管理和监控，实现危险化学品来源可循、去向可溯、状态可控，做到企业、监管部门、执法部门及应急救援部门之间互联互通，推进化工园区安全生产信息化智能化平台建设，加快建成应急管理部门与辖区内化工园区和危险化学品企业联网的远程监控系统。

国务院2020年4月1日印发的《全国安全生产专项整治三年行动计划》中明确了整治行动的三个手段，一是抓园区的规划布局；二是抓整体性风险管控；三是抓智能化建设，进行信息化的监控，建立监控平台。园区中企业一旦发生异常生产状况、有跑冒滴漏，第一时间能够反应，及时进行救援应急，保证将事故遏制在萌发阶段。

2021年12月，为有效指导化工园区和危险化学品企业建平台、用平台，推动危险化学品安全风险管控数字化转型智能化升级，应急管理部危化监管一司组织编制了《化工园区安全风险智能化管控平台建设指南（试行）》和《危险化学品企业安全风险智能化管控平台建设指南（试行）》（征求意见稿），化工园区两化融合建设应符合表 3.6 所示法律法规政策文件要求。

表 3.6 化工园区两化融合建设依据

序号	文件名称
1	《中华人民共和国网络安全法》
2	《中华人民共和国特种设备安全法》
3	《危险化学品安全管理条例》
4	《生产安全事故应急条例》
5	《公共安全视频监控联网系统信息传输、交换、控制技术要求》（GB/T 28181—2016）
6	《易燃易爆性商品储存养护技术条件》（GB 17914—2013）
7	《腐蚀性商品储存养护技术条件》（GB 17915—2013）
8	《毒害性商品储存养护技术条件》（GB 17916—2013）
9	《危险化学品单位应急救援物资配备要求》（GB 30077—2013）
10	《石油化工可燃气体和有毒气体检测报警设计标准》（GB/T 50493—2019）
11	《作业场所环境气体检测报警仪通用技术要求》（GB 12358—2006）
12	《工作场所有害因素职业接触限值第 1 部分：化学有害因素》（GBZ 2.1—2019）
13	《呼吸防护用品的选择、使用与维护》（GB/T 18664—2002）
14	《地下水监测工程技术规范》（GB/T 51040—2014）
15	《地下水质量标准》（GB/T 14848—2017）
16	《化学品生产单位特殊作业安全规范》（GB 30871—2014）
17	《危险化学品重大危险源辨识》（GB 18218—2018）
18	《化工园区综合评价导则》（GB/T 39217—2020）
19	《智慧化工园区建设指南》（GB/T 39218—2020）
20	《智能工厂试点示范项目要素条件》
21	《工业和信息化部关于印发〈工业控制系统信息安全行动计划（2018—2020 年）〉的通知》（工信部信软〔2017〕316 号）
22	《工业控制系统信息安全防护指南》
23	《国家智能制造标准体系建设指南（2015 年版）》
24	《大数据标准化白皮书（2016 年版）》
25	《危险化学品重大危险源安全监控通用技术规范》（AQ 3035—2010）
26	《危险化学品重大危险源罐区现场安全监控装备设置规范》（AQ 3036—2010）
27	《危险化学品重大危险源在线监控及事故预警系统建设指南（试行）》
28	《危险化学品重大危险源（储罐区、库区）在线监控及事故预警系统数据采集准则（试行）》

续表

序号	文件名称
29	《危险化学品重大危险源在线监控及事故预警系统数据交换准则（试行）》
30	《环境信息交换技术规范》（HJ 727—2014）
31	《环境信息系统安全技术规范》（HJ 729—2014）
32	《环境信息共享互联互通平台总体框架技术规范》（HJ 718—2014）
33	《应急管理部科技和信息化工作领导小组办公室关于印发地方应急管理信息化2020年建设任务书的通知》（应急科信办〔2019〕14号）
34	《化工园区危险品运输车辆停车场建设标准》（T/CPCIF 0050—2020）
35	应急管理部办公厅关于印发《"工业互联网＋危化安全生产"试点建设方案》的通知（应急厅〔2021〕27号）
36	应急管理部《化工园区安全风险智能化管控平台建设指南（试行）》

（2）需求导向，创新驱动

化工园区智慧化建设应以需求为导向，以规范和优化园区管理作为化工园区两化融合建设的出发点和落脚点，要深化需求分析，做好需求调查，以"问题为导向、应用促发展"作为指导性方针，在深刻理解园区管理方式与流程及企业服务痛点与需求的基础上，根据政府和企业两大主体需求，推出面向政府的智慧治理和面向企业的智慧服务两大板块，提高化工园区执政效率、服务水平、经济发展水平，通过工业互联网、工业大数据、人工智能、云计算、5G和智能制造等新一代信息技术与园区智慧管理的深度融合，提供高效、安全、有价值的数据支撑体系，实现园区、企业信息化支撑水平整体提升，赋能园区高质量发展、产业转型升级和推动园区中国特色新型工业化发展进程。

（3）跨界融合，统筹规划

园区智慧化建设在总体设计上，要按照"园区一盘棋"的建设思路，搞好顶层设计，系统设计要覆盖化工园区管理全业务、全流程。在技术选择上，要采用先进成熟的信息化建设技术手段，确保两化融合建设应当具备先进性、经济性、实用性、现实性、可扩充性、开放性特征，遵循统一的标准规范，支持信息与服务高度共享，推动园区化工制造业与信息产业在发展理念、技术产业、生产体系、业务模式等方面跨界全面融合，以两化融合带动信息产业加速发展，以信息产业支撑两化深度融合。

（4）分类施策，协调发展

把握信息化新技术在园区不同行业、领域的应用模式，遵循两化融合"基础—聚合—提升—孵化"的发展路径，针对不同类型企业、行业、领域基础和水平差异，形成科学的策略，统筹协调，精准分类推进。

① 构建两化融合发展基础　以打造"智慧信息、建设统一、集中管控"的智慧园区平台为切入点，搭建园区良好的信息化基础环境，创造有利于提升企业效能、减低企业经营成本的商务办公环境。

② 借助两化融合的聚合作用　集聚信息化服务业、园区先进试点化工企业集群，聚集各类高层次人才，发挥两化融合在信息化发掘和整合方面的作用，构建企业间信息化服务平台，解决"信息孤岛"问题，实现深层次的聚合和发展。

③ 总结两化融合建设经验　发挥引导作用，引导信息化服务商形成针对性的解决方案和园企协同发展信息化产品，在园区内进行推广，引导和赋能园区企业协同发展，共同提升。

④ 发挥两化融合的孵化作用　通过智慧园区顶层设计，引导园区产业发展布局、产业结构调整的整体布置和规划。发展壮大"产业集群"，构建低碳循环产业体系，推动新兴技术的"持续落地"，助力战略性新兴产业的培育和园区双招双引，促进园区优化经济结构、产业转型升级。

（5）突出重点、稳步推进

智慧园区建设是一项宽领域、多层次、长时期的综合性园区建设实践活动。因此在实践过程中受资源、资金、技术等要素的约束，不可能所有工作同步开展、所有项目同步建设，必须按照智慧园区顶层设计的要求分步实施，循序渐进，并且突出重点。

3.9.3　化工园区智慧化具体构建

3.9.3.1　大数据支撑平台建设

化工园区两化融合建设应结合云计算、物联网、大数据等技术建设支撑平台，向各类应用提供支撑。支撑平台应完成数据汇交整合、提供统一的集成服务和应用服务，在用户界面、应用系统、数据等多层次实现集成。其功能模块应包括。

① 数据汇交整合　按照化工园区业务相关要求，完成感知数据、基础数据、业务数据等多源异构数据的采集、抽取、清洗、转换和装载入库，并建立数据资源目录，提供统一的数据访问接口。

② 集成服务　提供统一用户权限管理、统一信息发布、统一消息服务、统一日志服务等。

③ 应用服务　面向各应用系统，提供统一的企业档案信息服务、电子地图服务等。

④ 外部接口　统一开发接口等。

3.9.3.2　管控系统建设

(1) 安全生产

依托新型技术手段（BIM、物联网、虚拟现实、移动技术、大数据、人工智能、云技术等）为基础，通过对可能影响现场安全的重点区域及设备等关键监管要素进行实时数据采集，对大量数据进行标准化处理，结合监管业务需要，实现对安全隐患的动态识别、智能分析、主动预警等大数据服务。

① "两重点一重大"安全监管。

a. 重大危险源监测预警　包含重大危险源信息、企业生产单元信息、企业储罐信息、企业生产装置信息的更新和查看。

园区所有重大危险源档案信息一览表，显示企业的一些基本信息，支持查询、查看详情。

b. 重点监管的危险工艺监测预警　对接企业重点监管的危险工艺设备，系统显示该企业重点监管的危险工艺在线监测名称及状态信息列表，包含国家危险化工工艺管理和重点危险工艺的管理。

c. 重点监管的危险化学品监测预警　包含园区重点监管的危险化学品管理和企业危险化学品管理。

d. "两重点一重大"统计分析　对园区和企业"两重点一重大"信息进行统计分析，展示"两重点一重大"分布情况及风险区域危险等级情况。

② 重点区域及设备安全监管。

对企业重点区域及设备进行统一管理，支持查看重点区域及设备实时监测数据的接入情况，传感器的预报警信息。

对企业重点区域及设备的监控视频进行智能预警，智能识别部分可根据区域内人员数量以及人员快速跑动进行智能判断。

③ 风险分级管控。

构建重大危险源风险分级预警管理，第三方监测方需上传设备监测情况的结构化数据，系统保存历史记录；同时对重大危险源相关监测设备保留历史监测记录，形成趋势分析仪表盘。

从数据层面建设企业、重大危险源、区域、生产装置、储罐、传感器点位的对象模型关系，针对点位的实时监测数据、预报警数据进行历史留存，对装置的第三方作业数据进行留存，向上反馈到重大危险源以及企业层面进行数据的交叉综合展示。

从应用层面使用一张仪表盘展示危险源相关的交叉信息，并依次点击进入重大危险源、装置以及监测点位的详细信息，实现重大危险源的分级预警管理。

④ 隐患排查。

隐患排查是为了更好地推动企业隐患排查、整改落实。通过对历年检查数据纳入数据中心，便于实现预防预警。

隐患检查与排查信息系统包含政府端、企业端。政府端提供有效的信息化手段监管辖区内企业情况，对专家检查及企业自报安全隐患跟踪企业隐患排查治理工作，实时掌握企业隐患整改。企业端实现企业隐患排查、登记、整改、复查、消除的闭环管理，促进企业隐患排查的规范化和常态化，落实企业隐患排查的主体责任。

⑤ 行政执法。

行政执法系统对国家、省、市、区执法依据进行数字化，执法信息和位置实时上传智慧园区平台，体现区域安全状况，为安全重点监管提供支撑。

行政执法系统将网页版、移动版相融合实现对安全生产行政执法文书的智能处理、系统包含执法辅助支持库，为安全行政执法处理提供法律法规依据，实现安全行政执法部门的执法信息共享与协同工作；实现安全行政执法部门对生产经营单位在生产过程中的各种违法信息进行动态跟踪管理；支持执法人员现场执法时照片收集，为执法提供证据；支持执法人员现场执法时文书编辑、审核申请及打印；系统基于工作流技术实现执法流程规范化、可视化，为安监行政执法人员提供了一个高效、安全、实用的信息化行政执法应用平台，落实了政府安监机构的安全生产监管责任，最终为安全生产监管部门实现行政有工具、执法有标准、流程有规范、管理有监督、办事有提醒、追溯有依据、信息有互动、安全有保障。

⑥ 安全预警与评估。

a. 企业风险分级综合评估　基于企业安全风险清单，对企业风险按类、按行业、按风险等级进行综合统计分析，掌握企业风险分布情况、园区风险分布情况、主要风险类型、集中存在区域。

b. 重大危险源分级预警统计分析　选取预警总数、预警级别、预警类型、危化品类型等重要属性以及企业名称等要素作为统计维度，生成重大危险源预警相关各类统计分析图表，在了解整体预警情况的同时，还可层层钻取，查看每个统计类别下的详细信息。帮助安监部门了解某时间段内重大危险源的运行情况、发生异常点、产生原因以及整体安全趋势，为下阶段重大危险源安全监管提供数据支撑。系统支持预警统计分析报表的导出。

c. 特殊作业管理　　特殊作业管理主要用于园区内企业特殊作业的报备、统计分析、线上抽查检查,能有效防范化解特殊作业安全风险。

报备数据包括但不限于作业属地单位、作业类型、作业内容、作业时间等,与园区内企业电子作业许可系统的结构化数据对接,与应急管理部特种作业操作证及安全生产知识和管理能力考核合格信息查询平台互通,以及企业现场摄像头、现场气体传感器等设备的调阅。

（2）环境管理

对园区排污区域进行在线、移动监测监控全覆盖,与上级环境保护部门的监控设备联网,通过系统进行环保细查、预警告警,实现对污染源有效监管和治理。

① 大气污染防控体系　　大气污染防控体系按照"点、面、域、空"四个层次进行全覆盖立体化监测预警,实现污染溯源和精细化管理。通过"企业排口在线监测、厂界特征污染因子移动监测、园区空气质量监测"等综合利用,利用智慧园区平台对大气污染数据动态分析,精准掌握气体污染物排放全过程,实现全方位立体化监管。

a. 企业废气外排口监测（有组织）　　通过园区企业污染源排口监测因子的数据实时监测,及历史数据查看、分析,系统设定排放标准,实现对园区污染源废气排放是否达标、废气治理设施关键指标是否正常运行的可视化监管。

b. 特征污染物在线监测（无组织）　　通过在厂区、厂界、园区边界安装物联网传感设备,实现对园区有毒有害因子进行监测,并上传系统。系统可实现实时数据查看、历史数据查看、系统报警等功能。可通过在园区内部增加移动监测设备,来增加监测手段,并实时上传系统,实现全覆盖监测。

c. 园区空气质量监测　　通过在园区下风向、园区内部、上风向及靠近居民区区域安装空气质量监测设备,从而实现对园区整体空气质量的实时在线监测。系统设定报警值,超过报警值,系统自动报警。监测因子包含 $PM_{2.5}$、PM_{10}、NO_x、SO_2、O_3、CO,系统可实现实时预览和历史存储,日常监管和应急时在指挥中心大屏上显示。

② 水污染防控体系。

a. 废水三级防控体系　　为加强对企业的监管,确保园区污水处理厂正常运行,应对园区内企业的废水污染物排放实行实时动态监测,从源头控制减少污水外排,构建园区污水三级防控体系,包括一级企业污水排放口、二级园区污水处理厂入口、三级园区污水处理厂外排口,对园区企业、污水处理厂外排水量及污染物浓度进行统一集中监管。

企业应采用在线监测设备对污水预处理排口及第一类污染物分质处理设施排口进行在线监测，废水污染源监测因子应包括 COD、氨氮、流量、总磷、总氮等常规指标以及要求分质处理达到接管标准的特征污染物指标。除此之外，国控、省控重点污染源和园区污水处理厂总排口要安装在线监控装置、视频监控系统和自动阀门。同时也对园区污水外排总口进行污染物的在线监测、视频监控等。

b. 雨水监测　通过对企业雨水排口数据采集，上传到系统平台，从而实现实时在线监测。

c. 地表水监测　在流经园区的主要河流的入口处和出口处分别设立水质监测站点，形成对河流的断面监测，对入口处和出口处水质状况实时在线动态监测和分析，形成对河流的有效监管。可检测数据包含常规五参数、如有特殊需求，可增加监测高锰酸盐指数、氨氮、总磷、总氮、综合生物毒性、大肠菌系、重金属（Fe、Mn、Pb、Cd、Cr^{6+}）、叶绿素、蓝绿藻、挥发酚、氟化物、TOC、水中油、挥发性有机物等物质。

d. 地下水监测　通过传感设备采取地下水数据，上传到系统平台，实现实时在线监测、历史数据查看、系统报警等功能。对于采样监测，支持手动输入数据。地下水环境监测技术宜符合 HJ/T 164。

③ 危废管理。

对危废污染源，可实现危废产生、暂存、转移、运输监控、查询、统计分析等功能。

④ 环保设施运行监管。

采集企业、园区废水、废气治理设施运行数据，实现环保实施运行状况实时监控，从而确定环保设施是否正常运行，支持历史数据查看。

⑤ 视频监控。

对企业污水排口、污水处理厂出入口、清下水排口、环保治理设施、危废暂存场所进行视频实时在线监控，可通过系统平台实时查看，历史数据查看等功能。

（3）应急管理

对应急机构和园区各企业及政府单位应急预案进行整合，进行数字化管理，可在线实现预案演练。通过应急平台指挥处置与化工园区相关的自然灾害、事故灾难和公共卫生等突发事件，突发事件分类标准宜符合 GB/T 35651。与运行指挥中心、企业调度中心等多方联动，实现现场视频回传和对讲，通过 GIS 系统对应急物资调用、路径规划、人员疏散可视化高效指挥，同时实现实时数据库、设备信息、三维模型的准确定位和实时数据查询。

① 应急资源　建立应急资源库，整合园区所有物资装备信息，在应急事件发生时能实现对物资的调用。主要包括应急物资、应急专家、应急人员、应急车辆、救援队伍、消防设施、应急避难场所、周边敏感点及应急疏散路线等。应急资源标绘符号宜符合 GB/T 35649。

② 应急预案　应急预案管理对政府应急预案和企业应急预案进行数字化管理，对属地安全生产相关部门的总体应急预案、专项应急预案、部门应急预案进行采集、分类、备案、查询检索及打印，对预案进行动态管理。同时实现在线预案演练。

将预案进行分解拆分，包括基本信息、应急流程、预案物资、预案人员、预案专家、疏散信息、应急体系机构及其职责、现场指挥部、保障措施、路径规划、预警与信息报送环节，遵循分级管理、属地为主的原则，建设"横向到边、纵向到底、科学有效"的应急预案管理体系。

③ 应急值守接警　事故发生的消息来源有以下渠道：事故单位上报、社会公众投诉、领导交办等。在系统建设中，需要将各种来源信息接入系统中，记录事件信息，并根据系统辅助查询的应急信息，做出是否出警和信息转发范围的判断。所有信息由接警进行受理、转发记录。预警信息接入宜符合 GB/T 35965.1。

④ 应急指挥　为应急事故指挥与处理处置人员提供直观的展现界面，以时间轴的方式全面展现事件的整体动态，实时描绘事故现场情况与各项处理过程情况。记录事件应急处置过程中的指挥调度信息、任务发布记录、信息发送记录、报告通告等。还可查看现场人员提交的现场报告，包括现场图片、视频等资料。还可与地图操作相结合，通过指挥沙盘、GIS 分析、专题图层等，辅助指挥现场应急救援工作。

⑤ 应急终止　系统提供事故应急终止的程序，应急指挥部确认终止时机或由事件责任单位提出，经应急指挥部批准，应急状态终止。

⑥ 总结报告　用于辅助总结报告编制。主要是在突发环境事件应急响应处置中，采集和记录从接警到应急响应终止全过程中所有的工作指令和反馈情况，如应急响应启动时间和指令发出，处置中的沟通指挥情况，采取了何种处置措施，反馈时间和要素等，完整反映某个突发环境事件处置的全部工作流程，可以与设定的工作要求如响应的及时性、反馈是否全面等进行比较分析，并可以形成书面技术报告，用于辅助工作人员编写某事

件处置的最终分析报告。

⑦ 归档处置　分类整理事故相关资料，填补记录不完全的信息，资料完整并工作完结后，事件归档入库，建立长效机制，形成应急事故案例库，记录应急事故的原因、影响、处置情况、如何避免事故等。

⑧ 应急演练　根据园区实际及企业需要，制定应急演练计划，包含园区应急演练、企业应急演练和消防队伍应急演练。

根据园区及企业实际需要，制定应急培训计划，培训应急队伍，提升应急水平，培训园区企业职工，提升安全防护意识。

⑨ 应急辅助决策　通过调用现场视频、实时气象信息、气体浓度、人员定位系统数据以及灾害后果模拟分析，生成应急处置方案，为指挥人员提供决策支持，实现事故模拟分析、资源优化调配、线上会商研判等。

（4）能源管理

接入园区企业能源数据，建立园区能源产供用网络中各种能源介质的计量、监控管控与管理，通过对能源数据进行统计分析和消耗预测，合理配置能源消耗计划，实现园区能源调度优化和能源应急协调。

① 能耗监测系统　能耗监测系统依托园区内各企业的能耗数据，结合信息化技术，构建化工园区统一的能耗监测平台。根据一企一档、能源统计报表、蒸汽热网监测等数据，建立企业能耗监测系统，分级监控和分类监控。完成园区、行业、企业三级能耗监测，实现能耗数据集成与园区其他的业务贯通。

② 能耗统计系统　基于能耗监测数据，建设能耗统计系统，实现分类、分级能耗统计，能源结构分析和环同比分析等。按月、季、年等不同统计周期，分能源类型、分行业、分区域、分企业进行能耗统计、环同比、横比分析。

③ 能源综合管理系统　实现数据查询、能耗定额配置与管理、企业能耗和能效对标管理，开展企业生产运行状态分析，支持监测设备和能源报表管理。包括历史能耗数据查询、企业能耗定额配置与管理、企业能效对标管理、企业能耗分级管理、企业生产运行状态分析、监测设备管理、报表信息管理等功能，实现对园区整体能源消耗情况分析，为能源管理和生产形势监控提供支撑数据。

④ 能效分析与辅助决策系统　实现能耗的分布分析、能效的经济性和技术性指标分析，并提供企业绿色诊断与节能空间分析、总量和强度双控管理等辅助决策功能。系统支持从能源结构、设备能效等方面开展企业绿色诊断，并对企业能耗现状、设备或工艺平均能耗、企业节能空间等进行定性和定量分析。系统支持针对重点企业制定双控管理目标，支持监控和分析双控

指标现状和趋势,支持对年度考核结果进行管理。分析各类能耗在园区的区域分布情况、在各行业的分布情况,并进行可视化展示。支持对园区能源管理经济性指标和技术性指标的统计与分析功能。

⑤ 能源管理预警报警中心　对企业对标等节能工作进展进行监控,对企业能耗即将超过配置定额的进行预警,对在线监测设备状态进行监控,实现节能进展预警报警、企业用能超标预警报警、监测设备故障报警等功能,支持报警信息的提醒功能。

⑥ 能耗地图分析系统　结合 GIS 地图,实现在地图上直观查看、快速查询和管理等功能,为能源分级管理、可视化管理等提供辅助支撑。包括智慧能源综合看板、用能单位地图、行业用能地图、区域用能地图、超标预警地图等功能。对能源生产、流通、消费环节的数据统计与分析,支持生成各种图表。

(5) 封闭化管理

通过设置监管卡口、电子围栏、门禁系统、人脸识别、GPS 定位等新技术应用,结合视频监控系统、人员定位系统,对园区车辆和人员进行全方位管控,构建封闭园区预警体系,提高园区安全管理水平。

① 周界防护系统　周界防护管理系统核心建设目标在于明确园区周界界限并在周界形成闭合监控区域,将与园区生产经营不相关的外部"不安全因素"有效隔离,核心是建设入侵和紧急报警系统、实现园区视频监控全覆盖,视频监控系统对异常闯入能及时预警,对人员和车辆正常的进出能有效管控,对异常问题能提前预警和应急处置。根据化工园区道路现状分析,对园区路网进行规划,建立封闭卡口、门禁系统,并明确每个封闭卡口的功能,对出入人员与车辆的身份进行识别,自动保存出入记录且能进行统计分析。按车辆性质划分专用车道,满足园区道路行驶、疏散和应急救援的要求。根据道路风险等级、危险源分布情况设置禁行区域,规范车辆行进轨迹。

② 准入管理系统　准入管理系统建设核心目标在于对监管对象(人、车、物)身份进行识别确认,对园内生产经营相关的人员、车辆进出园区时能进行信息登记和身份核查,确保车辆与人员的合规与高效准入。准入管理需要信息登记系统、预约管理系统、卡口管理系统、门禁管理系统、危化车辆运行管理系统、物流运单管理系统等多种功能结合来实现。

监控对象主要针对车辆和人员,通常将车辆类型分为物流车辆、固定车辆、临时性车辆三类,人员分为企业职工、承包商人员、访客三类。其中物流车辆分为普通货物运输车辆、危险品运输车辆,固定车辆分为企业的公务车辆、员工车辆、通勤车辆等，临时车辆通常指访客车辆、施工车辆、环卫车辆、一般货物运输小型车辆。

③ 流程管理系统　主要针对监管对象从进入园区周界，在园区内部开展相关活动，直至活动结束后离开园区的全过程管理，管理核心在于对人员、车辆的轨迹管理，通过卡口抓拍、视频跟踪、门禁系统、GPS/BD 定位、视频智能应用、（移动危险源异常自动报警）、制高点高空瞭望、无人机巡查等技术手段对监管对象的进出痕迹、轨迹追踪、违章预警、车辆安全运行状况等信息进行全感知管理。利用系统的智能分析功能，对监控设备收集到的人员车辆的活动信息进行精确分析，对其违章行为做出预警并传递至相关反应部门进行处理。企业内部危化品车辆的装卸点也是园区危化品运输监管的重点，通过接入装卸点视频监控，对视频进行智能化分析，能及时发现车辆异常情况及装卸人员违规违章操作情况，有效降低风险概率，通过对接企业过磅数据，有效遏制危化品车辆超限、超载运输。

④ 应急联动系统　建设封闭园区的核心是提升日常管理治理能力和提高应急处置能力，应急联动管理是园区封闭管理闭环中的重要环节，建设园区应急联动系统，异常事故发生时，能第一时间监测并报警，并利用应急广播系统进行突发状况信息紧急发布，利用视频和 GIS 系统确定警情范围和事故大小，确定疏散人群范围，优化疏散路线，并组织园区内人车迅速撤离和疏散。实时跟踪现场状况，持续为应急救援提供全方位的信息支撑，规划应急车辆通行救援路线，应急卡口快速联动，提供应急救援资源地理信息，对应急信息实时监控。

⑤ 决策分析系统　封闭园区决策分析系统是对园区封闭管理的可视化展示，通过对园区内基础设施、地理信息的动态管理和维护，实现对封闭园区监管要素全方位的监管目的，同时利用信息数据统计分析以及异常数据报警等功能，实现对园区监管要素的智能化预警与管控。对周界入侵和紧急报警系统、视频监控系统，与车辆及人员定位系统进行统一管理且能实现区域划分和级别管理。并在电子地图显示监测点位置，实时显示各监测点数据、状态及监控图像，从而制定和完善与智慧化工园区建设内容匹配的各项管理制度。

⑥ 危化品运输车辆停车场　参照《化工园区危险品运输车辆停车场建设标准》，在建设完善危化品停车场硬件设施的基础上，部署停车场管理系统，对接园区相关系统，实现危化品运输车辆停放的规范化管理。

（6）运输管理

对接为园区服务的物流公司，对运输公司与车辆基础信息进行管理，对入园危化品车辆进行线上资质核验。实时监测危险货物运输车辆在化工园区内的定位信息、行驶轨迹及违章情况，并及时联动应急接警系统。对物流运单进行管理，并对危险货物托运清单信息进行统计分析，评估危险货物在化工园区的出入情况。

① 物流信息发布与查询系统　信息发布与查询系统包括物流公司信息发布、客户信息发布以及物流信息的查询。在系统中，物流公司可以查询到适合自己的客户以及需要运输的货物，同时也可以将本公司的信息发布在中心供客户浏览、挑选；同时客户也可以在这里发布需求信息，也可以自己去找合适的物流公司运输自己的货物。在该系统中物流公司和客户都可以查询到货物的运送情况，随时根据情况作出调整以满足自己的需求。

② 运输监管服务系统　通过系统自动分配订单号，以此为依据实现全流程的订单状态追踪，包括订单下达后其所对应的物资是否有库存、是否需要横向调拨等。在货物运送途中可以实时追踪运输路线，并且根据实际情况自动推荐最优路线，优化运输资源。同时利用大数据分析，为经常组合订购的产品推荐更优的仓储方式，减少调拨所带来的成本增加。

③ 仓储管理系统　通过信息平台实现供应链上下游的整合，对于累计的需求及库存信息进行分析，在维持良好客户体验的前提下，通过数学模型实现对需求的预测，进一步提高库存周转率，使园区内物流企业库存量达到最优，进一步降低企业仓储及物资折旧成本。

④ 配送管理系统　本系统分为五大模块：用户管理、车辆管理、站点管理、订单管理、配送管理。

a. 用户管理　用户管理模块主要功能有注册用户、更新用户信息、修改用户登录密码、注销用户、查询用户信息。

b. 车辆管理　车辆管理包括增加车辆、删除车辆、更新车辆信息、查询车辆等基本功能，以及车辆实时跟踪（含报警功能）和车辆状态管理功能。车辆状态包括是否可用，在途中或在某个站点，方便配送决策时安排运输车辆。

c. 站点管理　站点管理包括增加站点、删除站点、更新站点信息、查询站点信息、查找站点。

d. 订单管理　订单管理包括创建订单、删除订单、更新订单基本信息、审核订单、多种方式查询、查看运输路径等功能。

e. 配送管理　配送管理模块包括查询待发送订单、创建物流、删除物流、管理物流中的订单、物流的发送与接收、物流查询、路径选择、车辆调度等功能。

3.9.3.3 服务系统建设

（1）办公管理

① 公文管理　具备公文发文管理功能，可进行模板定义、流程定义、发文拟稿、发文审核、发文会签、发文签发等功能。

具备公文收文管理功能，可进行文件的收集、归档、整理与管理功能。

② 事务管理　具备公告通知功能，可将公告通知等通过邮件等多种方式发送给相关人员。

建立WEB电子邮件系统，可实现收发电子邮件功能，快捷、高效地传递信息。

由管理员根据会议申请情况安排会议，形成会议安排表，并由系统发送会议信息给相关人员。

③ 共享与交流管理　建设电子论坛，保障化工园区各级管理者能够了解规章制度、新闻、技术交流、公告事项等的发展动态。

具备通讯录功能，可编辑、快速查看化工园区内外相关部门及企业相关人员的通信信息。

建设各种政策、法规库，提供多种检索浏览方式，方便资料的存储、共享及查询。

具备各种文件资料电子化存档、查询等功能，提供多种文件检索浏览方式，方便资料的存储及查询。

（2）信息查询与推送

① 具备为化工园区企业提供各项办事指南查询的功能。

② 通过电子显示屏、数字广播、门户网站、微信公众号等方式发布通知公告、新闻信息、政策法规、政务公开、环保及安全信息公开、化工园区动态等。

③ 建立工业化工园区招商政策、项目策划、对外洽谈等招商引资协调信息，并推送到相关门户网站、微信公众号等。

④ 建立化工园区企业用工需求档案信息，并推送到相关门户网站、微信公众号等。

（3）交易服务

① 建立产品、废物（副产品）、能量梯级利用的交易平台，为化工园区企业及其客户提供产品、废物（副产品）、能量梯级利用的销售、预订、订单、交易等服务。

② 为化工园区企业提供检验检测、工程建设等需求发布服务。

③ 由化工园区组织或第三方运营体系发起，对设备设施、原辅材料、检验检测、运输单位、工程建设等各类服务提供商进行筛选，通过平台向化工园区管理者和企业推荐优质的第三方服务。

④ 提供化工园区内托运人运输需求、承运人基本信息的发布服务，可建立承运人、托运人互动响应。

（4）在线培训

在线支持化工园区和企业各类人员的知识培训、模拟练习、考试及结果自动生成等远程培训与管理。

（5）舆情监控

宜通过门户网站、微信公众号、APP 等多种渠道受理公众建议、投诉举报，并进行跟踪和反馈。

3.9.3.4 运维运营保障系统建设

为保障智慧园区监管平台的稳定运行及实用落地，结合园区建设和运营经验，提供运营服务、维保服务、线下服务三种模式。

（1）运营服务

可通过园区自行招聘、聘请第三方服务公司派驻运营驻场人员等模式，在当地组建运营服务团队，与园区管理部门打造联合办公模式，针对平台系统开展信息（园区、企业）核准、系统问题异常处理、数据核对、报告编制、参观接待等工作，化工业务方面开展应急值守、应急演练、线上隐患排查、数据报警闭环、企业分析报告、功能优化等开展工作。

（2）维保服务

智慧园区平台软硬件均有一定期限的维保期，超出维保期后可由第三方公司派遣专业的技术维护队伍对系统平台进行定期巡检，并出具专业的巡检报告，对系统存在的各种问题进行集中处理，日常工作中建立应急处置机制，并提供 7×24 小时在线服务，对随机出现的系统问题进行处置，设备出现异常后，公司承担维修费用。

（3）线下服务

智慧园区监管平台作为园区管理的中枢，发挥了不可替代的作用，但平台建设因政策、资金、技术手段等多方面影响，是一个循序渐进、不断完善的过程，在对于园区及企业管理方面需依托线下的专业服务去精准定位。

3.9.3.5 推进智能工厂建设

全球制造业正处在从自动化、信息化阶段加速向网络化、数字化、智能化阶段迈进的关键时机，"数字世界"与"机器世界"深度融合，正在推动工业基础设施、生产方式、创新模式持续变革。针对大型流程工业企业，通过云计算、物联网和大数据等技术，打通从生产、设备到管理、决策的全流程，打破信息孤岛，实现海量数据的融合和价值化，是企业实现数字化转型升级的必经之路。

当前大多数化工企业的企业信息架构是烟囱式的、独立的、难部署的信息系统，数据不同步，无法为管理和决策提供全场景实时准确的数据支撑。一是在时间上不能实时采集传送，依靠人工力量较多；二是不同系统、部门间掌握的数据不一致，即"同源不同数"，通过平台建设让管理和决策更科学高效。知识流失，无法有效应对管理、技术、销售等专家离开岗位后相关技能经验得不到较好继承的问题，"知识黑洞"不能及时填补，通过平台建设让企业长期发展中积累的宝贵知识、经验、流程等能及时固化、沉淀下来，让知识得到有效传承。

功能重复建设，各信息化系统重复建设，大量功能和业务在多个系统中同时存在，单从开发和运维两个方面成本投入角度，造成人力资源和技术能力等浪费，通过平台建设可以节约资源投入。

应用迭代缓慢，难以满足快速增长的业务需求。建设统一IT架构全业务动态管理平台，实现数据统一汇聚、分析和展示，覆盖生产、市场、办公、企管等业务办理需求，在企业统一管理的视角下，提升数据的横向整合与纵向贯通，提高服务信息的及时性、精准性，简化平台实施部署复杂性，协同开展各项工作，夯实企业战略实施、运营管理和绩效管理基础。

平台建设融合智能工厂已有工作内容，同时统筹化工企业智能工厂建设，加快整体数字化、智能化进程。贯彻智能工厂建设理念（五个一工程）——管理提升工程、效益提升工程、安全提升工程、文化提升工程、制造升级工程；朝向智能工厂建设愿景（四个工厂）——安全工厂、绿色工厂、效益工厂、人文工厂；遵循智能工厂建设思路（四步走）——自动化、信息化、集成化、智能化。

在云计算、物联网和大数据的技术背景下，借助新型的物联网技术、微服务应用框架、海量数据分析技术、人工智能技术，实现可灵活扩展的、相互打通的信息系统，通过多源异构物联，实现数据采集，基于微服务、无服务架构快速开发和迭代应用，充分发挥数据价值，形成统一的标准，并能够快速复制，这是企业数字化转型的趋势。数字化转型升级所带来的，不仅仅是信息架构的升级，数据的打通、业务应用的原子化，将大大加快信息的传输效率，提升企业的组织效能，从而促进整个组织和产业阵型的转型升级，带来生产、业务、管理上的全面升级。

智能工厂建设是企业战略目标实现的主要途径，依托智能工厂建设实现企业纵向管控能力、资源整合能力、业务支撑能力、安全管理能力、专业应用能力及市场服务能力六大能力的全面提升。具体包括：

① 纵向管控能力　重点提升公司对企业战略的控制及决策能力。

② 资源整合能力　重点支撑企业对物资、生产、运输、销售全过程的整合能力。

③ 业务支撑能力　重点支撑对业务系统支撑和持续服务的能力。

④ 安全管理能力　在现有基础上，提升自动化作业和安全实时监测的系统能力。

⑤ 专业应用能力　逐步构筑专业化应用系统，提升精准管理、精确调度、精益操作能力。

⑥ 市场服务能力　提升物资采供及供应商和客户关系的统一管理和运营能力。

通过成功实施智能工厂转型，最终实现经济效益最大化、管控模式规范化、制度流程体系化、对标管理专业化、生产运营智能化，打造纵向成链、横向耦合、协同发展的化工产业新格局、发展新模式，实现原材物料的高效转化利用和产品价值的提升。

3.10　化工园区责任关怀体系

3.10.1　概述

"责任关怀"（responsible care，简写 RC），是全球化学工业的自律性行动，旨在促进化学品全生命周期的安全管理，在环境、健康、安全和安保方面取得卓越成效，是石油和化工企业关爱员工、关爱社会、履行社会责任、树立自身形象的科学发展理念。

1985年，加拿大化学品制造商协会（CCPA）首先提出"责任关怀"理念，提倡化工行业联合起来共同行动，回应外界对安全、健康、环保的诉求。这一理念被加拿大化学工业协会（CIAC）采用，并进行广泛传播和推广。经过30余年的推广与发展，"责任关怀"已被全球73个国家与地区的化工行业协会认可与推广。责任关怀基于持续改进和开放的理念，它以健康、安全和环境为核心，注重与社区及公众的交流，是社会责任在化工行业的具体实践，旨在改善各化工企业生产经营活动中的健康、安全及环境表现，促进化学品全生命周期的安全管理，提高当地社区对化学工业的认识和参与水平。

化工园区具有政府属性，不仅在石油和化工行业发挥越来越重要的作用，对于促进地方经济发展和社会稳定和谐也具有重要作用。通过化工园区推进区内企业开展责任关怀的广度与深度，是具有中国特色的责任关怀实施路径，我国化工园区的责任关怀体系正在逐步形成且发展势头良好。

化工园区的责任关怀体系是将化工园区视为一个整体，由园区管理机构来组织并督促责任关怀相关方协同实施。化工园区责任关怀相关方包括：园区管委会（所在地人民政府）、企业（包括注册在园区或为园区配套服务的全体企业）、员工（就职于园区内的全体职工）、社会组织（包括园区企业联合建立的区域性社会组织、行业协会、评估认证等第三方组织）、社区（包括周边社区、社会公众、媒体等）。化工园区责任关怀实施领域主要包括安全管理、应急相应、环境保护、职业健康、社区互动。

3.10.2　化工园区责任关怀体系建设原则

（1）建设原则

化工园区责任关怀体系处于发展初期，目前还没有形成完整的理论研究和标准规范，依据行业责任关怀的总体原则和要求，综合考虑所在园区产业结构、地理环境、人文环境、组织架构、管理体系等因素，制定符合本园区实际情况的责任关怀实施策略。在建设责任关怀体系过程中，园区应遵循创新、协调、绿色、开放、共享的发展理念，实现园区责任关怀与经济的同步发展，以及园区与周边区域的和谐发展。

责任关怀的实施主体是企业，因此化工园区的责任关怀工作主要以激发园区内企业实施责任关怀动力为核心，营造良好责任关怀实践环境，更好推动企业自觉开展责任关怀工作。园区实施责任关怀的组织应自觉遵守行业自律，自觉遵守透明公开的原则，公开其决策和活动过程以及对其他个人和组织、社会和环境的影响，自觉接受监督，以实现和谐发展。

（2）关键要素

国际化工协会联合会（RCLG）于 2006 年正式推出了《责任关怀全球宪章》，其中提出了责任关怀的六大关键要素，是责任关怀实施方需要遵循的核心要求，化工园区在推进园区企业实施责任关怀过程中，也可以参照这六大关键要素：

① 构建良好的企业领导力文化，通过全球责任关怀项目为化学品的安全管理提供支持。

② 不断提高环境、健康和安全绩效，提高设施、工艺和技术安全，不断改进供应链过程中化学产品安全和监管，以保护人类和环境。

③ 参与以全生命周期为导向的可靠科学和基于风险的化学品安全立法和最佳实践制定和实施过程，以强化化学品管理体系。

④ 带动商业合作伙伴，推动其在自身业务中加强化学品的安全管理。

⑤ 吸引利益相关方参与，了解相关利益，回应其对运营和产品安全性的顾虑与期望，并就 HSE 业绩和产品展开坦诚沟通。

⑥ 通过提高 HSE 绩效、创造更多经济机会和开发创新技术和解决方案，以应对各种社会问题，为可持续发展做出贡献。

3.10.3　化工园区责任关怀体系具体构建

（1）实施内容

化工园区的责任关怀体系内容主要包括责任关怀六项准则，即社区认知和应急响应、储运安全、污染防治、工艺安全、职业健康安全和产品安全监管。开展责任关怀的单位要根据责任关怀六项准则要求制定本单位的管理制度并制定实施计划，以保证准则的落实和顺利执行。结合化工园区的政府属性以及一体化管理特征，化工园区责任关怀的实施内容在六项准则基础上进行了调整。

① 安全管理　化工园区根据法律法规、相关标准规范进行重大危险源、危险工艺、储存设施、装卸场所、环保设施、化工管廊等重点设施的专业设计、施工建设、生产运营安全。对企业安全生产进行日常管理，严格把控项目审批、安全试生产管理、安全设施竣工验收等环节，推动企业完成危化品

安全生产、危化品仓储经营、工业产品、监控化学品生产等相关行政许可工作，完成重大危险源、剧毒品、应急预案等备案工作。

② 应急响应　化工园区根据园区规划，组建或共建专业应急救援队伍，编制完备的总体应急预案及专项预案体系，并配备相应专业设施。建立园区层面应急救援信息平台，统筹应急救援力量，以保障医疗、抢险、运输、后勤等救援工作顺利实施。组织编制园区总体预案、专项预案、企业应急预案等，定期开展预案应急演练、多部门应急联动拉练、周边社区疏散演练，同时也可以对社区开展应急培训，提升居民快速应对和有效处置的能力。

③ 环境保护　化工园区要严守生态环境保护底线，按照循环、集约、绿色、低碳的发展理念，以保护优先、预防为主、综合治理、公众参与、损害担责为原则，开展生态环境保护工作。根据相关法律法规、标准规范的要求开展环境管理，明确相关方职责分工，完善管理制度，督促园区企业严格执行污染防治工作，建立大气、水、土壤等多方位环境质量监测体系。开展园区、企业、职工等多层次污染防治技术培训，面向周边社区及公众开展多方位环境宣传。

④ 职业健康　化工园区通过建立和企业联动的职业健康管理体系，督促企业保障员工职业健康，包括规范员工的安全行为和卫生行为，保护员工的健康和安全，防止安全事故和职业病发生对从业人员造成危害。无论是化工园区还是企业，都需要注重员工精神文化需求，建立园区与员工的双向沟通渠道和平台，开展服务实事项目，帮助解决实际困难。

⑤ 社区互动　在化工园区实施责任关怀的路径中，社区关系是一个很重要的模块。园区应与社区保持良好互动关系，开展多形式交流互访工作，保持信息透明，坦诚对话。通过必要的信息交流与沟通，引导化工企业自觉履行社会责任，当园区进行重大决策时应与社区进行沟通交流，听取意见和建议。根据共享发展原则，化工园区可以通过推动社区公共服务建设和经济发展，让周边社区享受到园区发展的红利，形成共同发展的良好机制。

"公众开放日"已经成为化工园区开展"社区互动"最普遍的一种形式，让周边社区走进园区，了解化工企业，开放与融合，凝聚企业与园区合力，不断提高周边社区的公众对园区及企业的认知水平，体现社区公众的知情权和参与权，让园区与周边社区共同发展成为共识。相关工作包括但不限于：园区与周边社区建立互访互动机制，开展交流互访工作；在周边社区建立责任关怀服务站点；开展公众日活动，邀请居民、师生、社团、媒体等走进园区；及时向社区公开安全环保信息，发布责任关怀年度报告；开展园区环保义务监督员工作,让公众参与环境监督、信访处理等工作;科普化工知识和文化。

(2)组织机构

化工园区的管理机构在凝聚各方力量,全方位、系统性开展责任关怀工作中发挥着重要作用,化工园区实施责任关怀需要开展统一的顶层设计,构建领导承诺的组织机构,形成有效的推进模式,整合各类资源、有序推进责任关怀。

① 领导承诺　化工园区管理机构的管理者是本单位实施责任关怀的第一责任人,全面负责责任关怀工作,会同管理层其他成员对责任关怀方针、目标、组织机构、职责权限、制度或程序、能力、意识教育等进行策划并形成文件化的承诺。

实施责任关怀的管理层需承诺提供必要的资源,教育、引导全体员工结合本岗位的具体情况,认真落实责任关怀的各项要求。明确与六项实施准则相关部门/人员的责任,并提供有效的资源保障。各级负责人、各级管理人员在责任关怀活动中应起带头作用,了解法律法规,履行职责和义务,在工作中起到表率作用。

② 组织构架　为有效推动责任关怀体系的实施与落实,园区应根据责任关怀六项准则,组建园区责任关怀推进组织,明确负责人和工作人员,制定共同的目标和相应的实施计划、管理制度,实施责任关怀各项工作。其组织构架如图3.14所示。

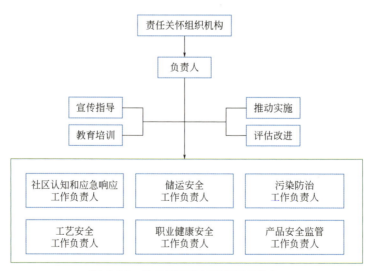

图3.14　化工园区责任关怀组织构架

园区责任关怀组织由园区管委会总协调，确定若干家种子企业，根据不同的专业领域牵头成立相应的小组，各成员单位选择加入某个小组。组织应明确在安全管理、应急响应、环境保护、职业健康、社区互动等方面的责任，并提供有效的资源保障并及时与相关方沟通交流。

（3）实施步骤

① 制订计划　组织应根据责任关怀实施准则，结合本单位以往在安全、健康和环保等方面实施的管理体系、管理规范、管理制度和实际情况，依据责任关怀工作目标制定出实施计划。实施计划包括培训计划，对区内企业开展责任关怀活动后实施效果的检查与绩效考核计划，以及区内企业开展自我评估的计划等。

② 保障措施　责任关怀体系建设是一个涉及园区安全、环保和职业健康等的系统性工程，要使六项准则按要求实施，必须提供人力、物力和财力保证。

组织保障：由园区成立责任关怀组织机构，明确负责人和工作人员，全面统筹负责责任关怀体系建设工作。

资金保障：园区每年安排一定的资金费用保障责任关怀组织机构日常开支、宣传费用和不定项补助。

人员保障：根据六大准则，抽调相关人员作为责任关怀工作人员，具体负责责任关怀体系的实施与推进工作。

③ 开展培训　培训是提升化工园区相关方责任关怀的理解水平和实践能力的有效途径，园区责任关怀组织应在全年活动计划中制定教育和培训计划，对企业主要负责人、管理人员及一线员工进行分类型、分批次的培训教育，建立与健康、安全、环保等相关的培训教育档案，并做好培训记录。

组织各企业在责任关怀推进的不同时期针对不同培训内容，确定具体的培训对象（包括高层领导和最基层的员工）和要求。培训将在体系建设的不同时期，有针对性地进行；并根据园区内企业需求，实施调整和增加内容。

对园区、企业领导的培训内容包括责任关怀体系中的领导力、责任关怀背景及总体要求、责任关怀准则、相关管理体系及实施责任关怀的基本步骤等。使园区、企业领导了解、认识责任关怀的内涵，了解、认识几种不同管理体系之间的关系并使之融合，以身作则，宏观调控责任关怀的实施运行。

对企业主管部门人员、体系骨干人员的培训内容包括责任关怀六项准则、责任关怀、ISO14001、OHSMS、HSE四种管理体系的关系，环保、安全法律法规等方面知识，如何实施责任关怀及评估等。使企业主管人员、骨干理解责任关怀的内涵，理解六项准则额实施内容和要求、明确了解不同管理体系之间的关系并实施管理体系的融合，清楚知道环保、安全法律法规等要求并能指导自己的工作等。

对企业的相关人员及普通职工的培训内容包括责任关怀背景及总体要求、什么是责任关怀、开展责任关怀的意义、责任关怀主要准则阐述、环保、安全法律法规等方面知识等培训。使企业的相关人员及普通职全面、系统地进行责任关怀准则、法律法规等方面的培训，以达到提高园区内企业员工责任关怀意识，转变工作思路，不断提高健康、安全、环保绩效的目的。

④ 评估与持续改进　责任关怀组织应建立相关方的绩效考评长效机制，分别从六大准则方面设置责任关怀评估体系，对责任关怀相关方的参与情况进行汇总。责任关怀组织应对活动过程中发现的问题、诉求等及时进行登记，后续将所登记问题的反馈通知相关方，参与责任关怀活动评估。

建立园区责任关怀年会制度，围绕责任关怀准则要求，每年至少进行一次年度会议，将本年度内实施的各项活动进行汇报，总结活动成果，对活动中的问题和不足进行优化，提出改进方向。园区应督促区内承诺实施责任关怀的企业，在每年初将上一年的责任关怀实施情况进行认真总结，并编制出企业的责任关怀年度报告，全面总结出实施责任关怀的经验、体会，取得的成绩，存在的问题和不足，并列出企业在健康、安全和环保等方面的有关数据表。园区管委会每年依据园区内企业实施责任关怀的实际情况编制园区年度责任关怀报告，并发布。

第4章

化工园区"六个一体化"管理体系

"一体化"发展是当前化工园区的基本发展战略，也是化工园区提质增效、高质量发展的必要途径。中国石油和化学工业联合会化工园区工作委员会在多年调研、研究、综合考评国内外化工园区发展路径后，提出化工园区原料产品项目一体化、公用工程物流一体化、环境保护生态一体化、安全消防应急一体化、智能智慧数据一体化、管理服务科创一体化的"六个一体化"发展理念和管理体系，这是对国内外先进化工园区的建设、管理方式和发展经验凝练总结。

4.1 原料产品项目一体化

化工园区作为化工产业的重要载体，要全面规划，合理布局，强化资源配置，提高资源要素利用水平，要高标准规划、高起点建设、高效率运转，着力构建循环经济产业链，大力发展低碳经济、绿色经济和生态经济。

4.1.1 原料产品项目一体化的内涵

（1）定义

原料产品项目一体化是指化工园区按照产业集聚和一体化理论，坚持循环经济发展战略，坚持减量化、再利用、资源化的原则，从化工园区规划选址的顶层设计开始，对资源（原料）来源、产品和项目关联度等进行充分的考虑与论证，按照一体化设计理念，融合资源、合理布局，实现生产装置互通、上下游产品互供、产业链互联，副产物、废弃物资源化利用，以提升化工园区内产业关联度为核心，实现化工园区产业协同发展。

（2）目标和作用

化工园区应在原料多元化的基础之上，在园区内最大化延伸产业链，构成以关键化工原理串联的产业循环体系，让企业不孤立存在。如上海化学工业区以赛科石化乙烯裂解项目为核心，逐步形成了以乙烯为龙头，异氰酸酯为中游，聚异氰酸酯、聚碳酸酯等精细化工中间体和涂料、胶黏剂等精细化工为下游的、较为完整的化工原料、中间体、产品和废弃物的互供互享的产业链。企业间在化工原料、中间体、产品、副产品及废弃物等方面形成互供、共享关系，产品之间的关联度在 80% 以上。

化工园区必须以科学的产业规划为引领，以国家宏观经济、产业政策为导向，牢牢把握国内外产业发展现状及趋势，紧密结合化工园区经济社会和产业发展现状，深入分析周边地区的资源及市场现状，准确把握产业定位，科学制定发展战略，高标准、高起点地规划产业项目及布局，高水平、高质量地构建化工园区的产业发展体系。

4.1.2 原料产品项目一体化的系统构建

原料产品项目一体化系统构建的核心是构筑产业链，要把各类相应配套的能源供应、工艺技术、本质安全、环境保护、物流传输、管理服务等组成一个有机的、统一的、前后贯通的综合运行体系，以实现相互之间有序的分工协作。生产企业以产业链和产业关系为纽带相互投资参股，或建立长期合作联盟，合理分工，避免恶性竞争，合理配套发展产品链和价值链。

对先进化工园区管理经验的分析表明，以产业集聚为基础、促进原料产品项目一体化，原料产品间实现"隔墙供应"，不仅可以大幅降低运输成本，而且相互关联的化工装置集聚在一起，有利于生产控制、安全操作、"三废"的集中治理，提高资源利用率，使产业整体效益最大化。发达国家的大型化工园区从园区规划起步开始就有关联度高的产业链设计，落户的企业都构成紧密的上下游产业链协同关系，运距缩短、损耗减少、能耗降低，自然成本就降低了。

4.1.2.1 化工园区产业链确定

化工产业在国民经济中占有重要地位，是我国的基础产业和支柱产业之一，上到载人航天，下到百姓生活，从食物到衣服、从汽车到房屋、从化肥到建材、从原料到燃料、从潜海到航空、从民生到国防，化学工业与经济社会发展及人类衣食住行息息相关。化工产业的特点是产品链长，关联度高，上道工序的产品常常是下道工序的原料，生产装置可以通过管道连接。化工产业从原料（如石油、天然气、煤、盐及其他矿产资源）出发，生产出油品、有机原料和中间体，进而生产合成材料（包括合成树脂、合成橡胶、合成纤维等）、化学肥料、医药、农药、涂料、染料、化工新材料、专用化学品及橡胶轮胎等产品。化工产业链示意图见图 4.1。

按照化工园区可获得资源不同，化工产业链不同，可以将化工园区分为石化园区、煤化工园区、精细化工园区和化工新材料园区等几类。以下将分别讲述这四类化工园区产业链的构建。

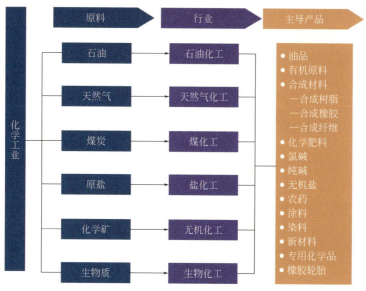

图 4.1 化工产业链示意图

（1）石化园区

在我国，石油化工产业是最主要的化工产业链，其生产的产品达到我国化学品的 40% 以上。主要是以原油为原料，生产成品油和石脑油，石脑油进而生产三烯（即乙烯、丙烯、丁二烯）、三苯（即苯、甲苯、二甲苯）等基本化工原料，又往下衍生生产有机化工原料，从而生产三大合成材料、化工新材料和专用化学品，形成乙烯产业链、丙烯产业链、碳四产业链、芳烃产业链等。图 4.2 和图 4.3 分别为炼油产业链和烯烃产业链。

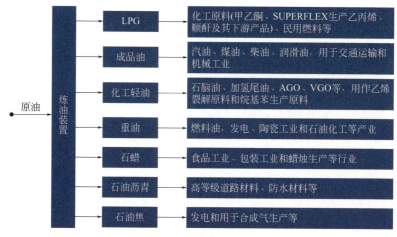

图 4.2 炼油产业链

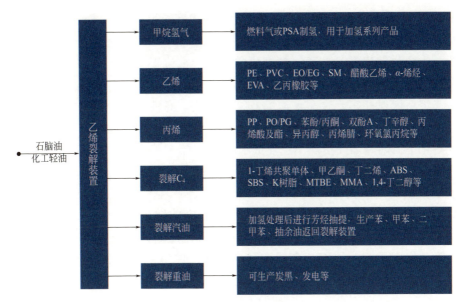

图4.3 烯烃产业链

我国炼化装置分布较广，大多分布在原油产区或沿海、沿江地区，分别以加工国产或进口原油为主。近年来，随着进口原油的增加，大型炼化一体化装置大多建在沿海地区。

石化园区大多依托炼化一体化项目为龙头，向中游和下游延伸产业链，形成炼化企业和相关化工企业集聚的产业生态，相互之间形成共生依托关系。我国石化园区的典型代表有上海化学工业区、惠州大亚湾经济技术开发区、宁波石化经济技术开发区、南京江北新材料科技园、东营港经济开发区、茂名高新技术产业开发区、大连长兴岛（西中岛）石化产业基地、国家东中西区区域合作示范区（连云港徐圩新区）等。下面以南京江北新材料科技园和宁波石化经济技术开发区为例，展示园区在原料产品项目一体化的具体表现。

① 南京江北新材料科技园　前身为南京化学工业园区，成立于2001年10月，是江苏唯一经国家批准、以发展现代化工为主的特色专业园区，位于南京市北部，长江北岸，距南京市中心30千米，规划建设面积45平方千米，包括长芦片区和玉带片区两大片区。

南京江北新材料在产业发展方面秉承原料产品项目一体化原则，园区已形成了以石化、碳一两大产业链为主要支撑，化工新材料、生命科学化学品、高端精细化学品等一批化工新兴产业为核心内容的现代化工产业体系。其中，石化产业链以扬子石化、扬巴一体化工程为龙头，已集聚各类下游深加工项目 30 余个。碳一产业链以区内塞拉尼斯乙酰基一体化基地为龙头，形成了上下游完整的醋酸产业链。在此基础上，化工新材料、新能源、生命科学化学品、高端精细化学品等一批化工新兴产业在园区内全面展开。化工新材料依托上游乙烯、醋酸等基础原料优势，已集聚蓝星新材料、宝新聚氨酯等十余家聚氨酯及相关企业；高性能高分子材料主要是扬巴高分子量聚乙烯、金陵 DSM 不饱和树脂等产品；合成橡胶产业利用扬子石化丁二烯等烯烃资源，已建成 10 万吨/年丁苯橡胶、10 万吨/年顺丁橡胶、3 万吨/年丁腈橡胶等项目。生命科学化学品产品加速集聚，形成了以蓝星安迪苏为龙头的食品、饲料添加剂产业链。高端专用化学品已初步形成规模，依托上游原料优势，通过产业链延伸，吸引了全球中间体及特种化学品领域领先企业瓦克聚合物等在园区投资高性能涂料、颜料等；集聚了南非沙索、金桐表面活性剂、钟山化工等表面活性剂企业，打造国内最大的表面活性剂生产基地；入驻了美国亚什兰、瑞士龙沙等全球顶尖的水处理剂公司，成为国内最大的水处理剂生产基地。其产业链见图 4.4。

② 宁波石化经济技术开发区　前身为宁波化学工业区，成立于 1998 年 8 月，是浙江省最早的石油和化学工业专业园区，2008 年被国家发改委确定为国家新材料高技术产业基地化工新材料基地。规划面积 56.22 平方千米。

宁波石化经济技术开发区在产业发展方面秉承原料产品项目一体化原则，已形成以镇海炼化炼油和乙烯、镇海利安德化学环氧丙烷和苯乙烯、韩国 LG 甬兴 ABS 树脂、阿克苏诺贝尔多产品生产基地项目、富德能源（原禾元化学）聚丙烯和乙二醇、SK 乙丙橡胶、道达尔聚苯乙烯、金海德旗 C_5 分离、浙江恒河 C_9 综合利用、镇洋化工离子膜烧碱、浙铁大风非光气法聚碳酸酯、巨化科技 ODS 替代品、宁波欧瑞特特种丁苯树脂、日本大赛璐醋酸纤维切片等大中型项目为主，基础无机化工、精细化工、有机合成产业相互依托的产业集群。

宁波石化经济技术开发区产业链见图 4.5。

（2）煤化工园区

我国是一个拥有丰富煤炭资源的国家，依托丰富的煤资源优势，近年来煤化工产业突飞猛进。煤化工产业链见图 4.6。

由于现代煤化工项目具有投资大、技术集成度高、水耗高、能耗大和排污压力大的特点，因此应遵循园区化生产、一体化经营的发展原则，建立以循环经济为产业链模式的煤化工园区。

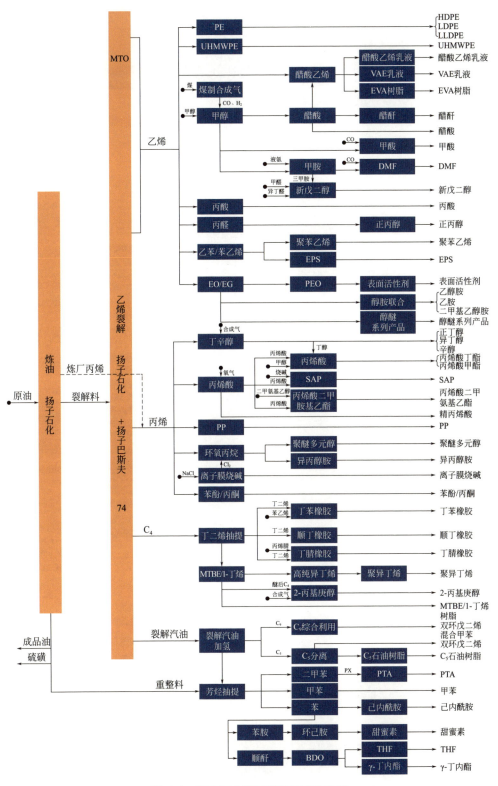

图 4.4 南京江北新材料科技园产业链

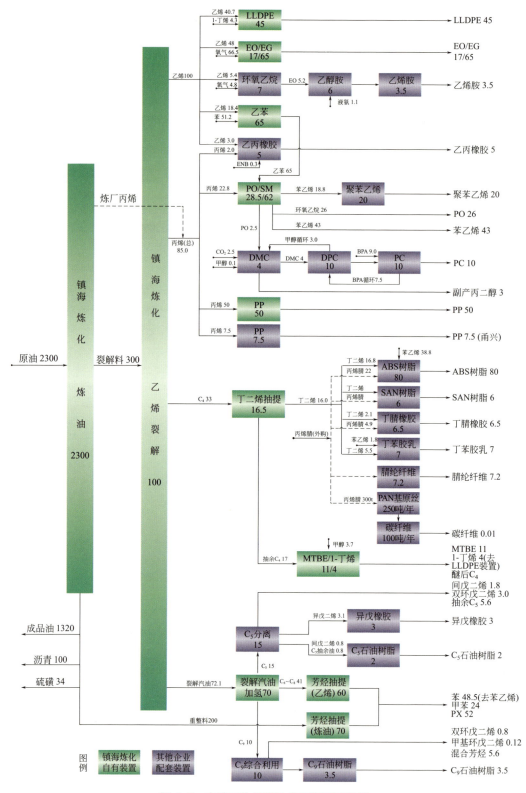

图4.5 宁波石化经济技术开发区产业链

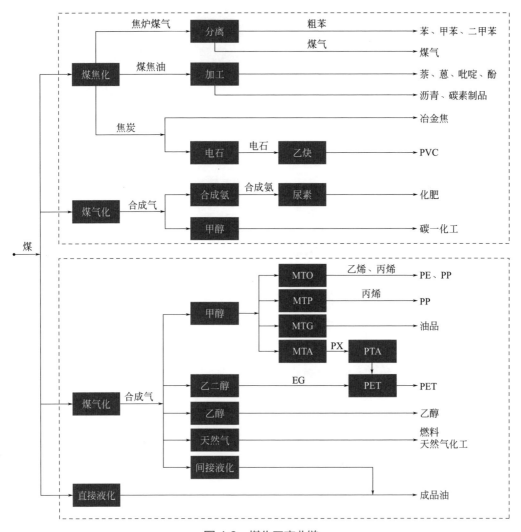

图 4.6 煤化工产业链

我国现代煤化工项目主要集中在内蒙古、新疆、山西、陕西、宁夏等省区，产业发展的园区化、基地化格局已基本形成。现代煤化工基地都建设在煤炭资源地，并向中下游产业延伸发展，部分实现与石化、电力等产业多联产发展，向园区化、基地化、大型化方向发展，产业集聚优势得到了充分发挥。

目前，已经初具规模的现代煤化工基地主要有鄂尔多斯煤化工基地、宁东能源化工基地、陕西榆林煤化工基地以及新疆的准东、伊犁等煤化工基地。图 4.7 为宁东能源化工基地煤化工产业链。

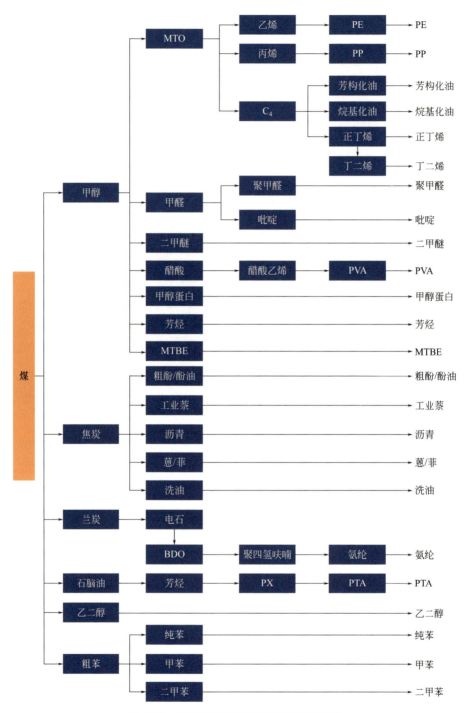

图 4.7 宁东能源化工基地煤化工产业链

（3）化工新材料园区

石油化工、煤化工及其他化学矿往下游延伸，生产化工新材料和精细化工产品。

化工新材料是指在各个高新技术领域应用的具备优异性能和功能的先进材料，它是具有高技术含量、高价值的技术密集的新型材料。

化工新材料广泛应用于国民经济和人民生活的各个领域，其主要应用集中在汽车、电子、建筑、新能源、日用品、航空航天等领域。化工新材料主要类别和产品见表 4.1。

表 4.1　化工新材料主要类别和产品

类别	主要产品	主要应用领域
有机氟材料	氟碳烃、氟树脂、氟橡胶	氟碳烃：制冷剂、发泡剂、清洗剂、气雾喷射剂、溶剂、灭火剂、麻醉剂以及氟聚合物单体 氟树脂：涂料、膜材料、塑料等极端环境中使用的材料
有机硅材料	以硅氧烷为主链的聚硅氧烷，主要产品：硅油、硅橡胶、硅树脂、硅烷偶联剂	应用广泛，随着价格的下降，日用品领域开始大规模使用有机硅材料
工程塑料	通用工程塑料：PC、PA、POM、PBT、PPO 等 特种工程塑料：PPS、PI、PEEK、LCP、PSF 等	汽车、电子、建筑、日用品、工业设备等
特种橡胶	氟橡胶、硅橡胶、聚氨酯橡胶	氟橡胶：汽车、航空航天、化学设备和机械制造等 硅橡胶：汽车、建筑、火车、日用品等 聚氨酯橡胶：体育场、设备内衬、工业密封与减震、制鞋等
功能高分子材料	离子交换树脂，吸附、导电、医用、智能等高分子材料	水处理、个人护理、农业、涂料、医疗保健、航空航天等
特种纤维	碳纤维、芳纶纤维、超高分子量聚乙烯纤维、聚酰亚胺纤维、聚苯硫醚纤维等	汽车、电子、航空航天、体育休闲、环境保护、个人防护等
聚氨酯	聚氨酯	涂料、黏合剂、蒙皮、内衬等产品的制造，应用于家具、家电、建筑、交通、制鞋等
生物基材料	淀粉基塑料、PBS、PLA、PHA、PCL 等	民生领域，如食品包装、农业等

目前以化工新材料为发展方向的园区主要有中国化工新材料（嘉兴）园区、江苏常熟新材料产业园、聊城化工新材料产业园、烟台化学工业区、珠海经济开发区（高栏港经济区）等园区。下面以中国化工新材料（嘉兴）园

区为例介绍化工新材料园区。

中国化工新材料（嘉兴）园区是浙江重点发展的三个化工园区之一，规划面积 10 平方千米。园区以化工新材料作为产业定位和发展方向，已形成聚碳酸酯、有机硅、环氧乙烷、PTA、甲醇制烯烃等多条具有行业竞争力的产业链。

以浙江嘉化能源化工股份有限公司为基础原料核心，构建了以环氧乙烷（C_2→环氧乙烷→下游产品产业链）、聚碳酸酯（芳烃深加工产业链）、丁基橡胶（C_4 深加工产业链）、硅材料领域产业链等循环经济产业链。以合盛硅业、德山化工、联合化学为主，构成"硅—有机硅单体—硅橡胶材料"硅材料产业链；以美福石油、鸿基石化、三江化工等为主，构成"丙烯、聚丙烯—环氧乙烷—表面活性剂"的碳二碳三产业链；以信汇丁基橡胶、帝人聚碳酸酯、赞昇新材料丁腈橡胶、晓星化工等为主，构成橡塑材料的产业链；以嘉兴石化 PTA 及下游产业的延伸，逐步形成以 PTA 为原料生产 POY、FDY 等差别化纤维的下游产业链。图 4.8 为中国化工新材料（嘉兴）园区产业链。

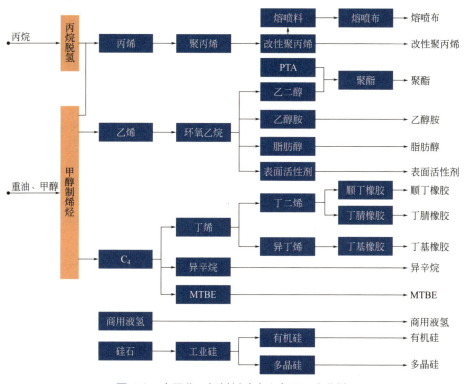

图 4.8　中国化工新材料（嘉兴）园区产业链

（4）精细化工园区

精细化工是化学工业的重要领域之一，多为各工业部门广泛采用的辅助材料或人民生活的直接消费品，可细分为传统精细化工和新领域精细化工。传统精细化工即医药中间体、染料、农药、涂料、橡胶加工。新领域精细化工也叫专用化学品，主要包括塑料助剂、电子化学品、皮革化学品、表面活性剂、催化剂、食品添加剂、饲料添加剂、油田化学品、水处理剂和香料等。

目前以精细化工和专用化学品为发展方向的园区主要有江苏省泰兴经济开发区、江苏省常州滨江经济开发区化学工业园和中国化工新材料（嘉兴）园区、杭州湾上虞经济技术开发区等园区。下面主要以江苏省泰兴经济开发区为例介绍精细化工园区。

江苏省泰兴经济开发区成立于1991年，是中国最早的专业精细化工园区之一。园区规划面积59.8平方千米，形成较为完善的乙烯、丙烯、氯碱、医药和精细化工产业链，典型企业有新浦化学、新浦烯烃、中燃化学、爱森中国、联成塑胶、联成化学、昇科化工、金江化学、三蝶化工、红宝丽化学、怡达化学、盛泰化学等。通过原料产品项目一体化的实施，园区内逐步形成企业与企业之间、产品与产品之间上下游关联，产品互补、功能互补的高度集聚的精细化工产业链。

图4.9为江苏省泰兴经济开发区产业链。

4.1.2.2　坚持科学规划，从起点开始高质量构建产业链

化工园区建设前期和发展过程中的重要环节是制定规划，包括总体规划、详细规划、产业规划、道路规划及消防、道路、电力、电信、天然气、供热、绿化等。总体规划是园区发展的总纲，主要明确园区的发展方向，包括功能定位、空间布局和产业布局等，而且它又是详细规划、总图设计方案和区域环境影响评价及各类专业规划编制的依据。产业规划是依据区域产业规划等上位规划，明确产业定位，对园区主导产业进行详细规划，提出主导产业链，并提出具体实施方案。

化工园区在编制总体规划时，应统筹规划、合理布局，明确用地规模、类型和布局，以满足安全、环保、消防的总体要求。以化工产品产业链设计为依据，编制园区产业发展规划，以化工产品为纽带连成一体，实现整体规划、合理布局，实现物料合理流动，减少能耗，确保生产装置具备必要的安全条件。

图 4.9　江苏省泰兴经济开发区产业链

化工园区在编制产业规划时，需结合国内外石化产业发展现状及趋势、当地资源条件、园区周边市场、园区产业基础等因素，明确产业定位及产业发展方向，确定重点发展的产业链。要遵照循环经济模式，充分利用区内大型龙头项目原材料优势和大项目带动作用，依托相关专业机构，最大化延伸园内产业链，构成以关键化学元素串联的产业循环体系，让企业不孤立存在，尽可能提高产业关联度。园区定位清晰、特色鲜明，有利于形成核心竞争力，增强招商引资的吸引力。因此在园区发展的起始阶段就应强调特色化、个性化。

化工园区相关规划编制完成后，需根据区内产业进展情况，适时对各类规划尤其是总体规划和产业规划进行动态调整修编，以满足产业发展实际。同时在园区发展的各个阶段，应坚持规划引领原则，按照产业规划确定的园区产业定位以及产业链进行产业发展和集聚。

新建园区应确立核心产业链条，将产业按集群布局，引进上下游项目，形成垂直产业链，各产业链之间功能互补，从而形成具有较强竞争力的产业链和产业集群。成熟型园区应优化整体产业发展规划，重新梳理园区的产业链，挖掘潜力，补足产业链上的短板，有针对性地吸引与区内企业关联度高的企业进驻园区进行补链发展和错位竞争，不断提高产业关联度。尤其是终端产品，应加强下游高端产品开发，促成国内外优质项目向园区进一步集聚。

4.1.2.3　围绕产业链延链、补链、强链

目前，由于我国化工园区类别繁杂，并不是以单一的化工园区面貌存在，很多化工园区都是以各类经开区、高新区等综合类园区的园中园形式存在，这直接导致很多园区在招商时缺乏产业规划或者不按照产业规划进行，不能依据产业链需求引进项目，造成园区内化工企业的产品链条普遍较短，下游产品和副产物不能在园区内"吃干榨尽"，不仅降低了企业的效益，还增加了废物处理成本，加大了环境风险。因此，原料产品项目一体化是化工园区高水平发展最基本的要求，在招商过程中始终要贯穿这一主线要求。

（1）充分发挥规划引领作用

园区应以经规划论证的产业链为主线，明确发展脉络，以优势产业为核心，补充和延伸上下游产业。要统筹推进产业链规划建设和招商引资，坚持原料产品项目一体化的发展思路，围绕园区内现有产业集群和产业链，加大关键项目的招商引资，以关键项目建设增强产业集群关联度，推动企业优化重组，构建循环链接的产业链。特别是要积极吸引高端、龙头项目落户，提

升园区整体发展质量，打造一体化的生产方式，使资源得到充分利用。例如，上海化学工业区在具体招商引资过程中，注重产业链上下游关系，对产业链节点项目和技术先进项目全力推进，形成相互关联和支撑的产业集聚整体优势，如重点开展乙烯和氯化工产业链的相关项目引进等，对不符合园区产业规划、产业链和土地利用等要求的项目坚决不引进。

（2）打造龙头效应，增强招商"磁吸力"

遵循"招大商、招好商、招优商"的原则，坚持抓龙头、铸链条、建集群，完善配套条件，吸引世界著名跨国公司和国内大型骨干企业为投资主体，以吸收先进生产技术和科学管理方法为发展手段，以"原料产品项目一体化"的理念指导招商引资工作。全力引进拉动性强、投资规模大、科技含量高的龙头项目，通过一个或几个起"龙头"和"中枢"作用项目的进入，打造巨大的上游原料优势，进而围绕石化中下游进行重点招商、引进项目，从而形成"一条龙"式的组合。

对于石化园区而言，就是要招引大型炼化一体化或者原料多元化投资建设主体，并以大炼油大乙烯为核心，做好强链、补链、延链等工作。如为了保障园区内基础原料的供应能力，很多园区招引大型有机原材料项目，如乙烷裂解制乙烯、丙烷脱氢制丙烯（PHD）、甲醇制烯烃（MTO）、大型联合芳烃等项目，进一步为区内企业提供原料配套，为园区其他项目提供低碳烯烃原料，尽可能减少对区外的原料需求，解决入园项目的原料问题。

加强石化中下游深加工、精细化工、化工新材料等产业项目的招商引资和落地建设，加快发展石化中下游深加工产业集群、高端化学品和化工新材料等产业集群。同时，对接汽车、大飞机、电子信息等当前重点产业需求，加大光刻胶、硅材料、碳纤维、石墨烯等关键战略新材料和前沿新材料等的招商引资力度。同时，在吸引生产企业的同时，也要重视引入企业研发中心、地区总部进驻，提升整体创新能力和发展水平。

（3）设置项目准入条件，实现资源集约利用

园区在项目引入过程中要坚持环保原则，"三高两低"原则，循环经济、产业共生、资源共享等原则。规划招商的项目应为国家鼓励类或允许类项目，而且需要认识到，有些产品不同生产企业之间的工艺水平存在较大差距，需要在招商引资过程中严格把关，确保引进代表行业先进水平的企业入园。

对于招商过程中企业提出的资源需求，特别是土地资源需求，应展开充分科学论证，防止出现圈地项目和土地资源浪费情况。一是要建立合理的管

理机制，对签约后闲置一定时间的土地，视情况作出合理处理；二是提高招商引资土地供给门槛，严格控制入驻企业的投资强度，提高单位建设用地投资强度和单位土地面积产出率。

在项目引入过程中科学制定考核办法，将引资项目落地率和建成投产率纳入考核体系，对签约项目坚持领导督办责任制、部门跟踪落实责任制、专项负责制等制度，实行"签约—落地—投产—达效"全程跟踪和服务。按照谋划一批、储备一批、实施一批、补充一批的思路，建立动态调整、滚动推进的重点项目工作机制，形成合理的项目梯队，促进经济提质增效、稳定增长。

（4）精准招商，构建完整产业链

随着园区软硬件设施的不断完善，龙头项目和行业领军企业的不断进驻，园区的招商引资工作重心要从引资转为选资，即设置环保安全、投资强度、产出强度等门槛，将高附加值低污染的企业请进来，把高污染低附加值的企业阻在石化区门槛之外。此时，园区的招商关键在补链、强链，加快产业链的填平补齐和关联性发展。必须定准发展思路和发力关键点，实现精准招商，即以龙头项目为核心，构筑上下游产业链条，努力打造原料产品项目一体化格局。对于石化园区而言，在确定大型炼化一体化项目后，需围绕乙烯、丙烯、丁二烯、芳烃、碳四、碳五、碳九等产业链条填空式招商选商，引进龙头项目，不断完善链条，集聚发展补齐产业链。

以石化园区为例，为实现精准招商，应全面梳理乙烯、丙烯、芳烃产业链，对缺链进行补链；加大对碳四、碳五、碳九等副产综合利用链条的研究，引进优质企业发展炼化副产综合利用产业链，实现乙烯产业链闭链发展。根据园区产业链实行精准招商，要以世界500强或全球化工50强、国内100强企业为招商主攻目标，它们一般为行业领先企业和高成长性企业，能够在园区招商和企业管理水平上具有积极的示范作用，促进基地产业向高端发展。从项目质量来看，严格限定引进项目的单位面积产出率、税收贡献、科技含量、环境容量等标准，同时考虑项目技术先进性和项目间上下游产业链关联度。

4.1.3 典型案例分析

国外先进的石化园区均布局在沿江沿海地区，靠近深水码头或市场，经过几十年发展，聚集了众多世界知名化工公司的大型石油化工联合生产装置，通过烯烃、芳烃或其他大型化龙头装置的带动，进行联合化和集中化生产，实现了原料产品项目上下游一体化，即生产装置互联、上下游产品互供、管道互通、投资相互渗透，既保证下游生产企业的原料供应，又减少运输、储存及营销费用，使资源得到充分利用，规模效益明显。企业之间都依靠规范的运作机制，从而达到企业间长期稳定的协作。

美国休斯敦石化基地、德国路德维希港化工区、比利时安特卫普化工基地、日本的东京湾、韩国蔚山等，都是通过集中投资、一体化经营，最大限度地共享原料供应，降低石油和石化产品的生产成本，提高了企业的核心竞争力。国内石化园区中，上海化学工业园、惠州大亚湾石化产业园区则是典型代表。

4.1.3.1　德国路德维希港化工区

（1）园区概况

德国路德维希港化工区位于交通发达、经济繁荣的欧洲莱茵河-内卡河流域，紧临莱茵河畔，拥有极好的公路、铁路、航空和水运条件，是德国化工巨头巴斯夫化工公司独资建设的一体化特大型生产基地，始建于1865年，是巴斯夫的百年老工业基地。园区全长6千米，占地7.11平方千米，是目前世界上最大的化工装置一体化基地。路德维希港化工区还是巴斯夫管理和研发中心总部所在地，被视为巴斯夫的技术平台和竞争力中心。

路德维希港化工区是世界一体化（Verbund）战略的发源地，它始终强调以"一体化"理念来建设和管理化工园区，其"一体化"理念也随着园区发展在不断演变——从"生产一体化、专有技术一体化、能源资源共享一体化"发展到了如今的"与当地社区发展一体化、与客户合作一体化、员工网络一体化"，成为管理完善、理念超前的化工园区。巴斯夫一体化的理念也可以说是我国化工园区"六个一体化"发展理念的雏形。

（2）园区运营

路德维希港化工区是典型的从一家龙头企业发展起来的园区，最初只有巴斯夫公司的装置，随着部分业务的剥离，原本的企业演变成一个综合体园区。按照"一体化"的要求，园区的产业链是根据不同的龙头装置预先规划好的，招商项目需严格按照产业链的要求，不属于产业链一环的企业无论规模多大都不能进入化工园区。通过将各个工厂用管道相互连接，增值链应运而生；同时由于原材料能够迅捷、可靠地抵达目的地，从而大幅度削减了生产成本，为巴斯夫提供了强劲的竞争优势。

董事会协调园区内企业之间的合作关系，优化成本结构，园区作为一个整体运作，并保证园区整体利益高于单个企业的利益。园区运营方尽量完善基建的补充和建设，吸引更多的生产公司加入，补充上下游企业，完备产业链的协同发展。

（3）原料产品项目一体化情况

路德维希港化工区内有 200 多家工厂的 350 余套生产装置，共生产五大业务十二大类产品，每年生产 8500 多种产品，总产量约 1600 万吨（其中原料 800 万吨、产品 800 万吨），销售收入超过 150 亿美元，是目前世界上最大的化工装置一体化基地，其中仅巴斯夫的装置就有 160 多套。各类生产装置以长约 2500 千米的管道和 200 千米以上的铁路相连。

路德维希化工园区主要产品链包括：化学品（无机物、石化和医药中间体）、塑料（高性能聚合物、聚氨酯）、功能性解决方案（催化剂、建筑化学品、涂料）、精细化学品（分散剂和颜料、造纸化学品、护理化学品）、农业解决方案（作物保护）、石油和天然气。园区内有两套蒸汽裂解装置，每年加工石脑油约 200 万吨，这些石脑油通过水运和管道的方式运输到路德维希港。园区内的两套蒸汽裂解装置分别建于 1965 年和 1980 年，每年生产 62 万吨乙烯和 35 万吨丙烯。这两套蒸汽裂解装置以及一套合成气装置和一个丙烯酸工厂是园区一体化装置的核心单元，也是多条产业链的起点，这些产品被加工成数千种商品，一套装置的副产品往往是另一套装置的原料。同时，在路德维希港化工区，公用工程和辅助设施往往集中建设、统一供应服务，不仅降低了治理环境污染的成本，而且有效利用了资源，充分体现循环经济的理念。图 4.10 为德国路德维希港化工区主要产业链。

4.1.3.2　上海化学工业区

（1）园区概况

上海化学工业区位于上海市南端、杭州湾北岸，始建于 1996 年，规划面积为 29.4 平方千米，是中国首家以石油化工为主的专业开发区，是国务院规划的国家七大石化产业基地之一。园区充分实践"一体化"开发建设理念，形成了以乙烯为龙头，异氰酸酯、聚碳酸酯为中游，精细化工和合成材料为终端的循环经济产业链；目前已吸引了英国石油公司、巴斯夫、科思创、赢创、汉高、亨斯迈、英威达、杜邦等一大批国际知名化工企业，以及中国石化、华谊集团等国内大型化工骨干企业落户园区，已成为全国集聚国际知名跨企最多、产业能级和产品关联度最高、资源循环利用水平最先进的国家级化工专业开发区之一、国家首批新型工业化产业示范基地、国家生态

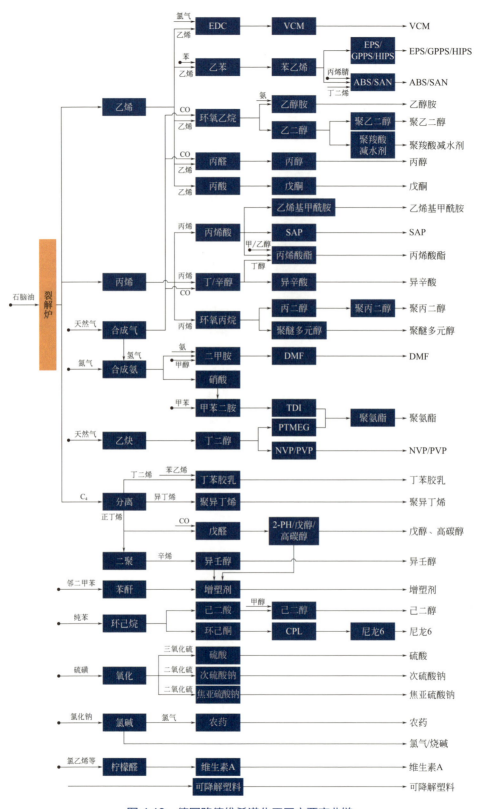

图 4.10 德国路德维希港化工区主要产业链

工业示范园区、国家循环经济试点示范基地、国家绿色园区，多年连续入选"中国化工园区 30 强"。

2020 年，园区实现销售收入 1229.84 亿元；完成工业总产值 1122.28 亿元，上缴各类税金 87.79 亿元。

（2）园区规划制定情况

自园区成立以来，上海化学工业区管委会以及相关部门坚持高起规划，不断开展规划的编制及修改工作，陆续制定了包括上海化学工业区详细规划、总体发展规划、产业发展规划、道路规划及消防、道路、电力、电信、天然气、供热、绿化等各项专业规划，为园区做好顶层设计。上述规划成为上海化学工业区开发和建设的纲领性文件，具有指导性作用，总体上坚持统一规划、利益共享、相互配合、节约土地、滚动开发的原则，体现工业区的整体性、功能性和先进性。

其中，上海化学工业区尤其重视产业发展规划的编制工作，先后于 2002 年、2007 年、2010 年、2015 年和 2017 年分别编制了《上海化学工业区发展规划》（2002 年）、《上海化学工业区发展规划》（2007 年）、《上海化学工业区十二五发展规划》（2010 年）、《上海化学工业区"十三五"发展规划》（2015 年）、《上海化学工业区产业高端化发展规划研究（2017 年版）》等，结合国家石化行业发展现状趋势及园区产业现状，不断对产业规划进行动态调整，进一步细化确定区内各地块的产业布局和产品方案。《上海化学工业区发展规划》（2007 年）在上一版基础上进一步明确了规划原则、发展目标、规划区域、建设步骤、发展重点、建设模式等事项，正式将上海化学工业区的开发建设纳入国家产业发展的战略布局。《上海化学工业区产业高端化发展规划研究（2017 年版）》明确了园区产业高端发展的重点领域、项目板块和关注方向，成为今后一段时期项目引进的指导性文件。

（3）原料产品项目一体化的构建

上海化学工业区建立 20 多年来，产业格局实现了"从无到有、从小到大"的跨越式发展。上海化学工业区尤其注重产业链竞争力的培育。以炼油和乙烯为核心产业进行产业集聚，从完善产业链的角度，向化工产业链中、下游深度延伸和扩散，招引能够与上游产业链接的精细化工项目，同时引进国际行业巨头（巴斯夫化工一体化项目），采用先进工艺生产高附加值新产品，填补国内空白。目前，园区重点发展石油化工和精细化工、高分子材料等产业，形成了较为完整的上、中、下游产品链。通过利用配套公用工程设施赋能，大大降低企业生产成本，产业关联度达到80%以上。

上海化学工业区已形成石油化工和氯碱化工两个产业链，其中石油化工产业链龙头装置是上海赛科90万吨/年乙烯工程（BP与中石化等公司联合建设），乙烯装置原料来自园区外的上海金山石化及高桥石化的石脑油等资源；氯碱化工产业链是以上海天原华胜化工30万吨/年聚氯乙烯为龙头。

园区的主体项目是园区赖以生存的命脉，正是因为有了赛科和天原华胜化工这两个重量级的主体项目，才推动了上海化学工业区的建设和发展。90万吨/年乙烯项目每年为化工区提供了15万吨乙烯和7万吨丙烯，并延伸发展了30万吨/年聚氯乙烯和20万吨/年苯酚丙酮项目，聚氯乙烯所需的氯气串联了聚氨酯项目，苯酚丙酮延伸出双酚A和聚碳酸酯。围绕大型龙头项目，上海化学工业区最终形成了两大产业链。

一是以赛科公司乙烯项目为主的石油化工产业链。自2005年赛科公司90万吨/年乙烯等龙头项目（后续扩能至119万吨/年）投产以来，区内主体化工产业日益壮大。化工区的乙烯产品链集中反映了上下游产品、副产品和废弃物多级循环利用的特征。乙烯产品链以石脑油为原料，用以生产乙烯、丙烯、丁二烯、苯类等基础化工上游产品；这些基础化工上游产品作为原料，再用以生产二氯乙烷、苯酚丙酮、丁苯橡胶、ABS等多种中游产品；苯酚丙酮等产品可继续生产双酚A；双酚A作为原料还可生产聚碳酸酯等下游产品。通过产品链的构建，不仅可实现上游产品与下游产品之间的梯度利用，还可使上游的副产品和废弃物得到充分利用。

二是以天原华胜氯碱项目为核心的氯碱化工产业链。天原华胜等公司建设的30万吨/年聚氯乙烯项目是赛科90万吨/年乙烯工程的重要配套项目，既消化上游赛科乙烯项目的产品，又满足下游BASF公司MDI/TDI项目对氯气的需求。将其烧碱装置电解所生产的氯气先供给巴斯夫、亨斯曼公司异氰酸酯装置用于生产MDI/TDI产品，同时将巴斯夫、亨斯曼公司MDI、TDI装置的副产品氯化氢回流至天原华胜公司，与赛科公司供应的乙烯反应制取聚氯乙烯，此外还将回收的氯化氢供给陶氏化学工厂生产环氧氯丙烷，最终形成的盐水送回天原华胜公司烧碱装置循环使用。璐彩特公司利用赛科丙烯腈装置副产的氢氰酸生产MMA，其废酸回收装置同时回供赛科生产所需的高浓度硫酸。

综上所述，上海化学工业区以赛科石化乙烯裂解项目为核心，延伸了乙烯、丙烯、丁二烯下游产业链；以烧碱项目为基础，延伸出光气、异氰酸酯、聚碳酸酯、聚氯乙烯等产业链。园区现有企业59家，其中80%都是世界五百强、化工两百强的外资企业。现有主体化工装置120余套，多种产品产能处于世界领先水平，形成了上、中、下游紧密关联的化工产品链，产业关联度达80%以上。原料产品项目一体化情况如下。

① 乙烯下游配套　赛科石化乙烯下游配套建有60万吨/年聚乙烯（30万吨/年LLDPE、30万吨/年HDPE）装置、65万吨/乙苯/苯乙烯装置以及30万吨/年聚苯乙烯装置。此外，上海天原集团、上海氯碱化工股份有限公司等合作的烧碱和聚氯乙烯项目利用氯气和乙烯，建设了30万吨/年聚氯乙烯装置；上海中石化三井弹性体有限公司建有7.5万吨/年三元乙丙橡胶项目。

② 丙烯下游配套　乙烯装置可提供联产丙烯60万吨/年，下游配套建有25万吨/年聚丙烯装置、52万吨/年丙烯腈装置（两套）、苯酚丙酮装置[三套，分别归属于中国石化上海高桥分公司、上海中石化三井化工有限公司和西萨化工（上海）有限公司]。璐彩特国际（中国）化工有限公司利用丙烯腈副产氢氰酸，采用丙酮氰醇工艺生产甲基丙烯酸甲酯（MMA），其丙酮氰醇使用上游的丙酮作为原料。此外，为了回收丙烯腈和MMA生产工程中产生的废酸及烯酸，赛科石化还建有69.6万吨/年的硫酸回收装置（SAR），回收的硫酸全部返回丙烯腈和MMA生产体系中循环利用。

③ 丁二烯下游配套　乙烯裂解装置提供的C_4资源可产生18万吨/年丁二烯，下游配套建有40万吨/年ABS装置（高桥石化和华谊聚合物各20万吨/年），以及10万吨/年丁苯橡胶项目。

④ C_5、C_9下游配套　目前，乙烯裂解产生的C_5、C_9资源尚未配套建设下游项目。

⑤ 芳烃下游配套　赛科石化60万吨/年芳烃抽提装置可生产苯21万吨/年、甲苯14万吨/年和二甲苯25万吨/年。苯可用于生产苯乙烯及硝基苯，其中硝基苯进一步生产苯胺，与光气反应生产MDI；甲苯可用于生产二硝基甲苯（DNT），进而生产甲苯二胺，与光气反应生产TDI。

此外，利用烧碱副产氯气资源生产光气，可进行异氰酸酯类产品的生产，同时菱优工程塑料（上海）有限公司和拜耳材料科技（中国）有限公司均采用光气法生产聚碳酸酯。

化工区还通过管道运输方式与上海石化、高化、吴泾等化工基地实现物料互供，从而大大降低了物料的运输成本，同时减少了车辆运输对环境的影响。

上海化学工业区主要产业链如图4.11所示。

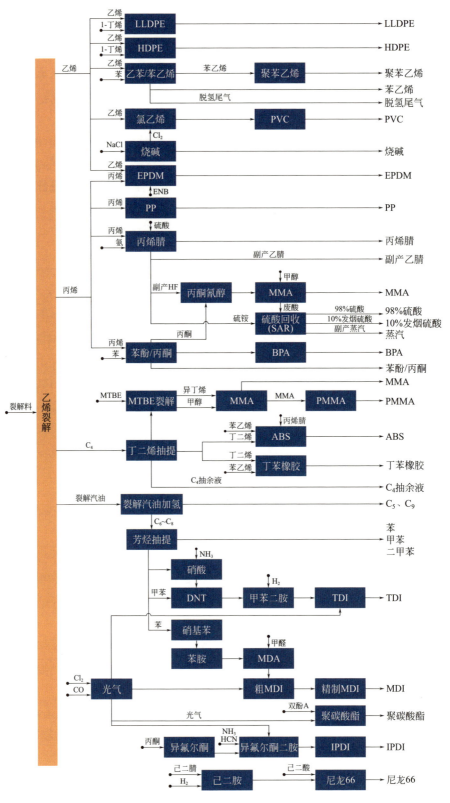

图 4.11　上海化学工业区主要产业链

4.1.3.3 惠州大亚湾石化产业园区

（1）园区概况

惠州大亚湾（国家级）经济技术开发区于1993年5月经国务院批准成立，石化产业是其主导产业，2006年5月经省政府批准成立广东惠州大亚湾石化产业园区。

惠州大亚湾石化产业园区（以下简称大亚湾石化区），地处大亚湾经开区东部，是广东省唯一列入国家重点发展的七大石化产业基地之一，也是广东省五个重点发展的石油化工基地之一，珠三角东岸唯一的石油化工基地。自2001年开发建设以来，在中国海油千万吨炼油和中海壳牌百万吨乙烯项目带动下，石化中下游产业链发展态势良好，已成为惠州市经济发展的主要推动因素和广东省沿海石化产业带的重要组成部分。

大亚湾石化区先后获评全国首个安全生产应急管理创新试点化工园区、国家第一批绿色制造体系建设示范园区、国家新型工业化产业五星级示范基地、国家循环化改造重点支持园区、广东省首批循环经济工业园、广东省首批绿色升级示范园区、广东省循环化改造试点园区等称号，综合实力自2014年起连续八年位列"中国化工园区20强或30强"。

（2）原料产品项目一体化的构建

经过二十多年的发展，大亚湾石化区经济总量不断壮大，产业实力日趋雄厚、产业集聚度高。目前，已拥有2200万吨/年炼油、220万吨/年乙烯的生产能力。大亚湾石化区自建区以来十分重视产业链的集聚发展，以中国海油、中海壳牌炼油和乙烯为龙头，以石化深加工和精细化工高端石化产品为主线进行产业集聚。目前，园区重点发展石化深加工系列产品、芳烃下游系列产品、化工新材料、专用精细化学品及橡塑加工产品，形成了较为完整的碳二、碳三、碳四、碳五、芳烃、碳九等上、中、下游产业链和产业集群。园区聚集了除中国海油、中海壳牌外，中国石化、埃克森美孚、国家能源集团、乐金化学、恒力石化、出光、三菱化学、林德、欧德、巴斯夫、科莱恩等众多国内外知名化工企业。目前，园区循环经济产业链关联度高达95%，原料就地转化率71%。

大亚湾石化区主要产业链如图4.12所示。

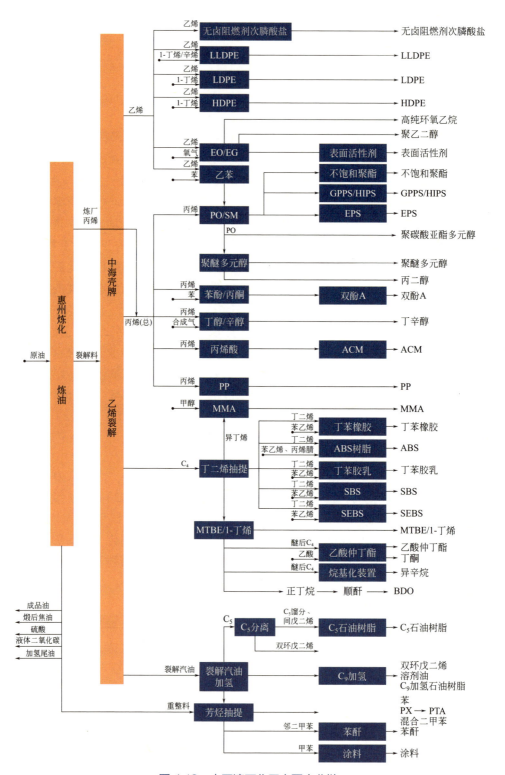

图 4.12 大亚湾石化区主要产业链

4.2 公用工程物流一体化

4.2.1 公用工程物流一体化的内涵

（1）定义

公用工程物流一体化，是指结合园区产业特点，统筹考虑化工园区生产运行所需的水、电、气、风、能源、储运等，合理布局公用工程、辅助设施和物流系统，以最大程度降低企业运营成本，充分体现化工园区集聚优势。

公用工程物流一体化是化工园区优势的重要体现，能大幅降低入园企业的生产运营成本，提高企业竞争力。园区的公用工程设施集中化配置，可避免能源的大量浪费，如园区统一集中的热电供应取代单一供应；再如在石油炼化一体化基地，配备地上管廊方便原料运输，这样既减少供应链运输风险，又缩短运输时间，提升经济效益。特别对于土地成本高的东部沿海沿江地区来说，公用工程物流一体化可以带来非常明显的共享红利。

（2）目标和作用

国家发改委颁布的《炼油工业和乙烯工业中长期发展规划》提出了石化行业采取"基地化、大型化、一体化、园区化"的发展模式。化工园区的一体化建设是以大型化、基地化、园区化为基础。化工园区的一体化建设有利于生产装置的集约化，有效地提高原料和能源的综合利用，降低项目的建设成本，有助于公用工程、物流传输、环境保护和管理服务等一体化的实施，实现经济效益和环境效益的最大化。公用工程物流一体化的实施可以实现以下几点目标及作用：

① 统一规划，集中建设。

为了合理利用能源、减少能耗，根据化工园区内化工主体项目对水、电、气等的需求总量，统一规划、集中建设，形成供水、供电、供热、供气为一体的"公用工程岛"，实现区内能源的统一供给。

② 提高效率，集约土地。

设施共享提高了各类资源的利用效率，避免了重复投资，提高了公用工程配套设施的工艺技术先进性，改变了各企业自建配套设施规模小而分散、工艺效率低的状况，体现了规模经济效应，节省了园区公共配套土地。例如,可将热电联产项目与工业气体厂毗邻建设,共用铁路站场、输煤线路;热电联产项目循环冷却与海水淡化厂可共用同一海水取水设施;污水处理厂含水率高达 80% 的污泥可就近送往热电联产项目干化等。

③ 节省投资,降低成本。

园区内不同企业间生产装置相邻互联,上下游产品互供,管道相连输送,生产规模匹配,减少了中间环节,公用工程和辅助设施集中建设、统一供应服务,使资源得到充分的优化配置和合理利用,从而增强了抗风险能力,降低了运营成本,提高了收益。

④ 安全环保,节能减排。

根据化工园区内的水、电、气、风、污水、危废等公用工程项目工艺、流程等特点,通过技术升级、循环利用等手段提高能量供给安全性,减少对环境的破坏性等,实现真正意义的安全环保,节能减排。例如,热电联产项目可为公用工程和化工项目提供保安电力,提高装置安全性;其冷却高温排水经海水淡化、制取烧碱和盐化工等各工艺流程后排放,温度大为降低,减少对海洋环境的冲击;污水经过深度处理后可大量回用;市政污泥利用热电联产的余热蒸汽干燥后掺入燃煤焚烧,实现最大程度的减排;工业危险废物和高浓度工业废水可集中焚烧处理等。

⑤ 统筹协调,完善运输。

通过区内与各个化学反应装置连成一体的专用输送管网以及仓库、码头、铁路和道路等一体化的物流运输系统,将区域内的原料、能源和中间体安全、快捷地送达目的地。统筹联系码头、仓储区、公共管廊、公路运输及铁路运输各部分之间的关系,完善物流运输系统,建立完善的运输体系,提高运输效率。

4.2.2 公用工程物流一体化的系统构建

化工区通过产业整合,建成集约使用的公用工程和物流运输系统,改变由各企业自建分散的、小而全的公用配套设施的传统模式,将实现生产配套、废物处理和物流运输等设施的资源共享。

化工园区公用工程物流一体化系统包含:统一规划、集中建设的供水工程、污水工程、供电工程、通信工程、工业气体工程、燃气工程、供热工程、公共管廊工程、天然气工程、热电联产工程、危废工程等为一体的"公用工程岛"和管道、仓库、码头、铁路和公路等一体化的运输网络。

公用工程物流一体化系统既提高了能源使用效率，又可以降低企业单独建设电站、污水处理厂等成本，实现能源的统一供给，为企业提供一体化公用工程服务的方案。公用工程物流一体化系统不仅可以节约运输成本，而且可以最大限度地节约运输时间，保证产品和原材料的补充，为园区内的企业带去最大的经济效益。同时，可引进专业物流服务供应企业，负责园区内物流系统的建设、经营、运作和管理。

① 基础工程设施建设　立足于当前公用工程体系现状，因地制宜利用园区优势，有序扩建、新建适当规模的公用工程配套装置。按照"一体化、系统化、国际化"理念，依托园区内大型企业，统一规划、围绕在大型炼化企业周边，投资建设集水、热电联产、工业气体、污水处理、危险废弃物处理等为一体的公用工程，实行能源统一供给、梯级利用，集约用地，不能因为公用工程的缺失导致项目没法落地，或者落地后没法如期投入生产，或者由企业被迫自建，增加企业的投资成本，对园区来说，也是重复建设，以后整合起来增加了经济难度和管理难度，也会带来一定的安全环保隐患。结合园区产业链关系，保障园区安全生产，合理规划建设油品/化工品码头、仓储罐区、保税仓库、公共管廊和公路铁路等区内专用储运设施，配套连接区外的铁路、公路和物料管道。

② 智慧化管理提升　推动物联网、云计算、大数据等新一代信息技术创新应用，推进公用工程的规划设计、工程建设、运营管理、维修服务等全流程集成应用数字化、网络化、智能化技术。利用新一代通信技术构建动态立体感知、智能信息管理、智慧决策应用为一体的服务平台，高效实施污水监测、智慧节能、智慧维修等。

③ 第三方服务　引进第三方专业企业负责建设、经营、运作和管理，形成高效的物流集散和交换系统，确保区域内的原料、能源和中间产品经济、安全、快捷的传递与运输。

④ 共享信息平台建立　建立共享信息平台，集第三方物流企业、各企业物流信息、业务入口、动态、展示、咨询等内容于一体，形成网上物流超市。各企业使用共同的信息平台，共享客户资源，共享信息资源，并实施物流监管。同时，园区管委会在此基础上可对物流业务实行统一招标，将物流业务外包，以此来降低企业物流成本，提高企业效益。

⑤ 管理信息一体化　各企业使用统一的管理信息系统，各系统之间相互兼容，能直接对接，并能与海关、工商、税务、外汇管理等职能部门进行实时信息交换，以提高物流信息共享程度和效率。

4.2.3 典型案例分析

4.2.3.1 上海化学工业区

（1）概况

上海化学工业区按照公用工程物流一体化理念，通过引入拥有先进技术、科学管理和成熟经验的专业公用配套企业为合作伙伴，集中建设热电联供、工业气体、工业水厂、污水处理厂、工业废弃物焚烧炉等公用工程，形成集约使用的公用工程岛，实现经济性、安全性和可靠性相统一的资源供给。上海化学工业区学习借鉴比利时安特卫普、新加坡裕廊等世界级石化基地的物流方式和经验，实施了"物流传输一体化"理念。通过公用海运码头、公共仓储区和集中管道运输相结合的方式，先后建成了化工液体码头、大件码头、储罐区、保税仓库、公共管廊、铁路等物流传输设施。

（2）系统构建

目前，上海化学工业区内的中法水务公司污水处理厂，承担着对园区内所有企业排放的污水进行无害化处理的重任。在供电和供热方面，园区投建配置 2 套 300 兆瓦燃气蒸汽联合循环热电机组的热电联供厂；在供水方面，建设了日供 20 万吨工业和生活用水的自来水厂；在供气方面，建设了工业气体公司，主要生产氮气、氧气、压缩空气等各种空气分离气体以及氢气、一氧化碳等合成气体，直供区内各企业；在污水处理方面，将根据需求增长逐步达到日处理 5 万吨化工生产污水的能力；在固废物处理方面，建设了目前亚洲最大、排放标准最高的工业危险废弃物焚烧装置，年处理能力达 6 万吨；在公共管廊方面，规划在区内主要干道沿途建设总长 25 千米的管廊架，并按客户要求敷设多种物料管道，已形成三横三纵网格状体系，共投用 300 多根物料管道，总长约 500 千米。

现园区已成功建立起海运、陆运、管输、仓储等多式联运的物流集成设施网络，并基本实现了与区外海港、空港、管网、公路网的连接，还引进了荷兰 Vopak、中信物流、复兴船务等拥有专业技术和成熟管理的第三方物流服务提供商，合资组建了孚宝港务、公共管廊、园区物流、储运等物流公司，负责园区内物流系统的建设、经营、运作和管理，为区内化工企业提供完善、系统、经济的公共物流服务，营造了良好的投资环境。

图 4.13～图 4.16 为上海化学工业区实景图。

图 4.13　上海化学工业区中法水务公司办公楼实景图

图 4.14　上海化学工业区中法水务公司污水厂沉淀池实景图

图 4.15　上海化学工业区管廊鸟瞰图

图 4.16　上海化学工业区码头鸟瞰图

（3）成效

上海化学工业区管委会相关职能部门提供的一组数据显示：如果各企业自建相关配套设施，不仅投资会大幅度增加，而且对资源和能源的消耗要比集中的公用工程高出 30%，运营成本要高出 50%。以赛科年产 90 万吨乙烯项目为例，由于采用化工区一体化的公用工程，项目总投资控制在 200 亿元人民币以下，比国内同等规模的其他乙烯项目减少投资约 30%。

陆路上，上海化学工业区内建成道路 62 千米，并有 A4 高速公路连接市区和沪宁、沪杭高速公路网；铁路上，园区内设总长 20 千米专用铁路支线和区外专用线已投入运营，并与全长 113 千米的浦东铁路相连，使园区铁路与全国铁路大动脉相贯通；航运上，园区通过内河航运系统与黄浦江、长江水系连通，方便园区与长江沿线周边企业联系；在码头仓储上，园区化工液体码头一期规划 6 个泊位已分期投运，二期规划将建成 16 个泊位、80 万立方米化工储罐，年吞吐量可达 1000 万吨，除此以外，单件千吨级大件码头、多种危险品仓库及保税仓库均已投用；在公共管廊上，园区公共管廊达 25 千米，管道总长 500 千米，贯穿园区，实现园区上下游产业链物料供给的便捷网络。此外，为提高上海化学工业区物流配套能力，园区金山分区早在 2006 年就建立了上海化学工业区物流产业园，该产业园可利用土地约 167 万平方米，可建成仓储用房 83 万平方米，储存货物 580 万吨，物流吞吐量约为 1392 万吨。

积极推进现代物流业，不仅引进各种物流企业开展服务，还统一规划管道输送、海运航道、铁路和高速公路运输网络，大大提高了物流运输的效率，加大了运输的安全性。企业间的地理距离对形成产业网络非常重要。在上海化学工业区内有便利的运输条件，加之合理的用地规划，就能为园区内企业创造最经济的能量交换和废物再利用的条件。

4.2.3.2 南京江北新材料科技园

（1）概况

按照"物流一体化"的发展要求，南京江北新材料科技园通过积极引进一批在国内外具有较强实力的第三方物流企业，集约开发码头仓储及配套基础设施，以西坝港区及区内便捷完善的铁路、公路、管廊网络为载体，以南京化工交易所为交易平台，以各类化工项目为产业支撑，建设水路、铁路、公路、管道运输相结合，集口岸、仓储、配送、保税、交易功能为一体的现代化工物流基地。

图 4.17 为南京江北新材料科技园液体化工码头实景图。

图 4.17 南京江北新材料科技园液体化工码头实景图

（2）系统构建

截至目前，区内江北化工物流园已累计完成投资 30 亿元，建成 3 座液体化工码头，20 万立方米储罐区，10 万平方米化学品仓库以及 22 千米铁路专用线、45 千米工业管廊等配套输送设施，引进了德国欧德油储、日本东京海运、新加坡沙达旺、深圳全程物流等一批国内外专业物流服务供应商。在化工园区，四通八达的管网连接着园区的各个生产企业，上下游企业之间的原料产品可以通过管廊相互传输。大量液体化工原料在西坝港区通过管廊输送到园区的生产企业，企业所生产的产品又通过管廊汇集到港区，最后运送到国内外各个市场。横贯整个园区的专用铁路，将西坝港区与国家铁路干线网有效地连接在一起。通过"物流一体化"发展，园区物流已经实现了水路、公路、铁路、管廊四种运输方式的无缝衔接。

（3）成效

南京江北新材料科技园内南京联合全程物流公司一期项目的仓储能力已经接近饱和，二期2万平方米危化品仓库已投入建设，同时公司还在积极与化工园区合作，建设园区保税仓库。在西坝港区，由全球第二大化工仓储公司德国欧德油储公司投资的欧德油储（南京）有限责任公司已经着手启动在园区的二期扩建计划。欧德南京公司准备在原有的一座3万吨液体化工码头与8万立方米储罐区的基础上，在西坝港区新建一个5万吨液体化工码头，以满足区内生产企业更多的货物储运需求。

图4.18为西坝港区港口实景图。

图4.18　西坝港区港口实景图

在南京江北新材料科技园内南京联合全程物流公司3个1.2万平方米化学品仓库内，储存着园区企业的各种产品。这些产品从生产车间出来后，就会被直接运送到南京联合全程物流公司，按照生产企业的要求，进行标准化分装、储存保管和配送。制造企业专心致志做生产，第三方物流企业为其提供专业外包服务，已经成为园区发展的一个重要特色。通过将生产企业的物流环节外包给专业的第三方物流企业，园区实现了服务环节向生产领域的有效渗透，有力地推动了产业结构调整与转型升级步伐。

4.3 环境保护生态一体化

4.3.1 环境保护生态一体化的内涵

（1）定义

环境保护生态一体化是指按照化工园区环境保护体生态系统优化管控的理念，对生产过程、产业链接、基础设施和环境管理等诸多层面的内容遵循源头规划控制、过程清洁生产、后期末端治理的全程管控原则，在化工园区建设管理过程中严格各级监管监督机制，从全生命周期角度推进污染防治、环境保护和资源管理，达到系统治理的最佳效果，形成环境保护与生态发展的和谐统一。

化工园区环境保护生态一体化必须以生态环境承载力为基础，科学组织产业发展的生态环境支撑体系，合理规划产业结构和空间布局，统一规范落实企业环保主体责任和园区监管责任，以清洁生产、循环经济和生态产业体系构建为牵引，建立源头减排、中间循环、末端治理相结合的一体化环境与生态保护管理模式，全面提升园区生态环境保护的本质基础和能力。

（2）目标和作用

环境保护生态一体化的目标和作用具体体现在以下几点：

① 实现园区建设与资源、生态环境承载力相协调，促进资源的合理、科学利用。

② 保护生态环境质量，遏制环境破坏，实现生态环境质量逐步改善，维护园区生态环境安全，确保国民经济和社会的可持续发展。

③ 建立、健全生态环境保护监管体系，使生态环境保护措施得到有效执行。

④ 全面落实绿色发展新理念，用绿色发展新动能替代传统发展模式，促进发展方式转变、推进产业转型升级、优化开发格局，实现更高质量发展。

4.3.2　环境保护生态一体化的系统构建

（1）构建化工园区绿色生态体系

化工园区绿色生态体系建设，应坚持生态优先，科学规划，旨在夯实园区的生态环境生命支撑系统，不断优化生态工业体系，推进园区绿色、低碳、循环发展，资源和能源利用效率持续提升，污染物排放持续下降，实现园区高质量绿色发展。

① 规划选址　避开生态脆弱地区和生态敏感地区，尤其是与生态红线区、居民集中居住区等保持足够的空间距离，选择有良好的空气扩散条件，临近有充分纳污与净化能力的环境水体，地质条件良好、地下水敏感性低的区域建设化工园区。同时，需要确保化工园区与周边敏感目标之间设立足够的卫生、安全防护距离，有条件的地区建议建立绿化隔离廊带；在化工园区内部要以产业关联性、设施配套协同性以及安全性为前提，优化产业空间布局，保留充分合理的绿化空间和生态环境空间。

② 产业结构　需要符合国家和园区所在省市相关产业政策，最好能与周边产业体系形成良好的产业互动关系，建设具有产业关联性高、产业链条延伸充分、产业发展水平高的生态产业体系，或者满足国家和地方重大战略需要的特色性化工产业体系，建立科学的项目准入和退出机制，并严格履行。确需布局安全环保风险高、使用易燃易爆和高毒性化学品或异味气体显著的产业时，需充分论证其必要性和不可替代性，并强化相应的生态环境保护措施和监控监管手段。

③ 环保基础设施配套　需要综合考量园区的自然生态条件、产业结构与布局特征、产业发展阶段与经济投入能力，适度超前建设，确保满足园区产业快速发展过程中生态环境保护的需要，特别是工业供水、中水回用、工业气体、集中供热供电供冷、污水收集与处理、危险废物处理处置与资源循环再生、环境监测与应急等，需要在园区及其周边地区一体化统筹配套。

④ 资源高效利用　需要统筹园区土地资源、水资源、空气环境和水环境承载能力、能耗及节能等指标，以及公共配套工程、环保基础设施的承载能力，在保障产业发展体系性需求的同时，逐步提高资源和公共设施的使用效率和效益。

⑤ 生态环境保护与修复　要严守生态环境保护底线，除切实践行达标排放、保护区域生态环境质量外，还需要特别关注有毒有害气体环境风险监测预警、园区排口规范化与环境水体水质安全防护、黑臭河道整治与河道环境修复、污染地块环境风险评价与修复、地下水污染防控等工作。

⑥ 园区生态环境保护文化与制度　需要深刻认识到生态环境保护是园区不可突破的生命线，园区与企业、企业与企业之间是互利共存的命运共同体。要建立规范发展、绿色发展、协同发展的园区绿色发展文化氛围，建立统一的园区企业环保主体责任履行规范，对企业环境保护制度体系、三废治理设施及运行效能、清洁生产和达标排放进行有效监管和督导服务，建立适应于园区产业结构、发展阶段及地区环境管理能力的园区综合控模式，建立绿色工厂-生态园区共创体系，促进循环经济园区、生态化工园区的协同创建。

⑦ 发展绿色化工园区　为树立一批具有示范作用的绿色化工园区标杆，引领全行业提高绿色循环低碳发展水平，中国石油和化学工业联合会深入贯彻落实《国家发展改革委工业和信息化部关于促进石化产业绿色发展的指导意见》（发改产业〔2017〕2105号）文件精神及工作部署，依据《绿色化工园区认定管理办法（试行）》，开展绿色化工园区的申报和认定工作。经连续几年的自愿申报、文件审查、专家评审、网上公示等程序，截至2021年11月底，共评选出上海化学工业区等15家园区列入"绿色化工园区名录（2021年版）"（见表4.2），起到了良好的示范带动效应；同时一批化工园区申请创建绿色化工园区，在化工园区领域掀起了绿色、低碳的创建热潮。

绿色化工园区创建工作是我国化工园区"十四五"绿色发展的重点工作之一，根据中国石化联合会发布的《化工园区"十四五"发展指南及2035中长期发展展望》，到2025年，要创建50家"绿色化工园区"，全面承诺践行责任关怀的重点化工园区超过百家，重点石化基地和化工园区成为"天蓝、水清、草绿"生态优美的产业集聚区。

表4.2　"绿色化工园区名录（2021年版）"名单

（排名不分先后）

序号	园区名称	省市
第一批（2019年通过）		
1	上海化学工业区	上海市
2	广东惠州大亚湾石化产业园区	广东省
3	南京江北新材料科技园	江苏省

续表

序号	园区名称	省市
4	聊城化工产业园	山东省
5	杭州湾上虞经济技术开发区	浙江省
6	中国化工新材料（嘉兴）园区	浙江省
第二批（2020年通过）		
7	宁波大榭开发区	浙江省
8	扬州化学工业园区	江苏省
9	河北石家庄循环化工园区	河北省
10	珠海经济技术开发区（高栏港经济区）	广东省
11	江苏省泰兴经济开发区	江苏省
12	东营港经济开发区	山东省
第三批（2021年通过）		
13	连云港徐圩新区	江苏省
14	江苏高科技氟化学工业园（江苏常熟新材料产业园）	江苏省
15	泉惠石化工业园区	福建省

（2）构建园区三重循环体系

构建循环经济体系，是化工园区促进产业关联和产业链延伸、提高资源利用效率和效益、降低化工产业发展环境污染风险的重要途径和有效手段。

化工园区循环经济体系建设是以减量化、再利用、资源化（3R）原则，推进从产品设计、生产开发、产品包装、产品分销直到回收处置利用的全产业链绿色化，可以从企业小循环、产业中循环、园区大循环三个层面构建三重循环体系。

① 企业小循环 通过把好项目审批和设计审查两道关，引导、鼓励企业采用先进工艺和清洁生产技术，推进资源的减量化、循环化和综合利用，从源头降低物耗和能耗，减少污染废弃物的产生和排放，形成企业小循环。例如，通过冷冻回收挥发性溶剂，回用到相关工艺；通过选择性吸附将废水中有价值的化学品（如苯酚、水杨酸等）分离回收，一方面可以减轻废水处

理的难度和压力，另一方面也有效回收了有价值的原料或产品。

② 产业中循环　以主导产业为核心，以上下游产业链延伸为重点，推进企业间"链式发展"，建立企业间能流、物流的集成和资源的循环利用，重点推进废物交换、资源综合利用，实现区内资源节约、环境友好和废弃物综合利用。

③ 园区大循环　沿着各产业之间的物质流和能量流，推动不同产业链联动发展，形成循环经济"一张网"，构建园区基础设施、公用工程及公共服务共享与循环使用的大循环，实现企业间产品循环利用、原材料利用、废物交换利用、能量梯级利用，提升园区企业产业关联度。如国内有些园区建设集中的危废处理处置中心、废水资源化处理中心，回收废水、危废中的化学品和能量，提供给园区相关企业生产，在有效降低环境风险的同时，也提高了资源利用效率。

（3）构建化工园区环境污染治理体系

构建环境治理园区管理责任体系、环境治理企业责任体系、环境治理社会监督体系、环境治理监管体系、环境治理市场体系、环境治理信用体系、环境治理法规政策体系等多体系于一体的化工园区环境污染治理综合体系。

① 环境治理园区管理责任体系　园区应明确园区应承担的生态环境保护责任，制定实施有利于园区生态环境保护的政策措施，进一步分解任务、细化措施，抓好目标任务责任落实、加大资金投入、强化监督考核、配合完成生态环境保护督察反馈意见整改任务。

② 环境治理企业责任体系　企业应积极参与循环化改造和建设，积极推进绿色制造，落实资源节约和环境保护责任，严格执行建设项目环境影响评价、环境保护"三同时"、排污许可证申领、自行监测、清洁生产与资源综合利用等环境保护管理制度，履行污染治理与排放控制、水资源节约和保护、生态保护与修复、突发环境事件应急管理等法定义务和社会责任，并公开环境治理信息主动接受社会监督。重点排污单位要依法依规安装使用监测设备，保证监测设备正常运行，保存原始监测记录，坚决杜绝监测数据造假。

③ 环境治理社会监督体系　健全公众监督和举报反馈机制，健全生态环境信访投诉的受理、转交、答复、公开、督办、分析研判等工作制度，发挥各类社会团体、行业协会等的纽带作用，强化行业自律和诚信建设，提升行业环境治理水平。

④ 环境治理监管体系　完善监管机制，推进生态环境保护综合行政执法，推行生态环境执法"双随机、一公开"。强化监测能力建设。加快构建天

地一体、上下协同、信息共享的生态环境监测网络，实现环境质量、污染源和生态状况监测全覆盖。

⑤ 环境治理市场体系　推行市场化环境治理模式，构建市场化多元投融资体系，培育壮大环境治理和生态保护市场主体，规范环境影响评价、环境监测、环保设施建设运营、环境污染治理、生态保护和生态修复等市场秩序，加强生态环境领域第三方服务机构监督管理，定期开展专项检查、抽查或质量考核，对不符合相关要求的，依法进行查处，并向社会公开。

⑥ 环境治理信用体系　健全企业环境信用评价方法，依据评价结果实施分级分类监管。建立排污企业黑名单制度，将环境违法企业依法依规纳入失信联合惩戒对象名单，将其违法信息记入信用记录，将治污设施运行、监测等环节造假的企业列入失信名单。

（4）构建环境风险防范长效机制体系

① 化学品全生命周期管理　化学品，尤其是危险化学品是化工园区最为突出的安全环保风险因素。随着信息能力的提升，未来有条件的化工园区应当建立园区所有企业主要危险化学品清单，建立重点危险化学品从入园、运输、使用、转移、销售到灭失（或离开园区）的全流程管理网络，掌握园区化学品有什么、有多少、在哪里、消耗和去向等关键信息，针对环境管理重点危险化学品还需做好其环境风险评估与全流程管控，建立化工园区化学品环境管理长效机制和化学品全过程风险防控体系。

② 建立全方位环境监测监控网络　包括环境质量、污染源和风险源监测监控等，从环境要素来说包括大气、水、地下水、土壤，从监测监控类型来说包括视频监控、在线监测、自测自报、监督监测和例行监测以及应急监测，从监测监控对象来说应当包括污水、雨水（清下水）排口，固定大气污染源排口和无组织废气（厂界或重点装置区），有毒有害或异味气体，危险废物暂存场所及转移通道等。该项工作的关键除需要建设相应的基础设施设备外，还需要加强监测监控设备设施的运维管理，保障设备正常运行，保障数据真实性、有效性。

③ 加强入园项目环境管理　园区管理机构应加强对入园项目的环境管理，对园区项目主体工程和污染治理配套设施"三同时"执行情况、环境风险防控措施落实情况、污染物排放和处置等进行定期检查，督导企业履行其生态环境保护的主体责任；完善园区环保基础设施建设和运行管理，确保各类污染治理设施长期稳定运行，污染物稳定达标排放，保障区域生态环境质量稳中向好。

④ 提高园区环境风险预警和应急能力　化工园区必须重视突发环境事件应急响应与处理处置能力建设，督促企业完善突发环境事件应急预案，实时更新环境应急物资储备情况，做好预案演练，并实现应急预案结构化管理。

开展环境风险预警体系建设工作，逐步建立和完善集环境质量监控、特征污染物监控，加强信息收集和联动，建立环境风险防范管理工作长效机制。

⑤ 开展专项执法检查加大环境监管力度　健全环境风险源动态管理，完善长效监管机制，严厉打击涉危险化学品和危险废物环境违法行为，督促企业落实突发环境事件风险防控主体责任，排除环境安全隐患，进一步摸清风险源底数，预防和减少突发环境事件的发生。

⑥ 抓住重点企业、重污染行业监管　加大对集中污水处理厂、挥发性有机废气、危废焚烧和其他重点减排项目的环境监管力度，加强对重点环境风险源的调查和动态管理，建立重大环境风险源督察制度和全过程环境应急管理长效机制。

⑦ 加强重点环境风险隐患排查　重点检查企业开展环境隐患排查情况、污染治理设施运行及达标排放情况、环境风险防范设施运行情况、企业环境风险评价、涉重金属企业、涉危险废物企业、突发环境事件应急预案管理情况和辖区内环境风险较大以上的企业，对环境风险专项检查中发现问题的企业整改落实情况。

依法严厉打击环境违法行为。全面深入排查环境风险隐患，全方位夯实环境保护日常管理、执法监督、司法联动、能力建设等工作基础，建立健全环境监管执法长效机制，防范重特大环境污染事件发生。

⑧ 推行环境污染强制责任保险　优先选择具有显著环境风险的化工企业，试点推广环境污染强制责任保险，发挥环境污染强制责任保险对建设生态文明的保障作用，建立环境风险管理的长效机制，发挥保险机制社会管理功能。

4.3.3　典型案例分析

4.3.3.1　南京江北新材料科技园绿色发展案例

（1）园区简介

南京江北新材料科技园重点打造以深度加工和高附加值产品为主要特征的国家级石化产业基地，重点发挥新材料集聚优势，加快推进园区的转型升级、创新驱动、绿色发展。科技园成功创建了南京市节水型园区、江苏省循环经济试点园区、循环化改造示范园区、生态工业园区及全国首个化工类国家循环经济标准化试点园区。2019年,南京江北新材料科技园被列入"绿色化工园区"名单。

(2)规范化建设

南京江北新材料科技园成立于2001年10月,2003年原国家计委批准其总体发展规划,2007年南京化学工业园区总体规划环评通过环保部审查,2010年原化工园区管委会对玉带片区产业发展规划进行优化调整并开展了规划环评,同年通过了环保部审查。2018年3月,南京市政府决定设立南京江北新材料科技园,同年8月,南京化学工业园区总体规划环境影响跟踪评价通过生态环境部的评审。

园区严格按照产业定位及规划环评审查意见要求引进项目,并且在2009—2015年陆续出台《南京化工园区招商引资工业项目准入条件》《南京化学工业园区建设项目环境保护管理暂行办法》《南京化学工业园区项目准入科学评价体系及配套政策》《南京化学工业园化工及配套项目准入审查办法》《南京化学工业区建立严格的环境准入制度的实施方案》等文件,明确引入项目要求及严禁项目,将规划环评要求落实到园区管理政策中。

(3)产业发展

① 产业定位　园区目前分为长芦片区及玉带片区两大块区域,长芦片区规划产业定位为:重点发展石油和天然气化工、基本有机化工原料、精细化工、高分子材料、生命医药、新型化工材料六大领域。玉带片区规划产业定位为:按照产业一体化、基地化、规模化、特色化发展,以乙烯、丙烯、混合碳四、芳烃、甲醇等原料为核心,重点发展三大板块的系列产品,即:石油化工系列产品、碳一化工系列产品、化工新材料系列产品。

② 产业循环化　园区以"减量化、再利用、资源化"原则为核心,紧紧围绕化工园循环化改造的目标,针对化工园的资源环境条件和产业结构特征,将资源节约和废物循环利用贯穿于生产、流通的各个过程中。南京诚志清洁能源有限公司(以下简称南京诚志)作为第一批入驻园区企业,与南京化学工业园协同发展,已经成为国内企业入园发展、产业链带动、循环经济的示范企业。

南京诚志注册资本36.86亿元人民币,占地95公顷,是一家专业生产和经营多种气体、联产甲醇、烯烃、丁辛醇等产品的公司,在南京化学工业园已经形成了以南京诚志联合装置为龙头的"资源配置优化,产业分工互补,合作利益分享"的碳一化工产业链和乙烯产品产业链,并成为南京化学工业园区的示范企业以及贯彻"循环经济"的典范，园区产值前18家企业中有7家企业与南京诚志存在物料互供关系。

南京诚志分四期建设完成多套生产装置，其中一期GE水煤浆气化炉CTG装置2007年4月建成投产，日处理原煤1700吨（干基煤1500吨），CO产能30万吨/年，甲醇产能20万吨/年（设计30万吨/年）；二期GE水煤浆气化炉CTG装置2009年9月建成投产，日处理原煤1700吨（干基煤1500吨），CO产能30万吨/年，氢气产能21千立方米/小时，合成气产能11千立方米/小时，增产甲醇10万吨/年；三期采用UOP技术的30万吨/年MTO、采用Davy-Dow技术的25万吨/年丁辛醇联合装置2013年9月18日投产，3.5万吨/年H_2装置2013年8月投产，1台GE气化炉惠生&Shell新型"混合"气化技术示范装置2013年10月28日投产；四期60万吨/年MTO装置2019年6月投产，主要产品：乙烯28万吨/年、丙烯29万吨/年、丁二烯11万吨/年。

南京诚志CTG和MTO联合装置流程及与其他企业的物料互供关系见图4.19。

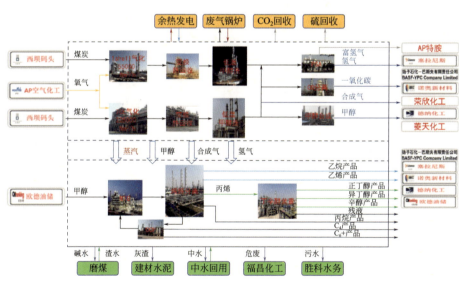

图4.19　南京诚志CTG和MTO联合装置流程及与其他企业的物料互供关系

以南京诚志装置为龙头的上下游企业联合打造了"优化资源配置，分享合作利益"的产业链，产业链（工业气体、MTO）产业带动效应明显（见图4.20）。

南京诚志循环经济、清洁生产的典型经验如下：

a. 工艺气体充分利用：CO冷箱富氢气、闪蒸汽、PSA解析气、甲醇合

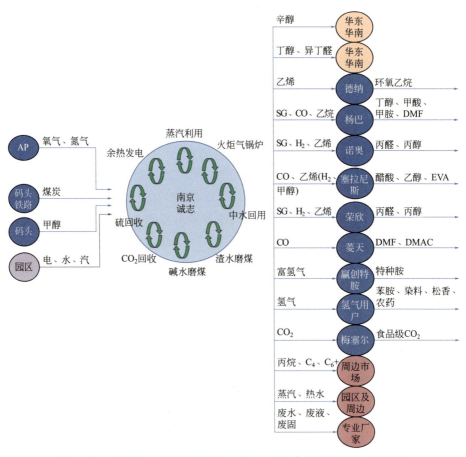

图 4.20　南京诚志产业链（工业气体、MTO）产业带动效应示意图

成驰放气全部经增压回收利用；产品结构合理，碳利用率较高，处于同行业领先水平；MTO 装置分离出乙烷产品，供园区乙烯工厂作原料。

　　b. 蒸汽利用：气化装置产生的蒸汽，供 MTO 装置做热源，不需要外购蒸汽；废热锅炉产生的蒸汽，用于工艺装置蒸汽补充；富余蒸汽还可供园区和上游企业使用。

　　c. 余热发电：工艺余热回收发电，2×12 兆瓦机组，降低了外购电用量 20%。

　　d. 火炬气锅炉：火炬气回收蒸汽锅炉，每年可产生中压蒸汽 24 万吨，节约折标煤 3.4 万吨。

　　e. 中水回用：污水处理和中水回用装置，每年可处理并回用污水 80 万吨。

　　f. 渣水、碱水磨煤：渣水、碱水磨煤循环利用。

　　g. 气化细渣利用：GE 气化炉细渣，部分用作调节粉煤汽化炉灰熔点，不需要外购电厂灰渣；其余灰渣供下游企业生产建材。

h. CO_2 回收利用：CO_2 部分回收利用，回用量可达 15 万吨/年。

③ 清洁生产　目前入区企业各项目生产技术、单位产品物耗、能耗、产排污量、水资源利用情况均符合相应的清洁生产要求。

④ 基础设施　园区建立了完善的公用工程配套设施，完成管廊、供热、供电、污水处理、危险废物处理等多项配套项目。

a. 公共管廊：园区公共管廊自 2002 年开始建设，园区公共管廊总长约 59 千米，为区内企业提供架管服务。

b. 集中供热情况：化工园电厂和玉带电厂联合供汽，蒸汽的总供应能力约 1500 吨/小时。

c. 工业供水情况：园区生产给水系统由化工园水厂和扬子公司自备水厂联合供水，供水总量可达到 25 万吨/天。

d. 工业供电情况：园区已建成 220 千伏/110 千伏/10 千伏槽坊、黄巷、龙翔变电站三座。

e. 工业气体供应情况：园区设置 Z41、Z25、Z14 等级蒸汽管道，设氮气、氧气等公用工程管道，均通过工业管廊至各区域。

f. 集中污水处理设施及配套管网情况：园区在长芦片区和玉带片区分别建设了污水集中处理厂与配套管网，形成互联互补的污水处理结构，确保污水稳定达标处理。

g. 危险废物处理处置情况：园区内有 9 家已投运的危险废物处置企业，其中，危废填埋企业 1 家，危废焚烧及超临界氧化企业 4 家，资源综合利用企业 4 家。

（4）资源利用

园区始终把发展循环经济、建设绿色园区、实现可持续发展作为园区各项工作的基础，坚持环保优先、绿色发展的理念，注重循环化发展，通过关联企业集中布局，上下游项目协调发展，推动企业间产品原料配套协作、互通互供，形成"资源—产品—再生资源"的封闭循环，实现园区可持续发展。

园区认真落实资源节约工作，保障资源利用效率得到实际的提升，主要措施如下：

第一，认真落实江苏省 263 专项行动"减煤""减化"要求，跟踪煤炭消耗情况，分析煤耗数据，对煤耗指标超序时进度的企业进行点评，对控煤不力的企业进行约谈，积极采取有效措施，确保控煤责任落实到位。

第二，根据化工园工业产业结构特征，针对石油化工、碳一化工、化工新材料等重点能耗行业和企业，加大对重点行业的节能改造力度，加大企业对节能设备、节能技术的应用。

第三，严格执行化工废水分类回收处理，推进中水回用工程，提高工业用水重复利用率和水资源产出率；推进企业节水技术改造项目，鼓励创建节水型企业，充分节约利用水资源，提高水资源利用效率。

第四，依托废气余热回收项目，推进废气余热利用，提高能源利用效率；重点推进蒸汽综合利用项目，有序建设能源综合利用工程；依托尾气回收利用项目，推进化工副产物综合利用，提高资源产出率。

（5）生态保护

① 环境监测及日常监管情况。

化工园区环境监测站成立于2012年，承担着园区环境监测工作。监测项目覆盖水和废水、大气和废气、车间空气、室内空气、污染源、土壤、噪声、振动辐射等八大类二百多个。

园区大型企业与市环境监测站联网，监控各企业COD监测仪在线数据并记录变化情况。同时每年定期由园区环境监测站编写环境监测年报。

② 环境应急防控设施建设。

a. 应急指挥中心：园区应急响应中心系统综合集成了安全生产应急指挥系统、环境污染源自动监控系统、规划建设及基础地理信息系统、公用工程生产调度管理系统四个子系统，构建了基础数据管理平台、指挥调度平台、IT软硬件支撑平台、实时监控平台四个功能平台。

b. 安全环保应急救援一体化管理平台：园区应急预案体系包括园区突发公共事件总体应急预案、专项应急预案、南京化学工业园区安全生产重特大事故应急预案、企业应急预案和企业专项应急预案。

c. 公共事故应急池：园区建立了四级突发事件水污染应急系统。并且园区内河已设立了8个水质自动在线监测站，主要监测因子：COD、氨氮、总磷、pH，一旦内河发生超标，园区将立刻组织开展排查工作。

③ 生态环境保护和修复。

突出水污染治理，区内水环境质量逐年提升：强化雨水排口监管，所有企业均在雨排口安装在线监测设备，实现全覆盖监测，推进河道综合整治；强化废水在线监管，开展污水预处理专项检查，所有企业废水排口均安装在线监测设备，实现超标报警；建设水质自动监测点，在5条内河设立了8个自动监测断面，对 pH、COD、氨氮、总磷四个因子进行自动监测；污水管网已基本覆盖整个化工园区已建企业，废水集中接管率 100%，所有废水均处理达标后排放。

治理废气组合拳，优良天气比例逐年攀高：园区出组合拳治理工业废气，通过整治企业废气排放、推进常态化检漏修复、实现在线监控全覆盖、启动废气指纹库建设、严格燃煤管控、督促电厂提标等一系列行动，废气排放量明显减少，大气环境质量逐年趋好。

④ 相关标准落实情况。

凡进区的建设项目，均以"先评价，后建设"为原则，严格执行环境影响评价制度。对园区内项目，凡需配有环保设施的，无论其规模大小、污染程度轻重，必须坚持"三同时"制度。表 4.3 为入区企业项目环保手续办理情况统计表。

表 4.3 入区企业项目环保手续办理情况统计表

环保手续办理情况		立项	环评批建	完成"三同时"验收
区内企业	项目个数	373	373	214
	所占比例	100%	100%	100%[①]

①完成"三同时"验收的项目比例为企业申请竣工环保验收且通过的比例。

（6）绿色管理

① 绿色发展工作机构设置　为有效开展科技园绿色化建设和改造工作，加快推进科技园生态文明建设，打造绿色低碳循环发展园区，园区 2019 年成立了南京江北新材料科技园绿色发展领导小组。

② 环境管理体系　2006 年上半年园区通过了 ISO14001 环境管理体系认证，2011 年重新通过了 ISO 14001 环境管理体系认证，2013 年重新通过了 ISO 14001 环境管理体系认证，目前南京化学工业园区最新的 ISO14001 环境管理体系认证是 2017 年 8 月获得。

截至 2018 年末，园区已有南京长江涂料有限公司等 79 家企业通过了 ISO 14001 环境管理体系认证，建立了科学规范的环境管理制度。

③ 建设项目环境管理情况　项目的引进：在项目安全、环保准入制度方面，始终注重源头把关意识，陆续引进了处于世界领先地位、科技含量高、安全环保水平好的一些项目。

节能减排：科技园制定了年度主要污染物总量减排计划，明确了园区减排目标任务、分工及总量减排考核办法。

环境影响评价执行情况：园区建设项目环境影响评价制度实施较好，企业环评执行率100%。

"三同时"制度执行情况：现有入区企业"三同时"制度执行较好，通过"三同时"验收率100%。

④ 第三方环保服务情况　在突发环境事件应急管理工作上，园区创新管理方式，采用购买第三方服务模式，建立健全日趋完备的环境管理、监测和监察制度，开展环境质量监测、企业排污状况监控、环境纠纷和污染事故查处等工作，不断提高污染事故应急处理能力。

4.3.3.2　宁波大榭开发区绿色发展案例

（1）园区简介

宁波大榭开发区位于浙江省宁波市东部，1993年由国务院批准成立，是一个临港绿色石化产业为主导、特色鲜明、宜居宜业的国家级开发区。宁波大榭开发区由本岛和穿鼻岛、长腰剑岛、外神马岛等5个小岛组成，总面积35.2平方千米。2020年，园区被中国石油和化学工业联合会化工园区工作委员会评为绿色化工园区。

宁波大榭开发区是国家七大石化产业基地——宁波市石化产业的重要组成部分，是宁波市发展绿色循环经济的重要基地和华东地区重要的能源贸易集散基地，已引进中石油、中石化、中海油、万华化学、东华能源、韩华化学、德国林德气体及香港招商局等世界500强和行业龙头企业，拥有800万吨原油加工、120万吨MDI、120万吨聚丙烯、70万吨PTA、50万吨烧碱、30万吨PVC、11万吨聚醚、8万吨环保特种油、15万吨环氧氯丙烷、5万吨水性树脂、5万吨HDI等石化产品的生产能力，已建成各类泊位42个（其中万吨级以上码头泊位21个）。

（2）规范化建设

① 环保政策与园区准入条件　园区建立了完善的节能环保政策体系，政策法规、规划、文件、公告、技术标准规范得到了有效执行。制定了《宁波市大榭开发区环境保护"十三五"（2016—2020）》《宁波大榭开发区大气污染防治行动计划（2014—2017年）实施细则》，认真贯彻《宁波市生活垃圾分类管理条例》（自2019年10月1日起施行）、《宁波市大气污染防治条例》（自2016年7月1日起施行）、《宁波市气候资源开发利用和保护条例》（自2017年7月1日起施行）等。

园区严格企业环境准入，落实总量控制。严格把好环境准入关，采取严格的、绿色的环境准入标准，严把产业尤其是石化项目上下游产业准入关。严格实行总量前置审核制度，严控新增排污量，以排污许可证制度为抓手，落实污染物排放总量控制。对项目的准入做到高标准、严要求，制定多项经济政策引导产业升级和节能减排，推进生态建设。在项目建设过程中，严格执行环保"三同时"制度，环保部门提前介入项目建设前期工作，在帮助项目投资主体提高环保意识的同时，要求企业跟踪并采用国内外最新的污染治理措施，指导企业健全完善环保管理体系，保障引进项目具有较高的污染防控水平和持续改进能力。

② 基础设施建设情况　园区拥有完备的基础设施，已实现公用工程一体化、物流运输一体化及安全环保一体化，形成了较完善的道路、供电、供水、供热、供气、仓储物流、公共管廊、环保、应急和消防等公共基础设施网络，可以基本满足区内企业需求。

a. 供电：由华东电网供应，已建成220千伏（2×18千瓦+2×24千瓦）变电站3座，110千伏变电站7座，实现双回路不间断供电。

b. 供水：由宁波市供水管网供应，实行分质供水。自来水日供应能力为10万吨；工业用水工程2015年投运，日供水能力为15万吨。

c. 供热：现有规模为3×220吨/小时、4×410吨/小时循环流化床等锅炉，锅炉总容量为2300吨/小时。

d. 供气：天然气上岛工程及管网正在实施，建成LNG应急气源站，供气能力15000立方米/小时。

e. 工业气体：区内有两套39000立方米/小时的空分装置。

f. 公共管廊：公共管廊一期工程已建成，长度为7747米，连接区内主要绿色石化企业与港区码头。

g. 排污：建有生态污水处理厂和覆盖全区的污水管网，现有污水处理能力为4万吨/天。

h. 危化品监管信息化建设：基本完成危化品道路运输实时监控系统建设，重大危险源（罐区）在线监控与事故预警系统运行平稳，完成大榭港区港口企业管线实地测绘，提升港口危货管理信息化水平。

i. 应急能力建设：完成应急管理指挥中心建设，组织危化企业开展日常应急演练和桌面推演。组织开展危化品泄漏火灾事故、港区域溢油应急处置联合演习和氯乙烯泄漏事故应急演练。开展企业"送宣传、送专家、送培训"活动，组织实施应急救护"进社区、进企业"，邀请省红十字会专家向社区工作者普及应急救护知识。

（3）产业发展

园区在绿色制造体系建设方面已取得显著成效，被国家发改委评为循环经济示范试点园区，已建成覆盖全区的集中供热管网，集中供热达到了98%以上；现有国家级绿色工厂2家，省级绿色企业6家，省级循环经济示范企业4家，市级循环经济示范企业6家。

围绕大榭石化、宁波万华、东华能源三大核心产业簇群，以物料的互供互通、循环利用、高效利用为着力点，着眼于资源的优化利用和整条产业链的价值提升、资源削减和污染减排，重点实施"三大簇群、三大循环链"的补链、扩链计划，推进园区石化产业一体化、基地化水平向更高层次提升发展。

一是构建MDI循环产业链。以MDI生产为主线，通过不断延伸完善上下游原料配套产业链，拓展副产品利用链，提升产品附加值的方式，构建起一条以120万吨MDI生产装置为核心的MDI循环产业链。该产业链生产过程中产生的副产品，绝大部分被循环利用，已成为全球资源配置最合理、产业成本最低、最具竞争力的MDI产业链。

图4.21为MDI循环产业链示意图。

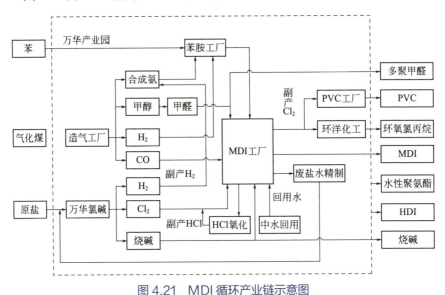

图4.21 MDI循环产业链示意图

二是构建炼化一体循环产业链。以现有800万吨炼油为源头，按照"油头化尾"的炼化一体化发展方式，以实现对原油资源的高效利用及打通全区石化产业关键环节为目标，通过建设馏分油四期、五期项目，不断补充完善产业链结构，发展芳烃及石化深加工产品，提高产品附加值，实现从原油到MDI、PTA的全线贯通。

图 4.22 为炼化一体循环产业链示意图。

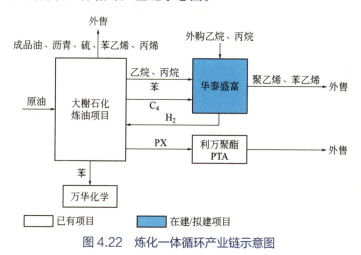

图 4.22　炼化一体循环产业链示意图

三是构建轻烃化工循环产业链。以轻烃为源头，建成 66 万吨丙烷脱氢制丙烯项目，并开工建设第二套 66 万吨丙烷脱氢制丙烯项目和华泰盛富 70 万吨轻烃利用项目，生产过程中的副产氢气可供大榭石化催化裂化及产品加氢提纯使用和宁波万华生产苯胺使用，余热蒸汽供给环洋新材料，实现了对资源的高效利用，预计年可实现节能量约 3 万吨标准煤。

图 4.23 为轻烃化工循环产业链示意图。

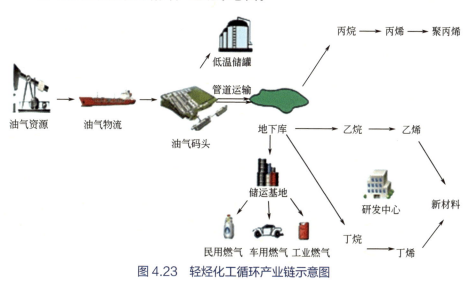

图 4.23　轻烃化工循环产业链示意图

（4）资源利用

① 综合利用，提高资源能源利用效率。

加强节地、节能、节水、节约原材料等措施的监督监管力度，通过节约降低成本，实现各种工业资源的综合利用、梯级利用和循环利用，提高经济和社会效益。

a. 全面推行清洁生产。全面推广清洁生产，做到重点企业100%实施清洁生产审核，降低单位工业产值废水和污染物排放量，提高工业用水重复利用率。

b. 加强资源循环利用。强化工业废物的综合利用，加强危险废物的研究和处理。加强传统能源和清洁能源协同利用。采用低NO_x等低排放高效率燃烧技术，提高开发区的能源利用效率。推进常规水资源替代，引导企业开展节水技术改造：一是促进工业用水循环利用，推广节水先进技术，实现源头治理，减量化排放；二是完善区内污水处理设施，大力建设公共中水回用工程，促进水循环利用和常规水资源替代；三是推动耗水大户开展工业用水循环利用，提高全区整体工业用水重复利用率。

c. 持续开展节能工作。为进一步提高重点用能单位能源管理水平和利用效率，积极监管重点用能单位能源管理中心建设。狠抓重点领域和企业节能降耗。加大财政投入力度，引导企业资金更多地投入到节能降耗，促进企业加大节能技术改造力度，淘汰落后生产能力和设备，提高经济运行质量。

② 一体化建设，提高污染物集中治理水平。

a. 加强大气污染源治理和监控。进一步强化区内重点大气污染源治理工作，对不能稳定达标和超量排污的企业全部实行限期治理，限期治理期间予以限产、限排，逾期不能完成治理任务的，责令停产治理或关闭。

b. 推动中水回收利用。加强区内中水回用管网规划建设，加大管网建设投入，促进开发区污水处理达标后中水的回用。

c. 加大工业废水治理力度。建立区域性生态产业链，降低水污染物的排放量。鼓励石油石化、化工等高耗水行业实施绿色化升级改造和废水深度处理回用，着力推进生态化建设，降低单位工业产值废水和污染物排放量。

d. 严格控制和合理处置危险废物。建立完善的危险废物安全处置体系。继续加强区域间合作，实现全区危险废物集中安全处置；健全工业危险废物申报登记和收集许可证管理制度；加强对危险废物重点单位的监管，对无利用价值的危险废物经环保部门批准后，严格按照《危险废物转移管理办法》（生态环境部公安部交通运输部部令第23号，自2022年1月1日起施行）实施危险废物安全转移、集中处置，保证危险废物安全处置率稳定达到100%。

（5）生态环保

党的十八大以来，园区深入贯彻落实习近平总书记生态文明思想，牢固树立"绿水青山就是金山银山"的发展理念，坚决落实中央、省、市关于生态文明建设和环境保护的有关部署要求，坚持以提升环境质量为核心，以打造"生态绿岛"为目标，全面推进区域生态文明建设，不断深化环境污染整治，强化企业监管，严厉打击环境违法行为，持续推进区域环境优化、美化。自2015年以来，全区区域环境质量总体平稳向好，未发生重大以上环境污染事件，环境空气质量连续多年居全市第一位，空气优良率从2013年的82.7%上升为2018年的87.5%。主要污染物排放量在经济快速增长的同时逐年大幅下降。2018年共排放二氧化硫301吨，同比2015年下降89.2%；排放氮氧化物1159吨，同比2015年下降46.9%；排放化学需氧量185.39吨，同比2015年下降29.4%；排放氨氮27.1吨，同比2015年下降36.5%。

① 水环境方面。

a. 建立河长制。在园区8条主要河道建立区、村两级河长体系，管委会主要负责人担任全区总河长，其他领导班子成员分别担任区内主要河道河长。将"河长制"管理要求延伸至小微水体，确定了相应的"沟渠长""山塘水库长"。开展剿灭劣Ⅴ类水和"污水零直排区"创建行动，2017年安排财政资金5400万元，完成了居住小区截污纳管、污水支管建设等7项剿劣治水工程项目，基本实现了园区污水管网的全覆盖，农村零散生活废水的全收集、全处理。在治水工作中通过举办治水攻坚行动出征仪式，获得了全区群众的广泛认同和支持，形成"治水为大家，治水靠大家"的良好氛围。2018至2019年又安排资金5500万元，实施标准厂房雨污分流、河道清淤等工程。

b. 开展工业水污染防治。投资7500多万元实施大榭污水厂提标改造工程，2019年8月，生态污水处理公司完成提标改造工程所有改造环节并进水运行。目前，污水处理厂运行稳定，处理后废水中化学需氧量、氨氮、总磷、总氮等污染物排放浓度全面达到《城镇污水处理厂污染物排放标准》（GB 18918—2002）一级A标准。与工程实施前相比，氨氮、总氮、总磷等主要污染物排放量预计可分别减少21%、75%和59%。该工程总投资7535万元，历时约14个月，污水处理规模保持在4万吨/天。工程的顺利实施有助于削减园区废水污染物排放总量，巩固"污水零直排区"创建成果，持续改善园区水环境质量。

②大气环境方面。

a. 大力实施污染物排放提标改造。推动区内热电企业完成所有燃煤锅炉的超低排放改造，万华热电 2015 年以来累计投资 2300 万元，实现了锅炉的烟气清洁排放技术改造，烟气排放达到燃气轮机组排放标准，每年可削减 SO_2 排放 2030 吨，NO_x 排放 1420 吨，粉尘排放 360 吨。大榭石化利用脱硫干气替代重油作为燃料，削减 SO_2 排放 200 吨/天。万华码头投资 4.4 亿建设 2 座煤筒仓实现了煤的封闭储运，每年可减少粉尘排放超过 1500 吨。

b. 推进挥发性有机物整治。2015—2016 年在石化、化工、涂装、仓储等行业，组织 17 家企业开展挥发性有机物治理工作，2017 年开始利用石油炼制和石化行业新污染物排放标准实施的契机，督促石化、化工企业以"闻不到、看不到、听不到"为目标，启动新一轮 VOCs 深度治理，二轮 VOCs 治理累计投入资金 7300 多万元，在企业新增项目不断投产并伴随 VOCs 产生量不断增加的情况下，通过治理减少 VOCs 排放约 1000 吨。

c. 积极构建全方位 VOCs 监测体系。按照政府做好公共区域监测、企业做好厂界及排放口监测的原则，探索构建一个全方位的 VOCs 监测体系。管委会于 2015 年、2016 年分别投资 390 万元、310 万元建成了横峙岭和榭北 VOCs 自动监测站，实现对榭北工业园区、榭北工业园区与生活居住区交界区域的 VOCs 实时在线监测。2017 年，投资 470 万元购建了移动监测车，可对区域内开展全覆盖式的应急检测。区内 7 家 VOCs 重点排放石化企业投资近 2000 万元建成了 12 个厂界 VOCs 在线监测装置、16 个工艺废气排放口 VOCs 在线监测装置，对企业排放口及厂界实施 VOC 连续自动监测，有效地提升了企业对 VOCs 治理水平。

d. 持续推行泄漏检测与修复（LDAR）技术。2013 年起督促石化、化工企业建立了 LDAR 体系，2017 年检测点位达到 26.9 万多个，修复率达到 96%，有效地控制了无组织废气的排放。

③固体废物处理方面。

a. 加强固体废物监管。按照固体废物处置"减量化""无害化""资源化"原则，鼓励引导企业推进固体废物的内部消化处置，推动焚烧炉等固废处置设施建设，强化区域处置能力提升。土壤污染防治工作体系初步建立，污染详查工作按计划有序展开，完成 20 家重点行业企业用地调查的基础信息采集工作。

b. 开展垃圾分类工作。制定并印发《宁波大榭开发区生活垃圾分类实施方案（2018—2022 年）》《宁波大榭开发区 2018 年居住小区生活垃圾强制分类实施方案》，在全区上下全面开展生活垃圾分类设施与运行管理体系建设，广泛发动街道、社区、物业、商户企业等力量，采取"政府购买服务""社会组织参与""社区自治管理"等模式，探索创建可复制可推广的居住小区生活垃圾分类模式，美化小区环境，提升居民生活质量。

(6) 绿色管理

按照中央生态文明建设的要求，严格落实"党政同责"和"一岗双责"。党工委、管委会主要领导带头履行好"第一责任人"职责，落实好"两个责任"，推动形成一级抓一级、层层抓落实的工作格局。进一步深入推进"美丽大榭"建设工作，明确各部门（单位）环境保护职能，定期督察责任落实，形成各司其职、协调联动、齐抓共管的工作格局。认真贯彻全国、省、市生态环境保护大会精神，定期组织召开管委会办公会议研究推进环境保护有关工作，制定出台《宁波大榭开发区五新发展计划》，把生态文明建设和环境保护纳入园区"五新发展"战略布局，成为推进"生态绿岛"建设的重要支撑。对不顾生态环境盲目决策、抓生态环境保护工作不力、导致严重后果的，严肃追究责任。

4.4 安全消防应急一体化

4.4.1 安全消防应急一体化的内涵

(1) 定义

化工园区安全消防应急一体化是指从化工园区整体运行的角度出发，通盘考虑园区安全、消防、应急需求，实现风险分级管控与隐患排查治理双重控制，在硬件设施上进行一体化布局，完善多层级的安全应急监管体系，建立健全化工园区安全监管长效机制，提高化工园区安全生产、消防和应急管理综合治理水平。

化工园区安全消防应急一体化贯穿于化工园区开发、建设、管理全过程中，囊括了安全生产、消防安全和应急管理工作，是这些工作的有机结合。

(2) 目标和作用

① 目标 化工园区通过安全消防应急一体化构建，提升化工园区安全生产、消防安全和应急管理综合治理水平，有效遏制园区范围内的重特大生产安

全事故和重特大火灾，防止和减少一般生产安全事故和一般火灾，防止次生灾害发生，保障人民群众生命和财产安全，促进区域经济社会持续健康发展。

② 作用　化工园区安全消防应急一体化建设和管理的作用主要表现在以下五个方面：

a. 化工园区的机构设置更加科学，队伍建设更加合理；

b. 化工园区的本质安全水平得到了有效提升；

c. 化工园区的安全消防应急有关的监督管理体制机制更健全、更有效；

d. 化工园区生产安全事故和火灾的预防体系更加完善；

e. 化工园区与企业及周边的社会资源得到了有效整合，有效提升了园区的事故预防和应急救援能力，实现了降本增效。

4.4.2　安全消防应急一体化的系统构建

安全消防应急一体化建设在软硬件建设上可参考对照应急管理部提出的"十有两禁"（"十有"包括：有园区总体规划和产业规划、有安全管理机构和人员、有"四至"范围、有周边土地规划安全控制线，2024年实现有公用工程和配套公用设施、有封闭化管理、有专用停车场、有信息化平台、有实训基地、有消防设施。"两禁"包括："禁限控"目录和项目安全准入条件、禁止有居民居住和劳动密集型企业）的要求，依据园区自身建设条件和情况，逐项落实，夯实化工园区的安全基础。

化工园区安全消防应急一体化构建主要包含硬件设施建设和责任制度建设两方面，其中硬件设施包括以下工作：化工园区安全消防应急相关的机构设置和队伍建设；化工园区选址、规划、布局、准入和退出工作中的安全消防应急要求；化工园区整体安全风险评估的工作；化工园区基础设施、公用工程配套和安全保障设施的建设和运行管理；化工园区安全消防应急有关的监督管理体制机制建立；化工园区安全风险分级管控和隐患排查治理工作；化工园区安全监管和应急管理信息化平台功能建设；化工园区应急管理能力建设；化工园区安全消防应急有关的社会化服务体系建设。这在本书3.7.3节中已作出具体阐述，本节不再赘述。

下面主要介绍化工园区安全消防应急一体化的责任制度建设。

4.4.2.1　建立健全化工园区安全生产责任体系

化工园区应参考《中华人民共和国安全生产法》和《危险化学品安全管理条例》，依据《中共中央办公厅国务院办公厅关于印发〈地方党政领导干

部安全生产责任制规定〉的通知》（厅字〔2018〕13号），建立健全园区安全生产责任体系。明确园区党工委（党委）和管委会领导责任，明确各职能部门安全监管责任，强化责任制考核，严格责任追究。

(1) 党委和政府领导责任

坚持党政同责、一岗双责、齐抓共管、失职追责，落实《地方党政领导干部安全生产责任制规定》，完善安全生产责任体系。园区党工委（党委）和管委会要始终把安全生产摆在重要位置，加强组织领导。园区党政主要负责人是本园区安全生产第一责任人，班子其他成员对分管范围内的安全生产工作负领导责任。

① 园区党工委安全生产职责。

a. 要认真贯彻执行党的安全生产方针，在统揽本地区经济社会发展全局中同步推进安全生产工作，定期研究决定安全生产重大问题。

b. 加强安全生产监管机构领导班子、干部队伍建设。

c. 严格安全生产履职绩效考核和失职责任追究。

d. 强化安全生产宣传教育和舆论引导。

e. 推动组织、宣传、政法、机构编制等单位支持保障安全生产工作。

f. 动员社会各界积极参与、支持、监督安全生产工作。

② 园区管委会安全生产工作职责。

a. 要把安全生产纳入经济社会发展总体规划，制定实施安全生产专项规划，健全安全投入保障制度。

b. 及时研究部署安全生产工作，严格落实属地监管责任。

c. 充分发挥安全生产委员会作用，实施安全生产责任目标管理。

d. 建立安全生产巡查制度，督促各部门和下级政府履职尽责。

e. 加强安全生产监管执法能力建设，推进安全科技创新，提升信息化管理水平。

f. 严格安全准入标准，指导管控安全风险，督促整治重大隐患，强化源头治理。

g. 加强应急管理，完善安全生产应急救援体系。

h. 依法依规开展事故调查处理，督促落实问题整改。

(2) 部门监管责任

坚持管行业必须管安全、管业务必须管安全、管生产经营必须管安全，明确各有关部门安全生产工作职责，并落实到部门工作职责规定中。

① 应急管理部门负责安全生产法规标准执行和政策规划制定修订、执法监督、事故调查处理、应急救援管理、统计分析、宣传教育培训等综合性工作，承担职责范围内行业领域安全生产监管执法职责。

② 负有安全生产监督管理职责的有关部门依法依规履行相关行业领域安全生产监管职责，强化监管执法，严厉查处违法违规行为。

③ 其他行业领域主管部门负有安全生产管理责任，要将安全生产工作作为行业领域管理的重要内容，从行业规划、产业政策、法规标准、行政许可等方面加强行业安全生产工作，指导督促企事业单位加强安全管理。

④ 园区党工委（党委）和管委会其他有关部门要在职责范围内为安全生产工作提供支持保障，共同推进安全发展。

（3）责任制考核

建立与全面建成小康社会相适应和体现安全发展水平的考核评价体系。完善考核制度，统筹整合、科学设定安全生产考核指标，加大安全生产在社会治安综合治理、精神文明建设等考核中的权重。园区管委会要对园区安全生产委员会成员单位和下级政府实施严格的安全生产工作责任考核，实行过程考核与结果考核相结合。园区各单位要建立安全生产绩效与履职评定、职务晋升、奖励惩处挂钩制度，严格落实安全生产"一票否决"制度。

（4）责任追究

实行党政领导干部任期安全生产责任制，日常工作依责尽职、发生事故依责追究。依法依规制定各有关部门安全生产权力和责任清单，尽职照单免责、失职照单问责。建立企业生产经营全过程安全责任追溯制度。严肃查处安全生产领域项目审批、行政许可、监管执法中的失职渎职和权钱交易等腐败行为。严格事故直报制度，对瞒报、谎报、漏报、迟报事故的单位和个人依法依规追责。对被追究刑事责任的生产经营者依法实施相应的职业禁入，对事故发生负有重大责任的社会服务机构和人员依法严肃追究法律责任，并依法实施相应的行业禁入。

（5）企业落实主体责任

督促企业落实安全生产主体责任，主要包含以下具体内容：

① 严格履行安全生产法定责任，建立健全自我约束、持续改进的内生机制。

② 建立健全全员安全生产责任制，法定代表人和实际控制人同为安全

生产第一责任人，主要技术负责人负有安全生产技术决策和指挥权，强化部门安全生产职责，落实一岗双责，实现安全生产责任全员全岗位全覆盖。

③ 健全企业全过程安全生产管理制度，做到安全责任、安全管理、安全投入、安全培训、应急救援"五到位"。

④ 加强从业人员安全生产理论教学与实践技能培训，做好高危行业在岗员工和班组长安全技能提升。

⑤ 强化企业隐患排查治理主体责任落实，做到安全隐患排查、报送、监控、整改、监督、考核等全过程记录和闭环管理。

⑥ 强化重大事故隐患挂牌督办制度。

⑦ 全面开展安全生产标准化建设工作，全面加强安全管理，提升企业安全生产水平。

⑧ 着力构建企业安全双重预防机制，全面开展安全风险辨识、科学评定安全风险等级、有效管控安全风险、实施安全风险公告警示和建立完善隐患排查治理体系。

⑨ 加强安全生产信息、风险、装置运行、试生产等十二项管理要素的管理，提升化工过程安全管理水平。

⑩ 加强泄漏管理，完成以下要求：一是优化装置设计，从源头全面提升防泄漏水平；二是系统识别泄漏风险，规范工艺操作行为；三是建立健全泄漏管理制度；四是全面加强泄漏应急处置能力。五是强化考核。

4.4.2.2 建立健全消防安全责任体系

化工园区应依据《消防法》《危险化学品安全管理条例》和《消防安全责任制实施办法》（国办发〔2017〕87号），建立健全园区消防安全责任体系。明确管委会消防安全工作职责，明确各职能部门消防安全监管责任，督促企业落实消防安全主体责任。

（1）园区管委会消防安全工作职责

① 贯彻执行国家法律法规和方针政策，以及上级党委、政府关于消防工作的部署要求，全面负责本园区消防工作，每年召开消防工作会议，研究部署园区消防工作重大事项。每年向上级人民政府专题报告本地区消防工作情况。健全由管委会主要负责人或分管负责人牵头的消防工作协调机制，推动落实消防工作责任。

② 将消防工作纳入经济社会发展总体规划，将包括消防安全布局、消防站、消防供水、消防通信、消防车通道、消防装备等内容的消防规划纳入

城乡规划,并负责组织实施,确保消防工作与经济社会发展相适应。

③ 推动消防科学研究和技术创新,推广使用先进消防和应急救援技术、设备。组织开展经常性的消防宣传工作。大力发展消防公益事业。采取政府购买公共服务等方式,推进消防教育培训、技术服务和物防、技防等工作。

④ 建立常态化火灾隐患排查整治机制,组织实施重大火灾隐患和区域性火灾隐患整治工作。实行重大火灾隐患挂牌督办制度。对报请挂牌督办的重大火灾隐患和停产停业整改报告,在7个工作日内作出同意或不同意的决定,并组织有关部门督促隐患单位采取措施予以整改。

⑤ 依法建立政府专职消防队。明确政府专职消防队公益属性,采取招聘、购买服务等方式招录政府专职消防队员,建设营房,配齐装备;按规定落实其工资、保险和相关福利待遇。

⑥ 组织制定灭火救援应急预案,定期组织开展演练;建立灭火救援社会联动和应急反应处置机制,落实人员、装备、经费和灭火药剂等保障,根据需要调集灭火救援所需工程机械和特殊装备。

⑦ 定期召开管委会主任办公会议,研究部署消防工作。

⑧ 科学编制和严格落实园区消防规划,预留消防队站、训练设施等建设用地。加强消防水源建设,按照规定建设市政消防供水设施,制定化工园区消防水源管理办法,明确建设、管理维护部门和单位。

⑨ 在园区的预算中安排必要的资金,保障消防站、消防供水、消防通信等公共消防设施和消防装备建设,促进消防事业发展。

⑩ 定期分析评估本地区消防安全形势,组织开展火灾隐患排查整治工作;对重大火灾隐患,应当组织有关部门制定整改措施,督促限期消除。

⑪ 法律、法规、规章规定的其他消防工作职责。

(2)部门消防安全职责

园区具有行政审批职能的部门,对审批事项中涉及消防安全的法定条件要依法严格审批,凡不符合法定条件的,不得核发相关许可证照或批准开办。对已经依法取得批准的单位,不再具备消防安全条件的应当依法予以处理。

园区具有行政管理或公共服务职能的部门,应依据《消防安全责任制实施办法》(国办发〔2017〕87号)及地方实施文件,结合本部门职责为消防工作提供支持和保障。

(3)企业消防安全主体责任

① 明确各级、各岗位消防安全责任人及其职责,制定本单位的消防安

全制度、消防安全操作规程、灭火和应急疏散预案。定期组织开展灭火和应急疏散演练，进行消防工作检查考核，保证各项规章制度落实。

② 保证防火检查巡查、消防设施器材维护保养、建筑消防设施检测、火灾隐患整改、专职或志愿消防队和微型消防站建设等消防工作所需资金的投入。生产经营单位安全费用应当保证适当比例用于消防工作。

③ 按照相关标准配备消防设施、器材，设置消防安全标志，定期检验维修，对建筑消防设施每年至少进行一次全面检测，确保完好有效。设有消防控制室的，实行24小时值班制度，每班不少于2人，并持证上岗。

④ 保障疏散通道、安全出口、消防车通道畅通，保证防火防烟分区、防火间距符合消防技术标准。人员密集场所的门窗不得设置影响逃生和灭火救援的障碍物。保证建筑构件、建筑材料和室内装修装饰材料等符合消防技术标准。

⑤ 定期开展防火检查、巡查，及时消除火灾隐患。

⑥ 根据需要建立专职或志愿消防队、微型消防站，加强队伍建设，定期组织训练演练，加强消防装备配备和灭火药剂储备，建立与公安消防队联勤联动机制，提高扑救初起火灾能力。

属于消防安全重点单位的化工企业除履行以上六条职责外，还应督促落实消防安全重点单位应履行的职责。

（4）消防安全责任落实

园区管委会应当建立健全消防工作考核评价体系，明确消防工作目标责任，纳入日常检查、政务督查的重要内容，组织年度消防工作考核，确保消防安全责任落实。加强消防工作考核结果运用，建立与主要负责人、分管负责人和直接责任人履职评定、奖励惩处相挂钩的制度。

园区消防安全委员会、消防安全联席会议等消防工作协调机制应当定期召开成员单位会议，分析研判消防安全形势，协调指导消防工作开展，督促解决消防工作重大问题。

园区管委会各有关部门应当建立单位消防安全信用记录，纳入全国信用信息共享平台，作为信用评价、项目核准、用地审批、金融扶持、财政奖补等方面的参考依据。

（5）消防安全责任追究

园区管委会和有关部门不依法履行职责，在涉及消防安全行政审批、公共消防设施建设、重大火灾隐患整改、消防力量发展等方面工作不力、失职渎职的，依法依规追究有关人员的责任，涉嫌犯罪的，移送司法机关处理。

园区企业因消防安全责任不落实发生一般及以上火灾事故的，依法依规追究单位直接责任人、法定代表人、主要负责人或实际控制人的责任，对履行职责不力、失职渎职的管委会及有关部门负责人和工作人员实行问责，涉嫌犯罪的，移送司法机关处理。

4.4.2.3　建立部门联动工作机制

加强化工园区安全生产、消防安全和应急管理委员会组织领导，建立健全行业监管、监察执法和应急救援的联动机制，充分发挥其统筹协调作用，协调解决化工园区内企业之间的安全生产和消防安全重大问题，实行"两重点一重大"建设项目的联合审批，开展联合执法检查，统筹指挥化工园区的应急救援工作，指导企业落实安全生产和消防安全主体责任，全面加强安全生产、消防安全和应急管理工作。

4.4.2.4　完善准入和退出机制

化工园区须制定完善并落实"禁限控"目录和项目安全准入条件，严格项目安全准入，严禁淘汰的落后产能异地落户和进入园区，严格防控产业转移风险。化工园区应建立健全企业、承包商准入和退出机制。建立完善承包商入园作业管理制度，对进入园区施工、检维修及提供专业技术服务等作业的承包商进行记录，实施诚信管理，同时强化日常监督检查，督促企业加强对承包商作业的现场安全管理，落实安全防护措施。结合实际，落实园区项目准入和退出的安全要求，落实项目安全生产"一票否决"制度。制定园区安全生产诚信体系建设实施方案，建立生产经营单位安全生产不良信用记录和诚信"黑名单"管理制度并严格执行。

4.4.2.5　建立健全监管执法机制

化工园区管理委员会通过政府派出机构或执法授权的方式，进一步完善安全生产监管体制，明确负有安全生产监督管理部门的责任。完善安全生产监管执法制度，明确每个生产经营单位安全生产监督和管理主体，制定实施执法计划，完善执法程序规定，依法严格查处各类违法违规行为。建立行政执法和刑事司法衔接制度，负有安全生产监督管理职责的部门要加强与公安、检察院、法院等协调配合，完善安全生产违法线索通报、案件移送与协查机制。对违法行为当事人拒不执行安全生产行政执法决定的，负有安全生产监督管理职责的部门应依法申请司法机关强制执行。完善司法机关参与事故调查机制，严肃查处违法犯罪行为。研究建立安全生产民事和行政公益诉讼制度。

4.4.2.6　完善双重预防工作机制

化工园区应参考《国务院安委会办公室关于实施遏制重特大事故工作指南构建双重预防机制的意见》(安委办〔2016〕11号)和地方安委办文件要求，健全完善双重预防机制的园区监管体系。按照要求，开展园区整体性安全风险评估工作，全面完成化工园区安全风险评估分级。建立安全风险分级管控和隐患排查治理双重预防工作机制，健全安全风险分级和隐患排查分级标准体系，全面排查评定安全风险和事故隐患等级，建立实行安全风险分级管控机制，实施事故隐患排查治理闭环管理。详细内容见本书3.7.3。

4.4.2.7　建立安全消防应急救援智慧化管理体系

化工园区应参考《中共中央办公厅　国务院办公厅关于全面加强危险化学品安全生产工作的意见》(厅字〔2020〕3号)、《国务院安全生产管理委员会关于印发〈全国安全生产专项整治三年行动计划〉的通知》(安委〔2020〕3号)《应急管理部关于印发〈化工园区安全风险排查治理导则（试行）〉和〈危险化学品企业安全风险隐患排查治理导则〉的通知》(应急〔2019〕78号)等文件，依据《智慧化工园区建设指南》(GB/T 39218—2020)，建设安全消防应急救援信息系统，构建园区安全消防应急救援智慧化管理体系。详细内容见本书3.7.3和3.9.3。

4.4.2.8　完善应急救援和保障机制

建立应急救援责任制，明确应急救援组织各机构的工作职责、联系方式、调度指挥程序及日常管理要求。建立健全管理制度，包括但不限于：值班交接班管理制度、人员培训管理制度、应急救援物资储备保障制度、信息通信管理制度、档案管理制度。管理制度依据人员培训、应急演练、应急救援工作等经验教训，每年至少评审更新一次，有重大变化时更新管理制度。

化工园区要全面掌握本园区及区内企业应急相关信息，健全完善园区应急预案体系，定期检查企业应急准备工作开展情况，统筹园区应急救援力量并强化演练，与园区周边重点应急救援力量和专业医疗救援力量建立应急联动机制，建立健全公共应急物资和专业医疗救援物资储备保障制度，明确应急管理的分级响应制度和程序，做到应急救援统一指挥、反应灵敏、安全高效。

4.4.2.9　构建化工园区安全消防应急社会化服务体系

化工园区应参考《国务院安全生产委员会关于加快推进安全生产社会化

服务体系建设的指导意见》(安委〔2016〕11 号)等文件要求,有效提高安全评价、检测检验和职业健康技术服务能力,建立保险机构参与事故防控机制,发挥注册安全工程师及事务所作用,增强安全生产培训工作成效,构建化工园区安全消防应急社会化服务体系。详细内容见本书 3.7.3。

4.4.3 典型案例分析

4.4.3.1 大亚湾石化园区安全消防应急一体化体系建设

(1) 安全消防应急一体化建设

① 机构设置。

惠州大亚湾经济技术开发区(以下简称"大亚湾开发区")成立了安全生产委员会和消防安全委员会来统筹区安全消防应急一体化工作,协调大亚湾开发区安全生产、消防安全重大问题,监督大亚湾开发区安全生产责任制和消防安全责任制落实情况。由惠州市安全生产监督管理局大亚湾经济技术开发区分局(以下简称"区安监分局")和大亚湾开发区消防救援大队具体负责大亚湾开发区的安全生产和消防安全监督管理工作。区安监分局内设安全生产执法监察分局,负责指导、协调全区安全生产监管部门执法监察工作。区安监分局下设大亚湾开发区安全生产教育训练中心、大亚湾开发区安全生产应急救援指挥中心和惠州大亚湾石化产业园区安全应急中心三个事业单位,分别负责开发区安全生产社会宣教工作、安全生产应急救援体系建设、大亚湾石化园区安全生产和应急管理相关事务性工作。

② 配套功能设施建设。

a. 国家级危化品应急救援基地　大亚湾石化园区建成国内首个危险化学品应急救援基地即国家危险化学品应急救援惠州基地(以下简称"惠州基地"),占地 2.3 万平方米,建筑面积 1.8 万平方米,建有综合楼、应急救援队伍营房、培训楼、模拟化工实训场、应急物资库、综合应急平台。惠州基地(图 4.24)由国家省市区四级联合投资 1.8 亿元,于 2014 年 9 月建成投用,并实行市场化运作模式,为石化区提供 24 小时应急值守、指挥调度、救援处置、应急物资储备、应急公用工程保障、安全生产培训教育等服务。

大亚湾石化园区建设了集应急值守、联动处置、视频传输、地理信息(GIS)、视频会议等多功能于一体的区应急指挥平台和国家危险化学品应急救援惠州基地应急平台。目前,区应急指挥中心、移动应急指挥车以及基地

图 4.24　国家危险化学品应急救援惠州基地

应急平台之间实现通信互联互通、视频即时会商、数据资源共享,进一步提高了突发公共事件的快速反应和高效处置能力。

b. 省级危化品安全生产实习实训基地　建有两所省级危化品安全生产实习实训基地,分别为中海壳牌实习实训基地和惠州石化实习实训基地。基地紧贴石油化工行业特点,涵盖工艺操作、设备设施操作、特殊作业、职业安全防护、应急救援和事故警示教育等方面的内容,具有高仿现场、互动感强、接受速度快、效果显著等特点。投入使用以来,切实提高了大亚湾石化区企业从业人员的安全素质,显著提升了事故预防和处置能力,达到有效防范重特大安全事故发生。

c. 模拟化工训练场　2021年底完工的模拟化工训练场(图4.25),涵盖模拟化工品仓储区、模拟化工装置区、单独项目训练区、模拟公用管廊设

图 4.25　模拟化工训练场效果图

施、公用工程及辅助设施、燃料供应区等危险化学品事故救援抢险、响应指挥、培训演练等完整设施建设，通过对现场训练设施硬件的建设结合控制中心先进的软件系统，规范危险化学品应急救援培训内容和基本要求，使受训人员掌握危险化学品基础知识和基本应急处置方法，增强危机意识和责任感，提高各级安全生产应急管理人员、危险化学品应急救援人员的管理水平和应急处置能力，最大限度地减少事故灾难及其造成的损失。

③ 应急救援力量和能力建设。

大亚湾开发区消防救援大队和其他各类消防救援力量共有人员428人，消防车87辆（举高喷射车12辆），储备各类泡沫灭火剂473吨。其中，国家综合性消防救援力量有西区、特勤、荃湾、海陆4个消防站，消防员172人，消防车29辆，600吨级沿海消防船1艘，拥有拖车炮、消防机器人等灭火器材3409件，抢险救援装备1988件。其中，石化大道特勤消防站于2008年3月正式组建成立，占地面积30000平方米，现有消防指战员38人，共有执勤消防车9辆，拥有拖车炮、消防机器人等灭火器材350件，抢险救援装备890件；海陆消防站于2020年5月正式组建成立，占地面积33965平方米，现有消防指战员35人，共有执勤消防车11辆，拥有消防机器人等灭火器材3250件，抢险救援装备1620件。其他专职消防力量257人，消防车辆58辆，分别为：1支国家危险化学品应急救援队（人员39人，消防车10辆、灭火侦检机器人2台及机器人运输车1台，见图4.26和图4.27）和6支企业专职消防队（为华德、惠州石化、壳牌、国能惠电、

图4.26　大亚湾石化园区危化救援专业队

图 4.27　大亚湾石化园区应急救援设施

LNG、李长荣等企业建立），其他石化区企业也依托微型消防站成立一厂一队，组建了 33 支工艺处置队配合消防救援。

2021 年 8 月，惠州市大亚湾"惠湾消 1 号"（图 4.28）消防船正式投入执勤，作为惠州消防史上第一艘消防战船，担负着大亚湾辖区及周边海域各类船舶火灾扑救、对岸供水、水上搜救等任务，将大大提高大亚湾辖区沿海区域的应急消防能力，实现消防安全保卫力量从陆域到海域的全面覆盖。依托这些力量，全区根据全省石油化工编成试点工作要求，不断整合资源优化配置，设置成立了两支重型石油化工编队（每支队 15 辆消防车），编队经过反复演练磨合，可第一时间有效处置各类石油化工灾害事故。

图 4.28　"惠湾消 1 号"消防船

（2）安全消防一体化管理

① 高规格整体部署，注重责任落实。

a. 确定高层领导主管责任。坚持在每次区管委会常务会议上报告安全生产工作情况，保证了各项工作高质量完成。协调提醒区两委班子成员、各部门领导严格按照"党政同责、一岗双责、齐抓共管、失职追责"的要求，下沉一线，深入到分管行业领域开展安全生产检查督查，排查整治突出问题。

b. 压紧压实责任，建立督查考核机制。一是积极开展各类专项督查检查和综合督查，对发现的隐患问题建立责任清单，实行全程跟踪督办。二是开展安全生产和消防安全考核工作，优化整合安全生产、消防安全和森林防火三方联合责任制考核，建立"考核-通报-督办"闭环模式，压实责任促工作落实。

c. 优化机构设置，提升安全监管专业能力。一是大力推动建立健全石化区专门的安全生产和应急管理机构，设置了石化园区安全生产及应急管理专门机构"惠州大亚湾石化产业园区安全应急中心"，配备具有化工专业背景的人员。二是成立了街道综合行政执法工作联络小组，建立工作协调机制，合理划分区、街道执法管辖权限，着力构建一体化行政执法体系。三是持续聘请行业专家协助开展安全隐患排查工作，充实大亚湾开发区安全生产专业技术人员力量。

② 高标准防控风险，严保石化区安全平稳。

紧紧围绕"大亚湾石化区安全管理""危化品运输车辆管控""公共区域安全监管""强化消防安全应急处置能力""港区安全管理"等方面，强化安全风险管控措施。

一是危化品项目源头准入、退出制度进一步健全完善。已修订形成《大亚湾区投资项目评估操作细则》《惠州大亚湾石化区危险化学品建设项目入园安全评估操作细则》《大亚湾区2020年推动落后产能退出行动计划》，对企业实施更加严格的安全准入、退出机制。

二是石化区封闭式管理措施进一步升级。在原有的封闭式管理模式上，在园区三个门岗出口设置人脸识别闸机，启用人脸识别通行。

三是道路安全指数进一步提升。实施石化区西门楼改造等系列提升工程，一同规划设置了危运车辆临时中转停车位、危运车辆临时避险场所；在石化区内的石化大道路段划设大型货车（含危化品运输车辆）专用车道，并在该路段安装了两套（共4个点位）不按道行驶电子抓拍设备，较好地改善了道路通行环境，提高了道路使用效率。

四是石化区公共区域"游烟"现象进一步遏制。在石化园区内完成11个吸烟点设置工作，其中石化大道8个，滨海大道东联码头附近1个，欧德码头和国华码头各1个，并开展常态化巡查管控，切实杜绝"游烟"隐患。

五是危险废物安全管控成效进一步巩固。大亚湾开发区印发了《大亚湾危险废物安全管控长效工作机制》,实行重点产废企业危险废物堆放场所在线视频全天候监控,建立危险废物风险绿、黄、红色三级风险管控制度,现区内企业废弃危险化学品日常储存量均控制在绿色等级。

六是马鞭洲岛消防救援难问题进一步缓解。立足马鞭洲岛上自救,督促岛上企业进一步加大消防投入、改善消防条件、充实消防应急救援力量,全面提升自救能力。定期组织岛上企业专职消防队开展应急处置联合演练,提升联合作战能力。

③ 高要求监督治理,确保隐患排查整治到位。

按照国家、省、市安全生产专项整治三年行动及八大专项整治的工作部署要求,完善和落实"一线三排"工作机制,结合重点时段安全生产工作特点,持续深入开展危险化学品、道路交通、建筑施工、非煤矿山等行业领域专项行动,全面排查消除各类安全隐患,严厉打击非法违法生产经营行为,督促企业严格落实安全生产主体责任。

④ 高质量创新机制,提升企业自主管理水平。

a. 量体裁衣,并行实施"双策"制度。一是借助安全风险评估报告成果,印发《惠州大亚湾石化产业园区和危险化学品企业安全整治工作实施方案》《广东惠州大亚湾石化产业园区安全风险评估建议措施落实工作分工表》,从企业和政府两个层面,分解落实36条工作任务,按照"一园一策"实施整治,提升石化区安全防范能力,化解石化区重大安全风险。二是继续推行新一轮安全生产第三方协助监管服务,引入上海守安公司常驻大亚湾,推陈出新,突出差异化,对全区危化品企业进行安全量化评估,实行"一企一方案"工作制度,全面帮扶提升企业安全管理水平和能力。

b. 全面推进企业"安全管家"。在石化园区39家危化企业"安全管家"全覆盖的基础上,按照"政府倡导、部门鼓励、市场运作、企业自愿、行业自律、安协主推"的工作原则,持续在区内25家重点工贸企业及荃湾港区企业推进"安全管家"。

c. 先行先试,有序推行"安责险"。出台了《大亚湾开发区全面推行安全生产责任保险工作的实施意见》《大亚湾开发区全面推行安全生产责任保险工作的实施方案》,打造了全区安全生产责任保险推广的顶层设计规划,并组建了安责险联席会议及专家库。通过招标方式,选定了1个由4家符合条件的保险机构组成安全生产责任保险共保体,构建"保险+安全+科技+服务"运营模式,助推安全生产责任保险工作迈上新台阶。

d. 正向激励,构建安全治理共同体。大亚湾开发区高度重视群众的举报工作，设立 24 小时举报电话，受理安全生产违法违规行为的举报投诉，对核实案件均按程序进行了严厉查处。同时创新石化区企业安全行为正向激励措施，鼓励员工主动、自发的安全行为，根据《大亚湾区安全生产正向激励奖励工作方案（试行）》，2021 年 7 月启动第一期次评选活动，经过 7 名专家为期 4 天的技术评审，从 66 个申报项目中评选出 10 个持续进步奖、5 个责任担当奖、3 个协同合作奖、10 个排险除患奖、10 个企业承包商奖。评审委员会在 38 个获奖项目中挑选了 8 个获得一等奖的项目竞争年度特别奖，委托第三方网络传媒公司通过电视台、微信、粤政易、大亚湾发布、乐享安全 APP 等各种平台开展广泛的宣传和网络投票评选活动，总访问量达到 3761167 次，遍及 52 个国家和地区，投票总数达到 1444243 张，有效。调动了危险化学品企业全员参与安全管理的积极性、主动性、创造性，推动企业落实安全生产主体责任。

e. 科技推动，稳步建设智慧化工园区。2018 年 12 月启动"智慧园区"项目建设工作，计划投入 2.56 亿元，以构建"天地人通、四梁八柱和智慧+"创新生态为目标，统筹建设 19 个项目（包含"八柱"：一网通服、一图通视、一库通存、一体通感、一脑通享、一表通评、一制通用、一心通营等 8 个项目和"智慧环保小脑"等 11 个智慧小脑项目），整合政府职能部门的监管和企业运行数据，完善园区传感系统、管理系统，推动实现智慧、安全、环境保护实时整合，实现可视化、智能化、一体化的园区管理。一是通过"八柱"围绕"通"的目标解决各个部门各种数据（视频、位置、物联网、信息等）互联互通的问题。二是通过安全、环保、交通、应急的"四梁"典型应用引领，围绕安全要素进行全维度可视化监管，实现对"水、气、声、渣"的智能化预警监测，实现全生命周期防控危险废物存储、运输、销毁；在线监管"两客一危一重"，实现源头治超；构建"一区二心三级"的应急指挥体系等。三是通过智慧+系列应用逐步面向企业提供更智能的服务，从而使园区成为一个深度感知、全面互联、智能高效、持续卓越的世界级智慧化工园区。

⑤ 高效能应急救援，稳步提升应急处置能力。

a. 落实前置备勤常态化。建立了化工（危险化学品）企业装置开停车和停车检维修信息通报制度，并在收到区内化工（危险化学品）企业装置开停车和停车检维修作业报告时，第一时间告知石化应急管理公司及专业队，督促其根据企业工艺特点安排专业救援力量靠前备勤；另在节假日等重要时期和关键环节，加强前置备勤应急力量。2021 年以来，为石化区 39 家次企业前置备勤，确保检维修期间安全风险得到有效、高效管控。

b. 落实应急预案备案和演练。在总结近年来全区安全生产工作实践的基础上，修订修编《惠州大亚湾经济技术开发区生产安全事故应急预案》《惠州大亚湾经济技术开发区危险化学品事故应急预案》《惠州大亚湾经济技术开发区非煤矿山生产安全事故应急预案》《大亚湾区三防应急预案》《大亚湾区防御超强台风应急预案》等文件，进一步增强全区应急"软件"能力。同时在国家危险化学品应急救援基地组织开展化工园区安全生产应急演练。

c. 落细应急值班值守工作。不断完善值班值守和应急处置制度，推动实行24小时专人在岗值班。对值班员和相关人员逐一进行培训，掌握应急值班值守信息化系统使用。督促协调各街道办做好广东省应急管理值班值守系统的安装和使用，给予技术支持，不定期通过值班系统抽查街道值班人员在位情况。此外，全面推广安装应急"一键通"移动客户端，现区安委会成员单位应急管理责任人、重点行业领域企业负责人和安全负责人、专业森林消防队负责人、灾害信息员等共1367人已安装应用，进一步推动以信息化技术推动实施安全生产精准监管执法，提升安全生产工作智能化、精细化水平。

d. 持续推进应急救援能力建设。以国家危险化学品应急救援惠州基地为依托，一是推进应急救援领域科研开发。惠州基地取得了"一种高压管道泄漏控制仿真训练装置"及"一种油气管道带压堵焊装置"两项国家专利。二是继续补充国家危险化学品应急救援惠州队应急救援装备。根据大亚湾石化园区发展现状和未来发展趋势，政府出资1960万元补充配备扑灭80米以上高塔举高喷射消防车、环保收容车、灭火机器人、无人机及侦检融合通信指挥系统等先进装备。三是适当增配应急救援力量。下一步计划参照《城市消防站建设标准》，结合应急救援装备增配和园区建设发展现状，将惠州队分阶段扩编至逾百人。

⑥ 高密度宣传教育，提升全民安全文化素质。

a. 利用网络力量助推宣传教育工作。一是打造"乐享安全"APP，二是巧用"云直播"，开展多项具有大亚湾特色的"乐享安全，幸福湾区"主题活动，并通过惠眼、抖音、惠州交通988等网络直播平台将活动现场呈现给广大人民群众。

b. 调整培训考核方式提升教学质量。一是通过线上线下相结合的教育模式，增加高质量培训资源，举办线上初始教育培训班以及开展全员强制安全培训，为企业员工提供便利，确保疫情防控常态化条件下安全生产培训教育不断档，并实行考培分离，将教育培训考核业务面向市场推行社会化服务。二是在全区重点行业领域开展企业法人代表、主要负责人、安全管理人员安全生产强制培训，其他从业人员（含驻厂劳务派遣人员、承包商等相关人员）由企业结合自身实际，自主分类开展培训考核。三是打造高技能人才实训基地。2020 年 3 月，中国海油安全技术实训车间完成整体搬迁并正式启用，主要承担大亚湾区高危行业领域安全技能提升培训业务。

c. 积极推进宣教品牌建设。制作以大亚湾开发区安全生产首席顾问、安全动漫形象大使蒋兴镛为主角的《大亚湾安全生产应急宣教动画视频》及《蒋总讲安全》，丰富有趣的视频让企业员工和社会大众在寓教于乐的气氛中学到安全应急相关知识。同时，在全区范围内扎实开展安全生产宣传教育"五进"活动 100 场，将安全生产集中宣教和"送教上门"现场互动体验相结合，进一步提高全社会安全意识和安全素质，营造"人人关注安全、人人支持安全、人人参与安全"的良好社会氛围。

4.4.3.2　国家东中西区域合作示范区（连云港徐圩新区）

（1）安全消防应急一体化建设

① 机构设置。

a. 议事机构。

◆ 应急管理委员会：徐圩新区成立了应急管理委员会，由区党工委书记担任主任，区党工委副书记、管委会主任担任第一副主任，区纪工委书记和管委会副主任等担任副主任，区党政办公室、党群工作部、纪工委监察室、经济发展局、财政局、建设局、社会事业局、环境保护局、应急管理局、综合执法局等单位的主要负责人为应急管理委员会成员。区应急管理委员会全面领导徐圩新区的应急管理工作，应急管理委员会下设办公室，承担日常工作，区党工委委员、分管安全副主任兼任办公室主任，应急管理局、消防救援大队、应急救援抢险大队等单位主要负责人担任办公室副主任，应急管理局具体负责新区应急委办公室日常工作。

◆ 安全生产委员会：徐圩新区成立了安全生产委员会（以下简称"安委会"）。由徐圩新区党工委副书记、管委会主任担任安委会主任，徐圩新区党工委委员、分管安全副主任，公安分局和应急管理局主要负责人为安委会副主任，徐圩新区经济发展局、建设局、财政局、社会事业局、环境保护局、综合行政执法局等单位主要负责人为安委会成员。区安委会负责统筹协调石化产业基地安全生产工作，为进一步健全徐圩新区安全生产责任体系，在区安委会的基础上设立了 12 个安全生产专业委员会，均由各行业主管部门牵头、多个相关部门共同参与组成。

◆ 消防安全委员会：徐圩新区消防安全委员会是在徐圩新区安全生产委员会的基础上设立的专业委员会，由区党工委委员、管委会副主任担任消防安全委员会主任，徐圩新区应急管理局局长、公安分局副局长和消防救援大队大队长担任消防安全委员会副主任，徐圩新区其他部分的分管领导担任消防安全委员会成员。区消防安全委会负责统筹协调石化产业基地消防安全工作，下设办公室，设在消防救援大队，负责消防安全委会日常工作。

b. 职能部门和常设机构。

◆ 应急管理局：承担安全生产综合监督管理工作，负责石化产业基地危险化学品生产经营单位安全生产准入和监督管理职责；指导协调和监督安全生产行政执法工作，监督检查重大危险源监控、事故隐患排查治理工作；参与建设项目安全设施"三同时"审查工作；制定和实施石化产业基地安全生产管理制度；编制、修订石化产业基地综合应急预案和危险化学品事故专项应急预案；监督特种作业人员操作资格考核和危险化学品企业主要负责人、安全管理人员的考核工作；组织、指导和协调安全生产应急救援工作；承担徐圩新区应急管理委员会和安全生产委员会办公室的日常工作等。

◆ 消防救援大队：负责指导火灾预防和消防监督执法相关工作，依法行使消防安全综合监管职能；负责消防安全委员会办公室工作；负责综合性消防救援预案编制、战术研究，组织执勤备战、训练演练等工作；负责石化产业基地内火灾扑救和重大灾害事故及其他以抢救人员生命为主的应急救援工作；负责消防安全方面宣传教育及培训工作；承担徐圩新区消防安全委员会办公室工作等（图4.29）。

图4.29　徐圩新区灭火救援应急中心

◆ 应急救援指挥中心（图4.30）：徐圩新区组建了石化基地现场应急救援中心，该中心是由新区应急管理局主导、企业公益化运作的一支快速应急救援力量，也是徐圩新区应急救援保障体系的必要补充，中心共有人员35人，主要来自洋井石化、应急救援抢险大队和徐圩人民医院，实行准军事化管理，实行24小时轮岗执勤。主要承担石化基地生命和财产安全的初期、基础抢险救援任务，有针对性开展被困人员施救、危化品泄漏快速封堵、施工安全事故救援和事故状况下交通疏导管制等科目的实战训练、技术指导和突发事故应急救援任务。

图4.30　徐圩新区应急救援指挥中心

应急救援指挥中心主要承担应急救援指挥、调度、统筹工作；承担预案管理、应急知识培训、公众宣传教育、事故统计分析、事故直报管理等工作；承担救援物资储备、调拨和紧急配送的组织协调工作；承担社会应急救援力量建设的指导工作；承担综合监管信息平台日常使用管理工作；参与核电站核事故场外应急响应工作；组织协调生产安全事故应急救援工作；统筹安排全区应急值守工作，负责值班专报报送工作。

② 应急基础设施建设。

徐圩新区积极创建国家级危化品应急救援基地，基地按照《国家级危险化学品应急救援基地建设条件》建设，形成区域级的急救援体系，在保障徐圩新区本区应急需求的同时，辐射苏北及鲁西南地区，满足区域危险化学品应急救援能力，为区域危化企业服务。基地由应急救援中心、灭火救援中心、医疗应急救援中心及应急避难场所组成，协同徐圩新区公安、交巡警、消防、环保、城管、医疗等公共应急服务系统的联合行动及应急处理能力，构建安全应急、消防应急、环保应急"三位一体"的应急救援体系。基地基础设施分为前方、后方两部分，通过前后方协同响应，基本形成"海陆两栖"的一体化应急救援格局。

a. 后方基地　后方基地由应急救援指挥中心、灭火救援应急中心、医疗应急救援中心和应急避难场所等组成。应急救援指挥中心、灭火救援应急中心、医疗应急救援中心（一期）已建成投用，其中应急救援指挥中心集应急抢险救援、信息化监控、交通调度指挥、应急救援物资储备等功能为一体；灭火应急救援中心采用美国消防协会危化品紧急处理和德国标准化学会危化品处理的一流标准，设置有室内外消防仿真训练场所；医疗应急救援中心（一期）主要对危化品泄漏、火灾等导致人员伤亡的突发事故，提供现场医疗应急救援服务。此外，医疗应急救援中心二期项目已启动建设，其地下室按核五级标准建设，设置核救、化救功能区域，并与地下综合管廊互联互通。

b. 前方基地　前方基地由安全环保管理中心、海上应急救援中心和园区、港区消防站组成。安全环保管理中心已建成投用，具备园区整体展示、安全环保监测、应急物资储备、园区现场应急救援、应急培训等功能。根据《徐圩新区消防专项规划（2021—2035年）》，连云港石化产业基地规划建设13座消防站（特勤/专业消防站5座、企业专职特勤消防站3座、企业专职一级消防站4座、企业专职二级消防站1座），目前已建成投用6座（特勤/专业消防站：港前路特勤消防站、重型化工专业消防站；企业专职特勤消防站：连云港石化消防站、连云港石化消防站分站；企业专职一级消防站：斯尔邦石化消防站、江苏恒瑞新材料科技有限公司消防站）。

◆ 港前路特勤消防站，重点防护中石化储罐区、连云港石化罐区、中化产业园储罐区、盛虹炼化罐区、荣泰仓储罐区和石化基地公共罐区。

◆ 重型化工专业消防站（图4.31），按重型化工专业队标准组建，具备灾害现场化学侦检、恶劣环境下堵漏、带压输转、现场洗消和持续大功率作战等处置能力，主要为盛虹炼化、斯尔邦、连云港石化、中化产业园等高风险区域提供救援。

◆ 精细化工消防站，重点防护精细化工区内的赛科、海科、德邦、密尔克卫、LNG储配站、鹏辰、泰格油墨、兴达泡塑、佳化化学、万博丰及其他拟建、在建精细化工企业。

◆ 连云港石化消防站、连云港石化消防站分站，重点防护本企业。

图 4.31　徐圩新区石化产业基地重型化工专业消防站

◆ 斯尔邦石化消防站，重点防护为本企业及盛虹集团下的虹港石化。

◆ 江苏恒瑞新材料科技有限公司消防站，重点防护本企业。

c. 应急救援实训基地　新区应急救援实训基地占地面积为 73454.27 平方米，已完成可行性研究、总体设计等前期工作，目前已基本建成，近期将投入使用。该项目建成后将与应急救援指挥中心、灭火救援应急中心、医疗应急救援中心、拓展训练基地等后方基础设施形成联动体系。

d. 医疗急救场所和气防站。

◆ 医疗急救场所：连云港石化产业基地医疗急救场所为连云港徐圩新区医疗应急救援中心（图 4.32），位于江苏大道 120 号，占地面积约 180 亩，一期总建筑面积 2.5 万平方米，与徐圩新区应急救援指挥中心、徐圩新区灭火救援应急中心共同构成徐圩新区应急救援基地。中心设有 120 救护站、专业医疗救援队、医疗应急救援培训基地等医疗应急救援机构。医疗应急救援中心在石化基地二期综合服务区和盛虹、连云港石化区建立一个医疗救助综合工作站和两个医疗室，为园区提供 24 小时医疗应急救治服务。

江苏斯尔邦石化有限公司生产过程涉及高毒、剧毒的物料，为有效保障员工生命健康安全，斯尔邦石化公司在 2015 年 10 月丙烯腈装置建成投产前设立了急救站，承担危险化学品中毒与窒息等严重职业伤害现场应急救护工作，配备专业医务救援人员 6 人，其中执业医师 2 人、执业护士 4 人。

◆ 气防站：江苏斯尔邦石化公司在 2014 年 4 月设立了气防站，承担气防准备与救援工作。气防站配备 3 名专业气防人员，其中气防工程师 1 人，气防员 2 人，并兼职（C 照）气防车驾驶、气瓶充装等工作。配备救援装备和防护用品见表 4.4。

图 4.32　徐圩新区医疗救援中心

表 4.4　斯尔邦石化消防队配备救援装备和防护用品情况表

序号	装备名称	数量	备注
1	气防救援车（依维柯）	1 辆	
2	固定式高压呼吸空气充气系统 SCOTT（品牌依格）	1 台	
3	防爆充气箱（产品型号：CQ500）（此套装备可同时充装 4 个气瓶，充装压力 30 兆帕）	1 台	
4	德尔格 DE100 空气充气泵（此套装备可充装 1 个气瓶，充装压力 30 兆帕）	1 台	
5	防护用品配备空气呼吸器	40 套	
6	隔热服	23 套	
7	轻型防化服	16 套	
8	重防防化服	3 套	
9	满装气瓶（霍尼韦尔：6.8 升 /30 兆帕）	50 个	

连云港石化气防站与消防站合建，面积 230 平方米左右，并配备一定数量的气体防护人员。其中，气防人员 13 人，队长 1 人，共 14 人，气防人员都具有初级急救员证。配备救援装备和防护用品情况如表 4.5 所示。

表 4.5 连云港石化气防站配备救援装备和防护用品情况表

序号	装备名称	数量	备注
1	气体防护救援车	1 辆	
2	移动供气装置（包括 4 只 6.8 升碳纤维气瓶，2 只呼吸面罩，2 根 50 米供气管和其他配套设施，并且具有与空气填充泵或事故现场附近的呼吸气系统相匹配的接口）	2 台	
3	移动式空气填充泵组（包括移动式空气填充泵组配置的充气接口 2 个，排气量不小于 100 升 / 分钟）	2 台	
4	大功率固定式填充泵组（包括大功率固定空气填充泵组配置的充气接口为 4 个，排气量不小于 650 升 / 分钟）	1 台	
5	移动式充气防爆桶	4 个	
6	固定式充气防爆柜	1 个	
7	备用气瓶	4 个	
8	防护用品配备气密防化服	4 套	
9	气密隔热服	2 套	
10	避火服	2 套	
11	他救空气呼吸器	4 套	

③ 应急救援队伍和能力建设。

a. 应急联动队伍　按照"统一领导、分级管理、合理布局"的原则，徐圩新区着力构建应急救援一体化运作模式，形成应急队伍联勤联训联防运行机制，实现应急救援抢险大队、消防救援大队、企业专职队等不同救援队伍的专业互补、资源共享。

◆ 应急救援抢险大队（图 4.33）：应急救援抢险大队由一支技能全面的高素质综合先锋队、八支技能独特的高水平专业突击队、六支协同配合的高效率基础保障队组成，是一支以危化品救援为主的综合性应急救援队伍，主要承担执行新区内外的危化品事故、自然灾害、建筑施工事故、道路交通事故、海上安全和环保事故、生产安全事故、环境污染事故、卫生防疫、社会风险防控等应急处置工作。

应急救援抢险大队近期建制规模 500 人，根据远期应急救援抢险功能要求，预计配置 1500～2000 人。大队现有 407 人，95% 以上队员为退伍军人，聘请 2 名副师级退役消防指挥员专职从事队伍日常训练、应急救援指挥等工作。现有人员中，研究生学历 26 人，本科学历 42 人，专科学历 80 人。

有一线灭火经验的队员 31 人，有危化品救援经验的队员 36 人，有国内重大应急抢险救援经验的队员 20 人。

图 4.33　徐圩新区应急救援抢险大队

◆ 消防救援大队：消防救援大队为专业救援力量，目前共有现役队员 20 余人，专职队员 50 余人（由新区派遣至消防救援大队统一使用，与现役队员共同管理），采用 24 小时执勤制，承担防火、宣传、救援、灭火职能。目前大队下辖 2 个队站，云河路消防站和陬山路消防站，各中队均为 30 余人。

◆ 企业消防救援专职队：企业消防救援专职队目前有斯尔邦消防队和连云港石化消防队 2 支队伍。

斯尔邦消防队成立于 2014 年 4 月，主要负责斯尔邦石化厂区灭火、抢险救援，应急演练，防火巡查，同时承担虹港石化，虹洋热电，荣泰仓储等盛虹石化集团所属子公司灭火、抢险救援等工作。消防队设置 1 名大队长、1 名气防工程师、1 名防火工程师、1 名装备工程师，下设 7 个战斗班和 1 个气防班共 57 人。

连云港石化消防队于 2020 年 12 月 31 日建成投用，共有 36 人消防指战员，分 3 个战斗班组。新建消防主站由训练塔、训练场地、车库、通讯值班室、办公室、值勤宿舍、药剂器材库、蓄电池室、会议室以及生活设施等组成。消防站满足消防队员训练、生活、停放、车辆、维修保养设备的需要。

b. 应急救援装备　徐圩新区制定了《徐圩新区应急救援装备三年规划（2020—2023 年）》，紧密结合徐圩新区实际，着眼"全灾种、大应急"的应急救援任务，目前，徐圩新区各支应急救援队伍配备救援装备情况如表4.6～表4.9及图4.34所示。

表4.6 徐圩新区应急救援抢险大队配备救援装备情况表

序号	装备名称	数量	备注
1	72米举高喷射消防车	1辆	
2	62米举高喷射消防车	1辆	
3	2千米供水系统（含1辆泵浦消防车、1辆大口径水带敷设车）	1套	
4	38米大跨度高喷消防车	1辆	
5	23米举高破拆消防车	1辆	
6	重型泡沫消防车	3辆	
7	防化洗消车	1辆	
8	防化消毒车	1辆	
9	21米举高喷射消防车	2辆	
10	供液消防车	1辆	
11	自卸车	300辆	
12	挖掘机	50台	
13	应急发电机		
14	2千米大功率水泵组		
15	各类装载机、冲锋舟、重型吊装机、运兵车等各类工程抢险和应急救援装备		
16	救援直升机		采购中
17	消拖两用船		采购中
18	公用应急搜救船		采购中

表4.7 徐圩新区消防救援大队配备救援装备情况表

序号	装备名称	数量	备注
1	消防车（有抢险救援应急车、泡沫水罐消防车、举高喷射消防车）	14辆	
2	无人机		
3	消防机器人		

表4.8 斯尔邦石化消防队配备救援装备情况表

序号	装备名称	数量	备注
1	21吨泡沫水罐消防车	1辆	
2	12吨泡沫水罐消防车	1辆	
3	10吨干粉泡沫水罐消防车	1辆	
4	32米举高喷射消防车	1辆	
5	气防车	1辆	
6	16吨泡沫水罐消防车	3辆	
7	泡沫灭火剂	48吨	
8	干粉灭火剂	2吨	
9	备用泡沫	16吨	
10	防爆充气箱	1套	
11	正压式空气呼吸器	28套	
12	气体防化服	4套	
13	液体防化服	25套	
14	液压剪、破拆钳、消防斧、隔热服、堵漏工具等应急装备		

表4.9 连云港石化消防队配备救援装备情况表

序号	装备名称	数量	备注
1	通信指挥照明消防车	1辆	
2	进口40米曲臂高喷消防车	1辆	
3	进口60米曲臂高喷消防车	1辆	
4	干粉泡沫联用车	1辆	
5	泡沫运输车	1辆	
6	重型泡沫消防车	3辆	

（2）安全消防应急一体化管理

徐圩新区不断强化安全保障基础设施和应急救援能力建设，全面推进危险化学品安全综合治理工作，践行安全消防应急一体化管理，严格落实企业安全生产和消防安全主体责任，实施安全生产风险分级管控和隐患排查治理双重预防机制，徐圩新区生产安全和运行安全情况平稳有序。

图 4.34　徐圩新区国家危化品应急救援基地救援直升机

① 不断完善安全生产责任体系。

徐圩新区党工委、管委会不断深化"党政同责、一岗双责、齐抓共管"的安全生产责任体系，持续推进安全生产与应急管理制度体系建设；贯彻落实"管行业必须管安全，管业务必须管安全，管生产经营必须管安全"工作要求，设立了应急管理委员会、安全生产委员会和消防安全委员会，新区领导干部实施"一岗双责"，细化各委员成员单位监管职责及安全生产、消防安全目标任务；充分发挥委员会统筹领导职能作用，定期召开会议，研究贯彻安全生产、消防安全工作相关部署，强化落实重大风险防控和问题隐患整改工作；建立健全社会化专业安全服务机制，逐步形成了综合治理、专业监管和社会共治的大安全大应急监管工作格局。

② 有效贯彻落实安全生产责任制。

落实党政领导责任方面，编制了《徐圩新区党政领导干部 2020 年度安全生产重点工作责任清单》，明确了 130 余条任务清单。为强化责任落实，在全市率先出台了《领导干部安全生产履职考核实施意见》，细化安全生产工作考核要求，将考核结果与年度目标任务挂钩，实行一票否决，严格兑现奖惩。制定了《徐圩新区安全生产领域问责暂行办法》，明确规定 10 项问责情形。印发《连云港石化产业基地施工安全管控任务分工方案》，明确施工现场安全管理、道路交通安全管理等 39 项工作任务。制定《徐圩新区 2020 年度重点工作事项责任分工表》，明确 129 项重点工作任务，其中，安全生产任务占比达 14%，包括创建获批国家级应急救援基地、创建获批中国智慧化工园区、完成港产联动安全风险防控方案等18项重点任务。

落实部门监管责任方面,根据安全生产"三管三必须"工作要求,新区制定了《徐圩新区安全生产委员会及专业委员会组成人员和工作职责》《徐圩新区管委会有关部门和单位安全生产工作职责规定》,进一步明确细化部门安全生产监管职责。新区党工委、管委会向10家重点安委会成员单位下达《安全生产目标任务书》。根据新区安全生产履职考核实施意见,组建成立了新区安全生产履职考核领导小组,每季度对新区各专委会和安委会成员单位安全生产履职情况进行日常考核,年底进行综合考核。印发《徐圩新区安全生产领域问责暂行办法》《徐圩新区安全生产工作考核办法》等制度文件,将考核结果与各单位年度目标任务挂钩,并严格兑现奖惩。出台《徐圩新区安全生产工作奖励实施办法》,对年度安全工作和安全生产专项工作表现突出的人员进行表彰奖励。

落实企业主体责任方面,部署开展为期三年的企业主体责任落实专项行动,推动所有企业落实省安委会《关于进一步落实企业安全生产主体责任的指导意见》(苏安〔2016〕19号)各项要求。出台《徐圩新区危险化学品企业落实企业主体责任暂行规定》,明确了强化全员安全生产责任制落实等10个方面内容。成立石化基地安全业主委员会。制定了《徐圩新区石化基地安全业主委员会章程》,首批已吸纳18家成员单位,通过搭建石化基地企业安全协作互助平台,由委员会成员实施项目准入联审、试生产票决、生产运行互查三项机制,不断夯实企业安全管理基础,提升企业安全管理水平。大力推进标准化创建工作,新荣泰码头通过安全生产一级标准化认定,3家化工企业实现二级达标,13家工矿企业实现三级达标。园区危化品企业认真履行承诺报告制度,各单位主要负责人每天通过"智慧安监"信息平台、电子大屏、公共宣传栏等对本单位安全生产进行公开承诺。

③ 持续提升安全风险管控水平。

开展石化基地区域安全风险评估,推进重大危险源企业以安全风险分级管控和隐患排查治理双重预防机制为重点的安全预防控制体系建设。强化承包商安全管理,落实"黑名单管"理制度,探索第三方安全巡检服务工作。扎实推进专项整治工作,根据《徐圩新区安全生产专项整治行动实施方案》,对照明确的年度安全生产重点工作任务,逐项确定了责任部门、责任人、责任领导和完成时限,确保专项整治工作落实到位。全面开展危化品安全综合治理,印发《徐圩新区危险化学品安全综合治理方案》,严格项目产业规划、专业评审、安全环评、建设标准等环节把关,狠抓石化基地封闭化管理,制定《连云港石化产业基地危险化学品建设项目安全准入规定》,出台《连云港石化产业基地"四个一流"建设标准》;着力打造具有徐圩特色的安全管理体系和安全文化等。

④ 逐步健全应急救援政企联动工作机制。

a. 应急救援指挥机构　徐圩新区应急管理委员会是领导应急管理工作的专门议事决策机构,下面成立若干个专项应急指挥机构,由管委会主要领导或分管领导担任指挥长,相关行业主管部门主要负责人担任副指挥长。专项应急指挥机构在新区应急委的领导下开展工作,承担战时救援现场指挥部的工作。

应急救援指挥中心建立平战结合工作机制,战时,救援总指挥部设在应急救援指挥中心,发挥应急救援指挥调度中枢作用。石化产业基地运管服务中心作为事前管控指挥中枢。

b. 应急救援队伍　应急救援抢险大队、消防救援大队、医疗应急救援中心、环境综合治理攻坚大队(简称398大队)、安全环保攻坚大队(简称SE大队)、企业专职队等在应急管理委员会的领导下承担具体的应急救援职责。

c. 应急预案　构建政府、企业两个层面的预案体系,并按照规定,适时组织开展预案编制、修订等工作。应急管理局负责定期开展《徐圩新区突发事件总体应急预案》适用性评估,及时启动实施修订工作;建设局、社会事业局、经济发展局、消防救援大队等单位按照各自职责,及时组织相关专项应急预案的修编工作,不断完善政府层面的预案。园区企业依照《生产经营单位生产安全事故应急预案编制导则》(GB 23639),及时修订完善企业预案,并保证与新区预案有效衔接。应急管理局强化对危险化学品重大危险源的应急管理,联合186大队、相关企业组织编制重大危险源政企联动"一对一"专项预案。应急委办公室负责统筹全区应急演练工作,制定年度演练计划。各专项预案编制的牵头单位负责组织实施预案演练工作。各救援队伍应开展经常性演练,检验预案的适用性、有效性、衔接性,不断完善各级预案体系。

d. 应急救援专家库　根据应急救援需要,应急管理局、经济发展局、建设局、社会事业局、环境保护局、综合行政执法局(市场监督管理局)、消防救援大队、医疗应急救援中心等单位负责选聘一批专业素质高、能力强的技术人员组建本行业领域应急救援专家库,并进行动态管理更新。

e. 应急值守　建立专家联动值守机制,组建化工、港口、环保、消防、特种设备、医疗等领域值守专家组,各领域每天至少安排1名专家在新区值守，化工领域专家任组长；园区化工（危险化学品）企业建立专家应急值班制度，每天安排 2 名以上应急专家（安全、工艺、生产、设备、仪表等专业的技术人员）联动值班。

f. 应急物资　徐圩新区应急管理委员会统一领导新区应急物资储备工作，负责审核批准各单位年度物资配置计划。应急委办公室负责对全区应急物资进行统一建档管理。修订《徐圩新区政企联动应急物资储备管理办法》，新区应急物资储备遵循"统一领导、差异配置、满足需要、分级负责"的原则，建立"三库多点"及"政企联动"式应急物资储备体系。紧急状态下，全区各物资储备库及企业存储的物资，服从新区应急委统一调度，各支队伍或企业应无条件将相关应急救援装备物资调拨至救援现场使用。因救援工作需要，企业所损耗的燃料、灭火剂和器材、装备等，由新区管委会给予补偿。

g. 救援队伍联训联勤　新区应急委办公室负责统筹所有应急救援队伍的训练工作，统一调配训练所需的车辆、装备、场地。所有应急救援队伍结合各自特点，制定救援作战预案，经常性加强相关应急救援科目的训练，掌握重点部位救援要求，熟悉责任区内有关情况。新区应急委办公室负责制定年度联训工作计划并报请新区应急委批准后组织实施，各支救援队伍针对各类型事故，每年到实训基地开展针对性的轮训和联训。

h. 突发事件联动处置　石化产业基地运管服务中心建立安全环保风险监测监管和预警体系，集成整合全景监控、智慧安监、应急指挥、智慧环保、危化品车辆调度、封闭管理、公共管廊、智慧管网、智慧工地、智慧港口、能源管理等信息化平台，对园区内重大危险源、关键环节、重点场所等进行 24 小时不间断监测巡查，当监测到异常情形时，快速对监测监控数据进行综合分析研判，分类采取应急处置措施，消除隐患、控制风险。

i. 保障措施　新区应急委统一负责政企联动机制建设工作，建立定期会商制度，每季度至少召开 1 次专题会议，听取情况汇报，分析研判工作形势，会办重点难点问题。财政局按照规定及财力状况，结合救援工作需要，保障资金投入。186 大队负责应急救援实训基地运营管理工作，承担全区应急培训、实操训练和应急救援队伍专业化救援轮训工作任务，为全省和周边地区提供危险化学品救援训练的市场化服务。新区应急委办公室负责组织应急指挥相关信息化平台设计、开发和完善工作，并依托信息化平台，对救援队伍、物资、装备等各类应急资源进行管理。新区应急委办公室根据联动机制建设需要，研究制定配套政策文件，保障机制有效运行。

4.5 智能智慧数据一体化

4.5.1 智能智慧数据一体化的内涵

(1) 定义

化工园区的智能智慧数据一体化是指，以信息与通信技术为支撑，围绕安全生产、环境管理、应急管理、封闭管理、能源管理、运输管理、办公管理、公共服务和保障体系等领域，通过数据整合与信息平台建设实现智慧化管理与高效运行的化工园区，实现信息、数据交互共享、分析预判，从而有效降低安全环境风险，实现化工园区资源优化配置，整体效益最大化。

图4.35为智慧化工园区架构。

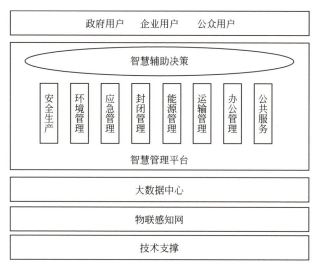

图 4.35　智慧化工园区架构

作为一种管理手段和管理模式，智慧化工园区利用云计算、物联网、大数据等信息化技术和通信技术，形成了一整套整合化工园区安全、环保、应急、消防、安防、能源、物流、公共服务及应用为一体的智慧管理和决策平台。

(2) 目标和作用

智慧化工园区建设规划应从规范和优化园区管理模式入手，以事件的联动处理为要点，基于监管、服务两大智慧园区关键领域，以资源整合共享为基础,以信息化为手段,以智能化为载体,以问题为导向,重点建设完善安全监控、环保监测、应急指挥、经济运行、封闭管理等智慧园区管理模块。

① 开展化工园区问题全面诊断　聚焦短板弱项,通过运行机制设计,推进上级部门、园区、企业三级联动,实现各单位更彻底的业务协同和信息共享,自上而下地跨部门解决诸如应急指挥、企业服务、环境监测、园区安全管理等问题。

② 创新优化园区管理模式　建立全场景实时准确的数据支撑智能决策体系,实现数据价值挖掘,驱动管理决策,加快从"侧重经验管理决策"向"数据驱动管理决策"模式转变,为统计分析、监测预警、战略发展等提供决策服务。

③ 促进化工园区精细化管理　通过智慧化工园区的建设,促进园区在横向和纵向上各业务的动态管理、集中管理和协同管理,提高化工园区数字化、精细化管理水平,实现园区智慧管理、智慧决策和智慧服务。

4.5.2　智能智慧数据一体化的系统构建

4.5.2.1　园区工业互联网技术系统架构

园区工业互联网通过网络、平台、安全三大体系和新模式、新业态的构建,打造园区内部、园区内部与园区外部的数据流动闭环,提升园区的信息传输能力和信息感知能力,来指导园区规范建设和精细化管理。

结合云计算、物联网、大数据等技术,完成数据汇交整合、提供统一的集成服务和应用服务,在用户界面、应用系统、数据等多层次实现集成,提供园区各类应用的支撑体系。对基础设施进行统一认证管理、统一权限管理、统一接入管理等操作,对各类应用与服务进行流程的定制化管理,通过信息平台的记录和控制机制实现各类应用系统的数据共享和业务协同。同时,通过信息交换服务,实现基础设施、各类应用和服务之间的数据交换。

图 4.36 为园区工业互联网技术系统架构。

用户通过互联网统一接入,支持移动端 Android、iOS 和电脑端 Windows、Mac 四种终端方式,无论在何时何地都可便捷高效地办公。

借助云平台采用两地三中心部署方式,通过等保三级安全认证,保证机房级无损容灾。同时提供强大的应用集群能力、各类 API 接口以及 PaaS、DaaS 服务。

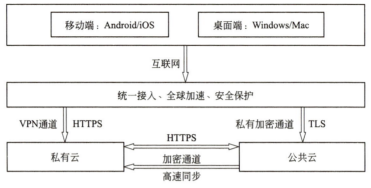

图 4.36　园区工业互联网技术系统架构

企业内部网中包含企业智能门户、第三方 IDP/OA/ERP 等软件和专属存储空间。企业自建智能门户与阿里云云端服务以 HTTPS 协议进行相关日常办公数据传输，同时可对接多种复杂的业务系统。企业域产生的文件直接存储在企业私有域中，提供高安全加密通道，将消息高速同步至专属存储空间。

4.5.2.2　园区业务系统架构

针对园区化工企业多且安全风险高、环保隐患多、精细化管控复杂的特点，构建基于"信息化＋自动化＋大数据＋标准化"的智慧化工园区平台体系，建设安全生产、环境管理、应急管理、封闭管理、能源管理、运输管理、办公管理、公共服务业务系统。以安全环保能源动态监管为基线，实现"一张图"管理，对园区实现全天候、全覆盖和立体化监管与服务，通过信息化的手段实现对企业情况的动态管理，建立"一企一档"，实现企业档案"一表清"。

（1）安全生产

实现化工园区内重点区域及设备安全生产监管，对风险信息进行分级管控，对化工园区和企业的隐患进行排查治理，统计分析多维度的事故隐患数据。

① 监管化工园区内化工工艺、危险源及重大危险源，重点监管化学品，油气输送管道高后果区、管廊管线、重点装置、重点设备、重点场所等基础信息管理，并可在电子地图上显示上述信息。

② 对化工园区内重大危险源进行实时在线监测，实现超出阈值报警和多参数关联报警，并能记录处置结果，重大危险源在线监测项目应符合

AQ3035 的要求。

③ 结合智能视频分析对视频监控区域内重点监管对象的运行状态、环境状况及人员安全行为进行识别、监测、报警。

④ 对基础信息、监测信息、报警信息等进行多维度数据统计与分析，通过图表方式展示。

（2）环境管理

对大气、水、危固废运输及环保处理设施进行监管检测，实现对环境质量的监管，建立特征污染物名录库，实现污染源监测，在此基础上，结合化工园区企业档案，实现环境溯源追踪。

① 园区大气环境综合管控按照"点、面、域、空"四个层次进行全覆盖立体化监测，实现污染溯源和精细化管理。

② 构建园区水环境三级防控体系，包括一级企业污水排放口、二级园区污水处理厂排口、三级天然水体（人工湿地、河流、雨水、地下水）监测。

③ 采集重点监管区域、主要到路口、人员聚集区、生活区等噪声信息，对标噪声污染监管指数，实时监测园区整体噪声污染情况。

④ 对园区所有企业的危固废信息进行统一监管，包括生产单位管理、许可证单位管理、运输单位管理、转移单位管理等，实现对园区环境的整体评价及对园区污染源的整体评价。

（3）应急管理

对应急资源进行动态信息管理和统计分析，对应急预案进行数字化管理及结构化管理，实现应急处置救援及应急指挥，可进行应急模拟演练。

① 对应急资源进行动态信息管理和统计分析，并能在电子地图上显示，应急资源标绘符号应符合 GB/T 35649 的要求。

② 对应急预案进行编制管理、备案管理、电子保存、综合查询等数字化管理，并能对应急预案进行结构化管理。

③ 实现园区应急监管平台值守排班管理，并能够对值班过程信息进行数字化记录与管理。

④ 对应急队伍与应急人员的统一指挥调度，并能对突发事件的态势进行分析与研判，依据分析研判结果自动生成综合研判报告、指挥方案、救援方案和保障方案。

⑤ 能够对事件的发生、发展、综合研判和处置等信息进行汇总，自动

生成总结报告，且能对总结报告自动存档、上报和分发。

（4）封闭管理

在园区周界设置入侵和紧急报警系统及视频监控系统并构成闭合监控区域，进行分类控制和分级管理，对卡口出入的人员与车辆基础信息进行分级别、分权限和分区域管理。

① 入侵和紧急报警系统及视频监控系统的建设应符合国标 GB 50348 的规定。

② 在园区进出口建立封闭卡口并设置视频监控，在园区和企业的人员与车辆进出口设置门禁系统，视频监控系统和门禁系统的建设应符合国标 GB 50348 的规定。

③ 在园区内设置高点监控，高点监控宜有效覆盖园区全域，支持 360 度旋转监控。

④ 在公共区域有效监控危化品车辆、危险废物运输车辆。

⑤ 接入企业人员定位系统，对化工园区内人员进行实时定位，动态掌握园区内企业人员的定位信息，且在电子地图上显示其位置，并自动保存定位数据。

（5）运输管理

对运输公司与车辆基础信息进行管理，监控运输车辆动态，并能及时联动应急接警系统，对物流运单进行管理。

① 通过对接为园区服务的物流公司，管理运输公司与车辆基础信息，包括承运人、运输公司、车辆及人员的基础信息，对入园危化品车辆的线上资质核验，出现资格证件超期、超限等情形宜及时预警报警，并能通过综合评估对运输公司进行信用评价。

② 对危险货物运输车辆在化工园区内的定位信息、行驶轨迹及违章情况进行实时监测，并能及时联动应急接警系统。

③ 企业和化工园区能在线申请、审核、批准运单，并能对危险货物托运清单信息进行统计分析，评估危险货物在化工园区的出入情况。

（6）能源管理

对化工园区内用能单位主要能源品种的使用信息进行数据采集与实时监测，对用能情况进行能源分类分项统计分析，对能源数据进行分析，推进节能优化。

① 采集监测化工园区内用能单位主要能源品种的使用信息及公辅工程的能源设备，建立重点用能单位及重点用能设备能耗预警报警系统。

② 通过地图查看化工园区能源消费分布情况，从区域、行业和用能单位不同维度进行能耗统计，对化工园区内各企业进行能源消费统计及能源利用效率分析。

③ 从化工园区、行业及产品的角度进行能效分析，采用可行手段进行重点用能单位能效分析、重点用能单位能效对标管理、化工园区能效评价、能效领跑者管理等。

（7）办公管理

实现化工园区各组织机构线上公文管理、事务管理及信息共享与交流管理，实现无纸化办公，提高办公效率。

① 具备公文的发文和收文管理功能。

② 具备公告通知、收发电子邮件功能，可申请和安排会议，形成会议议程和安排表。

③ 具备通讯录功能，实现各种文件资料电子化存档、查询。

（8）公共服务

对化工园区及园区企业提供线上公共服务功能，主要实现信息查询与推送、线上交易服务、在线培训及舆情监控与分析功能。

① 提供多种检索浏览方式，方便资料存储、共享及查询。建立化工园区招商引资协调信息、企业用工需求档案信息，并具备推送功能。

② 建立产品、废物（副产品）、能量梯级利用的交易平台，为化工园区企业及其客服提供销售、预定、订单、交易等服务。

③ 管理化工园区及企业各类人员的学习培训和能力提升，可通过在线远程培训等方式自动生成培训结果及管理。

④ 通过多种渠道受理公众建议、投诉举报，跟踪、监控并及时处理园区的舆情信息。

4.5.2.3　园区保障体系架构

（1）制度保障体系

制定和完善与智慧化工园区建设内容匹配的各项管理制度。

（2）组织保障体系

组织成立相应的管理机构，负责组织和管理智慧化工园区规划、建设、运维、服务等。

（3）人员保障体系

配置专职管理人员，采用自建或购买服务的方式，建立规划、建设、运维、服务的队伍。

（4）资金保障体系

编制智慧化工园区建设投资预算和资金使用计划，将智慧化工园区建设和运维等费用纳入年度预算，定期对智慧化工园区建设投入进行合理性分析和评估。

（5）信息安全保障体系

建立信息安全保障体系与技术能力，达到信息安全等级保护三级。

（6）运维保障体系

建立信息化运维系统和运行管理办法，保障系统长期稳定运行。

4.5.3 典型案例分析

4.5.3.1 安全环保智慧综合监管平台——杭州湾上虞经济技术开发区

杭州湾上虞经济技术开发区以绿色安全、循环高效为目标，以"标准化、数字化、智慧化"为引领，一手抓化工产业改造提升，一手抓安全环保的保障，打造"4+2"综合监管服务系统，着力建设园区安全环保智慧监管平台。

（1）建设历程

杭州湾上虞经济技术开发区在2018年2月启动了园区安全环保智慧综合监管平台建设，总投资83亿元（政府投入约9000万、企业投入超过82亿元），主要投入为车间推倒重建及高端生产设备更换，在企业前端感知及采集设备，其中前端感知点位共布置了208490个，杭州湾上虞经开区安全环保智慧监管平台指挥大厅如图4.37所示。

2018年10月已完成一期建设，初步构建了"一中心、一平台、一网络、一体系"主体架构，集成安全、环保、安防、能源管控、应急救援和公共服务六大系统的一体化大数据分析决策平台，进一步实现区域内高风险化工企业24小时监控，环保数据实时采集监控，辖区内异味实时评价溯源，

图 4.37　安全环保智慧监管平台指挥大厅

危化品车辆的定位监管等方面的统筹管理。

2019 年继续投入 3 亿，于 2020 年 3 月份完成二期项目建设，实现"点、面、域"三级网络化全方位预警监测，多指标、多角度、多维度可视化数据分析结果展示以及全盘可控的一体化精准化监督管理，实现区域综合管理科学化、规范化、智慧化。

（2）建设思路及亮点

智慧监管平台建设重点思路：基于安全、环保两重点，做到监测数据全覆盖、实时监控全天候、管理服务立体化，实现早发现、早预警、早处置。

三大亮点：新技术（视频 AI + 5G）在化工场景的应用；实现数据全覆盖；专业运维运营体系提供支撑保障。

全链接、全融合、全栈 AI 智能方案，通过感知、传输、整合、分析工业大数据，为经开区企业提供准确、高效、智能的产品服务；基础设施智能化、管理体系精细化、生产管理信息化、物流运输一体化、产业发展现代化，依托这样的发展格局，杭州湾上虞经济技术开发区正朝着高质量发展排头兵、转型升级示范园区阔步迈进。

经开区先后被授予"中国智慧化工园区试点示范单位""国家绿色化工园区""国家生态工业示范园区重点创建单位"等荣誉称号。

（3）智慧监管平台建设

按照"信息化+自动化+大数据+标准化"建设要求，以实用、落地为原则，构建"指挥中心、监管平台、融合网络、运维体系"四大核心，打通原有多个信息平台，统一融入"平战结合"一体化大数据决策分析平台，实现"一张图"管理。借助智慧安监、智慧环保、智慧能源、智慧安防、应急联动、公共服务等六大系统板块，对经开区实施立体化监管与服务。

① 智慧安监　安全监管对原辅料从道路运输—进厂—储存—生产—产品储存—产品出厂以及应急处置的全链条、全天候、全方位监管。

a. 原辅料、产品进出厂环节　构建了危化品道路运输定位监控系统，设置电子围栏，在各交通路口安装智能卡口，对进入的危化品运输车辆进行动态监控，通过系统可以查看危化品运输车辆的基本信息、行驶轨迹、违章情况，同时根据运输危化品特性，提供相应的应急处置方案。

b. 储存环节　储存场所主要涉及危化品罐区与危化品仓库，重点对危化品储罐的温度、液位、压力及泄漏预报警进行实时监控，对危化品仓库的温度及泄漏异常等情况实时监控。

c. 生产环节　主要接入企业生产现场、生产控制室等重点部位视频，实现全覆盖监控，同时接入企业生产工艺主要控制参数，并实时监控，针对以上各环节的监控数据，一旦出现异常情况，系统会自动报警，并在第一时间短信推送至企业负责人、监管人员，通过线上线下联动，及时消除安全隐患。

d. 应急处置环节　当企业出现突发事件时，可以从预案库中启动相应预案，通过指挥沙盘对事件的现场态势进行查看与标绘，查找事故点周边应急资源，同时根据现场监测数据，进行模型模拟、路径规划等，协助指挥救援行动，及时控制事态发展，缩短救援时间，提高救援效率。

② 智慧环保　智慧监管平台从企业到周边环境进行分级管控，实现了大气四级防控、污水三级防控、固危废管控、环保设施管理，建立了185个异味监测点、15个特征污染物监测站、30个空气自动监测微站、3座大气超级站，实现污染溯源，构建点、面、域全流程监控、处置一体化平台，以大数据助推智慧环保。

结合经开区实际情况，在全国率先探索建立了一套异味评价体系，该体系属全国首创，通过特征因子法、上下风向法、多特征融合预测法来实现异味溯源，整体实现了异味的可预警、可溯源、可评价。

③ 智慧能源　接入企业的标煤、电力、蒸汽、天然气、产值等数据，通过系统的自动统计、对比、分析功能，可分析企业、经开区当年和历年的

用能、生产状况、经济效益等变化。智慧能源主要功能一是对企业能耗超标情况进行监控预警；二是对企业用能情况及生产经营情况进行分析诊断；三是通过数据整合，分析经开区历年总体用能及经济运行状况。

（4）新技术的应用

① 智能高空瞭望　通过系统的视频标注，能自主判定和快速获取建筑物及装置在夜间或大雾天的准确位置信息。

② AI 视频智能应用　在中控室、现场作业、危化品仓库、重大危险源、危化品物流、企业门禁、重点车间等场景，实现对人员违规或安全隐患的自动识别及报警，提高运营管理效率。

③ 5G 融合通信　在事故发生时，利用 5G 高宽带低延时的特点，实现事故现场、周边传感器、视频会议系统、视频监控系统、现场处置人员等多方融合通信功能。

（5）运营成效

建设为基，运营为要，经开区建立了双随机巡查、安全环保协同处理、通报考核、日常运维运营四大工作机制。四大工作机制高效运转，企业报警次数不断降低，事故隐患得到有效控制，区域环境质量明显提升。

图 4.38 为安全环保智慧监管平台运维运营体系。

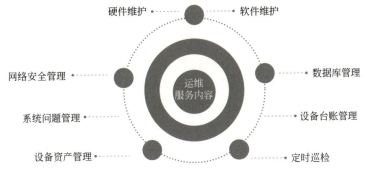

图 4.38　安全环保智慧监管平台运维运营体系

安全环保智慧监管平台运行以来，事故发生次数和伤亡人数明显下降。至今共处置安全数据报警 1525 次，排查隐患 1103 个，对发现的问题及时跟踪、处理、落实。自 2018 年第 4 季度平台投用至今，安全数据报警明显下降，同期下降比例达 38.2%；安全隐患数量明显减少，事故发生的概率降低。环保监管方面，全区 $PM_{2.5}$ 平均浓度下降 43%，空气质量优良率（AQI）上升 16 个百分点，$PM_{2.5}$ 平均浓度和空气质量改善幅度居全市前列；废气、废水超标报警明显下降，废气同期下降比例达 75%，废水同期下降比例达 48%，异味超标天数同期下降比例达 52%，整体提高了园区的环境质量状况。

4.5.3.2　智慧化工园区综合管理平台——嘉兴港区

嘉兴港区化工园区作为临港化工园区，是浙江省重点发展的三个重点化工园区之一，是浙江省首批工业循环经济示范园区和浙江省产业集群"两化"深度融合实验区，在全国率先启动智慧化工园区规划和建设。2015 年 6 月，嘉兴港区党工委、嘉兴港区管委会联合印发《嘉兴港区智慧园区建设方案》，提出了"一年内基本建成四大智慧管理系统，三年内完成智慧港口系统、智慧物流运管系统等配套设施建设，五年内全面实现智慧园区各体系的提升与完善，最终实现园区生产智能化、管理智慧化"的嘉兴港区智慧园区总体建设目标。

（1）建设思路及亮点

2016 年 4 月，《嘉兴港区智慧化工园区总体设计方案》通过了由石化联合会园区委组织的专家组评审。嘉兴港区智慧化工园区建设项目进入实施阶段，其建设思路为：按照"一年打基础、两年出优势、三年达目标"的三步走发展战略，一期建设实现"优化管理、提升服务"，二期建设实现"提振产业、展现优势"，三期建设实现"全面提升、树立典范"，逐步实现化工园区智慧化建设，支撑园区信息化、智慧化监管。

技术亮点：聚焦"物联网＋互联网"，通过感知传输、平台支撑、系统应用、综合运营的整体建设，实现企业基础数据全接入、各类业务系统全打通、各类传感预警全覆盖、两个全生命周期管理实现全要素、标准化建设贯穿全过程，实现"高智能、高匹配、高附加值"的三高型智慧化工园区管理要求，助力化工园区实现"监测预警全覆盖、数据全接入、业务系统全打通、生命周期管理全要素"的智慧化应用。

（2）综合管理平台建设

按照"统一规划、分步实施"的原则，建立园区大数据中心和综合运营管理平台，实现园区信息资源互联互通与业务协同，面向政府、企业、公众提供服务，建成地理信息、智慧安防、智慧环保、智慧能源、智慧物流、智慧物流、反无人机等管理系统，实现管理智慧化，形成标准化、可面向推广的智慧化工园区建设模式。嘉兴港区智慧化工园区综合管理平台架构如图 4.39 所示。

① 大数据中心　大数据中心是智慧化工园区各类数据的"加工厂"，汇集

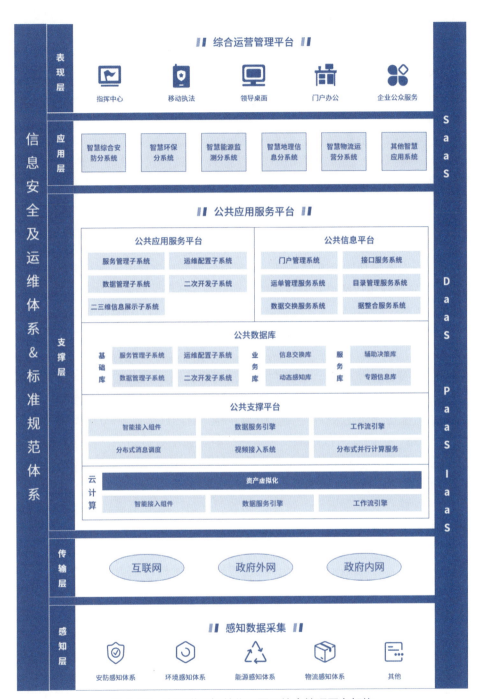

图 4.39 嘉兴港区智慧化工园区综合管理平台架构

业务数据及与业务分析相关的各类数据信息。通过数据采集、清洗、标准化等过程，计入大数据资源中心，利用大数据技术进行分析、加工，最终服务于各级职能部门及管理层，进行辅助决策支持，是智慧化工园区运行的基础。

经过近5年的信息化建设，大数据中心也累计接入安监、环保、能源等各监测数据4351项，设备接入总数达7118台/套，其中安监领域3181台/套，环保领域2533台/套，接入数据频率达150条/秒，累计数据量超59亿条，累计数据总量26TB，实时掌握园区态势。

② 智慧安监　面向"人的不安全行为、物的不安全状态"的监管需要，经过两期项目建设，安监监管已涵盖设备管理、监测监控、特殊作业、外协管控、综合管理、应急处置等关键环节。

a. 设备管理靠前防——危化设备全生命周期管理系统　该应用建立起危化品企业设备从信息等级到动态监管，再到淘汰更新的全生命周期信息化管理，实行设备设施信息的全方位登记，实现设备实施检查维修、淘汰更新"两不误"。自系统应用以来，共收录监控特种设备、环保、消防、安全及其他设备五大类、88827台（套），实现信息登记"无遗漏"。助力园区设备淘汰更新资金补助管理办法的落地实施，借助该系统完成企业第一轮设备淘汰更新及自动化改造工作，淘汰更新近6500台/套，实现淘汰更新"无顾虑"。

b. 监测监控实时查——重大危险源在线监测、重大危险源视频监测探测　利用重大危险源在线监测数据、高空瞭望及园区封闭等视频数据，接入重大危险源传感器1283个，高空瞭望4路、封闭园区监控30路、企业内部监控30路，借助重大危险源视频烟雾分析、监测数据趋势预测等算法，提供直观、精准的判断和信息共享分析，为安全生产、应急管理形成园区点、线、面分级、分控立体式的监控网信息。

c. 特殊作业过程管——特殊作业管理平台　通过该系统实现特殊作业网上填报、专业审核、现场确认、第三方监护、监管部门抽查和特殊作业过程远程监控等全流程监管，对园区内动火作业、受限空间作业等八大类特殊作业进行申报登记，完善作业过程管理，管控作业人员变动、作业环境恶化、变更作业内容等情况，提高监管效率。目前，系统共收录特殊作业15670起，其中动火作业12599起，受限空间3069起，未发生一起生产安全事故。

d. 外协管控把关严——承包商管理系统　利用承包商管理系统建立与生产经营活动有关的承包商队伍（包括工程施工、检维修作业、检测检验、射线探伤作业等）基本信息库，将持证人员、培训教育、施工内容和方案、安全交底、现场监理等要素纳入日常管理，对外来施工队伍的资质、从业人员

和施工能力等进行严格审查，为通过安全审查、等级的，不得从事相关作业。对承包商队伍安全管理情况进行不定期核查，年度进行综合考评，考核情况纳入安全诚信档案，并以此作为选择聘用承包商的队伍的重要依据，提高作业准入条件。

e. 园区动态一图显——综合管理一张图　基于丰富的园区动态监测数据，以安监"五个一体化"为设计思路，以接口形式横向打通环保、安监、园区办、应急等领域的12个新旧系统，汇聚各系统成果数据，形成6大主题、52个图层，动态展示园区环保、安全、应急、防汛防台、园区封闭、园区物流等园区态势信息，实现"园区动态一图显"的应用效果，为园区管理提供全面的辅助决策支撑。在2021年7月台风"烟花"和2021年9月"灿都"的防汛防台工作中获得检验，充分满足了港区应急指挥中心"大应急、大联动"的应用需求。

f. 应急处置立体网——应急指挥系统　基于重大危险源传感器监测、高空瞭望及园区封闭监控、烟火识别、电话报警、有毒有害气体超标报警等监控数据及外部系统报警数据，引入传感器数据预警模型，实现传感器30分钟预警和公众、视频、传感器报警，并提供值班管理、应急预案管理、应急资源管理、应急调度管理、通讯组管理等配套应急辅助功能，实现应急、公安、交通、环保、医疗、综合执法等部门应急联动，在2021年6月举行的"有毒有害环境应急演练"中得到充分验证，形成了"大应急大联动"机制。

图4.40为嘉兴港区应急综合管理平台。

③ 智慧环保　由监测预警、水气共治、有毒有害气体监管、环保专题图等内容组成，建立了"点、线、面"多维度监测体系，实现监测网络的全地域覆盖。

a. 监测网络广分布——监测站/网建设　在园区建设、接入73个企业废气、废水、雨水排口监测点位，61个园区网格化管理微观站、5个园区大气站、6个园区臭气站、1个园区负氧离子站、2个园区颗粒物监测站，同时接入44个有毒有害厂界站（利用其他项目建设），接入9个水质监测点、19路河道监控视频、32路企业污染源视频监控，全面掌握企业排污情况、园区大气质量和水环境质量情况。

b. 环境监测智慧用——在线监测一张图、环境质量报告、有毒有害气体预警、环保监测预警等　利用各类应用系统实现环境监测超标报警和数据分析，自动生成周、月质量报告，实现大气污染溯源分析，大气污染事故扩散模拟，支撑园区环境质量现状监控、环境变化趋势跟踪、事故应急联动、灾后分析等环境监测、应急业务，为园区环保部门提供专业化数据分析服务与

图 4.40　嘉兴港区应急综合管理平台

决策辅助。

④ 智慧物流　建设园区供应链协同系统、园区访客、园区封闭等系统，支撑园区道路运输、危化品装卸、人员进出管理，进行实时风险管控和调度处置。园区利用上述系统实施硬隔离封闭，严格车辆、人员进出管控，进入车辆需预先注册，临时进入车辆需登记确认，最大限度地减少进入园区车辆、人员数量，降低区域安全风险。

在园区危化品车辆入口处建设危化品物流保障基地，每天为 400 多辆危化品道路运输车提供安全检查、维修保养、临时停车、加油洗消和后期保障服务；支撑危化品运输人员、车辆、资质、罐体和物料的"五必查"工作，确保进入车辆与电子运单信息准确无误；基地与企业建立危化品运输车辆全天候调运管理，规范车辆运行路线，危化品运输车辆有序进入园区、企业。

⑤ 智慧能源　建设智慧能源管理系统，利用 40 多家化工企业在线能耗数据，分析园区能耗数据，适时预警、调整和控制企业用能指标，帮助用能企业全面及时掌握用能情况，挖掘提升空间，辅助企业完善能源管理，优化能管模式和机制，为"两低一高"企业的整治退出提供依据。

⑥ 运维管理　以公共服务平台为基础，为产品供应商、服务提供商、需求方提供供需对接和交易平台，为园区企业提供新闻、公告、政策等咨询信息，实现园区产品、服务信息在线共享、交易，促进园区商业活动长效、健康运行；以业务管理监测平台为基础实时监控大数据中心、信息系统的软

硬件运行情况,实现系统运行实时监控和报警,支撑信息系统日常监管工作;借助运维管理系统的工单管理、资产管理、时间管理、巡检管理、值班管理、知识库管理实现运维工作全流程管控,有效提升运维效率。

为保障园区信息化建设正常有序发展,项目建设过程中产生国标、行标、园区团体标准共计29项,其中参编的国标《智慧化工园区建设指南》已正式发布。2020年12月,嘉兴港区标准化试点示范项目以101.57的高分通过国家标准化试点示范专家评审。

(3) 新技术应用

① AI大脑引擎　由算法引擎、环境感知系统和智能决策系统子及若干子模块构成,组件间高度模块化且耦合程度低,具备高可扩展性及易维护性。内建算法引擎组件不仅支持并行计算,同时支持计算任务的分布式调用;内建环境感知系统不仅支持抽象信息的提取,同时支持算法模型的在线计算及仿真;内建智能决策系统不仅支持基于抽象信息的事务判断,同时支持基于抽象信息的智能辅助决策。

② 化工领域AI算法　以AI大脑引擎组件作为上层智能化应用的底层基础,依托与AI大脑引擎强大的计算能力及丰富的算法模型库,上层业务系统可构建面向安全、环保、应急等领域的智能化系统,解决传统业务中监管效率低、智能化程度低等痛点、难点问题。

③ 视频智能分析　是以AI大脑引擎为底层构建的上层智能化应用产品,涉及视频监控、图像处理、模式识别和人工智能等多个领域,不仅提供烟火识别、安全帽佩戴、人员行为监测等视频分析服务,同时还提供报警事件统计、视频分析任务定时调度及模型参数可视化配置等功能。

(4) 运营成效

项目实施以来,在监测数据归集方面,已累计接入数据4351项,累计数据量超7亿条,全面掌握园区安监、环保、能源等业务动态。其中,安监领域已录入88827台(套)设备信息,监控特殊作业20306起,未发生一起生产安全事故,接入重大危险源在线监控传感器1371个,横向打通环保、安监、园区办、应急响应中心等管理部门新旧系统12个;接入各型监测站点201个;接入43家化工企业能耗数据。

项目建成运行以来,嘉兴港区水环境质量和大气环境质量得到改善。截至2021年上半年,嘉兴港区地表水水质大幅改善、区域环境空气质量稳定处于二级标准;港区河长制河流考核断面全面达到或优于Ⅳ类水标准,Ⅲ类水比例达到20%，实现劣Ⅴ类、Ⅴ类断面"清零"；环境空气环境质量AQI优良率达到91.0%，空气质量综合指数在嘉兴所有县（市、区）中排名第四，$PM_{2.5}$浓度降至27微克/立方米，O_3 8h浓度降至146微克/立方米，连续两年达到大气环境质量二级标准；污水处理基础设施不断完善，实现集中式工业污水处理能力"零"的突破。辖区未发生因环境问题而引发的群体性事件或社会不稳定事件。

4.6 管理服务科创一体化

4.6.1 管理服务科创一体化的内涵

（1）定义

在化工园区的建设管理中，管理运营占据着重要地位。化工园区管理效能的高低直接影响到园区的整体发展水平，及园区内企业竞争能力与未来发展。管理服务科创一体化是指在化工园区日常管理中，从源头建立健全包括项目投资、经济发展、安全应急、环境管理等在内的管理机构，构建、完善包括专家咨询、项目评价、奖励激励、人才管理等制度体系，配备检验检测、应急救援、政务中心、科创中心、实操实训基地等硬件设施，从而将管理、服务、科技创新有机地融为一体。

在化工园区的日常运营管理中，管理、服务、科创三项工作互相交叉并互有依托和促进，其一体化发展，是提升化工园区管理效能、构建良好营商环境的重要途径，是化工园区软实力提升的重要手段，也是化工园区实现高质量发展的必要路径。

图4.41为管理服务科创一体化促进高质量发展图示。

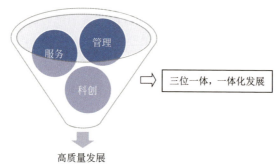

图4.41 管理服务科创一体化促进高质量发展图示

（2）目标与作用

化工园区的管理服务科创一体化的目标是：通过软硬件系统、政策与制度等的建设和完善，构筑有机融合的一体化管理制度体系，实现化工园区管理水平和管理效能有效提升；营商环境全面向好，通过引入第三方、搭建多种服务平台等方式，使园区服务水平、服务能力上一个新台阶；搭建科创平台，建立灵活的人才引进制度，通过多种政策制度的建立，激发企业创新活力，从而实现整个园区乃至整个行业科创能力的全面提升。

图 4.42 为管理服务科创一体化主要目标。

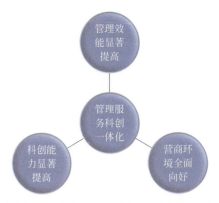

图 4.42　管理服务科创一体化主要目标

在园区的实际运营中，化工园区的管理服务科创一体化主要发挥管理、服务、科创的职能作用。

管理职能主要包括决策园区发展的方针和政策，制订和修改园区发展规划、项目准入与评价办法等相关政策；决定园区重大事项，协调推进园区建设；负责投资项目、土地使用的审批和建设工程管理；创造合理的制度环境，催生企业之间的良性竞争与合作格局；确定科学、长效的安全、环境监管机制与体制等等。

服务职能则包括提供有效的公共服务，建立公共培训机构，组织联合技术攻关，树立园区良好形象、创建区域品牌，为区内企业提供必要的入驻、发展指导与服务，如为中小企业提供融资、制定引进专业人才的措施、搭建金融、创新平台等。

科创职能主要着眼于促进地区、企业科技创新能力的提升，应是化工园区管理和建设者要特别重视的一项工作。化工园区目前已成为我国石油和化工行业的主要载体，也是行业发展的主战场，担负着激发企业活力、促进行业重大技术攻关的重要使命。

通过推进化工园区管理、服务、科技创新的一体化发展，可以有效提升化工园区的软实力，实现化工园区管理效能、服务水平、科创能力的全面提升，乃至形成园区的品牌口碑效应，这也是化工园区实现高质量发展的必然要求。

图 4.43 为管理服务科创一体化主要内容。

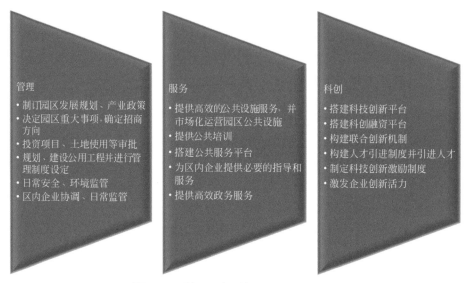

图 4.43　管理服务科创一体化主要内容

4.6.2　管理服务科创一体化的系统构建

构建管理服务科创一体化系统，需要硬件环境和软环境的支持，其中硬件是基础，软环境建设则是化工园区实现管理效能提升、实现高水平发展的重点工作。从硬件环境建设来看，园区需要在科创中心、平台建设、培训中心、生活设施等方面逐步完善，配合软环境建设，最终形成管理服务科创的一体化系统构建。

从软环境建设来看，管理服务科创一体化的实现需要政策和市场的双重激励，通过政策引导最终实现市场化的良性运营。要从管理制度入手，缩减行政流程，引入专业化、市场化体制机制，充分发挥专业第三方作用，从政策主导型向市场主导型过渡，提高行政、管理效率。

4.6.2.1　完善硬件支撑系统

从硬件环境建设来看，化工园区要实现管理服务科创一体化，需要相应的硬件设施配置，主要包括公用工程和配套产业设施与建设、科创中心、多种平台的硬件建设、培训中心、生活设施等，通过硬件设施的逐步完善，并配合软环境建设，最终形成较为完善的管理服务科创一体化系统构建。

① 园区公用工程和配套产业　建设包括园区公用热、电、气、储运、"三废"处理等设施，为配套型服务型产业预留用地，给足发展空间，从而实现降低企业运营成本、高效管理等目标。

② 科创中心建设　为科研创新工作提供基地和办公、实验场所，包括孵化器、加速器、中试基地等建设。

③ 行政、金融服务中心（大楼）　将行政职能、金融服务职能高度集中在一个政务大楼中，为企业提供"一站式"服务，提高行政管理、金融服务效率。

④ 实操实训基地（人才培养中心）　提供人才培养、职业培训所需的场所、设施，并提供相应的培训服务，助力企业安全、可持续发展。

⑤ 智慧平台搭建　充分运用互联网、大数据等信息技术，搭建园区政务平台、创新平台、金融服务平台、物流平台、监管平台等多个信息技术平台，完成多个平台的线上系统构建，从而大幅提升园区的管理效能、运营效率。

⑥ 生活设施配套　包括住宿、文娱、会议等设施，解决入驻企业的后顾之忧，满足园区发展、企业发展过程中不同层次人才的生活需求，为企业、园区的稳定发展奠定基础。

4.6.2.2　构建软环境支撑系统

化工园区管理服务科创一体化的软环境建设，可以通过建立专家评估、招商引资、科技创新、金融支持、人才培养、责任关怀和品牌价值这7大互相支撑的体系来实现，这7大体系绝非各自独立存在，而是相互支撑、相互依托，并且互有交叉关联。

图4.44为7大体系互为支撑。

（1）专家评估体系建设

专家评估体系建设是化工园区管理的基础工程。化工园区的建设管理必须符合国家、地方政策要求，从建立之初到招商、管理，都需要建立科学、专业的评估机制。由于化工园区的高风险特征，专家评估体系建设包含三个层次：政府、园区、企业，即政府对园区规划、建设的评估，园区对入园项目的评估，园区对现存企业和项目的动态评估。

① 政府层级的化工园区认定评价体系　由于化工园区的安全、环境风

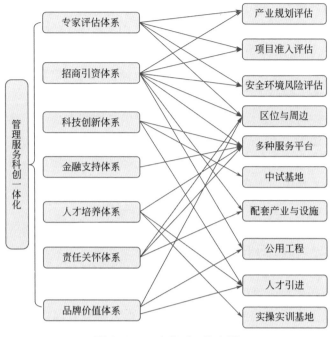

图 4.44 7 大体系互为支撑

险等特殊因素，政府层面的监管必不可少。建立政府层面的化工园区的规划、建设、管理评价体系十分重要，主要包括两方面，一是设园之初，对园区规划、定位评估，作为是否建设园区的依据；二是园区成立后的动态评价，作为园区认定、考核等的依据。

对于新建园区，地方政府应当通过建立多方参与的评价体系，邀请专业团队对本地化工产业基础、市场情况进行调研分析，杜绝"拍脑袋""一窝蜂"式的规划与建设。本书第 3 章对园区开发、建设、规划已进行了充分的叙述与分析。在此特别再次提出的是，对化工园区的规划要做超前性评价，即需要评判未来十到二十年的发展中，园区是否能顺应国家未来安全、环境要求的提高；是否符合所在城市（地区）国土空间发展规划，是否在几十年后仍能与城市（地区）和谐共处，以避免"城围化工"的现象再次出现。

化工园区建成后，监管部门持续的动态评价是保持园区活力、控制园区风险的重要环节。化工园区的动态评价主要由地方政府进行，通过应急、环保、工信等多个部门的动态考核，结合全国重大危险源认定与管理等要求，对化工园区进行认定评价、风险分级、发展潜力等评估工作。

② 园区层级的项目准入和退出评价体系　化工园区在运营过程中，引进项目是最重要的工作，也是园区发展的基础，特别是重大项目，直接关系

到园区日后的发展方向和可持续发展的能力。因此建立科学的化工园区项目准入评价制度十分重要且必要。

对项目准入的评价，应建立高水平的专家队伍，需要懂政策、懂市场、懂技术的专家团队，对项目进行全方位的评价，其目的在于：一是评价项目是否符合国家、地方相关产业政策，是否是鼓励类项目，严防淘汰类产能进入；二是评价项目是否符合园区产业链定位，严防与本园区产业链无法关联的低端项目进入，避免后期建设、管理、运行中的巨大消耗；三是评价项目的安全环境风险、能耗水平等，防止能耗高、安全环境风险大的项目进入，带来后期运行管理中的隐患，同时评价要充分考虑项目入园区后可能产生的扩建，随之带来的环境、安全积聚风险，对项目长周期运行进行充分和超前的预评估。

图 4.45 为项目准入评价标准。图 4.46 为项目准入评价程序。

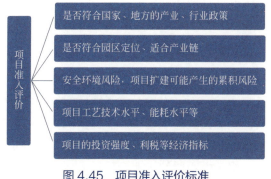

图 4.45　项目准入评价标准

图 4.46　项目准入评价程序

化工园区引入企业和项目后并非一劳永逸，随着行业的发展，要对现有企业和项目进行动态评价与考核，对一些管理缺失且安全、环境风险隐患不断累积的项目、装置进行及时整改，对整改后无法达标的项目要及时淘汰，从而形成常态化的考核与退出机制。主要包括以下一些内容。

a. 对区内企业进行分级管理，对区内重点项目、重点危险源按照级别进行分级管理。依据我国《危险化学品重大危险源监督管理暂行规定》，重大危险源的安全监督管理实行属地监管与分级管理相结合的原则，根据其危险程度，分为一级、二级、三级和四级，一级为最高级别。经过评估后，按照危险源的级别，由属地采取不同的措施进行监管。对于一级、二级重大危险源，县级安全生产监督管理部门应当每季度将备案材料报送至设区的市级安全生产监督管理部门。对于一级重大危险源，设区的市级安全生产监督管理部门应当每半年将备案材料报送至省级安全生产监督管理部门。

b. 定期组织专家对区内企业和项目进行安全环境风险评估。按照《全国安全生产专项整治三年行动计划》的要求，对园区、企业和项目定期评估，按照风险隐患程度确定ABCD级别，其中A为鼓励类，B为稳定类，C为整改类，D为淘汰类，在规定的整改时间内无法实现达标整改的，将进行淘汰，为优质项目腾出发展空间。

c. 建立第三方评价与考核体系。在化工园区的日常运营中，受制于人力资源的不足，园区通常将日常安全隐患排查、风险诊断等委托专业的第三方安全机构进行，目前常用的方法有政府采购安全服务，保险公司针对安全责任险、环境责任险进行定期风险评估与隐患排查等。第三方评价体系的建立，大大提高了园区对安全环境隐患的排查能力。

（2）招商引资体系建设

招商是化工园区运营中最重要的工作之一，必须严格依照前期园区的产业规划进行。在确定了招商制度之后，化工园区的招商需始终围绕园区的核心产业、重点产业，按照园区的规划和产业链情况，招收、吸引产业链上项目或重点发展的特色产业项目。要根据项目评估结果，确定项目是否适合入园，严禁非产业链、相关性不强的企业和项目入园。只有通过科学招引，极力聚集相关的上下游企业，形成产业集聚效应，才能打造真正意义上的"化工园区"，而不仅仅只是化工企业的简单集聚；通过招商强链补链、完善配套与服务性产业，形成产业集聚效应，方能提升园区的专业价值，形成品牌优势，吸引更优良的投资项目进入，形成良性循环。

图4.47为招商引资体系的建设。

① 招商目标。

首先应当确定化工园区的招商主体。在我国现行的化工园区3种管理制度下，已有越来越多的园区采用管委会监管、开发公司为市场主体的招商制度。以开发公司为主体的招商模式，在项目融资、落地推进等方面，都更为灵活、便捷、高效。

明确招商主体后，即可确定化工园区招商方向和战略目标。基本步骤是：制订产业规划，确定产业链和发展方向；组织相关机构或专家建立项目准入评价制度，以便项目进入时对其可靠性、经济性、安全性等进行全方位分析；因园制宜确定园区的近远期招商目标。

关键点：
- 原料来源
- 运营成本
- 产品市场
- 人力资源
- 法律法规
- 企业集聚

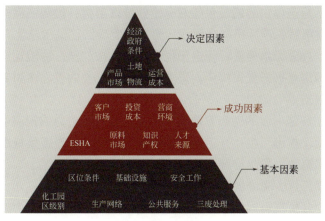

图 4.47　招商引资体系的建设

② 组织框架。

明确了招商主体和招商方向后，还需要强有力的组织框架，通过制订一系列规章制度确保实现招商目标。首先应明确招商流程，并根据流程制订相应政策、明确执行部门。

③ 招商流程。

招商流程主要可以分成三个步骤，如图 4.48 所示。

图 4.48　招商流程示意图

第一步、项目筛选：

a. 了解项目产业的现状和发展趋势。项目产业在中国的现状及发展，项目产业在区域的现状及发展，项目产业在当地的现状及发展。对项目产业中的企业按照规模、发展潜力进行分析，建立可能的企业数据库。

b. 筛选项目的领域包括现有企业技改项目、优势产品扩张项目、地方资源开发项目、产学研联合项目、服务产业项目、盘活存量的项目等。

c. 对分析结果进行筛选和优先排序，按与园区的相互适应性筛选，对筛选出的企业进行优先排序，形成可能入驻企业的优先序列名单，并尝试建立初步联系。

d. 加强项目的动态管理，不断提出具有吸引力的招商引资项目，做到储备一批、推出一批、开工一批，确保吸引外来投资连续推进，使招商引资工作扎实有效，稳步推进。

第二步　明确优势：

a. 分析现有同类型产业园区的状况，包括全国同类型产业园区的发展状况，当地产业园区的发展状况，从而明确自身位置。

b. 分析园区本身的竞争优势，确定产业园区核心竞争力，撰写招商报告。

c. 对标目标项目，尽可能弥补园区不足。

d. 做好招商引资的形象设计、宣传和推介、树立良好的区域和品牌形象。

第三步　项目对接：

a. 与目标入驻企业接触谈判，开发最佳接触战略，并准备招商材料。

b. 针对不同的企业，选择相应的招商渠道。

c. 建立与目标企业的联系，实施跟进措施，建立招商跟进备忘录。

d. 分析企业重点需求，根据谈判进程，调整修订潜在入驻企业名单，确定核心招商目标。

e. 最终锁定入驻对象，整合包括政府在内的各方资源，协调入驻企业与相关各方的关系，促进企业做出入驻决策。

f. 展开对入驻企业的落地服务。

④ 招商报告。

在化工园区招商过程中，招商报告是让目标客户快速了解园区的重要渠道。撰写招商报告主要应说明如下问题：原料来源、公用配套工程、物流运输、产品市场分析、化工园区产业链、项目在产业链中的位置、装置技术可获得性、园区专项和优惠政策、与周边优势产业结合可能性、投资回报分析、人才获得、生活配套等。

⑤ 资源保障。

a. 投资形象塑造：包括媒体宣传和各种会议研讨、展览活动等。对于化工园区来说，招商中的形象问题，归根结底是区域形象问题，需要从政府层面提升区域形象，是一个长期的工作。

b. 提供有竞争力的园区公用工程、配套服务等。通过不断完善园区的配

套设施、提高产业链完整度等，改善园区的营商环境，从而使招商引资过渡到招商选资。

c. 提供优惠政策，包括财政金融等多项优惠政策的制定和落实，改善投资条件，协调和发展与合作伙伴之间的关系。

d. 人才的持续培养。鉴于化工园区的特殊性，园区招商需要既懂市场又懂专业技术的复合型人才，而这正是行业长期以来的短板。化工园区作为政府直管机构，若能建立可持续的人才培养机制，将能大大提升园区的竞争力，为招商工作增添筹码。

e. 信息系统的管理及投资者跟踪工具的运用，将能大幅提升招商效率和精准度。

⑥ 招商方式。

a. 开展多项招商活动：通过会议、会展，如座谈会、招商会、经贸洽谈会、专业技术及产业专题会议等形式，有计划、有步骤、有目的展开招商引资主题活动。

b. 网上招商：整合政务、商务、企业和媒体等信息资源，利用多种语言文字和视频、动画等多种媒体形式建立网络招商平台。

c. 媒体宣传：制定传媒招商计划，充分利用国内外主流媒体的号召力和影响力，树立项目良好形象。

d. 开展行业招商：与行业协会建立广泛的合作关系，建立强大的招商网络并进行维护，结合产业特点及动态，进行强化招商。

e. 量身制订招商计划：建立潜在进驻企业数据库，通过各种渠道紧盯目标客户，通过提供个体解决方案，对目标客户进行说服。

f. 合作招商：吸引投资公司组建产业园区招商管理公司，参与产业园区的招商和管理工作；也可实行委托招商，制定招商奖励措施，建立招商基金，利用国内外法人机构、经济组织或个人所拥有的招商网络和资源建立广泛的招商网络，积极开展异地和跨国投资项目。

g. 以商引商：在发展以产业园区为载体的一次招商的基础上，以进园企业或联谊企业为载体，启动关联（上下游、配套等）招商。

⑦ 绩效评估。

由于近几年来，我国一直在加快推进化工生产企业进入园区，同时各省也在进行化工园区的重新认定工作，并加快了淘汰落后的步伐，因此，我国化工园区早已从过去的"招商引资"阶段进阶到了"招商选资"阶段。化工园区基本上全部都有不低的入园门槛儿，对入园项目的投资强度、亩产利税、工艺指标都有硬性要求。但这并不意味着园区不需要招商工作，也不意味着园区招商不需要绩效考核，科学的绩效考核制度对激发招商活力具有重要作用，毕竟好产品、好项目仍是各园区争相引入的"宠儿"。

对于化工企业和项目的招商绩效考核，除了通常的经济指标外，还要对入园项目后续的安全、环境风险进行持续跟踪，并作为绩效评估的一项要求，从而降低园区日后经营管理的风险。

（3）科技创新体系建设

创新是高质量发展的重要内涵之一。我国的石油和化工行业目前虽然规模已位居世界第一，但"大而不强"，要实现行业从大到强，加强科技创新是必由之路。近年来，我国科技事业发展取得很大成就，科技创新能力显著提升，但我国科技发展水平特别是关键核心技术创新能力同国际先进水平相比还有很大差距，同实现"两个一百年"奋斗目标的要求还很不适应。因此，国务院也提出，要"按照需求导向、问题导向、目标导向，从国家发展需要出发，提升技术创新能力，加强基础研究，努力取得重大原创性突破。"

园区是化工产业发展的主战场，应当为企业营造良好的创新发展环境，尤其是一批已经形成区域产业龙头的大型石油化工或精细化工及新材料产业园区，应当瞄准产业高端，争创世界级先进化工园区，在创新环境营造上取得突破。

"创新驱动、特色发展"是建设高质量化工园区的必由之路。园区应立足于自身的发展诉求，结合土地、资源、市场等方面的优势条件，打造科技创新平台，通过引进教育研发机构、配套建设科研成果孵化、小试、中试设施，实现园区内研发、园区内孵化、园区内投资建设的创新发展闭环。

① 完善科技创新资源配置模式　要提高科技创新能力，应当以市场为导向、企业为主体、技术为核心，即充分发挥市场经济调节作用，采取激励政策鼓励企业投入科技研发，对重点难点技术进行攻关。

2019年，我国研发投入已突破2万亿元，总量已经很大，但我们重大技术突破的数量及成果转化为产业竞争力的成效与投入还不匹配，研发效率亟待提升。这就需要我们运用机制的力量，激发创新的动力与活力。要想充分激发市场主体的科技创新能力，需要完善和优化科技创新资源配置模式，充分发挥科学家和企业家的创新主体作用，形成关键核心技术攻坚体制。

a. 从国家层面看，要聚焦国家需求，统筹整合力量，发挥国内市场优势，强化规划引领，形成更有针对性科技创新的系统布局和科技创新平台的系统安排。政府之责是通过制度设计，激发创新动力，提高创新效率，培育良好的创新土壤环境，通过机制将政产学研用结合起来。化工园区的最直接管理者即各地方政府，要在实践中对现有制度进行创新，解决政府如何引导创新导向、企业如何发挥主体作用、研发机构利益如何保证、个人如何激发积极性并推动产业化等问题，如何考虑各方利益，建立各方风险分担、利益共享机制，如个人股权激励、科技成果入股、产业化利润分成等机制都可促进研发效率提升，激发组织及个人的积极性与活力。

b. 改革科研项目立项和组织实施方式。当前，我国的科研立项存在立项时间长、审批流程多、科研成果转化率不高的问题，突出表现在尽管目前我国已经成为专利、期刊论文发表数量第一的国家，但在实际工业化应用上，技术水平并不高。因此，应当从源头改变现行的科研立项制度和组织实施方式，强化成果导向，精简科研项目管理流程，给予科研单位和科研人员更多自主权。

c. 完善专业机构管理项目机制。化工园区可以通过设立创新创业园、科创大楼等方式，引入专业机构，以市场手段对科创项目进行管理，从而实现更灵活、高效的科创管理模式。

d. 坚持目标引领，强化成果导向，建立健全多元化支持机制。化工园区作为政府一级的行业直管平台，更应当加快转变政府职能，简化立项流程，鼓励企业立项，鼓励具有实用性、突破性技术的立项；同时对重大科技项目立项的科研绩效评价机制进行改革和创新，大胆创新科技奖励制度。

图 4.49 为传统科研项目模式。图 4.50 为成果导向科创模式。

② 打造多种形式的科技创新支撑平台　提高化工园区的科技创新能力，多层次、软硬件的支撑平台必不可少。包括加强软硬基础设施建设，构建、完善科研平台，完善化工园区的科技资源库、人才库，培育一批科研实力较强的企业，推进产学研用一体化，支持龙头企业整合科研院所、高等院校力

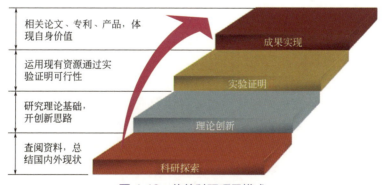

图 4.49　传统科研项目模式

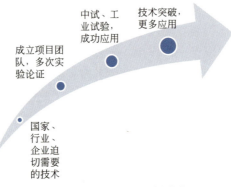

图 4.50　成果导向科创模式

量，建立创新联合体，鼓励科研院所和科研人员进入企业，完善创新机制和科技金融政策等。

a. 加强科创中心的建设。科技创新是各行业发展前进的源动力，也是化工园区管理者应当重点关注的环节。目前，我国企业参与科技创新成果转化的动力不足，科技成果转化率低于发达国家，园区在推进孵化器建设、建立产学研合作长效机制中的作用尤为重要。提高科技成果转化率，需要进一步完善和推广"创业苗圃—孵化器—加速器—产业园"科技创新创业孵化链条建设，借鉴国外先进经验，完善产业孵化园功能，扩大其辐射范围，更好地为创新型企业提供服务与支持。

化工园区的科创中心通常以园中园或科创大楼的形式在园区中存在，包括孵化器、加速器、中试基地等建设，具有创业孵化培育功能。创业孵化培育是指产业园区具备既能孵化也能培育企业的功能。针对初创企业提供孵化服务，对于成长型和成熟型企业提供深入的催化服务，例如联合办公空间、政策指导、资金申请、技术鉴定、咨询策划、项目顾问、人才培训等，满足入驻企业多层次的科创发展需求。同时不断扶持园区规划产业的创新资源，为产业园区的后期运营发展注入新鲜的血液。

对于化工园区来说，科创服务于应用，因此中试基地的建设显得尤其重要。目前，中国石化联合会化工园区工作委员会正在牵头编制团体标准《化工园区中试基地建设导则》，届时将为更多园区开展相关工作提供参考依据。

b. 建立线上科技成果转化平台，打造四大功能，包括金融、交易、政务、咨询功能，提供金融服务、专家咨询、专业服务等，解决技术成果与应用需求信息不对称、影响技术成果及时产业化，造成大量研发投入不能及时转化，研发费用效率不高的问题，为石化新技术、新成果研究提供交流、交易等支持，推动科技成果的转化。搭建的技术交易平台要承担技术成果上线、企业技术需求上线的功能，通过后台信息技术支持，匹配需求，及时找到技术方及需求方，促进成果与应用对接，需求与研发对接，提升研发转化效率。

c. 支持科技企业与高校、科研机构合作建立技术研发中心、产业研究院、中试基地等新型研发机构。园区可以采用"政府牵头、企业主导、高校院所参与"模式，开展产学研用合作，鼓励区内外龙头企业和高校院所共同参与建设，按照上下游产业关系，整合科技资源。通过设立创业投资引导基金、创业投资贴息资金、知识产权作价入股等方式，搭建科技人才与产业对接平台，加大高端人才引进力度，形成有利于人才创新创业的分配、激励和保障机制。

d. 设立园区科技创新扶持基金，支持园区内企业的科技创新及人力培训。兵马未动，粮草先行。科技创新需要大量的资金投入，特别是科研前期，没有收益，更需要扶持资金的资助。化工园区作为政府级平台，应当制订相关优惠政策来支持企业科技创新，如给予入园企业一定的研发资金补贴，引导相关企业开展安全生产、资源节约、循环利用新技术与化工高端产品的研究开发，推动产业的转型升级。同时，根据园区产业发展性质，从省级层面支持启动重大科技专项计划，设立重大科技专项资金。特别强调的是，要加强对技术成果产业化的支持，引导推进技术成果产业化，并通过提供各项支持或公共服务，促进企业加快推进产业化。

e. 建立创新型人才梯队。要充分发挥人才创新创造活力，出台相关政策鼓励人才引进。同时要加强科技领域干部队伍建设，培养一大批能够把党和国家科技政策贯彻落实好的组织型人才，成为领导科技工作的行家里手和科研人员的知心人。

f. 加强国家技术转移区域中心建设，建立东中西部园区技术扶持与交流平台，促进科技成果、人才对薄弱地区的支撑。我国的化工园区发展水平差距很大，与东部地区相比，中西部园区的技术、人才实力还比较落后，其学习、交流愿望强烈。设立全国性的化工园区交流平台，有助于中西部化工园区借助东部先进的人才优势，尽快实现水平提升，从而使我国化工园区整体科创水平有所提升。

（4）金融支持体系建设

在化工园区的发展中，金融支持体系是极为重要的环节，也是园区建设的基本前提。当前，"让金融服务实体经济"是我国对金融工作的一项基本要求。金融最为核心和关键的本质就是为实体经济服务。然而，如何运用好金融工具，构建丰富、有效的金融支撑体系，为园区发展、企业发展、科技创新、人才引进等铺路搭桥，则是考验园区管理者智慧和水平的一道难题。

① 金融支撑体系的三大功能　对于化工园区的建设和发展来看，丰富的金融支撑体系主要解决三个问题：项目资金来源问题，即发挥多种金融方式进行融资；风险管理问题，即通过使用多种金融工具帮助企业、园区规避市场等风险；资源配置最优化，即通过金融工具、金融平台的运用，最大化激发市场活力，以资本为导向，形成市场化的资源配置模式。

企业要发展，没有资金是不行的。作为企业的"娘家"，化工园区对企业的金融支持最重要的就是融资功能。融资方式从来源上可以分为内部融资和外部融资，化工园区正是要多举措为企业提供外部融资通道。外部融资包括直接融资和间接融资两类方式。

直接融资是指由资金短缺单位直接或间接向盈余单位发行或出售其自身金融要求权（即直接证券）的资金融通方式。在直接融资中，融资双方直接接触，无需任何中介机构，便省去了中介费用，提高了融资效率；融资双方可以及时作出调整，具有较强的自主性和灵活性，可以在一定程度上提高投资收益；采用股票融资形式时没有到期归还本金的责任，可以减小企业资金周转的压力。但直接融资由于融资双方自主进行交易，具有较大风险，且融资分散于各种场合，不利于统一管理。

间接融资是指资金盈余单位不与资金短缺单位直接建立契约关系，双方以金融中介机构为对立当事人，由资金盈余单位以存款或购买金融中介机构所发行的有价证券的形式将盈余资金提供给中介机构，再由中介机构购买由资金短缺单位发行或出售的有价证券的融资方式。

在间接融资中，融资双方分别与共同的金融中介机构进行交易，降低了融资风险，易于管理和协调。但间接融资是以企业与中介机构交易的形式进行，因此会出现资金流通不及时的现象，灵活性不够高，融资成本较高，加重了企业资金周转负担。

无论何种融资方式，都需要化工园区搭建对接平台或进行担保，才能更高效地进行融资，助力企业创新发展。

避险是金融工具的重要功能。在新经济形势下，由于各种不确定因素增多，化工行业也面临较大的风险挑战。化工园区作为企业发展的平台，要引入相关金融机构，帮助和引导企业利用金融工具实现风险规避功能。值得注意的是，化工园区在日常监管中，应当注意区内企业可能因融资、担保、期货等问题产生的金融风险，特别是连带担保责任，要及时发展、及时防范、及时采取措施，让金融工具真正服务实体经济，而不是成为新风险隐患的

"制造者"。

优化资源配置是金融体系的另一大功能。"钱"是市场嗅觉最敏感的，资金的流向往往代表了产业发展的方向。但由于化工产业高风险的特性，融资难、融资贵成为行业的突出难题。化工园区因具有较强的政府色彩，在金融支撑体系架构中，可充分发挥桥梁作用，引导金融机构对化工行业的正确认识，可通过设立政府引导型基金等方式，引导更多的资金投入化工领域的新兴产业，引导更多的资金投入科研创新领域，从而让资金充分发挥作用，让行业充分受益。

图 4.51 为金融支持体系的建设。

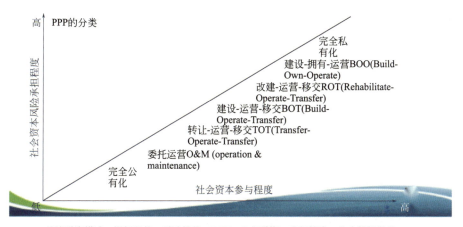

传统融资模式：银行贷款、财政拨款、BOT、上市融资、发行债券，主力银行贷款
新型融资模式：产业引导基金、信托融资、基建基金、股权私募基金、融资租赁

图 4.51　金融支持体系的建设

② 搭建投融资平台　金融本身具有较多功能，结合到推动实体经济发展来看，最主要的仍是为实体经济提供多种方式的融资功能。当前，融资难、融资贵一直是困扰化工园区发展的老大难问题。化工企业在融资中面临授信审批时间长、企业担保困难、票据贴现量大等困难，而这些，一部分是实体工业面临的普遍问题，另一部分则是因为金融机构对化工行业有"高危高污易燃易爆"的传统认识，不愿意将资金投入化工行业，从而提高融资门槛，如部分银行对化工行业调减授信额。对此，化工园区作为化工企业的"娘家"，应当积极构建融资平台，为企业解决"融资难、融资贵"的老大难问题。

为此，化工园区需要构建多层级的金融服务体系，建立多种融资平台。建立中小企业信用担保机构，为园区内企业提供短期流动资金贷款担保，以及技术改造贷款、项目建设贷款等贷款业务的担保等，并吸引国内外创业资本，积极发展信托业务，建立融资服务体系，为区内企业成功融资搭建平台。

a. 建立重点企业、重点项目融资需求清单，由化工园区组织企业与各大银团、基金公司等金融机构定期召开金融推介会，积极吸引更多社会资金投向实体经济，降低企业融资门槛。

b. 争取政策扶持，与各金融机构对接，设立各层级的扶持基金。包括从国家、省级政府层面设立针对化工园区重大项目的帮扶基金，及时帮助因资金短缺而进展缓慢的大项目、好项目，加强资金扶持，完善基础设施配套建设，激发科技创新活力，增强园区吸引力。

c. 搭建银企对接平台。梳理园区内企业的融资需求，建立与各银行、信用合作社等的长期联系，利用园区对企业情况熟悉、又有政府背景背书的优势，定期开展银企对接活动，实现金融机构和企业的双赢。

d. 搭建税融通合作平台。化工园区可联合税务部门将纳税信用良好的企业推介给金融机构，通过与金融机构合作，缓解企业因抵押物不足造成的融资难问题。深化新型政银担合作，开展针对科技和创新型企业的融资担保业务。

e. 创新投融资平台。探索切实可行的帮扶措施，以设备、土地入股等形式，为企业注入资金，帮助有投资信心、市场前景好的企业渡过难关。鼓励社会资本，建立投资基金，通过债权或股权方式对园区企业进行投资，定期专题基金对接活动，进一步提升基金服务的针对性和有效性。

f. 出台鼓励和扶持政策，鼓励和推进区内企业上市挂牌。不断完善工作机制、扶持政策和服务体系，协助解决企业上市的难点问题。

③ 创新多种金融服务模式。

化工园区在搭建各种金融平台的同时，也要在实践中不断探索与创新，摸索出适合本园区企业发展的金融服务模式。

a. 促进传统金融机构与互联网金融机构及其业务的融合发展，促进中小金融机构业务创新和合规发展，促进金融科技在各个企业的普及，促进普惠金融和绿色金融的发展，促进多层次资本市场健康发展。

b. 提高金融服务水平。摸清企业金融需求，按照不同类型企业，开展信贷对接服务工作，不断发掘金融服务的新需要，建立和不断完善多层次、结构化的金融服务体系，如推进"税融通"、新型政银担等业务，开展股权、商标权、专利权等权利质押贷款业务，扩大抵质押物范围，提高企业贷款的可获得性，努力满足企业多样化、个性化的融资需求。

c. 打造金融服务人才队伍。在一定意义上可以说，人才队伍、人才制度决定着金融制度的有效性、决定着金融功能的大小。对于化工园区来说，吸收懂金融、懂管理、能对接化工企业需求的人才非常重要，而这样的人才需要不断地从一线业务、一线研发培育，为人才成长提供更多的发展空间；需要不断加强对业务一线人员的培训，提升其金融业务前沿技能，提高其开放条件下的经济金融管理能力和防控风险能力。

（5）人才培养体系建设

要实现高质量发展，有梯队、有层次、可持续的人才体系建设，对化工园区来说是必修课。

① 化工园区人才现状　当前，我国的化工园区的人才情况不容乐观。

行业大背景下，整个石油化工行业都面临着全线人才不足的尴尬局面。随着新兴行业的崛起，石油和化工行业作为传统产业，已不是优秀学生的首选，特别是近年来不断发生的安全事故，不少人"谈化色变"，高等院校的石油和化工专业招不到最优秀的学生，中职院校更是面临巨大的生源问题。学校生源流失、质量下降直接导致企业优秀人才短缺，员工素质下降，这与全行业高质量发展的要求极不匹配。化工园区亟须思考一个问题：如何通过机制体制的改革与创新，为区内企业建立完善的人才培养和输送体系。

受困于化工园区管理机制，人才引进制度僵化，化工园区管委会本身也面临人才难题。我国化工园区管委会多为政府派出机构，但在相当一部分地区，园区的管委会由政府人员构成，"一套人马，两块牌子"，管委会同时身兼管理者和服务者两种角色，并且公务员式的编制，对于引进化工专业特别是高端技术型人才存在障碍。由于化工行业是技术高度密集型行业，管委会在缺乏专业人才的情况下，日常工作存在力不从心的状况。为此，很多化工园区管委会选择从区内企业借调人员进行管理服务工作，这也为日后管理埋下隐患。由于化工园区管理对人才要求较高，现有院校培养体系无法适应园区发展的需要。化工园区的管理，需要既懂化工又懂管理、政策的复合型人才，而目前国内并没有相关专业，懂专业、有经验的管理人才一将难求。

化工园区多远离中心城区，地处偏僻，无论是管委会还是区内企业，都面临员工不稳定、留人困难等问题。特别是中西部园区，受经济发展水平影响，这一问题尤其普遍、突出。

② 完善创新人才机制　化工园区人才体系建设，要从完善创新人才机制开始，包括引入机制与培养机制。

实施人才优先发展战略，进一步完善人才引进政策，积极搭建引才引智平台，加大人才引进力度。化工园区管委会应当灵活运用政策，大力支持园区引进行业高端人才和科研团队，通过设立研究院、合作攻关项目等多种方式，鼓励他们带技术、项目、专利等参与合作或直接创业，培养和聚集创新创业人才，全力打造一支富有创新精神的企业家队伍。

建立高质量的化工园区监管人才队伍，提升危险化学品安全监管队伍监管能力。根据本地区化工和危险化学品企业数量、规模等情况，配齐配强满足实际需要的危险化学品安全监管和执法力量。

根据中共中央办公厅、国务院办公厅印发的《关于全面加强危险化学品安全生产工作的意见》，2022年底前，具有化工安全生产相关专业学历和实践经验的执法人员数量达到在职人员的75%以上。制定完善危险化学品安全监管人员培训制度，新入职人员培训时间不少于3个月，在职人员每年复训时间不少于2周。鼓励危险化学品安全监管和执法人员到大型化工和危险化学品企业进行岗位实训。

对于化工园区来说，管委会作为具有一定监管职能的政府派出机构，需要及时配套齐所需专业人员，并制订人才梯队建设制度。应当严把危险化学品监管执法人员进人关，进一步明确资格标准，严格考试考核，突出专业素质，择优录用；可通过公务员聘任制方式选聘专业人才。

健全人才激励保障机制，营造一流人才环境，形成具有较强竞争力的人才制度优势。化工园区可以通过完善生活配套，对重点人才实施资金奖励等办法，解决引进人才的后顾之忧，让他们能全身心投入创新事业，使人才扎根本土，并起到带动、培养本地人才的作用，从而实现化工园区人才的可持续发展。

建立专家指导服务制度。可与第三方机构合作，建立专家团队，每年定期安排检查，持续提高危险化学品安全监管队伍监管能力和水平，提升安全监管效率效果。

③ 建立适应现代化园区需求的人才培养体系　系统的人才培养体系是现代化工园区高质量发展的需要，也是区内企业可持续发展的重要支撑，为此，化工园区必须建立从企业一线员工到高级人才的全流程引进、培养体系。

全面提升一线从业人员素质。《关于全面加强危险化学品安全生产工作的意见》提出，将化工、危险化学品企业从业人员作为高危行业领域职业技能提升行动的重点群体。危险化学品生产企业主要负责人、分管安全生产负责人必须具有化工类专业大专及以上学历和一定实践经验，专职安全管理人员至少要具备中级及以上化工专业技术职称或化工安全类注册安全工程师资格，新招一线岗位从业人员必须具有化工职业教育背景或普通高中及以上学历并接受危险化学品安全培训，经考核合格后方能上岗。化工园区管理机构应当对这些要求进行相应监管，督促企业落实到位。

产教融合，校企合作，健全技能型人才的供给体系。当前石化行业技术技能型人才供给不足，职工队伍素质不高，导致出现不同程度的"技工荒"，特别是"高级技工荒"。为此，可依据当前企业发展的新模式、新业态，完善职业教育发展模式和教学内容，加快与高职院校合作，建立定向人才培养基地，一方面可运用高校资源提升员工素质，另一方面高校也可运用园区的企业、基地等资源提高学生的实践技能。在实践中培养未来制造人才的科学精神、工匠精神，让他们不仅拥有扎实的基础知识，还有很好的学科交叉融合能力。

建设化工园区实操实训基地。《全国安全生产专项整治三年行动计划》《危险化学品安全专项整治三年行动实施方案》中都提出，到2022年底前，化工重点地区扶持建设一批化工相关职业院校（含技工院校），依托重点化工企业、化工园区或第三方专业机构建立实习实训基地。把化工过程安全管理知识纳入相关高校化工与制药类专业核心课程体系。化工行业的人才培养，归根结底要落到实际生产中来，要解决当前毕业生无法直接上岗、理论无法落地的难题，建设科学、合理的实操实训基地非常重要。实训基地还可以满足企业、园区对在职职工的职业培训，提升行业的本质安全水平。

推进现代远程教育，完善职业教育发展模式。传统的人才教育模式相对单一，教育与产业严重脱节，而远程教育模式尤其是以开放式网络教育为主的现代远程教育，通过推进在职职工终身教育，建立灵活的在线学习机制，可为不同的学习对象提供方便、快捷、广泛的教育服务，为行业提供重要的人力资源支撑。未来要加强国家层面现代远程教育的顶层设计，加快建立"本专科教育＋研究生教育"的多元化教育体系和现代远程教育的科学质量评估和保障体系，保证人才培养质量。

建立化工人才"终身学习"制度。石油和化工行业是技术密集型行业，特别是一些智能设备的应用，对一线工作人员的要求日新月异，对在职员工的不断培训和提升，是园区和企业的一项长期工作。产教融合、校企合作开办行业学院是一个很好的模式，它的特征是能够精准服务石油和化工领域全产业链职工的终身学习和职业生涯发展需求。行业学院通过在大型企业集团和化工园区设置办学点，打破了企业和学校的围墙，教育与生产需求结合，直接为企业人力资源发展服务，相当于成立了跨企业的培训中心，有效解决了工学矛盾，为企业职工提供了教育平台。

行业学院还将根据园区、企业的实际需要，以实现职工成长过程中所需要掌握的各种知识、技术、能力为基准，不断开发新的学习单元，实现培训和各层次学习教育互认互通，并且学习方式灵活，能够线上线下学习结合，全日制和业余学习结合，非常适合在职职工学习。这种教育模式针对性好，实用性强，适合各化工园区采用并推广。

（6）责任关怀体系建设

责任关怀，是化学工业在全球范围内的共同承诺和自觉行动，是一种履行社会责任、关爱员工、关爱社会、持续改进的发展理念。在化工园区推行责任关怀体系建设，对深入贯彻绿色发展理念、完善安全环保管理体系、提升园区内企业自律自觉水平等，都发挥了积极作用。

① 责任关怀体系的发展历程　"印度博帕尔泄漏事件"之后，加拿大化学品制造商协会（CCPA）率先提出了责任关怀理念，提倡化工行业联合起来共同行动，回应公众对化工安全、健康、环保的诉求。经国际化工协会联合会（ICCA）在全球范围内的协调推广，已有68个经济体的国家化工协会在开展责任关怀工作。

图4.52为责任关怀的发展历程。

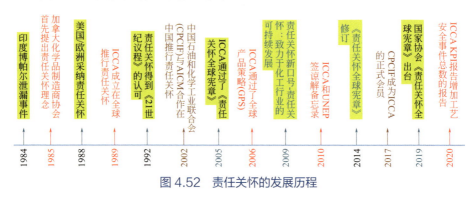

图4.52　责任关怀的发展历程

中国石油和化学工业联合会于2002年开始在全行业推行责任关怀，工业和信息化部于2011年发布的HG/T 4184《责任关怀实施准则》为我国化工行业推进实施责任关怀提供了依据。截至2020年底，全行业共有701家企事业单位签署了实施责任关怀承诺书，其中化工园区64家。各化工园区结合自身实际，开展了各具特色的责任关怀活动，全面推动责任关怀的落实，为园区与周边社区和谐共融的发展奠定了基础。上海化学工业区提出了政府引导、协会推动、企业主体、员工参与、社区互动的"五位一体"责任关怀运行模式，先后制定了责任关怀"十三五"专项规划，开展了责任关怀基金、责任关怀评估导则等专题研究；天津南港工业区在决策、推动、执行三个层面，分别成立了工作领导小组、工作推动小组和具体办事机构，设立了专项资金，为工作的开展提供了组织、人员、经费的保障体系，并从2012年起坚持每年发布园区《责任关怀年度报告》。

② 化工园区责任关怀体系的特色　随着责任关怀的深入推广，我们认识到化工园区不应仅仅是社会财富的创造者，更是社会价值观的承载者，要求在发展园区规模、体量的同时，把社会元素纳入发展战略中去，为解决发展化工产业所带来的各种安全、环保、节能、应急等问题而不懈努力，以赢得社会认可和公众信任，践行责任关怀是园区可持续发展的重要内容。

在化工园区管委会倡导和组织下，建立以周边社区最大化共享园区发展成果为目标的责任关怀体系，推动园区企业积极有效地践行责任关怀，成为具有中国特色的责任关怀实施路径之一。化工园区的责任关怀体系建设具有以下特色：

a. 充分发挥化工园区的平台作用，激发园区企业落实责任关怀的主体责任。化工园区作为地方政府的派出机构，在责任关怀中要充分发挥引导、帮扶、联合、监督的作用，通过制度、政策引导，提升企业落实"责任关怀"的积极性和主动性，更好地引导区内企业从专业层面逐步实施责任关怀工作。促进企业加强污染治理，提升本质安全水平，用实际行动赢得公众对化工企业的信任和信心，让友邻变担心为放心。

b. 以公众开放促多方融合，持续推进责任关怀。坚持以开放融合的理念意识推动园区与周边社区、学校等机构的合作交流，构建多方联动的体制机制。通过"请进来，走出去"的方式，充分利用"公众开放日"的平台，普及化工化学知识，增进公众对化工的全面、客观了解，使公众能够真正理解化工、认同化工、支持化工，展现化工园区的良好形象，让友邻变陌生为熟悉。

c. 共享发展红利，创新实践责任关怀。重视与周边社区的和谐发展，加大园区和企业的社会回馈力度，积极开展综合帮扶，探索长期稳定的惠民造血机制，逐步把帮扶与责任关怀相融合，推动园区与周边社区相互融合。促进人力资源融合、文化活动融合，形成稳定和谐、情感沟通的区域结合体，让周边民众共享石化产业所带来的发展红利，让友邻由路人变为参与者。

（7）品牌价值体系建设

化工园区的品牌建设不是一项形象工程，单一的VI系统或宣传片不足以支撑园区品牌塑造的需要，园区品牌是由内而外，由顶层设计到实施策略的精耕细作。作为支柱型产业，化工园区的品牌形象往往代表了一个地区的行业竞争实力。

化工园区在建设管理过程中，应加强管理服务科创一体化平台的建设，为区内企业提供更多增值服务，通过建设专家评估、招商引资、人才培养、科技研发、金融支持、责任关怀体系，构建多种形式的信息服务、金融服务、创业孵化、技术研发、仪器设备共享、检验检测、物流仓储、教育培训、设备和备件、智慧园区服务平台等公共服务平台，将管理、服务、科创有机融合，促进园区的产业结构调整和转型升级，提升化工园区品牌价值。

图 4.53 为品牌价值体系的建设。

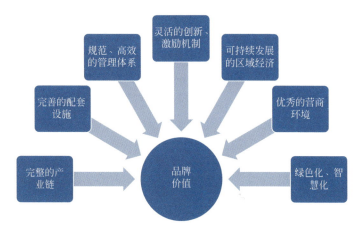

图 4.53　品牌价值体系的建设

① 科学的顶层设计和完善的产业链是基础　实现企业品牌和园区品牌的有效互动，必须从产业链上将企业、产业在园区平台上凝聚起来，通过高起点规划、高标准建设、高效率运营、规范化管理，提升园区的凝聚能力，让产业集群效应最大化，从而巩固和增值园区品牌，形成良性循环。

a. 化工园区最突出的优势就是产业集群优势。通过产业集群，化工园区实现了监管效率最大化、生产成本最优化、社会效益最佳化。科学的规划和设计从一开始就规定了园区的发展路径，那就是集群式发展，充分利用公用工程，让资源、能源效率最大化，从而大大降低入驻企业的生产成本，让企业形成园区集群。

b. 充分发挥循环经济优势。通过构建互相关联的多条产业链，使化工园区形成网状生产系统，在这种生产系统中，通过原料互供、上下游一体化、配套服务性产业集中等，使企业的运营成本最低，从而让整个园区奔向循环经济的"康庄大道"。

c. 集群效应奠定品牌基础。当化工园区具有科学的规划、合理的设计和完整的产业链后，集群效应完全体现，形成了有竞争力的生产成本、便捷的物流运输、完善的配套产业，这对企业具有极强的吸引力，为园区的招商工作铺平道路，从而使园区在企业间保持良好口碑，也为整个区域经济增加了强劲引擎。

② 优化管理、完善配套提升园区品牌价值　通过对园区功能、投资环境和

基础设施的不断优化，可以有效扩大园区品牌的辐射范围和对企业的吸引力。

　　a. 优化管理，完善、丰富平台体系建设。各类平台是产业园区管理、运营、服务的重要载体，主要包含三大类：监管平台、服务平台、配套平台。分别包括对企业安全、环境风险进行管控的监管平台；提供审批、税务、人事等政务服务的政务服务类平台，为企业提供各种金融服务的金融服务类平台；为企业提供知识产权、技术孵化等的科创平台等等。完整的平台体系的建立与高效运营，直接影响到化工园区的管理效能。要运营好一个具有品牌和示范效应的化工园区，必须牢牢把控好园区运营的这三大平台。

　　b. 坚持共享发展。坚持共享发展是化工园区实现高质量发展的必由之路。共享既包括让园区内企业平台共享，园区提供第三方的公用工程服务，降低企业运营成本。又包括化工园区与周边社区共享园区发展红利，为园区发展创造良好环境，共建和谐共荣生态。

　　c. 完善配套设施与配套产业，提升化工园区品牌价值。化工园区仅仅有好的规划和好的项目还不够，如何最大化发挥集群效应和循环经济优势，需要科学、完善的公用工程设施和完整的配套产业。高质量的配套项目和配套产业，将大大提高园区的凝聚力，提升园区品牌价值。

　　d. 加强绿色园区和智慧园区建设。"十三五"以来，绿色发展已经得到多数园区的重视，效果正在逐步显现。大部分园区都把绿色园区建设和智慧园区建设摆在突出位置，并努力创建国家新型工业化产业示范基地和循环化改造示范基地，大力发展循环经济，积极推进清洁生产，资源能源的循环利用率不断提升，"三废"排放量持续减少，能耗物耗不断降低。化工园区智慧化建设的发展有效提升了园区的专业化管理能力和安全、环保监管应急水平。绿色园区和智慧园区建设，使园区的安全、绿色水平大幅提高，形象明显改善，为园区价值提升添砖加瓦。

　　③ 提升企业品牌价值带动园区品牌价值升级　化工园区说到底还是为企业服务的，实现企业品牌和园区品牌的有效互动，提升企业的品牌价值，可以巩固和增值园区品牌，同时依靠创新驱动，可强化企业和投资者的心理认同和情感共鸣。

　　a. 在招商引资过程中，加强龙头企业的带动作用。一个强大的化工企业无论在资金、技术还是管理经验上，都有较强的优势。园区在引入龙头型企业后，要围绕企业上下游产业链进行招商，把各种生产要素重新进行整合，从而逐渐形成以龙头企业为主导、产业链完整的产业集群。充分发挥龙头企业优势，在日常运营管理中，让先进企业的管理、安全、创新等经验影响整个园区，以企业品牌带动园区品牌。

b. 在运营管理中，注重品牌价值，拒绝不符合园区发展主题的项目入园。园区品牌的建设与推广必须扣住园区经济发展的主题，吸引符合园区主题的各种资源入园，拉动进入园区的各种资源向符合主题方向配置，使园区标准化、高质量运行。化工园区的资源有限，要使每个引入的项目都充分发挥产业链、配套设施的作用，每引入一个项目，都能实现现有产业链的价值提升，最终实现园区品牌价值的升级。

4.6.3 典型案例分析

4.6.3.1 案例1——上海化学工业区

上海化学工业区是国家级经济技术开发区，位于杭州湾北岸，横跨金山、奉贤两区，规划面积29.4平方千米，是我国改革开放以来第一个获得国家批准的以石油化工产业为主的专业开发区，开创了多个化工园区建设和管理的"全国首个"。其营商环境长期领跑全国，成为全国集聚知名跨国化工企业最多、主导产业能级高端、安全环保管理严格、循环经济水平领先的化工园区，长期位于全国化工园区30强首位，被列为全国重点建设的七大石化产业基地之一，列入中国绿色化工园区名录获称国家首批新型工业化示范基地、国家生态工业示范园区、全国循环经济先进单位、中国智慧化工园区试点示范（创建）单位等。

（1）首创央地多元投资的开发运营模式

上海化学工业区是我国首个以市场化机制运作开发、以多元化模式投资建设的大型现代化产业基地。1996年8月成立了上海化学工业区发展有限公司（简称"发展公司"）专注于园区开发建设任务，承担了土地开发、基础设施建设、公用配套服务、项目招商引资等工作。1999年，上海市委市政府决策引进中央企业，邀请中石化系统的上海石化、高桥石化加盟，同时吸纳上海久事公司、上海工业投资公司充实股东队伍，并于2002年引入上海国际株式会社进一步优化股权结构。就此，发展公司成为一家国有控股的多元投资企业，也是国内第一家由中央企业与地方国有企业合资、承担园区开发建设任务的开发公司，注册资金增加至23.7亿元。

在上海市委市政府对化工区开发建设和发展公司股权重组的决策支持下，凭借六家股东单位的雄厚实力和优质资信，发展公司与各大银行签订银企合作协议，为化工区建设发展获得了可观的资金储备和良好的信贷服务，成功突破初期资金瓶颈，全面启动各项基础设施和公用工程等配套设施建设，加快形成了园区良好的投资环境，有力地保障了一批重大主体项目的顺利建设、投产，吸引了一批批国内外化工企业落户园区。

发展公司借鉴浦东开发开放和国际石油化工行业经验，形成市场化的工业土地开发和公用工程配套模式，打造契约化的营商环境，提升园区投资环境吸引力的同时，通过土地开发成本的有效回收和对公用工程项目的长期投资，为公司自身的长期健康发展、可持续地承担开发建设任务打下了良好的基础。

与此同时，作为主要股东的中国石化和上海华谊集团，以上海化学工业区作为其在上海长远发展战略布局的主战场，投资建设了一批具有领先水平的优势项目，包括上海赛科119万吨/年乙烯、中石化三井40万吨/年苯酚丙酮及12万吨/年双酚A、7.5万吨/年三元乙丙胶、高桥石化20万吨/年苯酚丙酮、20万吨/年ABS、10万吨/年丁苯橡胶、上海氯碱72万吨/年烧碱、华谊新材料32万吨/年丙烯酸及酯等，并共同参与了上海联合异氰酸酯项目的合资建设。

以园区为平台，以资本为纽带，以产业为载体，各方股东和发展公司、化工区协同发展、共赢发展，为上海化学工业区领跑全国打下坚实基础。

（2）首创化工园区"五个一体化"开发理念

20世纪70年代末到80年代初，项目大型化、装置集中化、发展规模化成为全球石油化工行业的发展趋势和潮流，美国休斯敦、比利时安特卫普、新加坡裕廊等地区相继成为标志性的世界级石化生产基地。上海化学工业区分析研判世界石化行业结构调整和跨国化工企业经营发展趋势，学习借鉴世界级石化基地的发展历程，结合改革开放以来国内开发区的成功经验，立足自身实际和特点，开创性地提出和实践"产品项目一体化、公用辅助一体化、物流传输一体化、环境保护一体化、管理服务一体化"的开发理念。

遵循"五个一体化"理念，上海化学工业区以石化产品链为导向，开展产品链招商，构建起上中下游产品项目循环链；集中建设供水、供电、供热、供气等公用配套设施，并建立了基于契约的市场化公用工程运营服务模式；建设包括公共管廊、液体化工品和大件码头、道路、铁路、仓储设施在内的物流体系，建立起便捷、安全、高效的物流网络；建设绿色发展环境，采用清洁能源、清洁设施和清洁生产工艺技术，开展"减量、循环、再利用"实践，打造循环经济示范基地，实现产业与生态的和谐发展；为园区企业提供"一门式"政府事务服务和完善的社会化公共服务，打造高效便利的营商环境。通过"五个一体化实践"，领先形成了"专业集成、投资集中、资源集约、效益集聚"的独特优势,走在了全国化工园区发展前列。

"五个一体化"的先进开发理念和运营模式,被国家工信部和中国石化联合会采纳,写入了2004年发布的《关于我国化工园区发展的指导意见》。之后,中国石化联合会在上海化学工业区"五个一体化"开发理念的基础上,提出了化工园区的"六个一体化"新发展理念,并作为我国化工园区"十四五"发展的重要指导思想,成为我国化工园区开发建设的典型示范和指导原则。

(3) 首创工业园区第三方专业服务运营模式

我国改革开放以来,开发区公用配套设施一般由园区独力出资建设和运营管理,往往存在建设资金短缺、专业管理欠缺等问题。上海化学工业区勇于开拓创新,探索打破惯例,采取全球招标的方式,择优选取了一批拥有资金实力、先进技术和管理经验的专业配套服务企业,参与园区公用工程项目建设和运营。

上海化学工业区经过深入调研和可行性分析,勇于打破常规,尝试公用工程合资形式,选择国际公用配套领域的著名企业共同参与化工区公用工程建设。经过多方面的综合比选,先后邀请法国苏伊士公司、荷兰孚宝公司、新加坡胜科公司等参与工业用水、污水处理、热电联供、液体码头、固体焚烧炉等公用工程的合资建设,使园区原来需要投资100亿元才能完成的公用配套工程,现在只需要园区拿出15亿元的注册资本。公用工程合资不仅引进了资金,而且还引进了技术、引进了管理,为实施公用工程一体化奠定了扎实可靠的基础。同时,化工区对实施公用工程一体化中起关键作用的公用工程企业,给予发展资金补贴,帮助企业渡过运行之初无法达产的困难期。

数年间,法国苏伊士环境、荷兰皇家孚宝、法国液化空气、美国普莱克斯、德国林德气体、新加坡胜科工业等国际知名公用工程企业纷至沓来,合资组建了中法水务、孚宝港务、升达、漕泾热电、化工区工业气体、华林气体等公司,承担供水、污水处理、码头仓储、废料处理、热电联供、工业气体等配套服务项目。同时,上海化学工业区组建了专业的管廊公司,为区内企业提供市场化的管廊空间租赁服务,有效降低园区企业物流成本,通过长期探索、积累,形成了完整、科学的化工园区公共管廊建设运营管理体系,并作为主要起草人制订了《化工园区公共管廊管理规程》(GB/T 36762—2018)。2017年,上海化学工业区的污水处理和危废管理双双入选环保部首批"工业园区环境污染第三方治理典型案例"。

这些国内首创举措,打造形成了以"专业化"为特点的公用配套模式,

成功营造了跨国化工巨头熟悉信赖的投资环境，为园区主体化工项目提供优质、可靠、安全、经济的第三方公用工程服务，大大提升了化工区招商引资的吸引力和竞争力。

（4）创新周边帮扶"造血"机制，完善责任关怀机制，创造可持续发展软环境

上海化学工业区积极探索帮扶工作的创新模式，以系统所属投资企业为平台，引入村级集体经济开展合作，建立"造血"机制。2014年12月起，金山区漕泾镇、奉贤区柘林镇各自组建的村级集体联合投资企业，参与发展公司下属的管廊公司的合作经营，每年获取稳定投资收益。这一创新帮扶模式，切实使周边居民分享了产业经济发展的成果，形成了园区与周边地区互惠互利、协调发展的良好局面。

2015年，上海化学工业区签署了《责任关怀全球宪章》，并全面启动责任关怀工作，筹建上海化学工业区企业协会，作为责任关怀工作的实践载体。上海化学工业区将责任关怀所包含的安全、环保、健康、社会责任等内容，与园区"五个一体化"开发理念紧密融合，创新性地提出了"政府引导、企业主体、协会推进、职工参与、社区共建"的"五位一体"工作模式，形成了"园区、企业、协会、社区、员工"多方融合推进的新局面。从2016年起，上海化学工业区每年向社会公开发布责任关怀年度报告，在业内起到了良好的示范带动作用。

表4.10为2020年度上海化学工业区实施责任关怀关键绩效。

表4.10　2020年度上海化学工业区实施责任关怀关键绩效

2020年度上海化学工业区关键绩效			
栏目		核心分指标	绩效
发展质量	安全	亿元工业产值生产安全事故死亡率	0
		企业安全生产标准化达标率	100%
		职业病发病率	0
	环保	工业固废（含危险废物）无害化处置率	100%
		大气环境中VOCs年均浓度/（毫克/立方米）	55.2
		重点企业清洁生产执行率	100%
		重点企业环境信息公开率	100%
	耗能	万元产值（加工）能耗/（吨标煤/万元）	0.386
共享发展		漕泾镇、柘林镇年获得支持/万元	60
		金山区、奉贤区区级财政分享收入/亿元	17.67

2017年，上海化学工业区管委会牵头成立"上海化学工业区责任关怀工作指导委员会"，全面指导、推进、协调园区责任关怀工作。上海化学工业区将责任关怀工作渗透到安全生产、环境保护、应急响应、品牌建设、社区共建、职工关爱、科普教育等广厦，并取得了卓有成效的成绩。2020年在新冠疫情的突然冲击下，上海化学工业区借助良好的管理机制和完善的管理平台，快速响应，在全国实现率先复产复工，在上海市率先实现了生产企业100%复产、在建工地100%复工，为上海市、全国的疫情防控提供了坚实的后勤保障。

（5）探索产业基地与科技创新协同发展新机制

上海全面落实国家创新发展战略，确立了"建设具有全球影响力的科技创新中心"和打响上海"四大品牌"建设的战略部署。为了搭建科研与产业之间的桥梁，打通成果转化的最后一公里，实现产业链和创新链的联动发展，上海化学工业区建设上海国际化工新材料创新中心，为全国化工园区科创中心建设作出表率。

① 立足国家战略，规划先行，明确定位。

新材料产业是战略性、基础性产业，也是高技术竞争的关键领域。上海化学工业区按照"绿色、高端、智慧、创新"的目标，本着"创新引领、开放共建、产城融合、协同发展"的原则，制定《上海化学工业区新材料科技创新中心建设方案》，充分发挥上海化学工业区产业体系完善、发展空间较大、配套设施齐全、安全环保领先等多方面的优势。

创新中心以上海化学工业区为核心，规划占地2.2平方千米，秉承"一体化"管理理念，打造上海国际化工新材料创新基地，分为科创研发、成果转化、科创服务三大板块，集中布局"研发实验、中试放大、科技展示、教育培训、商务办公、生态休闲"等功能。基地将打造转化服务、中试创新和专业孵化三大平台。转化服务平台将采取政府引导、多方参与、市场化运作的模式，提供专业化、开放型的科研成果转化服务；中试创新平台将瞄准关键领域、关键技术，集中建设若干专业功能性中试平台和共性技术平台，推进中试放大及科技成果产业化；专业孵化平台将整合社会资本和专业机构，支持化工新材料创新创业项目快速成长。创新基地高起点规划，采用国际招投标方式，通过比选，最终确定荷兰高柏公司进行形态设计方案，目标建设国际一流的绿色智能生态综合创新基地，营造开放、便利、共享的创新创业环境。

② 加强政策供给，引培项目，行业领先企业入驻形成良好效应。

创新中心采用政府引导、多方参与、市场化运作的开发模式，构建开放型创新研发支撑体系。由企业负责打造专业集成服务平台，提供科研成果转化服务，积极引入基金团队，为构建创新项目从引入、服务、培育孵化到成果转化的生态链创造有利条件。

上海化学工业区立足化工新材料创新需求，于2018年8月出台了《上海化学工业区促进科技创新和成果转化专项扶持实施办法》，分别给予人才落地资助、项目建设资助、发明及创新成果应用转化奖励、平台资助等各种渠道的扶持，营造良好的创新创业环境。对于创新服务平台的资助，最高可达5000万元。两年多来，已投入财政资金超过5000万元，补贴20余个科创项目，带动科创类投资超过5亿元。朗盛亚太应用开发中心、三井化学高端水性涂料实验室、毕克助剂研发中心已经投用，太阳化学研发中心等项目也已建成。

③ 需求导向，提升服务，科创平台运营体系构建显现成效。

化工区科创基地占地面积约18万平方米，根据"统一规划、滚动开发、定制租赁、配套共享"的开发模式，分为四期实施开发。根据规划和建设方案，一期工程占地面积约5.8万平方米，先行建设综合楼、研发用房以及综合能源中心等配套设施，于2021年6月18日正式投入运营，创新中心首个入驻项目——朗盛亚太应用开发中心也同日投用；英威达、罗姆、凯米锐等实验室项目也入驻在即（截至2021年底）。同时，二期甲类小试、中试研发项目的各项前期工作已启动，三期项目的布局方案也已启动谋划。

④ 需求导向、问题导向，探索具有科创项目特点的审批模式。

上海化学工业区围绕科创项目"引入、评估、审批、服务、管理和培育"全流程，持续推进科创平台运营体系的建立完善。针对科创项目特殊性，结合现行管理规定，创新公用工程配套方案。拟定安全审批负面清单、不断完善EHS运营管理细则，优化相关运营管理服务模式，构建形成完善的科创中心运营管理方案。同时，不断深化"放管服"改革，针对化工科创的特殊需求，推进政府管理模式创新，进一步加大知识产权保护力度，大胆突破制约园区科创建设的体制机制障碍，积极探索加快化工科创项目的审批体系，更好地支持上海国际化工新材料创新中心建设。

⑤ 争取各方支持，打造品牌赛事，扩大创新中心知名度、影响力。

新材料科创涉及产业、研发、人才、资金、政策等方方面面。化工区在推进科创中心建设过程中，得到了国家发改委、工信部、联合会等国家部委和上海市的大力支持。为了扩大创新影响力，上海化学工业区与中国石化联合会合作打造了"SCIP+"科创大赛，首届"SCIP+"大赛，吸引了全国27个省市的高等院校、科研院所、初创企业共259个团队报名参赛。第二届

"SCIP+"大赛，吸引了全国 28 个省市、6 个海外国家、110 所高校、140 家企业共 387 支队伍参赛，比首届大赛增加 50%。"SCIP+"大赛中获奖的初创企业和团队以及跨国公司、科研院所、创新团队和化工企业研发机构，与化工区深入交流合作事宜，确立落户意向。

为了鼓励创新，上海市商务委将化工区科创大赛纳入《关于推进本市国家级经济技术开发区创新提升打造开放型经济新高地的实施意见》。上海市经信委将国际化工新材料科创中心建设纳入《上海市先进制造业发展"十四五"规划》。上海市科创办把科创基地建设纳入上海市科创中心建设年度重点推进计划。另外，化工区与金山、奉贤区开展合作，为科创中心建设提供人才、住房、交通等配套政策支持。

（6）树立品牌形象，打造品牌价值

经过多年的发展、持续的创新，上海化学工业区无论在经济水平还是营商水平上，在全国都处于领先地位。2020 年，上海化学工业区完成工业总产值 1122.28 亿元，销售收入 1229.84 亿元；全年批准项目投资 57.57 亿元，完成固定资产投资 48.13 亿元；实现利润总额 158 亿元，上缴税金 87.79 亿元。在未来规划中，上海化学工业区发展公司按照可持续发展的基本发展路径，瞄准一个目标：成为具有国际品牌价值的产业园区发展集团。

为实现这一目标，上海化学工业区发展公司确立了两个定位：一流的产业园区开发主体，领先的化工与环保产业集成服务商。今后上海化学工业区将着眼于杭州湾北岸化工产业带升级发展和布局优化、促进上海化工及相关产业结构调整和能级提升、促进上海绿色环保产业发展等方向，进一步实施国际化、品牌化、集团化、资本化、专业化的五大战略举措。

4.6.3.2　案例 2——江苏常熟新材料产业园责任关怀经验分享

2017 年 2 月，在国际化学品制造商协会（AICM）责任关怀委员会的指导下，由园区的阿科玛公司倡议，江苏常熟新材料产业园管委会携手园区内的大金、科慕、吴羽、苏威等跨国企业，自发组建成立了"责任关怀常熟新材料产业园委员会"（Responsible Care Committee AMIP Changshu，简称 RCCAC）。之后，园区内三爱富集团、滨江化工等内资企业也加入进来，RCCAC 的成员扩展到了 13 家；近年来，园区企业积极响应号召，纷纷加入园区 RCCAC 中，截至目前，成员队伍发展壮大到了 60 家。

近年来，责任关怀新材料产业园委员会积极开展各项工作，努力搭建企业之间的信息交流平台，将"互学、互助、共享"将责任关怀理念融入企业

的生产经营管理实践中，真正助推企业可持续发展。通过实践，园区深刻认识到，在目前面临行业整治提升，努力获得公众认可的大背景下，履行责任关怀是化工企业行之有效的自我提升手段，具有重大意义。

江苏常熟新材料产业园的责任关怀活动大致分为四个阶段：

第一阶段，RCCAC成立展示期。在"谈化色变"的社会舆论大环境下，通过开展一些活动来消除相邻企业、相邻社区之间的担忧，增进相邻企业、社区间的安全互信，进而构建安全的区域环境，提高园区整体的安全水平。企业与附近居民共同进行的公益植树活动，建设生态文明，引领绿色发展；大金公司的樱花园向全市人民免费开放，促进跨文化沟通；阿科玛以"创新与环境"为主题，邀请周边企业及周边社区、学校参加"公众开放日"活动，向人们展示企业文化及治理效果；开展"和谐联动""连心解忧""慈善一日捐""八一慰问"等专项行动，促进与周边村、社区、机构的和谐发展；通过每月走访慰问、调研，广泛收集周边村居民对园区生态环境工作方面的意见建议，积极做好解释并予以解决。以实实在在的活动助推社区联动，增进友邻互信关系，让公众对化工行业有更多认知和信任。

第二阶段，RCCAC功能开拓期。为了更好地践行责任关怀，园区责任关怀委员会成立了"责任关怀工作小组"，从2017到2020年，由管委会领导担任组长，成员由总协调单位、企业代表和园区相关部门人员组成，不定期召开小组协调会，制定并积极推动年度计划的实施。同时为了发挥平台更大的功能，促成园区企业间安全、环保、健康的交流互动，发挥企业主体作用，让做得更好的企业自荐组织主题交流会，带动周边企业一起分享好的经验和做法，互学互助。2021年起，推进形式从大家抱团的整体活动，变为以小组为单位的专项活动。分企划运营组、安全组、环保组、职业卫生组、产业政策组、社区连携组6个小组，各小组由组长单位牵头，在专业的领域发挥长项，带领其他单位一起进步。科慕氟化物科技公司的"企业承包商管理"经验分享、"夏日安全100天"EHS文化交流；吴羽氟材料公司的"节能减排、保护环境"主题讲座；苏威特种聚合物公司的"生命保护规则"安全分享活动、"长江垃圾分类"活动；威怡科技公司"现场5S管理""工业固废的环境风险防控与资源循环利用"；滨江化工"有毒气体泄漏及应急疏散"交流研讨、"物资室考核"等。每次交流都有成员单位自主确定内容，将他们在以往工作中遇到的问题和可行的解决方案提供出来，供园区企业吸收采纳，从而实现共同提高、共同发展，着力构建发展和稳定的共同体，从而打造命运共同体。

第三阶段，RCCAC共同发展期。近年来，化工行业事故频发，面临着诸多困难和挑战。资源和环境要素制约日益显现，政策和社会舆论更加收紧，安全环保形势严峻，国家、省、市等各级政府对化工行业都采取最严格的行业规范要求，这就需要园区和企业必须拧成一股绳，共同把环境保护、安全生产、职业健康作为发展的核心价值，园区也由以前简单的企业集中管理，变为上下游衔接、一体化发展的有机整体。园区企业加强相互之间的沟通交流，在生产经营、项目审批、招工用工、劳资纠纷、金融服务等方面出现困难和问题时，第一时间与园区相关部门联系，共同商讨对策。例如在《太湖水污染防治条例》修订时期，园区责任关怀委员会提出科学治理可持续发展的建议并被采纳，"坚持可持续发展，科学治污、实现环保、经济共同繁荣"；废弃物管理、分类、流转进行沟通交流，进一步提高废弃物资源化回收再利用等；讨论如何共同应对沿江一公里范围内化工项目的发展问题等。在这一点上，园区责任关怀委员会发挥了比以往更大的作用，引导企业整合资源，实现园区一体化发展。

第四阶段，是RCCAC向外辐射期。2020年面对新型冠状病毒肺炎疫情的严峻形势，企业复工复产面临巨大挑战，园区责任关怀委员会企业众志成城抗疫情。大金公司的PTFE膜、威怡科技的CMC、强盛集团的熔喷布添加剂（有机过氧化物）作为抗疫物资原材料的生产商，克服重重困难，全面复工复产，加班加点保证供应。同时，责任关怀成员企业无偿为政府提供医学隔离点，免费为医务人员提供三餐，踊跃参与抗疫防疫志愿工作，捐赠抗疫物资到疫区一线等种种善举，都体现了园区责任关怀组织闪烁的光辉。2019年园区责任关怀加入"中国责任关怀"组织，同年11月，RCCAC第一次作为园区工作组代表参加了"2019中国化工园区可持续发展大会"并分享了责任关怀实践经验；2020年园区管委会参与编制《化工园区责任关怀实施指南》，次年12月发布，为同类园区管理提供可供借鉴的经验；2021年3月，中国责任关怀工作委员会来常熟召开工作组座谈会，园区经验得到更广泛宣传。

此外，探索创新合作机制及举措也是必然趋势，积极借鉴先进园区的工作经验，在区域内产品项目、公用辅助、物流传输、生态环保、管理服务"五位一体"开发建设过程中着重强调责任关怀理念，明确园区总体思路和重点任务；开展责任关怀基金、责任关怀评估导则等专题研究，推进区内助学金、奖学金、推荐就业、助老服务等普惠性公益慈善事业的发展，从政府、企业、协会、员工、社区五个维度评估责任关怀工作进展，探索出更适合园区现状的责任关怀新路径，着力打造具有新材料产业园特色的责任关怀体系，提升园区的本质安全，构建优良的区域环境。

附录

附录 1
工业和信息化部
关于促进化工园区规范发展的指导意见

工信部原〔2015〕433 号

各省、自治区、直辖市及计划单列市、新疆生产建设兵团工业和信息化主管部门

化工园区（以下简称"园区"）包括以石化化工为主导产业的新型工业化产业示范基地、高新技术产业开发区、经济技术开发区、专业化工园区及由各级政府依法设置的化工生产企业集中区。目前（2019 年），园区已经成为石化化工行业发展的主要载体，随着新型城镇化的发展，化工企业将不断向园区集中。近年来，国内涌现出了一批专业化管理水平较高的园区，在推动石化化工行业安全生产、节能减排、循环经济等方面发挥了重要作用。但不同园区之间发展水平参差不齐，部分园区布局规划不合理，规划实施过程中随意变动，项目管理不完善，配套设施不健全，安全环保隐患大等问题比较突出，亟待规范引导。现就促进园区规范发展提出如下指导意见：

一、总体要求

（一）指导思想。全面贯彻落实党的十八大和十八届三中、四中、五中全会精神，按照《中国制造 2025》要求，推动石化化工行业发展和新型城镇化实现良性互动，牢固树立以人为本的理念，遵循产业发展规律，努力实现石化化工行业安全、绿色和可持续发展。

（二）基本原则。

坚持科学规划，合理布局。结合城乡总体发展和产业发展规划，统筹区域生态环境保护，科学选址，规范园区设立。

坚持产业升级，提质增效。加强入园项目评估审查，严格执行产业政策，坚持循环经济和能源高效（梯级）利用理念，提升园区产业发展质量和效益。

坚持以人为本，绿色发展。严格落实各项安全生产和节能环保制度，加强安全管理和环境监测，实施责任关怀，提升本质安全和环境保护水平，推

动园区绿色发展。

坚持两化融合，完善配套。完善基础设施和公用工程配套，提升园区信息化水平和公共服务能力，鼓励建设智慧园区，以信息化应用提高园区安全环保水平。

二、科学规划布局

（三）明确布局原则。严禁在生态红线区域、自然保护区、饮用水水源保护区、基本农田保护区以及其他环境敏感区域内建设园区。新设立园区应当符合国家、区域和省市产业布局规划要求，在城市总体规划、镇总体规划确定的建设用地范围之内，符合土地利用总体规划和生态环境保护规划，按照国家有关规定设立隔离带，原则上远离人口密集区，与周边居民区保持足够的安全、卫生防护距离。

（四）编制园区总体规划。根据城乡规划、土地利用规划，结合生态区域保护规划和环境保护规划要求，按照资源、市场、辅助工程一体化，基础和物流设施服务共享等要求来实现产业上下游一体化布局。鼓励原料互供、资源共享、土地集约和"三废"集中治理，科学制定园区发展总体规划。规划应当委托具有石化化工行业咨询资质的单位编制。

（五）编制产业规划。结合当地水资源、交通、环境和安全容纳能力的要求，以及资源、市场等基础条件，科学编制产业规划。产业规划应当遵循循环经济发展理念，规模目标合理，发展定位恰当。产业规划应当经过专家论证，产业规划及论证意见应当报送地方工业和信息化主管部门。工业和信息化主管部门应当将产业规划向社会公布，实施跟踪评估和监督管理。

三、加强项目管理

（六）开展入园项目评估。建立入园项目评估制度，由园区管委会组织化工、安全、节能、环保、管理、循环经济等方面的专家，对入园项目的土地利用率、工艺先进性、安全风险、污染控制、能源消耗、资源利用、经济效益等进行综合评估。入园项目需符合产业政策和行业规范（准入）条件要求，根据《产业结构调整指导目录》、《外商投资产业指导目录》和《产业转移指导目录》，支持鼓励类项目进入园区，禁止新增限制类项目产能（搬迁改造升级项目除外），落后工艺或落后产品应予以淘汰。

（七）建立产业升级与退出机制。对园区内的企业，要推行清洁生产，坚持高科技、精细化、生态型、循环式的发展方向，推进技术创新、优化产业结构、发展循环经济。督促不符合国家相关法律法规、标准、产业政策规定的项目开展技术改造，限期完成整改，实现产业升级。对无法通过整改达到国家相关规定的项目或企业依法实施退出。

（八）积极承接退城入园及产业转移项目。根据退城入园及产业转移项目的产品类型、生产规模、上下游产业链、公用工程需求、占地面积、"三废"排放等情况，结合园区产业规划以及园区安全风险评估合理布局，实现工艺技术升级。积极承接城镇人口密集高风险危险化学品企业搬迁入园，鼓励当地政府将搬迁企业的环境容量进行等量或减量转移。

（九）控制投资强度。按照土地集约利用的原则，园区单位土地投资强度应当满足国家以及地方相应的工业用地投资强度标准要求。到 2020 年，省级以上园区的土地投资强度不低于 20 亿元 / 平方公里。

四、严格安全管理

（十）严控安全风险。综合考虑主导风向、地势高低落差、园区内企业、生产装置、危险化学品仓库之间的相互影响、应急救援、产品类别、生产工艺、物料互供、公用设施保障等因素，合理布置园区功能分区，满足安全防护距离的要求。已建成投用的园区每 5 年开展一次园区整体性安全风险评价。

（十一）设置安全管理机构。园区应当设置专门的安全生产管理机构，配备满足园区安全管理需要的人员，包括具有化工安全生产实践经验的人员，实施安全生产一体化管理。

（十二）提升应急救援能力。建立园区总体应急救援预案及专项预案，并与当地政府应急救援预案相协调。保障公共应急物资储备，建立专业应急救援队伍，定期开展应急演练。园区管理机构应当严格执行 24 小时应急值守。到 2020 年，80% 的省级以上园区建成应急救援指挥中心。

（十三）实施封闭管理。鼓励大型园区或距离周边居民区较近的园区实行封闭管理。对暂时无法进行封闭管理的，应当首先对重大危险源和关键生产区域进行封闭化管理。

（十四）防范危化品运输风险。设置园区危险化学品车辆专用停车场、洗车场，实行限时限速行驶。鼓励运用物联网技术对危险化学品车辆进行实时监控。

（十五）保障消防安全。依据国家有关消防法规的要求，建设园区各类公共消防站和企业自建消防站。园区内消防队应当定期开展消防演练，提高消防队员处理危险化学品事故的能力。

（十六）建立安全培训制度。采取多种形式，加强对有关安全生产的法律、法规和安全生产知识的宣传和培训，增强企业安全生产意识。

（十七）保障员工职业健康。加强对职业病防治的管理，定期开展职业病危害检测评价、职业健康检查，降低职业病风险。

五、强化绿色发展

（十八）开展环境影响评价。依据《环境影响评价法》，开展园区规划环境影响评价以及园区内项目环境影响评价，并通过相应环境保护行政主管部门的审查。园区内新建项目，应对建设用地的土壤和地下水污染情况进行风险评估，提出防渗、监测等场地污染防治措施。适时对园区规划开展环境影响跟踪评价，及时核查规划实施过程中产生的不良环境影响，优化规划实施。

（十九）加强环境监测。按照园区环评批复要求，制定园区自行监测方案，污水总排口、接管口和雨排口，应当设置在线监控装置、视频监控系统、流量计及自控阀门，并与当地环保部门联网。对园区排污口及周边环境质量情况进行监测，并向公众公开发布监测信息。

（二十）强化"三废"防治。建设集中式污水处理厂及配套管网，实现废水分类收集、分质预处理。无集中式污水处理厂的现有园区，应当在2017年年底前建成，并安装自动在线监控设施。园区废水应当采用专管或明管输送，原则上只允许设立一个污水总排口。加强对废气尤其是有毒及恶臭气体的收集和处置，严格控制挥发性有机物（VOCs）排放。对固体废物和危险废物进行安全处置，规范危险废物运输管理，鼓励有条件的园区建设相配套的固体废物特别是危险废物处置场所。园区产生的"三废"应当实现无害化处理，鼓励建立第三方运营管理机制。

（二十一）加强环境应急预案管理和风险预警。园区及园区内企业应当结合经营性质、规模、组织体系，建立健全环境应急预案体系，并强化企业、园区以及上级政府环境应急预案之间的衔接。加强环境应急预案演练、评估与修订。园区管理机构应当组织建设有毒有害气体环境风险预警体系，建设园区环境风险防范设施。

（二十二）实施节能技术改造。积极推广应用余热余压利用、能量系统优化、电机系统能效提升、高效节能工业锅炉窑炉等节能新技术，进一步提升园区内企业节能减排技术水平。实施工业能效提升计划，全面推行能效对标活动。鼓励有条件的园区建设能源管理中心。园区及园区内企业应当按照《节约能源法》要求，接受节能监察机构的监督检查。

六、推进两化深度融合

（二十三）建立园区信息化公共服务平台。加强园区信息化基础设施建设，鼓励园区采用云计算、大数据、物联网、地理信息系统等信息技术，建立网上交易、仓储、物流、检验检测等公共服务平台。整合园区各有关部门的业务数据，建设园区公共基础数据库，强化标准及接口建设，与入驻企业实现数据共享。积极推动能源管理体系和工业企业能源管理信息化建设。

（二十四）鼓励建设智慧园区。鼓励有条件的园区全面整合园区信息化资源，以提升园区本质安全和环境保护水平为目的建设智慧园区，建立安全、环保、应急救援和公共服务一体化信息管理平台。

（二十五）推动企业两化深度融合。园区内骨干企业要积极开展两化融合对标贯标活动，鼓励有条件的企业建设智能工厂，实现资源配置优化、过程动态优化，全面提升企业智能管理和决策水平。

七、完善配套服务

（二十六）建设基础设施。建设和完善公共道路、市政雨排水、区内公共交通、通信等基础设施配套工程。建设场地平整，地下、地上管线标识设置规范。

（二十七）配置公用工程。统一规划、建设、管理供水（工业水、生活水）、供电、供热（高、中、低压蒸汽）、工业气体、公共管廊、污水处理厂、危险化学品废弃物处置设施等公用工程。

（二十八）提高公共服务能力。鼓励园区设立中小企业服务、金融服务、科技服务、人才培训等公共服务机构。鼓励园区在生产区外统一建设企业办公、营销、研发和生活用房，为园区内企业发展提供配套服务。

八、加强组织管理

（二十九）加强政策引导。各地工业和信息化主管部门要充分认识加强园区规范管理的重要性，切实加强组织领导，结合本地区实际制定园区规范发展细则并抓好贯彻落实，不断提升园区发展水平。

（三十）强化规划管理。园区所在地人民政府应加强城乡规划等规划的严肃性和前瞻性，在规划编制过程中充分考虑园区的防护距离等因素。园区总体规划不得随意变更，产业规划可根据发展情况，动态调整优化。

（三十一）实施责任关怀。鼓励园区公示、公开园区内项目环境和安全影响评价信息,并设立公众开放日,接受民众的参观和咨询。定期组织周边社区居民开展活动,宣传园区绿色发展理念。

(三十二)发挥行业中介组织作用。鼓励行业协会等中介组织根据需要开展园区管理的咨询和培训服务,配合政府做好园区相关政策的制定和宣贯,对园区开展综合评价,树立先进典型,组织开展经验交流,促进园区整体水平提升。

工业和信息化部
2015年11月25日

附录 2
化工园区"十四五"发展指南及 2035 中长期发展展望

（中国石油和化学工业联合会化工园区委员会
二〇二〇年十二月发布）

"十四五"时期（2021—2025 年）是我国从全面建小康社会、实现第一个百年奋斗目标后，乘势而上，开启全面建设社会主义现代化新征程、由大国向强国跨越的关键时期，展望 2035 年，我国经济实力、科技实力、综合国力将大幅跃升，制造业整体水平将达到世界制造强国阵营中等水平。石油和化学工业作为我国国民经济发展的支柱型产业，必须要适应新形势、新阶段发展要求，构建新发展格局，推动质量变革、效率变革、动力变革，实现更高质量、更有效率、更可持续、更为安全的发展。化工园区作为承载我国石油和化学工业发展的主阵地，科学编制和有效实施化工园区"十四五"及中长期发展规划对我国从石化大国迈向石化强国意义重大。

一、化工园区发展现状及分析

（一）发展现状

1. 园区成为行业发展重要载体

石油和化学工业是我国国民经济的支柱型产业，也是我们建设制造强国的重要保障，其产品覆盖面广，产业关联度高，资金和技术密集，规模经济效益显著。对于石油和化学工业来说，"一体化"集聚发展有利于物料循环，公用工程最大化利用，便于监管，"园区化"已经成为行业发展共识，对行业提质升级起到了巨大的支撑和推动作用。

"十三五"以来，国家各部门文件：《工业和信息化部关于促进化工园区规范发展的指导意见》（工信部原〔2015〕433 号）、《国务院办公厅关于石化产业调结构促转型增效益的指导意见》（国办发〔2016〕57 号）等，均明确提出要推动危化品生产企业进区入园，极大推动了全国石化产业"园区化"进程。

根据中国石油和化学工业联合会化工园区工作委员会（以下简称"园区委"）所做的全国性调研统计，截至2020年年底，全国重点化工园区或以石油和化工为主导产业的工业园区共有616家，其中国家级化工园区（包括经济技术开发区、高新区）48家，全国化工园区的布局情况基本清晰。

2. 园区认定与评价在全国展开

"十三五"中期以来，按照《关于推进城镇人口密集区危险化学品生产企业搬迁改造的指导意见》（国办发〔2017〕77号）《危险化学品安全专项整治三年行动实施方案》（安委〔2020〕3号）和中共中央办公厅、国务院办公厅印发的《关于全面加强危险化学品安全生产工作的意见》要求，各省以国家相关法律法规和标准规范为依据，结合本地区经济发展水平、产业发展基础及资源禀赋等生产要素，研究出台了符合本地区实际的化工园区认定和评价办法，全国化工园区规范认定工作逐步展开。

2017年10月，山东省首先出台《山东省化工园区认定管理办法》（鲁政办字〔2017〕168号）及其系列文件，并通过近两年时间率先完成了省内化工园区的规范认定工作，先后共公布了75家化工园区，10家专业化工园区，以及125家化工重点监控点。山东省对化工产业园区化管理的强化，为促进行业转型升级、提质增效、加快实现新旧动能转换提供了有力支撑。

2019年以来，国内多个省份陆续出台化工园区认定办法：《云南省化工区确认办法（试行）》《湖北省化工园区确认指导意见》《辽宁省城镇人口密集区危险化学品生产企业搬迁改造承接化工园区评估认定办法》《陕西省可承载危险化学品生产企业搬迁化工园区评价标准》《甘肃省化工产业集中区承载能力评估认定办法（试行）》《江苏省化工园区（集中区）认定评分标准》《安徽省化工园区认定办法》《吉林省化工园区认定管理办法（试行）》《浙江省化工园区评价认定管理办法》《河北省化工园区认定办法(试行)》等。截至目前，山东、江苏、浙江、湖北、宁夏等省份已完成园区认定，另有十余个省区市也相继开展了认定工作，化工园区进入"规范化"发展新阶段。

3. 布局调整初见成效

"十三五"期间，按照国家发展和改革委员会、工业和信息化部印发的《石化产业规划布局方案》《现代煤化工创新发展布局方案》要求，全国化工园区布局调整初见成效，大型炼化一体化项目向沿海石化基地集中，地方依托自身优势发展特色产业。

七大石化产业基地充分发挥区位优势，依托东部广阔市场，稳步推进重大项目：上海漕泾石化产业基地以化工新材料的产业集聚区和创新策源地为目标的上海国际化工新材料创新中心已启动建设；大连长兴岛（西中岛）石化产业基地恒力石化 2000 万吨/年炼化一体化项目全面投产；浙江宁波石化产业基地中国石化镇海炼化二期 1500 万吨/年炼油、120 万吨/年乙烯正在建设，舟山浙江石化 4000 万吨/年炼化一体化项目一期已经投产，二期正在建设；广东惠州石化产业基地中国海油惠州炼化二期 1000 万吨/年炼油、中海壳牌 120 万吨/年乙烯已顺利投产，埃克森美孚 160 万吨/年乙烯项目已开始施工；连云港石化产业基地盛虹石化 1600 万吨/年炼化一体化项目已启动建设；福建古雷石化产业基地古雷石化 80 万吨/年乙烯项目及下游深加工项目预计 2020 年投产；河北曹妃甸石化产业基地旭阳石化 1500 万吨/年炼化一体化项目已进入前期准备。

四大现代煤化工基地快速推进项目建设，宁东 400 万吨/年煤制油、320 万吨/年煤基烯烃等项目；榆林兖矿集团 400 万吨/年煤间接液化、神华榆林 200 万吨/年煤制甲醇、中煤榆林 180 万吨/年煤制甲醇、75 万吨/年煤制烯烃、延长煤天然气轻油共炼生产 70 万吨/年聚烯烃等项目；鄂尔多斯 482 万吨/年煤制油、100 万吨/年煤制烯烃、150 万吨/年煤制乙二醇等项目，有的已全面建成投产，有的已取得重要阶段性成果。

各地依托自身资源优势与产业基础，一批具有区域特色的化工园区逐步涌现：江苏、浙江、山东等省份依托下游广阔的市场优势，形成了一批上下游产业链完善的精细化工和新材料园区，例如南京江北新材料科技园、江苏高科技氟化学工业园（江苏常熟新材料产业园）、江苏省泰兴经济开发区、江苏扬子江国际化学工业园、中国化工新材料（嘉兴）园区、杭州湾上虞经济技术开发区、衢州高新技术产业开发区、东岳化工产业园、聊城化工产业园、济宁新材料产业园区等；东北三省及中西部等老石化基地积极推进产业升级改造，打造了一批产品高端、竞争力强的特色石化产业园区，如大庆高新技术产业开发区、齐鲁化学工业区、河北石家庄循环化工园区、河南濮阳工业园区、沧州临港经济技术开发区、重庆长寿经济技术开发区等。

2018 年，国家发展和改革委员会、工业和信息化部《石化产业规划布局方案（修订稿）》的发布，为进一步优化我国化工园区布局、助力行业转型发展起到推动作用。

4. 集约化程度显著提高

"十三五"以来，通过要素集聚、产业协同和基地化发展，化工园区集约化程度显著提高。

据园区委统计数据显示，截至 2020 年底，产值超过千亿的超大型园区由"十二五"末的 8 家增加到 17 家，500 亿～1000 亿的大型园区 35 家，100 亿～500 亿的中型园区 170 家，产值小于 100 亿的小型园区 394 家。虽然超大型和大型园区的数量仅占我国化工园区总数量的 8.4%，但二者的产值占比接近 50%。

随着危险化学品生产企业搬迁入园、园区规范化工作的进一步推进，石化行业集约化程度将进一步提高，特别是向布局合理、管理规范的大中型园区集中的趋势将更加明显。

（二）取得的主要成绩

1. 发展理念不断创新

"十三五"期间，园区委在全国化工园区建设经验的基础上，借鉴国外园区先进管理经验，创新总结出"六个一体化"的发展理念，即：**原料产品项目一体化**——融合资源、合理布局，拥有生产装置互联、上下游原料产品互供、投资互渗的完整产业链条，区内产业协同发展；**公用工程物流一体化**——拥有水、电、气、运系统集成体系，完善的安全、环保配套设施，企业运营成本低、效率高，充分体现化工园区集聚优势；**安全消防应急一体化**——安全、消防、应急硬件设施布局科学、互相呼应，拥有完善多层级的化工园区安全监管体系和健全的安全应急管理长效机制，化工园区本质安全得到提升；**环境保护生态一体化**——实现源头规划控制、过程清洁生产、后期末端治理的全程管控，形成化工园区环境保护与生态发展的和谐统一；**智能智慧数据一体化**——拥有一体化综合管理系统集成平台，逐步实现对化工园区重点防控面的智能预警与分析评价；**管理服务科创一体化**——拥有完善的服务保障体系和高效的服务能力，实现驱动创新，支撑园区走特色发展之路。

通过"十三五"以来园区在管理和建设中的实践经验总结，"六个一体化"发展理念现已成为全国化工园区建设管理的公认模式和发展方向，"六个一体化"从物质流、能量流、储运流、废物流、数据流、资金流等更多维度最大限度地发挥园区的集群化发展优势，有助于提升园区内产业链和产品链协同与延伸，有助于提升园区内原料和能源利用水平和互供，有助于提升石化企业的运行效率和效益。

2. 标准化体系逐步形成

为了总结化工园区近 30 年来的发展建设经验，适应化工园区高质量发展和管理水平不断提升的需要，进一步推动化工园区规范化建设，"十三五"

期间，园区委牵头启动了化工园区标准化体系建设工作。

截至"十三五"末，三项国家标准《化工园区公共管廊管理规程》（GB/T 36762—2018）、《化工园区综合评价导则》（GB/T 39217—2020）、《智慧化工园区建设指南》（GB/T 39218—2020），四项团体标准《化工园区应急事故设施（池）建设标准》（T/CPCIF 0049—2020）、《化工园区危险品运输车辆停车场建设标准》（T/CPCIF 0050—2020）、《绿色化工园区评价通则》（T/CPCIF 0051—2020）和《化工园区开发建设导则》（T/CPCIF 0054.1—2020）已正式发布；《绿色化工园区评价导则》、《化工园区中试基地建设导则》等二十余项行业标准、团体标准正在报批或加紧编制之中。园区委与全国重点化工园区、研究机构、重点高校、技术支撑单位通力合作，按照"成熟一批，创建一批"的指导原则，有序推进化工园区标准化体系的建设工作。

3. "化工园区30强"示范引领作用逐渐显现

"化工园区20强及潜力园区10强"起步于2013年，目前已经建立了成熟稳定的统计、评价体系。2018年扩展至"化工园区30强"（以下简称"30强"），其显著的行业影响力和示范引领作用日益凸显，已经成为行业对于化工园区的综合实力、规范发展等方面评价的重要参考，对全国化工园区的示范引领作用明显增强。

根据最新统计，2020年公布的"30强"园区2019年实现石化销售收入2.74万亿，占全国石化产业销售收入的22.4%；2019年实现利润总额1737亿元，占全国石化利润总额的26%；销售利润率为6.3%，高于全国石化行业5.4%的平均水平（化工园区30强行业贡献对比图1）。

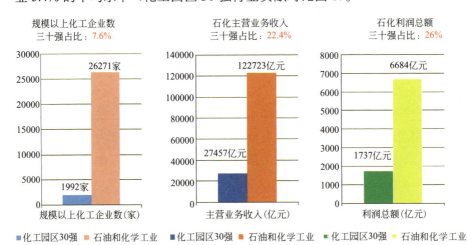

图1 化工园区"30强"行业贡献对比图

"30强"园区带领着占行业7.6%的企业,创造出了超过行业25%的利润,他们代表了我国化工园区的先进水平。这一标杆、示范,引领着全国化工园区发展质量、管理水平与效益的提升。

4. 绿色发展取得积极进展

"十三五"以来,绿色发展理念日益得到重视,绿色发展效果逐步显现。大部分园区都把绿色化建设摆在突出位置,努力创建国家新型工业化产业示范基地、循环化改造示范基地和绿色园区,大力发展循环经济,积极推进清洁生产,资源、能源循环利用率不断提升,"三废"排放量持续减少,能耗物耗不断降低。

截至2020年12月,57家化工园区在国家发展和改革委员会的支持下开展了循环化改造;33家化工园区获评工业和信息化部"国家新型工业化产业示范基地"。中国石化联合会结合石化行业特点,牵头制定了符合自身特色的行业标准《绿色化工园区评价导则》,并受国家发展和改革委员会委托依据该标准于2019年起启动了"绿色化工园区"的创建工作,截至目前,已有12家园区入选"绿色化工园区"名录,8家园区入选"绿色化工园区"(创建)单位。绿色化工园区的创建为整体提升石化行业的绿色发展水平提供了重要的支撑和保障。

5. 智慧化建设步伐加快

自2016年,受工业和信息化部委托,以中国石化联合会公布中国化工新材料(嘉兴)园区、聊城化工产业园为"智慧化工园区试点示范单位"为标志,开启全国化工园区智慧化创建工作以来,经过近五年的探索与实践,国内部分先进园区已经摸索出一套通过物联网、云计算、大数据、人工智能等信息技术,重点围绕化工园区安全与环境监控、应急处置为核心,兼顾公共信息服务平台功能(企业绩效评价、车辆与人员管理、政务服务、信息发布等)的智慧化工园区管理系统。在国家政策及信息化技术快速发展的推动下,我国化工园区的智慧化建设进入稳步推进期。

截至2020年12月,已公布了50家智慧化工园区创建单位,12家智慧化工园区试点示范单位。智慧化工园区建设得到各省化工园区的高度重视,正在"由点到面"地从示范试点向全国稳步推进。如东县洋口化学工业园、杭州湾上虞经济技术开发区、江苏省泰兴经济开发区等一批试点示范的智慧化建设取得阶段性成果。中国化工新材料(嘉兴)园区通过建立危化品全生命周期监管服务平台,实现"来源可追溯、去向可查证、责任可落实"的精细、精准管控目标;聊城化工产业园实现了重大危险源的"一张图"管理,与应急救援中心实时联动,通过对园区企业"两重点一重大"关键数据的获取、过滤、上报、分析,实现事故预警信息的分级推送和处置。如东县洋口化学工业园通过建立智慧园区综合管控平台,全面掌控园区生产、安全、环保、能耗底数和变动态势,全方位评估园区企业综合绩效,并差别化配置园区各项发展资源,建立园区项目存优汰劣的良性驱动机制。上海化学工业区、济宁新材料产业园区、泰州滨江工业园区等园区通过智慧化建设,有效提升了园区的专业化管理能力和监管水平。

与此同时,一批智慧化工园区建设相关的标准也在加紧编制,全国化工园区的智慧化建设进程将进一步加速,软硬件同步推进园区规范化发展。

6.责任关怀工作深入推广

随着"责任关怀"理念在石化行业中深入传播,"十三五"期间,在园区委大力推动下,全国化工园区开展了形式多样的责任关怀活动,截至2020年底,签署《责任关怀全球宪章》的化工园区达到64家。上海化学工业区、扬州化学工业园区、长寿经济技术开发区等8家园区成立了责任关怀工作组织。

化工园区结合自身实际,开展了各具特色的责任关怀活动,全面推动责任关怀的落实,为园区与周边社区和谐共融的发展奠定了基础。上海化学工业区提出了政府引导、协会推动、企业主体、员工参与、社区互动的"五位一体"责任关怀运行模式,先后制定了责任关怀"十三五"专项规划,开展了责任关怀基金、责任关怀评估导则等专题研究;天津南港工业区在决策、推动、执行三个层面,分别成立了工作领导小组、工作推动小组和具体办事机构,设立了专项资金,为工作的开展提供了组织、人员、经费的保障体系,并从2012年起坚持每年发布园区《责任关怀年度报告》。

在化工园区管委会倡导和组织下,建立以周边社区最大化共享园区发展成果为目标的责任关怀体系,推动园区企业积极有效地践行责任关怀,成为具有中国特色的责任关怀实施路径之一。在先行园区的带动下,越来越多的化工园区已将责任关怀工作与推进清洁生产、发展循环经济、强化安全管理等工作紧密结合,共同成为促进园区绿色发展的重要举措。

(三)存在的突出问题

我国化工园区经历了30余年的发展,数量急速增长,但是,受不同区域经济发展水平、产业基础、资源与市场条件的影响,发展水平参差不齐。园区整体发展水平与所承载的高质量发展任务不相匹配,规范发展的任务十

分紧迫和艰巨。

1. 规划引领尚待加强

化工园区建设初期大多采取粗放式的发展模式，更看重的是经济增速和规模，在产业关联度、单位投资与产出、资源能源消耗等方面要求不高，有的园区是产业规划执行不到位，有的园区则是规划不完备、甚至缺失。另外，部分地区化工园区之间产业规划雷同，无法形成差异化发展，协同效应、规模效应不明显。园区规划引领不够带来的弊端逐渐显现。

规划缺失往往使园区"一体化"优势无法发挥，资源、资金、管理分散，导致园区整体发展水平不高；规划引领不足使园区产业关联度不高、产业链无法有效延伸，无法形成上下游产业的合理配套，园区企业往往以生产初级产品为主，中端和高端产品较少，园区缺乏发展后劲；规划雷同导致园区主导产业不突出、产业特色欠缺，容易陷入低水平重复建设、同质化竞争，使园区缺乏核心竞争力。

2. 发展水平不均衡

园区发展不均衡是目前化工园区发展面临的重要问题。一是区域发展不均衡，2020年公布的30强园区主要集中在东南部地区，中西部只有宁夏回族自治区宁东能源化工基地、中国石油化工（钦州）产业园和武汉化学工业区3家，只占到30强园区的10%左右。二是园区规模不均衡，全国676家化工园区中近60%是产值低于100亿的小型园区，且大多处于建设发展的初级阶段。三是园区建设管理水平不均衡，园区间基础设施完备程度、管理效率等存在较大差距。个别园区公用工程及安全环保设施投入不足，未能配备专业化监测手段和管理队伍，监控平台建设还处于初级阶段。

3. 安全环保事故时有发生

化工园区内危险化学品企业众多，生产、储存的危险化学品种类多、数量大、密集度高，能量高度积聚，三废产生量大、排放集中，在安全环保方面尚面临较大的压力。

个别企业发生过违法排污、非法填埋、私设暗管以及非法转移，甚至火灾、爆炸事件，所在化工园区也面临停产整治。个别重、特大安全事故，给行业生产运营带来严重负面影响的同时，也加剧了公众的负面情绪，加深了对化工行业的误解。

4. 创新平台建设滞后

当前，石化行业在科技创新方面面临诸多困难，科技成果工程转化能力弱、新产品开发能力不强的问题依然突出。由于缺乏国家相关法律、法规的支撑，化工园区创新平台建设工作受到较大限制。加之创新平台前期投入较大，作用显现具有滞后性，自我造血能力不足，所以当前国内化工园区的创新平台建设整体水平滞后。除南京、大亚湾、上海、泰兴、宁东等少数园区在创新平台建设与运营上取得积极进展外，大部分园区的创新平台建设仅停留在提供房屋出租的1.0版，与能同时提供协同创新、融资、项目推广、人才培育等综合服务的2.0乃至3.0版差距较大。

创新平台运作体制机制探索不足的问题也十分突出。虽然平台在创建初期都有明确的目标和管理机制，但在具体落实的时候，受制于企业的规模、所处的发展阶段、具体需求的多样化、利益相关性等情况，导致科创平台的孵化、扶持、引导作用发挥不够明显，对企业的帮助有限。

二、化工园区"十四五"发展面临的机遇与挑战

党的十九大报告指出：我国经济已由高速增长阶段转向高质量发展阶段，正处在转变发展方式、优化经济结构、转换增长动力的攻关期。如何促进工业高质量发展事实上已成为经济高质量发展的关键。党的十九届五中全会提出了未来五年发展目标和未来十五年远景目标，更加突出在提高质量效益的基础上释放增长潜力。化工园区作为我国石油和化学工业转变发展方式、实现高质量发展的重要载体，具有站在全行业高质量发展最前端的基础和潜力。

（一）发展机遇

1. 规范发展有利于化工园区优化布局

"十三五"期间，一系列国家行业政策均强调了化工园区在我国石油和化学工业优化布局、高质量发展中的重要作用。《关于石化产业调结构促转型增效益的指导意见》（国办发〔2016〕57号）强调新建炼化项目全部进入石化基地，新建化工项目全部进入化工园区；2018年国务院新修订的《石化产业规划布局方案》也强调推动产业集聚高效发展，逐步形成若干世界一流的石化产业基地；2020年2月中共中央办公厅和国务院办公厅共同印发的《关于全面加强危险化学品安全生产工作的意见》特别强调制定化工园区建设标准、认定条件和管理办法，对现有化工园区全面开展评估和达标认定。因此，"十四五"化工园区的规范建设与科学管理将成为主导，这将有利于合规园区的发展与优质项目的引进，营造出良好的外部发展环境。

2. 绿色发展有利于化工园区提质升级

党的十九届五中全会把生态文明建设实现新进步作为未来五年发展目标之一，再次强调坚持绿水青山就是金山银山理念，促进经济社会发展全面绿色转型，建设人与自然和谐共生的现代化。在此大背景下，绿色发展已成为科技革命和产业结构优化升级的主要方向，作为推进供给侧结构性改革的重要手段，是推动行业高质量发展、解决生态环境问题的根本之策。化工园区的绿色发展绝不仅仅是安全环保的问题，它包括采用先进的技术和工艺，实现生产中的过程安全、节能减排、降低污染物排放和产品质量的提升；加强园区的公用工程与基础设施建设，提升一体化能力，降低入驻企业的生产成本与市场竞争能力的提升；园区专业化管理手段与服务理念的提升，优化园区营商环境，最终实现化工园区的提质升级与可持续发展。

3. 改革创新有利于化工园区突破旧有束缚

我国经济的发展方式，正从依靠要素扩张转向创新驱动，创新已成为引领发展的第一动力。园区作为我国经济发展和改革创新的重要载体，在国民经济社会发展全局中具有十分重要的地位。受制于园区外部管理体制改革滞后的影响，我国化工园区现有的管理属性越来越不适应新形势的发展需要。随着国家对经济开发区改革力度的加大，以及"放管服"改革的深入，各地都在不断探索工业园区的管理创新与体制机制改革工作，这将为化工园区当前所面临的各类体制机制问题找到新的解决方案，并将促进园区产业向价值链中高端攀升，进一步发挥其在区域经济发展和开放型经济建设中的重要作用。

（二）面临挑战

1. 发展要素制约

当前，先进化工园区的产业发展往往会受到环境容量、能耗总量与单位GDP能耗指标、用海或用地指标等方面的限制，部分地区还对项目的投资总额与单位土地投资强度提出"一刀切"的严格限制，制约了众多先进化工园区产业的补链延链发展，使部分高附加值、高技术含量的精细化工与新材料项目，以及循环经济项目无法落地。此外，化工园区在开发建设中涉及到诸多政策、法规、标准，由于这些法规、标准大多制定在前，而园区发展在后，因此不可避免地存在部分条文不适应当前园区化发展的问题。

2. 体制机制制约

我国化工园区大多由经济开发区、高新区及各类工业园区按照专业特色发展而形成，在实际工作中存在功能定位不够明确，"政区合一"模式管理效率不高；社会管理负担繁重，出现向"大而全"体制回归趋势；政府主导的开发模式导致市场没有发挥应有的功能；法律地位不明确，不少行政行为缺乏法律依据等问题。迫切需要加快体制机制创新，合理设置社会管理职能，下放更多经济职能和管理权限，加速高端要素集聚，提升园区转型发展动力，走专业化、特色化发展之路。

3. 人才制约

我国化工园区间发展水平、发展思路、管理水平、管理人员的专业素养等均存在较大差距，同时园区管委会作为地方政府的一级派出机构，有的管理人员专业知识和专业化管理能力都有待提升，有的人员岗位变动时有发生，导致园区无法形成长期的、连贯性的专业化管理。同时，由于很多化工园区实行政区合一的管理体制，在园区管理的同时还承担了大量的政府和社会事务，无法专心于化工园区的建设与管理，不利于化工园区的专业化管理与可持续发展。

三、化工园区"十四五"发展指导思想、发展原则、总体目标与重点任务

（一）指导思想

"十四五"化工园区发展指导思想：以习近平新时代中国特色社会主义思想为指导，紧紧围绕"十四五"时期中国经济社会发展主要目标，坚定不移贯彻新发展理念，坚持稳中求进工作总基调，以推动高质量发展为主题，以深化供给侧结构性改革为主线，以改革创新为根本动力，加快建设现代化经济体系，加快构建以国内大循环为主体、国内国际双循环相互促进的新发展格局。坚持目标导向和问题导向相统一，坚持立足国内和全球视野相统筹，坚持全面规划和突出重点相协调，坚持战略性和操作性相结合。按照"规划科学、布局合理、管理高效、产业协同、集群发展"的原则，立足园区内小循环、面向国内大循环，构建国内国际"双循环"，深入实施创新驱动和绿色可持续发展战略，不断深化国际交流与合作，持续加大培育现代石化产业集群的力度，实施"五项重点工程"，培育"五大产业集群"，努力建设一批具有全球竞争力的、世界一流水平的石化基地和化工园区，不断提高石油和化学工业的国际竞争力，推动我国从石油和化学工业大国向强国迈进实现新跨越。

（二）发展原则

坚持安全发展： 党的十九届五中全会提出，要统筹发展和安全，建设更

高水平的平安中国。化工园区的安全发展是平安中国建设的组成部分，化工园区要始终把安全发展放在首位，完善安全发展规划、安全基础设施配套、安全监管体系建设、应急体系建设等，以智慧化建设工程为抓手，提升园区智慧化水平，运用化学反应新技术、过程新技术、控制新技术及多种新型信息技术提升化工园区本质安全水平，打造安全园区。

坚持创新发展：经济发展的动力源在创新，要把科技创新作为引领现代石化产业发展的第一动力，把创新发展作为"十四五"期间化工园区发展的战略支点，重视创新平台建设，发挥科技创新对产业发展的支撑和引领作用，增强企业在技术创新中的主体地位，推动全产业链协同创新，突破一批关键共性核心技术。

坚持协调发展：综合考虑南北发展差距、沿江、沿海和内陆的地理、资源禀赋差异，着力构建布局合理，结构优化的化工园区开发建设新格局，着力实现经济、环境、社会的协调发展。发挥各地比较优势，立足自身资源禀赋，统筹主体功能区、土地利用、生态环境保护、产业规划等规划的核心要义，建设各具特色的大型石化基地和专业化工园区。推动沿江、沿海和内陆园区协调发展，鼓励化工产业在国内化工园区有序转移。

坚持绿色发展：按照"生态优先、绿色发展"的理念，促进化工园区形成生态环保、绿色健康的生产方式，在产业模式上实现高循环，在资源利用上实现高效率，推动产业价值链不断攀升，最终实现资源、环境、生态与经济社会之间的相互吸纳依存、共生共荣。

坚持开放发展：按照以国内大循环为主体：国内国际双循环相互促进的新发展格局，加大对外开放与合作，统筹国际国内"两种资源、两个市场"，强化"引进来"和"走出去"。化工园区"十四五"期间，应稳步扩大开放，全面提升园区开放水平，自觉融入"一带一路"建设，瞄准国际中高端产业链分工，将化工园区建设成为国家开放发展的新高地。

坚持共享发展：坚持共享发展是化工园区实现高质量发展的必由之路。共享既包括让园区内企业平台共享、信息共享、经验共享，园区提供第三方的公用工程服务，降低企业运营成本。又包括化工园区与周边社区共享园区发展红利，为园区发展创造良好环境，共建和谐共荣生态。

（三）总体目标

规范化发展向高质量发展跃升，围绕化工园区产业发展提升、绿色化建设、智慧化建设、标准化建设和高质量发展示范的**"五项重点工程"，五大世界级石化产业集群初具轮廓，重点培育 70 个具有一流竞争力的化工园**

区,打造"5个50",即:建成 50 个园区科创中心、创建 50 家"绿色化工园区"、新建 50 家"智慧化工园区"、制定并颁布 50 项化工园区管理与建设标准和培育 50 项高质量发展示范工程。

1. 产业提升创新工程

全国性区域规划布局基本建立,推动化工园区依据自身定位,制定符合自身实际的园区准入和退出机制,通过调整与整合,进一步优化产业布局。更加突出创新,加快推进传统产业转型升级,加大战略性新兴产业培育力度。提高化工园区产业关联度水平和产业集聚程度,以骨干企业和龙头项目为核心,向下游延伸延长产业链,加快园区循环产业发展,精细化工等同类产业集聚程度提高。到 2025 年,建成 50 个园区科创中心。

2. 绿色化建设工程

制订并完善适应绿色发展要求的化工园区评价体系,培育一批绿色园区,发挥示范带动、典型引领作用,推动化工园区绿色发展迈上一个新台阶。坚决打赢污染治理攻坚战,深入开展化工园区循环化改造,实现园区内产业链循环化、资源利用高效化、污染治理集中化,做好园区内"三废"科学处理处置。研究制订化工园区的责任关怀建设方案,推进化工园区践行责任关怀。到 2025 年,创建 50 家"绿色化工园区",全面承诺践行责任关怀的重点化工园区超过百家,重点石化基地和化工园区成为"天蓝、水清、草绿"生态优美的产业集聚区。

3. 智慧化建设工程

研究新技术与园区管理需求的适配性,以大数据为核心,通过体系规划、信息主导、改革创新,全力推进大数据技术与园区现代化深度融合、迭代演进,加快园区信息系统和公共数据互联互通、开放共享,建设"可共享"、"可溯源"的智慧监管系统,实现危险化学品全生命周期监管,打造响应快速、决策高效的应急救援体系,切实提升园区管理水平和管理效率。到 2025 年,新建 50 家"智慧化工园区"试点示范单位,30% 的省级及以上重点化工园区开展智慧化工园区创建工作,重点石化基地和化工园区实现重大安全风险可控、重点危险源和风险点可监测、可预警、可防控。

4. 标准化建设工程

完成化工园区标准体系顶层设计,有序推进化工园区急需标准的编制工作。建立一套以化工园区为主体,协会组织推动,技术支撑单位、行业专家、高校与研究机构等广泛参与的标准化工作机制,按照团体标准、行业标准和国家标准多级推动为主要形式，积极推动化工园区标准体系建设。到2025年，制定并颁布化工园区管理与建设标准数量达到50项，为管理标准化和规范化提供强力支撑。

5. 高质量发展示范工程

以国内外产业基地和专业园区发展经验为借鉴，制定支撑和保障园区高质量发展的"化工园区高质量发展指导意见"，重点突出创新，关注生态工业园区建设，适时开展"化工园区高质量发展示范工程"试点。到2025年，培育50项化工园区高质量发展示范工程，包括：20家发展质量高、管理水平优、产业协同好、创新能力强的"高质量发展示范化工园区"，30个技术先进、效益显著的"化工园区高质量发展示范项目"。

（四）重点任务

1. 推动化工园区产业结构优化升级

产业结构优化升级是提高我国经济综合竞争力的关键举措。化工园区要加快区内产业提升，着力培育战略性新兴产业，为行业供给侧结构性改革提供有力支撑。

（1）培育特色产业园区

化工产业具有关联度强、上下游产品联系紧密的特点，产业"园区化"是集聚优越性的集中体现。"十四五"期间，化工园区要合理规划自身产业，兼顾与当地其他行业的"耦合发展"，优化石化产业链，发展循环经济，实现园区内上下游的产品链协同和能源、资源循环利用。

坚持有限资源、有限目标的原则，针对区域性目标市场，发展符合区域经济定位的特色产业，以产业链和产品结构为标志，集中力量建设专业特色明显的化工园区。沿江和沿海的化工园区应依托市场优势，突出化工新材料和专用化学品，重点打造国际先进水平的专业化园区和高端产业集群；西北部矿产资源丰富地区应依托自身资源优势，贯彻国家总体发展布局和战略部署，适度发展资源型现代煤化工产业，积极推进陕西榆林、宁夏宁东、内蒙古鄂尔多斯、新疆准东等西部现代煤化工产业示范区特色化发展；内陆地区已存在的成熟化工园区要加快转型升级，高度重视齐鲁、大庆、衢州、兰州、吉林等老石化基地的升级改造。

"十四五"期间重点培育70个化工园区：40个石化园区（包括：18个沿海石化园区、18个内陆石化园区、4个现代煤化工基地）和30个专业化工园区，实现石油化工、现代煤化工与下游化工产品的产业链协同，实现东部与西部的优势互补,保障我国石油和化工产业的高质量发展。

（2）优化化工园区布局

深入贯彻国家发展和改革委员会、工业和信息化部《石化产业规划布局方案》和长三角一体化、京津冀协同发展等国家区域协调发展战略,深入实施主体功能区战略,按照《产业转移指导目录（2018版）》中关于全国区域工业发展总体导向要求统筹协调东北和东中西部四大板块,发挥区域比较优势,推进差异化协同发展,综合考虑能源资源、环境容量、市场空间等因素,促进生产要素有序流动和高效集聚,推动产业有序转移,构建和完善区域良性互动、优势互补、分工合理、特色鲜明的现代石化产业发展格局。

培育具有国际竞争力的先进制造业集群,是建立现代化经济体系重要的组成部分,是提升产业集聚度和产业链协同的有效措施,是发达国家经济发展的成功实践。产业集群内的园区通过区域协调、合理布局、资源共享、原料互供、安全互助、信息互通,共同推动产业集群化发展。"十四五"期间,依托重点发展的70个石化园区和专业化工园区,突出已布局的七个大型石化基地和沿海、沿江布局合理、产业基础好、管理水平高的化工园区,充分发挥其规模化及辐射带动作用,培育产业集聚度高、相关产业协同促进的五大世界级石化产业集群：以上海、宁波（镇海、大榭、北仑）、舟山、嘉兴和上虞等为主体的杭州湾石化产业集群；以惠州大亚湾为核心,北接揭阳,南联茂湛、钦州、洋浦的泛大湾区石化产业集群；以大连长兴岛、盘锦辽东湾、唐山曹妃甸、天津南港、沧州临港以及山东滨州、东营、潍坊和烟台等为主体的环渤海湾石化产业集群；重点依托古雷、泉港、泉惠,涵盖福州江阴、莆田等为主体的海西石化产业集群；围绕宁东、榆林、鄂尔多斯,打造能源金三角现代煤化工产业集群,促进现代煤化工与石油化工的协同发展和融合发展。

（3）完善项目准入和退出制度

强化园区产业规划的引领作用,发挥自身产业优势,延伸产业链,推进差异化、特色化发展,加强园区内上下游的产品链协同、能源互供和资源循环利用。

推动园区实施项目准入管理制度及项目预评估制度。入园项目须符合国家产业政策和园区产业规划要求,支持与园区主导产业相协调的政策鼓励类项目进入化工园区,严控新建限制类项目。对入园项目进行单位土地投资强度、土地利用率、工艺先进性、安全风险、污染物控制措施等综合预评估,对于延链、补链、循环经济等项目合理设定投资门槛,从源头上把握好园区产业发展方向。

建立园区企业升级改造和退出机制，健全园区项目综合评价体系，对园区内存量项目，通过单位土地销售收入、单位土地利润、能耗强度、排放强度等指标，科学评估区内企业发展质量，分类施策。鼓励企业推进转型升级和技术改造，不断提升自身发展质量和水平；推动优质企业对园区内落后产能兼并重组，为园区转型升级创造空间。

（4）建立化工园区动态管理机制

推动各省在完成对本省化工园区、集中区规范认定的基础上，对现有园区进行动态管理。制定全省化工园区整体规划，确定各地区发展重点，推动地区间化工园区差异化、协同发展的新格局。

对园区实行分级分类、动态管理，科学制定化工园区评价标准：培育、试点一批，优化、提升一批，重组、淘汰一批。推动园区资源整合优化，对规划起点高、布局合理、产业集聚度高、管理和产业链完善、资源与安全保障条件好、环境容量许可的化工园区可鼓励适当扩容；暂时不达标，推动整改；限期整改仍旧不合格的取消化工定位。推动资源向高质量园区和优质企业集聚，积极推动产业向高质量提升。

2. 推动绿色可持续发展水平的本质提升

坚持"六个一体化"的发展理念，形成具备化工园区特色的绿色发展方式和资源节约、环境友好的产业结构，产业耦合进一步加强，主要污染物和有毒有害特种污染物排放强度显著下降，形成与周边社区和谐共荣的发展环境。

（1）循环化建设水平实现大幅跃升

持续推进园区循环化改造，合理构筑园区的循环经济产业链。通过补链条、补短板、补缺项、能源梯级利用等手段，搭建循环性基础设施和公共服务平台，健全和完善园区生产体系。通过循环化改造，园区内实现企业间、产业间的循环链接，构建园区层面的基础设施、公用工程及公共服务共享与循环使用的"大循环体系"，企业间的能量和物料循环利用的"中循环系统"，以及企业内节能、节水、综合利用的"小循环系统"，实现园区内产业链条循环化、资源利用高效化、污染治理集中化。通过成本效益分析和园区自身发展进程，鼓励培育具有节能环保、高性能、高附加值的优质绿色产品。推进土地节约集约利用，盘活低效用地，提高可再生能源使用比例，推广清洁能源使用。

（2）安全生产与环境治理水平得到本质提升

安全和环保是化工园区实现绿色发展的首要任务，加强园区安全风险监测监管和污染集中治理设施的建设及升级改造，切实提升化工园区的风险防控能力。要求园区对标国际先进，做好区域整体性安全风险评价和风险综合防控规划以及规划环评，严格准入要求，建立安全环保准入的负面清单；建设智慧园区，建立有效的环境监控体系、安全监控体系等管理措施，培育或引进专业化节能环保服务公司，配备专业的安全监管队伍，定期开展全面的危险化学品安全风险排查和污染源、环境质量监测；建立生产装置、企业和园区的三级风险管控体系，并建立针对有毒有害气体、污染废水等环境污染和火灾、爆炸、泄漏等多级的风险防范措施，制定统一的总体应急预案和各专项应急预案，降低重大污染事故发生的风险。

（3）责任关怀实施路径进一步深化

责任关怀对提升企业自律自觉水平，深入贯彻绿色发展理念，建设安全环保管理体系发挥了积极作用。化工园区应积极主动实施责任关怀，签署《责任关怀全球宪章》，建立以周边社区最大化共享园区发展成果为目标的责任关怀体系。建立与周边乡镇和社区的沟通机制，加强园区产业发展、环境保护等信息的公开透明，接受政府、社会公众及企业对园区各项数据和管理的监督。坚持以开放融合的理念意识推动化工园区与周边社区、学校等机构的合作交流，构建多方联动的体制机制，为营造社区和谐发展做出更大努力。普及化工化学知识，增进公众对化工的全面、客观了解，使公众能够以开放的心态客观认识化学和化工企业的载体，改善化工园区绿色发展的社会形象。

3. 化工园区智慧化管理水平显著提高

持续推进化工园区的智慧化建设，重点突出化工园区公共基础设施和公共服务的一体化，建设园区安全、环保和应急救援的一体化。化工园区要结合自身产业特色，以大数据为核心、以融合服务为根本，通过体系规划、信息主导、改革创新，全力推进大数据技术与园区现代化深度融合、迭代演进，加快园区信息系统和公共数据互联互通、开放共享，应切实提升园区智慧管理水平。推进企业数字化转型，建设智慧工厂、智能车间，最终形成"安全舒适、生态环保、智能运营、融合服务、创新发展"的智慧化工园区。

（1）危险化学品全生命周期监管

研究建立危险化学品全生命周期信息监管系统，综合利用电子标签、大数据、人工智能等高新技术，对危险化学品的生产、贮存、运输、使用、经营、废弃处置等各环节进行全过程信息化管理和监控，实现"来源可追溯、去向可查证、责任可落实"的精细、精准管控目标。通过化工园区安全生产信息化智能化平台、生态环境监测平台的建设，实现对园区内企业、重点场所、重大危险源、基础设施的安全和环境风险实时监控预警，使园区内动态风险科学归位，明晰企业主体责任，降低危险化学品生产及周边动态风险。

（2）建设智慧监管系统

开展重点化工园区风险监控预警系统的建设，完成危险化学品生产企业重大危险源监控数据接入，实现实时监测、动态评估、及时预警、事故应急支持等功能，动态掌控重点企业和重大危险源的问题。以"可共享"、"可溯源"作为监测体系建设的两项目标，完善化工园区与企业联网的线上线下配套监管制度，打通企业与园区监管系统间的数据共享互通。加快建成政府相关部门与辖区内化工园区和危险化学品企业联网的远程监控系统。

（3）打造应急救援体系

化工园区要逐步整合来自企业、园区和地方监管部门的信息资源，加强应急队伍、应急物资和应急专家之间的信息资源共享，并实现动态管理。通过智慧平台系统积累企业的化学品动态数据、企业的安全监控数据以及动态事故案例数据，通过对数据结构的有效组织，结合政府和企业应急救援预案，结合系统的事故风险评估以及事故推演模型分析，恰当的给指挥决策者提供相应的决策依据和所需的信息，最大限度的减少应急事件造成的损害，为园区安全运行管理和突发事件高效调度处置提供了有力支撑。

4. 化工园区标准化工作有序推进

加强化工园区标准化体系建设，进一步发挥标准规范在园区发展中的基础性、战略性、引领性作用；对化工园区试点示范工作的支撑作用；在园区建设各领域的广泛应用和深度融合，有效推动园区标准化在科技创新、提质增效、公共服务等领域实现突破。

（1）化工园区标准化体系逐步完善

化工园区相关标准的编制，是化工园区规范化建设的支撑。化工园区开发建设和运营管理是一项专业性、技术性要求极高的系统工程，总结提炼化工园区发展建设经验，完成化工园区标准体系顶层设计，有序推进化工园区标准编制工作。"十四五"期间，建立一套以化工园区为主体，协会组织推动，技术单位、行业专家等广泛参与的标准化工作机制，以优先制定园区急需的，较成熟的标准为原则，按照团体标准、行业标准和国家标准多级推动为主要形式，积极推动化工园区标准体系建设。园区要充分重视，建立统筹协调机制，对跨部门、跨领域的标准制定进行统筹协调。

（2）推进重点领域的标准化工作

针对化工园区开发建设中涉及面广、发展急需的重点领域，坚持运用融合发展的理念和方式，统筹协调相关园区、企业与科研机构，共同推进重点领域标准制定，以"标准化建设工程"支撑和引领三大试点示范工程。

大力推进"智慧化工园区"相关标准制定，将两化融合管理体系与智能制造标准体系进行有机组合，指导"智慧化工园区"基础标准和关键技术标准的制定，加快"智慧化工园区"系列标准的应用推广。以"绿色化工园区"整体提升为目标，深入研究园区相关绿色管理、绿色评价和绿色供应链等方向，做好标准体系的总体规划和顶层设计。加快相关标准的制修订，不断完善和优化园区绿色制造标准体系，促进化工园区绿色转型升级。总结归纳国内外重点化工园区发展建设经验，制定"化工园区高质量发展评价指标体系"，以引导化工园区整体水平向高质量提升。

（3）加大标准的宣传与实施力度

建立健全化工园区相关标准信息宣贯与发布机制，及时发布园区标准征集、立项、公布、实施等相关信息，宣传园区标准化工作成效。鼓励各化工园区、科研院所和技术单位积极参与标准制定工作，组织开展面向相关机构的标准宣贯培训，引导园区积极参与、应用在各环节对标达标。对"化工园区综合评价"、"绿色化工园区评价"和"高质量示范园区评价"等与各化工园区密切相关的标准，积极宣传，提高试点示范的社会影响力，通过全社会标准意识的提升，梳理行业正面形象，进一步促进园区提高贯彻标准的主动性和内生动力。

5. 推动化工园区整体水平高质量提升

以"化工园区高质量发展指导意见"为指导，重点突出创新，适时开展"化工园区高质量发展示范工程"创建工作。到2025年，培育50项化工园区高质量发展示范工程，包括：20家创新能力强、产业集聚效果突出、管理水平优、发展质量高的"高质量发展示范化工园区"，30个技术先进、适用性强、效益显著的"化工园区高质量发展示范项目"。

（1）加强园区管理模式探索

进一步探索园区管理体制机制改革，从各园区实际情况出发，可采取管委会管理模式、"管委会+开发公司"的政府监管+公司化服务的模式，或公司制市场化运营的模式。将园区建设由政府主导向政府引导、市场参与转变。管委会重点负责区内规划、项目审批、发展资金的使用等事务，并为投资者提供政策咨询，为入区企业提供行政服务。开发公司以专业化、精准服务为目标,承担园区的开发建设和招商引资工作。在开发公司的建设上积极引入第三方社会资本股东,缓解由于政府债务风险带来的园区基础建设投资资金不足的问题,加快提升园区专业化管理运营水平,有效推动园区的建设与招商。

(2) 推动园区生产性服务业体系建设

按照"小政府,大服务"的原则,打造灵活、高效的服务型机制,切实把政府的管理职能转变到优化资源配置、市场主体服务和创造良好的发展环境上来。根据园区发展所处的不同发展阶段和不同专业特点,在园区市场化体制机制构建过程中,完善园区服务性配套设施建设,大力发展公用工程配套、仓储物流、装置维保、检验检测、人才培训、科技研发、金融服务、电子商务、信息咨询等相关生产服务性产业,提高园区整体配套服务能力,构建完整的产业网,全面提升园区营商环境。进一步推行第三方管理服务模式,并形成竞争机制。

(3) 加强园区科技创新能力建设

坚持经济与技术并重,把创新驱动战略置于化工园区"十四五"发展重中之重的地位,把增强自主创新能力作为园区建设的一项重要内容和发展方向,以产业需求作为引领,加强公共创新平台建设,推动园区、企业与科研机构开展协同创新,引导创新资源向园区集聚,促进形成区域性制造业创新体系。园区要积极搭建引才引智、产业金融、科技成果孵化转化等创新平台,不断探索新的运行和激励机制。通过市场化机制加强高端人才和科研团队引进力度,建设科研成果孵化、小试、中试平台及设施,提升园区培育、服务创新型企业的能力,凝聚多方力量,营造创新氛围,提高整体科研创新与成果转化能力,提升园区产业竞争能力。

四、措施建议

(一) 政策引导,营造良好发展环境

按照总量控制要求,环境容量指标限制了石化项目在园区落地。建议在严格落实规划环评及项目环评要求的前提下,给予高质量化工园区一定环境容量指标的浮动,以推动大项目建设。

化工园区是石化产业的集聚区,由于行业特性,能耗相对较高,即便企业已采用同行业最为先进工艺技术,单位产品能耗已处于国内同行业领跑水平,但在能耗双控的大背景下,仍然面临巨大减排压力。建议制定出台针对性强的细分行业能耗强度控制指标,科学引导石化产业节能降耗。

一些起步较早、产业集聚程度较高的化工园区，面临可开发土地有限，发展空间和后劲受限的困局。建议在落实国家相关部门政策要求前提下，在对选址、围填海规模、生态影响等进行充分论证后，在用地及用海方面，给予高质量化工园区更多的指标保障与发展空间。

（二）体制机制改革，激发园区发展活力

明确职能分工，充分发挥市场的决定性作用，激发市场主体活力，提高园区管理效率和运营能力，鼓励化工园区在政府总体方向把控与监管的基础上，与相关利益方探索建立专业化管理机构，并通过放权、扶持等方式促进机构市场化。在配套设施和生产性服务业方面，引入多个第三方机构，形成竞争机制，全面激发园区活力。

清理阻碍要素合理流动的各种规定和做法，推动各类生产要素跨区域有序流动和优化配置。坚持公开透明、自主交易、公平竞争、规范有序，逐步探索形成符合化工园区发展实际和产权流转交易特点的市场形式、交易规则、服务方式和监管办法，为各类主体流转交易产权提供便利和政策保障。

（三）搭建平台，加快园区高质量发展

充分发挥国家和地方各类产业引导资金作用，创新使用方法，重点支持园区改造、科技研发、人才引进、平台建设等，并对取得显著成效的化工园区给予奖励。推动高层次专业技术人才队伍建设，从国家层面出台对化工类人才进行系统性、整体性培养的方案，推动在职人员继续教育，培育化工行业知识型、创新型技能人才队伍，全面提升高层次专业技术人才的创新能力和专业水平，促进行业高质量发展。

运用多种金融工具，创新金融服务，拓宽开发建设融资渠道，如成立化工园区产业发展基金等。重点支持园区范围内的先进制造、现代服务、科技创新等领域转型升级、创新创业发展的产业项目，以及对具备一定前瞻性、投资大、回报期长、外部效应明显、风险较高的新兴产业领域进行引导性投资。在筹措开发资金上，可采取递减式的政策优惠，同时采取递增式的产业准入，让后进企业从集聚效应中摊薄成本，吸取集聚带来的溢出效应，减轻政府投入与负担，加快促进集聚发展集约发展速度，提高集聚区竞争力。

五、化工园区"2035"中长期发展展望

党的十九大清晰描绘了全面建成社会主义现代化强国的时间表、路线图，明确提出到 2035 年，基本实现社会主义现代化，其中包括"我国经济

实力、科技实力将大幅跃升，跻身创新型国家前列；基本实现新型工业化、信息化，建成现代化经济体系；生态环境根本好转，美丽中国目标基本实现"等发展目标。

石化产业作为国民经济的重要支柱产业，"十三五"规划提出了由石化大国向石化强国跨越的奋斗目标，我们设想：到2035年，我国石油和化学工业强国的目标基本实现，届时，石化全行业整体技术水平及创新水平位居世界前沿；形成一批具有全球竞争力的以大型石化基地和专业化工园区为标志的现代石化产业集群；构建起一批具备"双循环"新发展格局，国际化经营水平的世界一流企业和企业集团；锻造一支具有国际影响力、战略管理能力强的企业家队伍和甘于奉献、敢打硬仗的创新人才队伍。

在"十四五"末完成全国化工园区统一认定的基础上，瞄准石化强国的目标，突出高质量发展的主题，围绕五大石化产业集群的培育，坚持创新驱动和绿色发展"两大战略"不动摇，持续发力并组织实施好"五项重点工程"。到2035年，全国石油和化工园区的布局科学合理；实现危化品生产企业全部进入规范的化工园区或实现园区化管理；全部化工园区建成智慧化工园区和绿色化工园区；形成五大现代石化产业集群；全部化工园区承诺践行责任关怀，化工园区成为"天蓝、水清、草绿"生态优美的石化产业协同与集聚高地，成为石化产业高质量发展和石化强国的重要支撑。

附录 3
化工园区建设标准和认定管理办法
（试行）

（工信部联原〔2021〕220号）

第一章　总则

第一条　为规范化工园区建设和认定管理，提升化工园区安全发展和绿色发展水平，根据《关于全面加强危险化学品安全生产工作的意见》《国务院办公厅关于推进城镇人口密集区危险化学品生产企业搬迁改造的指导意见》《全国安全生产专项整治三年行动计划》，参照《化工园区安全风险排查治理导则（试行）》《化工园区综合评价导则》等文件，制定本办法。

第二条　各省级人民政府对化工园区建设和认定管理工作负总责。国务院有关部门依据职责指导地方开展化工园区建设和认定管理相关工作。

第三条　本办法所称化工园区，是指由人民政府批准设立，以发展化工产业为导向、地理边界和管理主体明确、基础设施和管理体系完整的工业区域。本办法所称通过认定的化工园区（以下简称认定化工园区），是指经省级人民政府或其授权机构审定，符合本办法和本地区要求的化工园区。

第二章　建设标准

第四条　化工园区设立应手续完备，依法开展规划环境影响评价和整体性安全风险评价，并通过相关部门审查。

第五条　化工园区应明确管理机构，具备安全生产、环境保护、应急救援等方面有效管理能力，配备满足化工园区安全管理和环境保护需要的人员。

第六条　化工园区选址布局应符合有关法律法规、政策规定和相关规划。严禁在地震断层、地质灾害易发区、生态保护红线、永久基本农田、自然保护区、饮用水水源保护区以及其他环境敏感区等地段、地区选址。化工园区与城市建成区、人口密集区、重要设施等防护目标之间的外部安全防护距离应满足相关标准要求，并设置周边规划安全控制线。

第七条　化工园区管理机构应编制总体规划和产业规划。总体规划应包括安全生产、应急救援、生态环境保护、节约集约用地和综合防灾减灾的章节或独立编制相关专项规划。产业规划应结合当地土地资源、产业基础、水资源、环境容量、城市建设、物流交通等基础条件进行编制，符合国家化工产业政策和所在地区生态环境分区管控要求及化工产业发展规划。

第八条　化工园区应当合理布局、功能分区，园区内行政办公、生活服务等人员集中场所与危险化学品的生产、储存区相互分离，安全距离应符合相关标准要求。

第九条　化工园区管理机构应制定适应区域特点、地方实际的危险化学品"禁限控"目录。建立入园项目评估制度，入园项目应符合国家化工产业政策、规划有关要求。

第十条　化工园区应按照"分类控制、分级管理、分步实施"要求，结合产业结构、产业链特点、安全风险类型等实际情况，分区实行封闭化管理，建立门禁系统和视频监控系统，对易燃易爆、有毒有害化学品等物料、人员、车辆进出实施全过程监管。化工园区应严格管控运输安全风险，实行专用道路、专用车道、限时限速行驶，并根据需要配套建设危险化学品车辆专用停车场，防止安全风险积聚。

第十一条　化工园区应具备对所产生危险废物全部收集的能力，根据园区危险废物产生情况和所在区域危险废物利用处置能力统筹配建危险废物利用处置能力。化工园区内涉及有毒有害物质的重点场所或者重点设施设备（特别是地下储罐、管网等）应进行防渗漏设计和建设，消除土壤和地下水污染隐患。化工园区应建立完善的挥发性有机物控制管控体系。

第十二条　化工园区应按照分类收集、分质处理的要求，配备专业化工生产废水集中处理设施（独立建设或依托骨干企业）及专管或明管输送的配套管网，园区内废水做到应纳尽纳、集中处理和达标排放；含有码头的，应按照有关规定配备船舶水污染物接收转运处置设施；设置了入河（海）排污口的，排污口设置应符合相关规定。

第十三条　化工园区应根据总体规划、功能分区和主要产品特性，建立满足突发生产安全事故、突发环境事件等情形下应急处置需求的体系、预案、平台和专职应急救援队伍，配备符合相关国家标准、行业标准要求的人员和装备。化工园区应采取自建、共建、委托服务的方式，配套建设化工安全技能实训基地。化工园区应按照有关规定建设园区事故废水防控系统，做好事故废水的收集、暂存和处理。

第十四条　化工园区应根据自身规模和产业结构需要，建立完善的安全生产和生态环境的监测监控和风险预警体系，相关监测监控数据应接入地方监测预警系统。

第十五条 化工园区管理机构应按照有关规定开展园区对外危险货物运输风险论证等工作。

第三章 园区认定

第十六条 化工园区认定工作由省级人民政府或其授权机构负责。

第十七条 化工园区管理机构按照隶属关系向所在地人民政府或其授权机构提交申请认定材料。化工园区所在地人民政府或其授权机构组织对申报材料进行初审,将符合要求的逐级审核报送省级人民政府或其授权机构。

第十八条 省级人民政府或其授权机构可采取组织专家现场评审或委托专业第三方机构综合评估等方式开展认定审核,确定拟认定化工园区名单,并向社会公示;公示期满无异议的,经省级人民政府审定后,作为认定化工园区予以公布。

第四章 园区管理

第十九条 各级地方人民政府有关部门依据职责负责化工园区相关管理工作。发展改革、工业和信息化主管部门依据职责负责化工园区产业规划、入园项目核准或备案、化工园区产业转型升级和高质量发展工作,生态环境主管部门负责园区环境保护监管、指导环境应急管理工作,交通运输主管部门负责依职责指导化工园区对外危险货物运输风险论证工作,应急管理部门负责化工园区内相关企业安全生产监管和安全应急(含消防)管理工作,自然资源、住房和城乡建设等其他部门按照职能负责相关工作。化工园区管理机构负责统筹管理化工园区各项工作。

第二十条 未通过认定的化工园区,不得新建、改扩建化工项目(安全、环保、节能和智能化改造项目除外)。地方人民政府要依法依规妥善做好未通过认定化工园区的整改或关闭,以及园区内企业的监管及处置工作。

第二十一条 新设立化工园区应由省级及以上人民政府或其授权机构批准,承接列入国家或地方相关规划的化工项目应经省级人民政府或其授权机构同意,项目投产前化工园区应通过认定。

第二十二条 省级人民政府或其授权机构应定期组织开展认定化工园区自评和复核。认定化工园区复核不合格的,以及发生重大及以上生产安全事故或突发环境事件的,应依法依规限期整改,整改期间停止办理新建、改扩建化工项目相关手续(安全、环保、节能和智能化改造项目除外),逾期整改后仍不符合要求的,取消认定化工园区资格。

第二十三条 省级人民政府或其授权机构应定期公布认定化工园区名单、认定化工园区内化工企业数量、安全生产、环境保护等情况。

第五章 附则

第二十四条 本办法由工业和信息化部、自然资源部、生态环境部、住房和城乡建设部、交通运输部、应急管理部会同有关部门负责解释。

第二十五条 各省级人民政府或其授权机构应结合本地区实际，按照不低于本办法要求的原则制定完善相关实施细则。

第二十六条 本办法自发布之日起实施。

附录 4
化工园区安全整治提升工作方案

（安委办〔2022〕3 号　附件 3）

为贯彻落实《全国危险化学品安全风险集中治理方案》，有效防控化工园区重大安全风险，推动化工园区逐步实现集中布局、集群发展、降低安全风险等级，制定本方案。

一、整治范围

所有经省级政府或其授权机构认定公布的化工园区和化工集中区（以下简称化工园区）。

二、工作思路和目标

以化工园区安全风险评估为牵引，坚持制度完善和项目建设"两手抓"，发挥化工园区安全整治提升"十有两禁"导向作用、专家服务指导作用和重大安全风险防控项目建设支撑作用，完善实施"一园一策"整治提升方案，落实动态调整机制，2022 年底前所有化工园区达到一般或较低安全风险等级。

三、主要内容

（一）全面复核化工园区安全风险评估等级。

全面贯彻落实《化工园区建设标准和认定管理办法（试行）》（工信部联原〔2021〕220 号），2022 年 4 月 30 日前，由省级层面统筹第三方专业机构或专家团队，并全过程指导，由市级层面负责具体实施，参照《化工园区安全风险评估表》（另行制定），全面复核化工园区安全风险评估等级，对照"十有两禁"（"十有"，即有规划体系，有管理机构、人员、管理制度，有"四至"范围，有周边土地规划安全控制线，有公用工程和配套功能设施，有封闭化管理，有危险化学品车辆专用停车场，有信息化平台，有化工安全技能实训基地，有消防设施（特勤站）。"两禁"，即"禁限控"目录、禁止有居民居住和劳动密集型企业。）标准，结合园区实际，完善"一园一策"整治提升方案。对安全风险评估等级为高安全风险、较高安全风险的，通报并督促当地政府,按照《危险化学品安全专项整治三年行动实施方案》,落实新、改、扩建危险化学品建设项目管控要求;未通过认定的化工园区,不得新建、改扩建化工项目(安全、环保、节能和智能化改造项目除外)。所有化工园区应在公布认定 3 个月内完成安全风险评估分级。

(二)开展化工园区"十有"提升。

化工园区按照"一园一策"整治提升方案,开展整治提升。**一是** 2022 年底前,所有化工园区都要制定总体规划和产业规划,健全完善安全管理机构与管理制度,配齐配强专业安全监管人员,明确"四至"范围,划定周边土地规划安全控制线。**二是** 化工园区要结合实际制定封闭化管理、智能化管控平台、公用工程、消防设施、危险化学品车辆专用停车场、实训基地等建设方案,明确建设要求,按照时间节点推进实施。

(三)实施化工园区"两禁"整治。

2022 年 3 月 31 日前,省级层面要指导化工园区制定完善并落实"禁限控"目录和项目安全准入条件,推动化工园区严格项目安全准入,严禁已淘汰的落后产能异地落户和进园入区,严格防控产业转移安全风险;6 月 30 日前,对园区内有居民居住、化工企业与劳动密集型企业安全防护距离不足的化工园区,省级层面要督促负责化工园区管理的当地政府制定整治方案,明确搬迁改造、危险化学品减量等防控措施并限期实施。

(四)实施重大安全风险防控项目。

选择信息化基础较好、示范带动作用显著的化工园区,实施重大安全风险防控项目,建设化工园区安全风险智能化管控平台、配置易燃易爆有毒有害气体泄漏监测监控设备、建立安全预防控制体系,提升化工园区内企业、重点场所、重大危险源安全风险管控水平。

(五)开展专家指导服务。

应急管理部在 2021 年专家指导服务工作基础上,重点选择基础条件好、企业较为集中的化工园区进行帮扶指导,推动化工园区完善实施"一园一策"整治提升方案。2022 年底前,对 100 个化工园区开展专家指导服务。

(六)加强化工园区安全监管力量。

强化化工园区安全监管职责,落实落细监管执法责任,配齐配强专业执法力量,建立完善与区域发展相适应的危险化学品安全监管工作体系。2022

年底前，化工园区应按照《关于全面加强危险化学品安全生产工作的意见》，参照"十有两禁"要求，推动强化监管机构设置和监管人员配备。

（七）落实化工园区动态调整机制。

2022年底前，省级层面组织对年初复核等级为高安全风险、较高安全风险的化工园区再次进行复核，仍达不到一般或较低安全风险等级的，报告省级政府并建议取消化工园区认定资格，并落实化工园区内相关企业作为重点监控点的安全风险管控各项措施。

四、工作要求

（一）加强组织领导

各地区要强化省级统筹，建立部门联动协调机制，制定化工园区整治提升年度计划，明确各项任务责任分工、时间节点，统一政策要求，及时协调解决工作过程中出现的重大问题。负责化工园区管理的地方政府对整治提升工作负总责，落实化工园区主体责任，制定支持政策，确保各项任务落到实处。

（二）加强引导支持

发挥典型示范作用，支持有条件的化工园区加大投入、完善机制，率先成为体现"两集一低"要求的整治提升示范化工园区，带动区域化工园区整治水平整体提升。推动在园区规划、资金投入、监管力量、项目实施等方面加大政策措施支持力度，为化工园区整治提升创造条件。应急管理部及时总结各地典型经验做法，向全国推广。

（三）加强工作督导

建立化工园区整治提升月调度工作机制，各省级应急管理部门每月25日前将当月工作进展情况报送应急管理部。国家和省级层面建立工作约谈机制，重点加强化工园区安全风险评估复核和"一园一策"整治提升工作进度的督导督办，对进展缓慢的要进行约谈。加强对重大安全风险防控项目建设的跟踪服务，确保按照时间节点完成建设任务。

（四）建立长效机制

各省相关部门要贯彻落实《化工园区建设标准和认定管理办法（试行）》，严格执行化工园区建设标准，组织做好化工园区认定，建立健全定期安全风险评估、动态调整工作机制，加强安全监管，提升安全风险管控能力。

附录 5
关于印发《化工园区安全风险评估表》《化工园区安全整治提升"十有两禁"释义》的通知

各省、自治区、直辖市应急管理厅（局），
新疆生产建设兵团应急管理局：

为贯彻落实《全国危险化学品安全风险集中治理方案》（安委〔2021〕12号）、《化工园区安全整治提升工作方案》（安委办〔2022〕3号）要求，有效管控化工园区重大安全风险，推动化工园区安全整治提升各项工作有序开展、高质量完成，应急管理部危化监管一司组织制定了《化工园区安全风险评估表》（见附件1）和《化工园区安全整治提升"十有两禁"释义》（见附件2）。现印发给你们，请参照《化工园区安全风险评估表》，全面复核化工园区安全风险评估等级，对照"十有两禁"标准，完善"一园一策"整治提升方案，开展化工园区安全整治提升，加强化工园区安全监管力量，每月25日前更新化工园区基本情况统计表（样例见附件3），报送应急管理部危化监管一司（电子版发送至指定邮箱〈whlsjchgc@163.com〉）。

联系人及电话：孙焕，010-64463615、64463070（传真）。

附件：1. 化工园区安全风险评估表
   2. 化工园区安全整治提升"十有两禁"释义
   3. 化工园区基本情况统计表（样例）

应急管理部危化监管一司
2022年2月23日

附件1

化工园区安全风险评估表

序号	要素	评估内容	评分细则	评估资料	评估依据	分值
1	设立（5分）	（1）负责园区管理的当地人民政府应明确承担园区安全生产和应急管理职责的机构。	0分-无专门的安全生产和应急管理机构； 5分-有专门的安全生产和应急管理机构。	1.当地人民政府明确承担园区安全生产和应急管理职责机构的"三定"方案	《化工园区安全风险排查治理导则（试行）》	
2	选址及规划（38分）	（2）化工园区应位于地方人民政府规划的专门用于危险化学品生产、储存的区域，符合国家、区域、省和设区的市布局规划要求，符合国土空间规划。	0分-园区不在地方人民政府规划或设区的市国土空间规划的专门用于危险化学品生产、储存的区域或该国土空间规划中无化工产业布局规划且无单独的产业发展规划； 5分-园区选址及布局符合国家、区域、省和设区的市产业布局规划要求。	1.化工园区所在地国土空间规划 2.化工园区所在地的化工产业发展规划 3.化工园区规划总平面布置图（有四至范围）	《化工园区安全风险排查治理导则（试行）》	
3		（3）化工园区应整体规划，集中布局，地理边界明确，化工园区内不应有居民居住。	0分-园区无整体规划或地理边界不明确或化工园区内有居民居住； 3分-园区虽有整体规划，地理边界明确，但未集中布局，存在多个片区； 5分-园区有整体规划，地理边界明确但居民住已制定搬迁整改方案和保障措施； 5分-园区有整体规划，地理边界明确，未集中布局，存在多个片区，无居民居住； 8分-园区有整体规划，地理边界明确，集中布局，化工园区内无居民居住。	1.化工园区总体规划 2.化工园区规划总平面布置图（有四至范围） 3.化工园区现状平面布置图、区域位置图	《化工园区安全风险排查治理导则（试行）》； 《化工园区建设标准和认定管理办法（试行）》第三条	

续表 E

序号	要素	评估内容	评分细则	评估资料	评估依据	分值
4	选址及规划（38分）	（4）化工园区选址应把安全放在首位，进行选址安全评估，化工园区与城市建成区、人口密集区、重要设施等防护目标之间保持足够的安全防护距离，将化工园区安全与周边公共安全的相互影响降至风险可以接受；留有适当的缓冲带。	0分－新建的化工园区在区域安全评价报告中没有相关分析评估内容，或已建的化工园区安全评价距离不满足《建筑设计防火规范》、《石油化工企业设计防火标准》、《危险化学品生产装置和储存设施外部安全距离确定方法》、《危险化学品生产装置和储存设施风险基准》等国家法律法规、标准规范的要求，个人风险和社会风险不符合《危险化学品生产装置和储存设施外部安全距离确定方法》的要求； 0分－化工园区与城市建成区、人口密集区、附落区、蓄滞洪区、环境敏感区、净空区、全年静风频率超过60%等不合理地区； 3分－化工园区进行了选址安全评估，与城市建成区、人口密集区、重要设施等防护目标之间安全防护距离满足要求，但园区四至范围外未利用自然水体、山体或绿地、树林等设置缓冲带； 5分－化工园区进行了选址安全评估，与城市建成区、人口密集区，重要设施等防护目标之间安全防护距离满足要求，并留有适当的缓冲带。	1. 化工园区整体性安全风险评估报告 2. 化工园区现状平面布置图、区域位置图 3. 化工园区地质勘探相关资料、所在地气象资料	《化工园区安全风险排查治理导则（试行）》	
5		（5）化工园区应编制《化工园区总体规划》和《化工园区产业规划》，《化工园区总体规划》应包含安全生产和综合防灾减灾规划章节。	0分－未编制《化工园区产业规划》； 0分－未编制《化工园区总体规划》； 0分－编制的《化工园区总体规划》和《化工园区产业规划》中有单独编制了安全生产和综合防灾减灾规划，无安全生产和综合防灾减灾规划章节； 5分－编制了《化工园区产业规划》和《化工园区总体规划》，且《化工园区总体规划》中有单独编制的安全生产和综合防灾减灾规划，或单独编制了安全生产和综合防灾减灾规划章节。	1. 化工园区总体规划 2. 化工园区产业规划	《化工园区安全风险排查治理导则（试行）》	

续表

序号	要素	评估内容	评估细则	评估资料	评估依据	分值
6	选址及规划（38分）	（6）化工园区安全生产管理机构应至少每五年开展一次化工园区整体性安全风险评估，提出消除、降低、管控安全风险的对策措施。	0分 - 未编制化工园区整体性安全风险评估报告或者未能提供5年内编制的化工园区整体性安全风险评估报告； 1分 - 编制了化工园区整体性安全风险总体评估报告，但报告存在缺陷，如未按照化工园区整体性安全风险评估的四至进行编制等，未提出消除、降低、管控安全风险的对策措施； 5分 - 符合要求。	化工园区整体性安全风险评估报告	《化工园区安全风险排查治理导则（试行）》	
7		（7）化工园区安全生产管理机构应依据化工园区整体性安全风险评估结果和相关法规标准的要求，划定化工园区周边土地规划安全控制线，并报送化工园区所在地设区的市级和县级地方人民政府规划主管部门、应急管理部门。	0分 - 化工园区未划定土地规划安全控制线或划定的土地规划安全控制线明显不符合要求； 1分 - 化工园区划定了土地规划安全控制线，但未报送； 5分 - 化工园区所在地设区的市级和县级地方人民政府规划主管部门、应急管理部门。	1. 化工园区土地规划安全控制线文本及图纸 2. 化工园区土地规划控制线报送或接收证明材料 3. 化工园区整体性安全风险评估报告	《化工园区安全风险排查治理导则（试行）》	
8		（8）化工园区所在地的市级和县级地方人民政府的市主管部门应严格控制化工园区周边土地开发利用，土地规划安全控制线范围内的开发建设项目应经过安全风险评估，满足安全风险控制要求。	0分 - 自2019年8月起，土地规划安全控制线内的开发建设项目未经过安全风险评估； 1分 - 自2019年8月起，土地规划安全控制线内已开发的建设项目虽经过安全风险评估，但在满足安全间距、安全风险、规划控制要求等方面与实际情况严重不符； 5分 - 符合要求。	1. 化工园区土地规划控制线周边土地规划控制材料 2. 划定安全控制线后，土地规划安全控制线内开发建设项目情况及安全评价或安全评估报告	《化工园区安全风险排查治理导则（试行）》	

续表

序号	要素	评估内容	评分细则	评估资料	评估依据	分值
9	园区内布局（16分）	（9）化工园区应综合考虑主导风向、地势高低落差、企业类别、生产工艺、物料互供、公用设施保障、应急救援等因素，合理布置功能分区。劳动密集型企业不得与化工企业混建在同一园区内。	0分-园区内存在劳动密集型企业；1分-园区内未对大型有毒性气体、液化易燃气体生产、储存设施未布局在最小频率风向的上风侧；1分-园区内无大型易燃液体储存设施未布局在园区地势较高且各自易形成大面积流涡火的位置；1分-园区内无危化品供应关系的企业未采用管道输送，气体原料或产品供应关系的企业未采用管道输送；5分-符合要求。	1.化工园区规划总平面布置图（有四至范围）2.化工园区总体规划 3.化工园区产业规划 4.化工园区内劳动密集型企业清单	《化工园区安全风险排查治理导则（试行）》	
10		（10）化工园区行政办公、生活服务区等人员集中场所与生产功能区相互分离，布置在化工园区边缘或应急救援设施的快速响应需要，并予消防及、爆炸及、毒性气体、液化易燃气体的装置或设施保持足够的安全距离。	0分-行政办公、生活服务区未相互分离；0分-消防站、应急救援中心、医疗救护站等人员集中场所与生产功能区未相互分离；0分-园区行政办公、应急救援中心、消防站等人员密集场所未布置在化工园区边缘或企业内的防火间距、医疗救护站等应急救援设施的快速响应需要不满足要求；1分-行政办公、生活服务区相互分离，消防站、应急救援中心、医疗救护站等人员集中场所在化工园区边缘或应急救援设施的快速响应满足要求，但布置涉及爆炸物、毒性气体、液化易燃气体的装置或设施影响，未采取有效防护措施；	1.化工园区规划总平面布置图（有四至范围）2.化工园区整体性安全风险评估报告	《化工园区安全风险排查治理导则（试行）》	

续表

序号	要素	评估内容	评分细则	评估资料	评估依据	分值
10	园区内布局（16分）	（10）化工园区行政办公、生活服务区等人员集中场所与生产功能区应相互分离，且布置在化工园区边缘或化工园区外；消防站、应急响应中心、医疗救护站等重要设施的布置有利于应急救援的快速响应需要，并与涉及燃气体、液化易燃气体、毒性气体、爆炸物等装置或设施保持足够的安全距离。	3分－行政办公、生活服务区等人员集中场所与生产功能区相互分离，且布置在化工园区边缘或化工园区外；消防站、应急响应中心、医疗救护站等重要设施的布置满足应急救援的快速响应需要，但受涉及爆炸物、毒性气体、液化易燃气体等装置或设施影响，采取了有效防护措施；5分－行政办公、生活服务区等人员集中场所与生产功能区相互分离，且布置在化工园区边缘或化工园区外；消防站、应急响应中心、医疗救护站等重要设施的布置满足应急救援的快速响应需要，且其布置足够的安全距离。	1.化工园区规划总平面布置图（有四至范围） 2.化工园区整体安全风险评估报告	《化工园区安全风险排查治理导则（试行）》	
11		（11）化工园区整体安全风险评估应结合国家有关法律法规和标准规范要求，评估化工园区布局的安全性和合理性，对多米诺效应进行分析，提出安全风险防范措施，降低多米诺安全风险，避免多米诺效应。	0分－化工园区整体安全性风险评估报告中未进行化工园区布局的安全性和合理性分析； 1分－化工园区整体安全性风险评估报告对化工园区布局进行了安全性和合理性分析，但未提出安全风险防范措施，或未对多米诺效应进行分析； 3分－化工园区整体安全性风险评估报告中评估了化工园区布局的安全性和合理性，对多米诺效应进行了分析，提出安全风险防范措施。	1.化工园区整体安全性风险评估报告	《化工园区安全风险排查治理导则（试行）》	
12		（12）在安全条件审查时，危险化学品建设项目单位提交的安全评价报告应对危险化学品建设项目与周边企业的相互影响进行多米诺效应分析，优化平面布局。	0分－多米诺效应未进行分析的情况； 1分－存在危险化学品建设项目安全评价报告进行了多米诺效应分析，但未对优化平面布局提出措施建议； 3分－化工园区内所有危险化学品建设项目的安全评价报告均进行了多米诺效应分析，并对优化平面布局提出了有针对性的建议措施。	1.自《化工园区安全风险排查治理导则（试行）》发布之日起，新改扩项目清单 2.自《化工园区安全风险排查治理导则（试行）》发布之日起，新改扩危险化学品建设项目安全评价报告	《化工园区安全风险排查治理导则（试行）》	

续表

序号	要素	评估内容	评分细则	评估资料	评估依据	分值
13	准入和退出（25分）	（13）化工园区应当严格根据《化工园区总体规划》，制定适应区域特点、地方实际的《化工园区产业发展指引》和"禁限控"目录。	0分－未制定《化工园区产业发展指引》； 0分－未制定"禁限控"目录； 1分－制定了《化工园区产业发展指引》和"禁限控"目录，但与国家、省产业结构调整目录，或存在国家明令禁止淘汰的建设项目； 5分－制定了《化工园区产业目录、"禁限控"目录，并明确了《化工园区产业目录、产业类别，生产能力、工艺水平等关键指标。	1.《化工园区产业发展指引》和"禁限控"文本	《化工园区安全风险排查治理导则（试行）》	
14		（14）化工园区的项目准入应符合《化工园区产业发展指引》和"禁限控"目录要求，有利于形成相对完整的"上中下游"产业链和主导产业，实现化工园区内资源的有效配置和充分利用。	0分－近3年化工园区的准入项目不符合《化工园区"禁限控"目录要求； 1分－近3年化工园区的准入项目与化工园区"上中下游"产业链和主导产业关联度不强，未形成主导产业； 5分－近3年化工园区的准入项目与化工园区"上中下游"产业链和主导产业有直接的前后向关联，旁侧关联，可以实现化工园区内资源的有效配置和充分利用。	1.《化工园区产业发展指引》和"禁限控"文本 2. 化工园区总体规划 3. 化工园区产业规划 4. 化工园区建设项目安全准入制度及运行佐证材料 5. 自《化工园区安全风险排查治理导则（试行）》发布之日起，新改扩建危险化学品建设项目清单 6. 自《化工园区安全风险排查治理导则（试行）》发布之日起，新改扩建危险化学品建设项目安全评价报告	《化工园区安全风险排查治理导则（试行）》	

续表

序号	要素	评估内容	评分细则	评估资料	评估依据	分值
15		（15）化工园区内危险化学品建设项目应由具有相关工程设计资质的单位进行设计；涉及"两重点一重大"装置的专业管理人员必须具有大专以上学历，操作人员相当于高中及以上文化程度，企业特种作业人员应持证上岗。	0分－化工园区内危险化学品建设项目未由具有相关工程设计资质的单位设计；0分－涉及"两重点一重大"装置的：专业管理人员不具有大专以上学历，操作人员不具有高中或相当于高中及以上文化程度，或企业特种作业人员未持证上岗；5分－符合要求。	1.化工园区整体性安全风险评估报告 2.化工园区涉及"两重点一重大"危险化学品企业清单及基本情况 3.化工园区企业的设计文件及图纸，涉及"两重点一重大"装置管理人员、操作人员、特种作业人员及特种作业资质证明文件	《化工园区安全风险排查治理导则（试行）》	
16	准入和退出（25分）	（16）化工园区内凡存在重大隐患、生产工艺技术落后、不具备安全生产条件的企业，责令停产整顿，整改后仍不能达到要求的或整改后无望达到要求的企业，应依法予以关闭。	0分－存在重大隐患、生产工艺技术落后、不具备安全生产条件的企业，责令停产整顿，整改后仍不能达到要求的企业；5分－不存在重大隐患、生产工艺技术落后，或存在重大隐患、生产工艺技术落后，不具备安全生产条件的，经整改后符合要求。	1.化工园区重大隐患清单及整改验收相关材料	《化工园区安全风险排查治理导则（试行）》	
17		（17）化工园区应建立健全企业、承包商安全准入和退出机制，建立黑名单制度。	0分－化工园区未建立准入和退出机制或未建立黑名单制度；1分－化工园区建立了企业、建立了黑名单制度，但未有效实施并考核；5分－化工园区建立了企业、承包商安全准入和退出机制、黑名单制，有效运行制度并进行了考核。	1.化工园区企业、承包商安全准入和退出佐证材料，黑名单制度 2.化工园区建设项目安全准入制度及运行佐证材料	《化工园区安全风险排查治理导则（试行）》	

续表 E.1

序号	要素	评估内容	评分细则	评估资料	评估依据	分值
18	配套功能设施（38分）	（18）化工园区供水水源应充足、可靠，建设供水管网，配套设施配套齐全，满足企业和化工园区内的消防、生产、生活、消防用水的需求。化工园区附近有天然水源，应设置供消防车取水的消防车道和取水码头。	0分-园区没有可靠的供水水源；0分-园区供水能力不足，不能满足企业、生活、消防用水的需求；1分-供水设施配套齐全，但化工园区未建设统一集中的供水管网或未采用环状供水管网供化工园区企业，化工园区内未设置双管路供水；3分-供水水源充足、可靠，建设了统一集中的供水管网，但附近有天然水源未设置供消防车取水的消防车道和取水码头；5分-符合要求。	1.化工园区总体规划 2.化工园区整体安全风险评估报告 3.化工园区供水管网竣工图	《化工园区安全风险排查治理导则（试行）》	
19		（19）化工园区应能保障双电源供电。供电企业和化工园区各企业应配套设施能满足化工园区公用工程生产、生活和应急用电需求，电源可靠。	0分-园区及周边供电设施无法保障园区企业双电源供电需求；1分-园区及周边供电能力不足，无法保障生产、生活和应急供电需求；3分-供电设施配置安全可靠，可实现双电源供电，可以保障园区生产、生活和应急用电需求；5分-符合要求。	1.化工园区总体规划 2.化工园区整体安全风险评估报告 3.化工园区电力管网图	《化工园区安全风险排查治理导则（试行）》	
20		（20）化工园区内存在企业间管道和园区配套的公用管道，应满足《化工园区公共管廊管理规程》（GB/T 36762）要求配套建设公用管廊。	0分-有建设需求但未建设公用管廊；1分-建有公用管廊，但管廊规划与设计、巡检管理、维护保养、安全管理、数字化管理等存在与《化工园区公共管廊管理规程》要求不符的情况；3分-符合要求。	1.化工园区总体规划 2.化工园区公用管廊走向图	《化工园区安全风险排查治理导则（试行）》	

序号	要素	评估内容	评分细则	评估资料	评估依据	分值
21	配套功能设施（38分）	（21）化工园区应严格管控运输车辆安全风险，运用物联网等先进技术对危险化学品运输车辆进出进行实时监控，实行专用道路、专用车道和限时限速行驶等措施，由化工园区实施统一管理，科学调度，防止安全风险集聚。有危险化学品车辆集聚较大安全风险的化工园区应建设危险化学品车辆专用停车场并严格管理。	0分-未对危险化学品运输车辆进出进行监控； 0分-运用物联网等先进技术对危险化学品运输车辆进出进行监控，但未实行实时监控； 0分-有危险化学品车辆集聚较大安全风险的化工园区未建设危险化学品车辆专用停车场； 1分-运用物联网等先进技术对危险化学品运输车辆进出进行实时监控，但未实行专用道路、专用车道和限时限速行驶等措施，园区未实施统一管理、科学调度； 3分-有危险化学品车辆专用停车场，但专用停车场园区建设危险化学品车辆专用停车场，安保设施和监控系统未配备齐全，未满足《化工园区危险化学品运输车辆停车场建设标准》要求； 5分-运用物联网等先进技术对危险化学品运输车辆进出进行实时监控，且实行专用道路、专用车道和限时限速行驶等措施，由化工园区实施统一管理，科学调度；有危险化学品积聚，专用停车场包含基本设施、防止安全风险建设了危险化学品的化工园区积聚，由化工园区建设积聚，实行严格管理、安全防护设施、环境保护设施、消防设施、管理设施、配套公共设施，并设立明显标志，配套服务设施和智慧管控系统，各项设施均满足《化工园区危险化学品运输车辆停车场建设标准》的要求。	1. 化工园区危险化学品专用停车场建设有关设计和验收材料 2. 化工园区管控平台相关文件及运行管理制度	《化工园区安全风险排查治理导则》（试行）	

续表

序号	要素	评估内容	评分细则	评估资料	评估依据	分值
22	配套功能设施（38分）	（22）化工园区应按照"分类控制、分级管理、分步实施"要求，结合产业结构、产业链特点、安全风险类型等实际情况，分步实行封闭化管理，建立完善门禁系统和视频监控系统，对易燃易爆、有毒有害化学品和危险废物等物料、人员、车辆进出实施全过程监管。	0分-未按照"分类控制、分级管理、分步实施"的要求实行化工园区封闭化管理或未建立门禁系统和视频监控系统； 1分-实行化工园区封闭化管理但未建立门禁系统和视频监控系统； 3分-实施封闭化管理并建立门禁系统和视频监控系统，但未对易燃易爆、有毒有害化学品和危险废物等物料、人员、车辆进出实施全过程监管； 5分-符合要求。	1. 化工园区封闭化工程设计文件及验收材料 2. 化工园区安全风险智能化管控平台相关文件及运行管理制度	《化工园区安全风险排查治理导则（试行）》	
23		（23）化工园区应按照有关法律法规和国家标准规范对产生的固体废物特别是危险废物全部进行安全处置，必要时建设配套的固体废物集中处置设施，并实行专业化运营管理，无分利用信息化等手段对危险废物种类、产生量、流向、贮存、处置、转移等全链条的风险实施监督和管理。	0分-化工园区未按照有关法律法规和国家标准规范对产生的固体废物特别是危险废物的固体废物进行安全处置； 1分-化工园区对产生的固体废物特别是危险废物全部进行安全处置，但未建立相应的危险废物管理系统，并利用信息化手段对所有产生的危险废物种类、产生量、流向、贮存、处置、转移实施监督和管理； 5分-符合要求。	1. 化工园区内所有产生危险废物企业的危险废物种类、产生量、流向、处置、转移情况清单 2. 危险废物安全处置相关说明材料	《化工园区安全风险排查治理导则（试行）》	
24		（24）化工建设园区事故废水防控系统，做好事故废水的收集、暂存和处理，确保在事故发生时能满足事故废水处置要求。	0分-未进行合理分析和估算的且未建设废水防控系统； 0分-园区有建设需求，但未建设废水防控系统； 1分-园区已建设废水防控系统，但未进行分析和估算，无法确保事故发生时能满足事故废水处置要求；	1. 化工园区总体规划 2. 化工园区环境影响评价报告 3. 化工园区事故废水管理报告	《化工园区安全风险排查治理导则（试行）》； 《化工园区建设标准和认定办法（试行）》第十三条	

续表

序号	要素	评估内容	评分细则	评估资料	评估依据	分值
24	配套功能设施（38分）	（24）化工园区应按照有关规定建设园区事故废水防控系统，做好事故废水的收集、存储和处理，确保在事故发生时能满足事故废水处置要求。	5分－化工园区经合理分析并估算事故废水量，企业自身具备事故废水储存、处理能力，或园区规划或已建有废水防控系统，能满足化工事故发生时废水处置要求。	1. 化工园区总体规划 2. 化工园区环境影响评价报告 3. 化工园区事故废水分析报告	《化工园区安全风险排查治理导则（试行）》；《化工园区标准和认定办法（试行）》第十三条	
25		（25）化工园区应通过自建、共建或依托重点化工企业、第三方专业机构，建立化工安全技能实训基地，实训基地应满足《化工安全技能实训基地建设指南（试行）》的要求。	0分－园区未建立化工安全技能实训基地； 1分－园区建立了化工安全技能实训基地，但不满足《化工安全技能实训基地建设指南（试行）》的要求； 5分－符合要求。	1. 实训基地建设方案 2. 化工园区与实训基地所有方签署的共建协议 3. 实训基地所有方与园区内企业签署的培训委托协议	《化工园区标准和认定办法（试行）》第十三条	
26	一体化安全管理及应急救援（38分）	（26）化工园区管理机构应配备具有化工专业背景的负责人、化工园区管理机构领导带班制度，建立化工园区管理机构领导带班制度，并配备满足安全监管需要的专业监管人员。	0分－未配备专业监管人员； 0分－化工园区管理机构未配备具有化工专业背景的负责人； 1分－配备了专业监管人员，但数量不满足要求； 1分－化工园区管理机构配备了具有化工专业背景的负责人、化工园区管理机构领导带班制度，专业监管人员配备了满足监管需要的专业监管人员； 5分－化工园区管理机构配备了具有化工专业背景的负责人，并建立化工园区管理机构领导带班制度，专业监管人员数量满足要求。专业监管人员应具有化工相关专业本科以上学历、化工相关行业领域中级以上专业技术职称，二级（技师）以上职业资格，或者注册安全工程师等职业资格，或者在化工企业一线从事生产或安全管理10年及以上。	1. 化工专业背景的化工园区管委会背景证书 2. 化工园区管委会领导带班制度 3. 化工园区现有危险化学品安全监管和执法人员名单、化工安全生产监管领域执法经验证明（包括执法证书、注册安全工程师注册情况等）以及化工专业工程师相关证书等）	化工园区建设标准和认定办法（试行）第五条；《应急管理综合行政执法技术检查员和督察员工作规定（试行）》	

续表

序号	要素	评估内容	评分细则	评估资料	评估依据	分值
27	一体化安全管理及应急救援(38分)	(27) 化工园区应建立安全生产与应急一体化管理权责清单,明确化工园区相关负责人、安全生产管理机构及相关部门的安全管理职责,建立园区各项安全管理制度并严格落实。	0分 - 园区未建立安全生产与应急一体化管理权责清单,未明确化工园区相关负责人、安全生产管理机构及相关部门的安全管理职责,未建立园区各项安全管理制度; 1分 - 园区虽建立安全生产与应急一体化管理权责清单,但未建立和运行园区各项安全管理制度; 5分 - 符合要求。	1. 化工园区安委会各成员单位的职责分工 2. 化工园区安全生产与应急一体化管理权责清单 3. 化工园区安全生产和应急管理相关规章制度	《化工园区安全风险排查治理导则(试行)》	
28		(28) 化工园区应建立健全行业监管、协同执法、协调解决化工园区内企业之间的安全生产重大问题,统筹指挥化工园区的应急救援工作,指导企业落实安全生产主体责任,全面加强安全生产和应急管理工作。	0分 - 负有安全生产监督管理职责的部门没有建立协同执法和应急救援的联动机制; 3分 - 负有安全生产监督管理职责的部门、应急管理部门等建立了安全行业监管、协同执法和应急救援的联动机制,制定了相应的管理制度文件。	1. 化工园区安委会各成员单位的职责分工 2. 化工园区安全生产与应急一体化管理权责清单 3. 化工园区安全生产和应急管理相关规章制度	《化工园区安全风险排查治理导则(试行)》	
29		(29) 化工园区应按照国家有关要求,制定安全风险分级管控制度,对化工园区内企业进行安全风险分级,加强对红色、橙色安全风险的分析、评估、预警。	0分 - 未制定安全风险分级管控制度; 0分 - 未开展化工园区内企业安全风险分级; 5分 - 化工园区编制了安全风险分级管控,并对全部企业开展风险分级工作,加强红色、橙色安全风险的分析、评估、预警。	1. 安全风险分级管控制度及化工园区安全风险分布"一张图"、化工园区安全风险评估分级报告及"一园一策"整治提升方案	《化工园区安全风险排查治理导则(试行)》	

续表

序号	要素	评估内容	评分细则	评估资料	评估依据	分值
30	一体化安全管理及应急救援（38分）	（30）化工园区应建设安全监管和应急数据信息平台，满足《化工园区安全风险智能化管控平台建设指南（试行）》化工园区安全风险智能化管控平台建设要求。化工园区应将接入的数据人数据上传至省、市级应急管理部门。	0分-未建设平台； 1分-建设了平台，但只有基础信息数据库，未接入安全监控参数、视频等其他相关数据； 3分-建设了平台且能实现预警功能，但是未完成所有重大危险源的数据接入或者未上传至省、市级应急管理部门； 5分-符合要求。	1. 化工园区安全风险智能化管控平台及运行相关文件及运行管理制度	《化工园区建设标准和认定管理办法（试行）》第十四条；《化工园区安全风险智能化管控平台建设指南（试行）》	
31		（31）化工园区应制定总体应急预案及专项预案，并至少每2年组织开展1次应急演练。	0分-化工园区安全生产管理机构未制定总体预案及专项预案； 0分-化工园区安全生产管理机构未按要求组织应急演练； 5分-符合要求。	1. 化工园区总体应急预案和专项预案 2. 自《风险治理导则（试行）》发布之日起，化工园区历次应急演练记录	《化工园区安全风险排查治理导则（试行）》	
32		（32）化工园区消防规划或在园区总体规划中设置消防站篇，消防站布点及建设应符合"十有两禁"相关要求。化工园区应建设危险化学品专业应急救援队伍；根据自身安全风险类型和实际需求，配套建设应急医疗救助场所和气防站。	0分-未建设化工园区消防站； 0分-未编制化工园区消防站规划或未在园区总体规划中设置消防站篇； 1分-建设了化工园区消防站但不符合"十有两禁"相关要求； 1分-化工园区有危险化学品应当配套建设医疗急救场所或气防站但未设立的； 5分-符合要求。	1. 化工园区总体规划 2. 化工园区消防规划 3. 化工园区消防公共和企业消防站建设基本情况说明材料 4. 化工园区专业应急救援队伍建设基本情况说明材料 5. 建立或依托的医疗救助站和气防站基本情况说明文件和相关证明文件	《化工园区安全风险排查治理导则（试行）》	

续表

序号	要素	评估内容	评分细则	评估资料	评估依据	分值E_i
33	一体化安全管理及应急救援（38分）	（33）化工园区应建立健全化工园区内企业及公共应急物资储备保障制度，统筹规划配备充足的应急物资装备。	0分-未建立企业及公共应急物资储备保障制度； 0分-未配备充足的应急物资装备； 3分-符合要求。	1. 化工园区企业及公共应急物资装备清单及维护记录 2. 化工园区企业及公共应急物资储备制度	《化工园区安全风险排查治理导则（试行）》	
34		（34）化工园区应加强对台风、雷电、洪水、泥石流、滑坡等自然灾害的监测和预警，并落实有关灾害的防范措施，防范因自然灾害引发危险化学品次生灾害。	0分-未对台风、雷电、洪水、泥石流、滑坡等自然灾害进行监测和预警； 1分-对台风、雷电、洪水、泥石流、滑坡等自然灾害进行了监测和预警但未落实有关灾害的防范措施； 2分-符合要求。	1. 化工园区总体应急预案和专项预案 2. 防范自然灾害相关制度及运行佐证材料	《化工园区安全风险排查治理导则（试行）》	

评分说明：
1. 评分时，对各项排查内容按照各自对应的评分标准逐一进行评分。
2. 采用百分制进行评分，实际分值按如下公式计算：

$$Z = \left(\dfrac{\sum\limits_{i=1}^{n} E_i}{160}\right) \times 100$$

式中：Z—化工园区实际分值；E_i—单项排查内容分值。
3. 化工园区存在以下情况，直接判定为高安全风险（A类）：
（1）化工园区规划不符合当地总体规划要求或未明确四至范围（四至范围是指东西南北四个方向的边界）；
（2）化工园区未明确安全管理机构；
（3）化工园区内部安全防护距离不合理，企业之间存在有重大风险叠加或失控；
（4）化工园区内存在危化工装置未经具有相应资质的单位设计或设计未通过安全设计诊断的企业；
（5）化工园区内存在涉及危化工艺的特种作业人员未取得相应高中或者相当于高中及以上学历的企业；
（6）化工园区内存在涉及危险化学品次生灾害。

附件 2

化工园区安全整治提升"十有两禁"释义

一、化工园区"十有"

(一)有规划体系

【依据】

《化工园区安全风险排查治理导则(试行)》(以下简称导则)第 3.3 条要求"化工园区应编制《化工园区总体规划》和《化工园区产业规划》,《化工园区总体规划》应包含安全生产和综合防灾减灾规划章节"。

【工作要求】

化工园区应编制园区总体规划、产业规划和相关专项规划,并与上位规划形成体系。

1.【**总体规划**】总体规划是对一定时期内化工园区性质、发展目标、发展规模、土地利用、空间布局、物流交通、安全应急、消防救援、生态环境以及各项建设的综合部署和实施措施。

2.【**产业规划**】产业规划是从化工园区所在地的工业基础、产业特点和交通运输条件出发,充分考虑国际国内及区域经济发展态势、国家化工产业发展战略,对化工园区的定位、产业体系、产业结构、产业链、经济社会环境影响、实施方案等做出的科学计划。

3.【**专项规划**】化工园区应单独编制安全生产、消防救援、生态环境保护、综合防灾减灾等专项规划,也可通过在化工园区总体规划中以专篇的形式明确。

4.【**上位规划**】化工园区总体规划的上位规划是所在地国土空间规划和所在开发区、工业区、高新区总体规划,产业规划的上位规划是国家和省、市区域的化工产业发展规划。

(二)有管理机构、人员、管理制度

【依据】

中共中央办公厅、国务院办公厅《关于全面加强危险化学品安全生产工作的意见》明确"危险化学品重点县(市、区、旗)、危险化学品贮存量大的港区,以及各类开发区特别是内设化工园区的开发区,应强化危险化学品

安全生产监管职责，落实落细监管执法责任，配齐配强专业执法力量。具体由地方党委和政府研究确定，按程序审批"。

导则第2.3条要求"化工园区的设立应经省级及以上人民政府认定，负责园区管理的当地人民政府应明确承担园区安全生产和应急管理职责的机构"。

导则第7.1条要求"化工园区应实施安全生产与应急一体化管理，建立健全行业监管、协同执法和应急救援的联动机制，协调解决化工园区内企业之间的安全生产重大问题，统筹指挥化工园区的应急救援工作，指导企业落实安全生产主体责任，全面加强安全生产和应急管理工作"。

导则第7.2条要求"化工园区管委会应配备具有化工专业背景的负责人，并建立化工园区管委会领导带班制度；根据企业数量、产业特点、整体安全风险状况，配备满足安全监管需要的人员，其中具有相关化工专业学历或化工安全生产实践经历的人员或注册安全工程师的人员数量不低于安全监管人员的75%"。

【工作要求】

负责园区管理的当地人民政府应明确承担化工园区安全生产职责的机构。化工园区要配备满足专业监管需求的监管人员，建立健全安全管理制度。

1.《安全管理机构》负责园区管理的当地人民政府应设置或指定园区安全生产管理机构，实施园区安全生产一体化管理，协调解决园区内企业之间的安全生产重大问题，统筹指挥园区的应急救援工作，指导企业落实安全生产主体责任，全面加强安全生产工作，定期组织园区企业开展安全管理情况检查或互查。化工园区安全管理机构包括化工园区单独设立的安全管理机构，内设化工园区的开发区（经开区、高新区）安全管理机构以及地方应急管理部门派驻园区的分局、安监站等。

2.【监管人员】化工园区应充分考虑化工园区规模、化工（危险化学品）企业数量、产业特点、整体安全风险状况等因素，采用行政编制、事业编制、聘用应急管理综合行政执法技术检查员等形式，配齐配强专业监管人员，明确监管人员职责，合理调配力量，确保专业高效监管。化工园区专业监管人员原则上不少于6人；化工（危险化学品）企业超过20家的，专业监管人员原则上不少于10人；化工（危险化学品）企业超过40家的，专业监管人员原则上不少于15人；涉及有毒、剧毒气体和爆炸物，重点监管危险化工工艺，重大危险源的化工园区，应增加专业监管人员。专业监管人员应具有化工等相关专业本科以上学历，或者相关行业领域中级以上专业技术职称、二级（技师）以上职业资格，或者注册安全工程师等职业资格，或者在化工企业一线从事生产或安全管理 10 年及以上。化工园区管委会应配备具有化工专业背景的负责人，并建立化工园区管委会领导带班制度。

3.【管理制度】化工园区应建立安全生产与应急一体化管理权责清单，明确化工园区相关负责人、安全生产管理机构及相关部门的安全管理职责。各类安全管理制度包括：通用类管理制度、人员类管理制度、园区内企业管理制度、公共区域类管理制度、建设项目类安全管理制度、第三方管理制度、应急管理制度、消防安全管理制度等专业管理制度。

（三）有"四至"范围

【依据】

导则第 8.2 条要求"化工园区存在以下情况，直接判定为高安全风险（A 类）：（1）化工园区规划不符合当地总体规划要求或未明确'四至'范围（'四至'范围是指东西南北四个方向的边界）"。

【工作要求】

1.【明确"四至"】化工园区明确的"四至"范围是指与所在地级市国土空间规划相对应的清晰的开发边界范围，并通过文字表述、边界拐点坐标和化工园区边界形状图予以明确。

2.【变更管理】"四至"范围发生变动的，应报送化工园区认定部门及自然资源部门审查批准，并根据修改后的"四至"范围，修订相关规划及审批备案文件。

（四）有周边土地规划安全控制线

【依据】

导则第 3.5 条要求"化工园区安全生产管理机构应依据化工园区整体性安全风险评估结果和相关法规标准的要求，划定化工园区周边土地规划安全控制线，并报送化工园区所在地设区的市级和县级地方人民政府规划主管部门、应急管理部门"。

导则第 3.6 条要求"化工园区所在地设区的市级和县级地方人民政府规划主管部门应严格控制化工园区周边土地开发利用，土地规划安全控制线范围内的开发建设项目应经过安全风险评估，满足安全风险控制要求"。

【工作要求】

1.【划定目的】化工园区周边土地规划安全控制线（以下简称安全控制线）是为进一步降低化工园区危险化学品潜在安全事故（火灾、爆炸、泄漏等）对化工园区外部防护目标的影响，保障化工园区安全发展，用于限制周边土地开发利用的控制线。安全控制线主要对控制线内的未来新建、改建或扩建项目进行安全管控，园区周边土地现有利用状况应满足相关法规标准要求。

2.【划定原则】安全控制线应从化工园区规划用地边界线外侧划定，对开发区、高新区、工业区内的化工区块、"一园多片"、"多区多片"等情况，应从化工区块（片区）规划用地边界线外侧划定。

化工园区应对园区内现有、在建项目进行整体性安全风险评估，综合考虑以下原则后划定安全控制线：

（1）不小于相关标准规范规定的安全间距。

（2）不小于园区现有、在建项目 3×10^{-7}/年个人风险等值线的范围。

（3）综合考虑相关重大事故后果影响范围。

3.【划定方式】化工园区安全监管机构初步划定安全控制线，并报送给负责园区管理的当地人民政府应急管理部门。应急管理部门组织征求相关单位意见后，确定安全控制线，由化工园区报送给当地规划部门，纳入国土空间规划。

4.【动态控制】化工园区应在开展整体性安全风险评估后及时更新化工园区周边土地规划安全控制线，提出安全风险控制要求。

（五）有公用工程和配套功能设施

【依据】

导则第 6.1 条要求"化工园区供水水源应充足、可靠，建设统一集中的供水设施和管网，满足企业和化工园区配套设施生产、生活、消防用水的需求。化工园区附近有天然水源的，应设置供消防车取水的消防车道和取水码头"。

导则第 6.2 条要求"化工园区应能保障双电源供电。供电应满足化工园区各企业和化工园区配套设施生产、生活及应急用电需求，电源可靠"。

导则第 6.3 条要求"化工园区公用管廊应满足《化工园区公共管廊管理规程》（GB/T 36762）要求"。

导则第 6.6 条要求"化工园区应按照有关法律法规和国家标准规范对产生的固体废物特别是危险废物全部进行安全处置，必要时建设配套的固体废物特别是危险废物集中处置设施，并实行专业化运营管理，充分利用信息化等手段对危险废物种类、产生量、流向、贮存、处置、转移等全链条的风险实施监督和管理"。

导则第 6.7 条要求"化工园区应配套建设满足化工园区需要、符合安全环保要求的污水处理设施；合理分析和估算安全事故废水量，根据需求规划建设公共的事故废水应急池，确保化工安全事故发生时能满足废水处置要求"。

【工作要求】

1.【供水】化工园区应建设统一集中的供水设施和管网，供水管网应采用环状管网供水或双管路供水。化工园区附近有天然水源的，应设置供消防车取水的消防车道和取水码头。

2.【双电源】化工园区应具备双电源供电条件。以下 3 种情况可视为满足双电源条件：一是从外部不同 110kV 或 220kV 的变电站接出两路用电电源；二是外部只有一个 110kV 或 220kV 的变电站，从一个变电站接出两条不同母线的电源线；三是化工园区内有供电热电联产，其电源可以作为一路电源，化工园区从外部 110kV 或 220kV 变电站接一路电源。化工园区内有一级负荷时，双电源的每一路电源的变压器总容量要满足所有负荷用电需求。

3.【公共管廊】化工园区内存在企业间管道和园区配套的公用工程管道的，应严格按照《化工园区安全风险排查治理导则（试行）》要求，建设公共管廊。

4.【公共事故废水应急池】化工园区应当根据园区现有和规划项目的事故废水量进行合理分析和估算。经计算、分析后需要建设事故废水收集系统的化工园区，按照《化工建设项目环境保护设计规范》（GB 50483—2019）、《建设项目环境风险评价技术导则》（HJ 69-2018）要求，参照《化工园区事故应急设施（池）建设标准》（T/CPCIF 0049-2020）等标准，规划建设公共的事故废水应急池及收集、处置系统。

5.【其他公用工程】化工园区应严格按照《化工园区安全风险排查治理导则（试行）》要求，配套建设危险废物处置设施。

（六）有封闭化管理

【依据】

导则第 6.4 条要求"化工园区应严格管控运输安全风险，运用物联网等先进技术对危险化学品运输车辆进出进行实时监控，实行专用道路、专用车道和限时限速行驶等措施，由化工园区实施统一管理、科学调度，防止安全风险积聚"。

导则第 6.5 要求"化工园区应按照'分类控制、分级管理、分步实施'要求，结合产业结构、产业链特点、安全风险类型等实际情况，分区实行封

闭化管理，建立完善门禁系统和视频监控系统，对易燃易爆有毒有害化学品和危险废物等物料、人员、车辆进出实施全过程监管"。

【工作要求】

1.【分区封闭】化工园区应全面掌握园区内危险源、园区周边交通运输条件、园区周边环境及敏感目标分布情况，辨识危险源影响范围，对化工园区进行整体性安全风险评估，按照"因地制宜、分类控制、分级管理、分步实施"的原则，结合园区周边山川、河流分布等自然条件，制定封闭化实施方案，划分核心控制区、关键控制区、一般控制区，可采用自然隔离、物理隔离、电子围栏等多种方式进行隔离。

核心控制区：企业应完善自身的安防等级，通过接入企业边界围栏、厂区围墙和生产区域二道门系统数据和视频监控设备信息，对进入企业高风险生产区的作业人员实施实名制在岗在位管理、车辆实施权限动态管理，实现企业危险源的第二层保护隔离。

一般控制区和关键控制区：园区周界可使用围墙、绿化带、防恐路桩、实体围栏、山系、水系等物理隔离措施，受周边环境限制的区域，宜先采用电子围栏、入侵和紧急报警、视频监控等智能化隔离措施实现封闭化管理，并逐步过渡到物理隔离实现整体封闭。入侵和紧急报警、视频监控系统应符合《安全防范工程技术标准》（GB 50348）要求。

2.【人车物管控】化工园区要规范和优化出入园区的人流、物流和车流行驶路径，管控外来输入风险。利用信息化平台、视频监控、在线监测预警等技术手段，实现人员出入园区的监管；采用车辆入园审批、设立车辆专用车道、限时限速行驶等管控措施，并利用信息化平台、视频监控、在线监测预警、GPS定位卡、周界报警设备、车辆违法违规行为自动识别告知等技术手段，对出入园区的危险物品和危险废物及其运输车辆进行全过程监管，降低化工园区运输风险，减少安全隐患。

（七）有危险化学品车辆专用停车场

【依据】

导则第6.4条要求"有危险化学品车辆聚集较大安全风险的化工园区应建设危险化学品车辆专用停车场并严格管理"。

【工作要求】

化工园区应按照有关规定开展危险品运输风险评价，有危险化学品车辆聚集较大安全风险的化工园区应建设危险化学品车辆专用停车场，明确管理职责，制定管理制度，严格管理。危险化学品车辆专用停车场的安全、消防、环保、监测预警、救援等安全设施必须严格落实建设项目"三同时"要求，停车场可参照《化工园区危险品运输车辆停车场建设标准》（T-CPCIF0050-2020）建设。

（八）有信息化平台

【依据】

导则第 7.4 条要求"化工园区应建设安全监管和应急救援信息平台，构建基础信息库和风险隐患数据库，至少应接入企业重大危险源（储罐区和库区）实时在线监测监控相关数据、关键岗位视频监控、安全仪表等异常报警数据，实现对化工园区内重点场所、重点设施在线实时监测、动态评估和及时自动预警；化工园区应将接入数据上传至省、市级应急管理部门"。

【工作要求】

化工园区应按照《化工园区安全风险智能化管控平台建设指南（试行）》要求，建设包含以下功能的信息化平台：

1. 安全基础管理，包括园区基础信息管理、装置开停车及大检修管理、第三方单位管理、执法管理等功能。

2. 重大危险源管理，包括重大危险源包保责任落实监督、在线监测预警、重大风险管控、评估评价报告和隐患管理、重大危险源企业分类监管等功能。

3. 双重预防机制，包括企业双重预防机制信息平台对接、隐患整改情况督办提醒、企业双重预防机制建设及运行效果抽查检查等功能。

4. 特殊作业管理，包括企业特殊作业报备、特殊作业票证统计分析、特殊作业在线抽查检查等功能。

5. 封闭化管理，包括门禁/卡口管理、出入园管理、危险化学品运输路径规划定位和追踪、人员分布管理、危险化学品车辆专用停车场管理等功能。

6. 应急管理，包括应急预案管理、应急资源管理、应急演练管理、应急指挥调度、应急辅助决策等功能。

（九）有化工安全技能实训基地

【依据】

中共中央办公厅、国务院办公厅《关于全面加强危险化学品安全生产工作的意见》明确要求"化工重点地区要加大政策引导力度，依托重点化工企

业、化工园区或第三方专业机构建立实习实训基地。"

《化工园区建设标准和认定管理办法（试行）》第十三条要求"化工园区应采取自建、共建或委托服务的方式，配套建设化工安全技能实训基地。"

【工作要求】

1.【建设方式】化工园区可以采取自建，或与有关企业等单位共建，或委托第三方专业培训机构、职业院校、技工院校等提供服务方式；委托第三方提供服务的，实训基地应当临近化工园区，方便企业参加培训。

2.【基本条件】应符合《化工安全技能实训基地建设指南（试行）》要求，至少应达到以下条件：

（1）根据园区内化工企业工艺装置特点，有针对性地配备典型化工设备操作与检维修、化工特殊作业安全技能、化工工艺安全、个体防护和应急处置、事故警示教育和伤害体验等实训设施。

（2）配套建设多媒体教室、研讨室、计算机教室，配备相关电教设备，能够满足100人左右线下集中学习培训和30～50人计算机模拟训练、考试需要。

（3）有满足培训需要、稳定的专兼职师资队伍，师资数量原则上不少于同期最大培训规模的5%，专职教师一般应当具有化工、安全类专业本科以上学历，或者相关专业高级以上专业技术职称，或者相关专业技师及以上等级，或者相关专业注册安全工程师资格。

（4）具有针对园区企业工艺装置特点、覆盖化工企业新员工、特种作业人员、班组长、安全管理人员等重点人员和典型化工设备操作与检维修、化工特殊作业、化工工艺安全操作、重点监管危险化工工艺安全风险管控、现场应急等重点环节的课程体系。

（5）与园区内企业建立了稳定的订单式培训合作关系。

（6）原则上配备3名以上专职培训管理人员，师资、学员、实训设施、后勤等规章制度完善，学员报名、培训、考试、证书、档案等管理严格。

（十）有消防设施（特勤站）

【依据】

导则第7.6条要求"化工园区应编制化工园区消防规划，消防站布点应根据化工园区面积、危险性、平面布局等因素综合考虑，参照不低于《城市消防站建设标准》中特勤消防站的标准进行建设，消防车种类、数量、结构以及车载灭火药剂数量、装备器材、防护装具等应满足安全事故处置需要。化工园区应建设危险化学品专业应急救援队伍；根据自身安全风险类型和实际需求，配套建设医疗急救场所和气防站"。

【工作要求】

1.【消防规划】化工园区应在开展整体性安全风险评估的基础上，编制化工园区消防救援规划，内容应包括园区的消防安全布局、消防站、消防供水、消防通信、消防车通道、消防装备、灭火药剂等内容。

2.【消防救援力量】化工园区应根据产业分类、产能规模、仓储总量、工艺危险特性、消防设施、应急物资储备、企业布局等情况，建设园区消防救援力量，依照有关规定编写灭火和应急疏散预案并组织实施演练，确保人员、车辆、器材等符合园区灾害事故处置要求。

3.【石化园区】石油化工（包括煤化工）为主导产业的化工园区，消防站应不低于《城市消防站建设标准》（建标 152—2017）中特勤消防站标准，并针对性配备大型泡沫消防车、移动充气车、远程供水、泡沫输转等专业车辆和远射程移动炮、无人机、机器人、侦检仪器、特种防护服、呼吸保护等装备，在符合现行标准要求的基础上，消防泡沫等灭火药剂要配备充足余量。

4.【其他园区】精细化工、基础化工、新材料等为主导产业的化工园区，应与消防部门充分沟通，根据园区产业分类、产能规模、仓储总量、工艺危险特性、消防设施、应急物资储备、单位毗邻等情况，提出园区内消防站的布点、消防装备、侦检设备、泡沫储备、堵漏抢险及消防人员能力和工艺处置的相关要求并实施。

5.【企业消防站】园区内企业消防站（专职队）装备及救援能力相对较强、且消防站等级和保护距离满足要求时，可以在布局上作为园区消防站考虑。对可以承担园区服务的企业消防站，应明确与园区及其周边各级消防站的职责、权限和响应级别，提升园区整体事故状态下应急处置能力，保证救援力量及时到场。园区消防站要加强与企业消防力量联勤联训联战。

二、化工园区"两禁"

（一）"禁限控"目录和项目安全准入条件

【依据】

导则第 5.1 条要求"化工园区应严格根据《化工园区总体规划》和《化工园区产业规划》，制定适应区域特点、地方实际的《化工园区产业发展指引》和'禁限控'目录"。

【工作要求】

化工园区应编制"禁限控"目录和入园项目安全准入条件，严格项目安全准入，严禁已淘汰的落后产能异地落户和进园入区，严格防控产业转移安全风险。

1.【"禁限控"】化工园区制定"禁限控"目录时，应遵循当地产业发展要求，结合地区地域情况、资源条件、生态环境、安全应急、项目准入、人才队伍等因素，优先引入符合产业集聚性和产业链关联性的化工项目，逐步形成符合园区自身发展特点的、相对完整的"上中下游"产业链和主导产业，实现化工园区内资源的有效配置和充分利用。

2.【准入条件】化工园区应按照《危险化学品生产建设项目安全风险防控指南（试行）》要求，制定项目安全准入条件，明确项目审批、项目工艺技术、自动化水平、人才配备、投资额度等方面的要求。

3.【禁止项目】严禁建设与园区产业发展规划无关的化工项目；严禁新建、扩建列入国家发展改革委发布的《产业结构调整指导目录》淘汰类、限制类的化工项目；严禁新建、扩建涉及应急管理部发布的《淘汰落后危险化学品安全生产工艺技术设备目录》有关工艺技术或设备的化工项目。

（二）禁止有居民居住和劳动密集型企业

【依据】

导则第2.1条要求"化工园区应整体规划、集中布置，化工园区内不应有居民居住"

导则第4.1条要求"化工园区应综合考虑主导风向、地势高低落差、企业装置之间的相互影响、产品类别、生产工艺、物料互供、公用设施保障、应急救援等因素，合理布置功能分区。劳动力密集型的非化工企业不得与化工企业混建在同一化工园区内"。

【工作要求】

化工园区内有居民居住；劳动密集型企业与化工企业混建在同一园区内，容易受到化工园区内危险化学品潜在安全事故（火灾、爆炸、泄漏等）波及影响。有居民居住的化工园区要明确搬迁方案并限期实施；化工企业与劳动密集型企业安全防护距离不足的化工园区，要制定整治方案，明确搬迁改造、危险化学品减量等防控措施并限期实施。依据《国务院安全生产委员会关于开展劳动密集型企业消防安全专项治理工作的通知》（安委〔2014〕9号），劳动密集型企业是指同一时间生产加工车间、经营储存场所和员工集体宿舍等场所容纳超过30人以上，从事制鞋、制衣、玩具、肉食蔬菜水果等食品加工、家具木材加工、物流仓储等企业。

附件3

×省（区、市）化工园区基本情况统计表（样例）

序号	化工园区名称	所在地区	园区面积(km²) 规划面积	园区面积(km²) 建成面积	园区总产值(亿元)	化工企业总数量	危险化学品生产企业数量	重大危险源企业数量	安全风险评估复核等级	安全风险评估复核分数值	重大危险源企业数量	涉及有毒有害气体、爆炸物的危险化学品企业数量	涉及硝化、氯化、氟化、过氧化、重氮化等危险化工工艺的企业数量	涉及反应工艺危险度定为4级或5级的危险化工工艺企业数量	涉及其他重点监管危险化工工艺的企业数量	化工园区总体产业规划	周边土地规划安全控制线	"四至"范围	安全管理制度	智能化管控平台	消防设施	危险化学品车辆停车场	实训基地建设	集中统一的供水供电设施和管网	公共管廊建设	公共事故应急水池	"禁限控"项目是否符合准入条件	居民居住有居民居住是否制定整治方案	化工企业与劳动密集型企业安全防护距离是否制定整治方案	安全管理机构名称	专职监管人员数量	公务员编制	聘用事业编制	监管专业人员数量是否达标占比	是否开展项目建设	是否完成智能化管控平台建设	是否完成易燃易爆有毒有害气体泄漏监测监控设备配置	是否建立安全预防控制体系
1	A化工业园	×市×县	16.45	4.98	10.3	14	8	7	A	52	7	8	0	0	4	是	是	是	是	有平台	已建设	已建设	已建设	已具备	已建设	已建设	是	有	否	×县工业集中区管委会安环部	5	0	0	是 40%	是	是	是	是
2	B高端化源工区	×市×县	9	4.54	36.9	18	9	7	B	64	24	7	6	3	0	6	是	否	否	否	无平台但已有实施方案	未建设但已有实施方案	根据风险评价结果无需建设	未建设但已有实施方案	未具备但已有实施方案	未建设但已有实施方案	根据分析评估无需建设	否	无	是	×县工业集中区管委会安环部	6	2	1	否 0%	否	否	否	否

化工园区建设与管理

附录 6
关于"十四五"推动石化化工行业高质量发展的指导意见

工信部联原〔2022〕34 号

石化化工行业是国民经济支柱产业,经济总量大、产业链条长、产品种类多、关联覆盖广,关乎产业链供应链安全稳定、绿色低碳发展、民生福祉改善。为贯彻《中华人民共和国国民经济和社会发展第十四个五年规划和2035年远景目标纲要》,落实《"十四五"原材料工业发展规划》,推动石化化工行业高质量发展,制定本意见。

一、总体要求

(一)指导思想

以习近平新时代中国特色社会主义思想为指导,全面贯彻党的十九大和十九届历次全会精神,立足新发展阶段,完整、准确、全面贯彻新发展理念,构建新发展格局,以推动高质量发展为主题,以深化供给侧结构性改革为主线,以满足人民美好生活需要为根本目的,以改革创新为根本动力,统筹发展和安全,加快推进传统产业改造提升,大力发展化工新材料和精细化学品,加快产业数字化转型,提高本质安全和清洁生产水平,加速石化化工行业质量变革、效率变革、动力变革,推进我国由石化化工大国向强国迈进。

(二)基本原则

坚持市场主导。充分发挥市场在资源配置中的决定性作用,更好发挥政府作用,加强规划政策标准的引导和规范,维护公平竞争秩序。

坚持创新驱动。着眼科技自立自强,推进关键核心技术攻关,促进产业链供应链安全稳定,提高全要素生产率,提升发展质量和效益。

坚持绿色安全。树牢底线思维,强化社会责任关怀,提升本质安全水平,推进绿色循环低碳发展,加强行业治理体系和治理能力建设。

坚持开放合作。营造市场化、法治化、国际化营商环境,坚持高质量引进来、高水平走出去,促进要素资源全球高效配置,强化产业链上下游协同和相关行业间耦合发展。

（三）主要目标

到 2025 年，石化化工行业基本形成自主创新能力强、结构布局合理、绿色安全低碳的高质量发展格局，高端产品保障能力大幅提高，核心竞争能力明显增强，高水平自立自强迈出坚实步伐。

——创新发展。原始创新和集成创新能力持续增强，到 2025 年，规上企业研发投入占主营业务收入比重达到 1.5% 以上；突破 20 项以上关键共性技术和 40 项以上关键新产品。

——产业结构。大宗化工产品生产集中度进一步提高，产能利用率达到 80% 以上；乙烯当量保障水平大幅提升，化工新材料保障水平达到 75% 以上。

——产业布局。城镇人口密集区危险化学品生产企业搬迁改造任务全面完成，形成 70 个左右具有竞争优势的化工园区。到 2025 年，化工园区产值占行业总产值 70% 以上。

——数字化转型。石化、煤化工等重点领域企业主要生产装置自控率达到 95% 以上，建成 30 个左右智能制造示范工厂、50 家左右智慧化工示范园区。

——绿色安全。大宗产品单位产品能耗和碳排放明显下降，挥发性有机物排放总量比"十三五"降低 10% 以上，本质安全水平显著提高，有效遏制重特大生产安全事故。

二、提升创新发展水平

（一）完善创新机制，形成"三位一体"协同创新体系。强化企业创新主体地位，加快构建重点实验室、重点领域创新中心、共性技术研发机构"三位一体"创新体系，推动产学研用深度融合。优化整合行业相关研发平台，创建高端聚烯烃、高性能工程塑料、高性能膜材料、生物医用材料、二氧化碳捕集利用等领域创新中心，强化国家新材料生产应用示范、测试评价、试验检测等平台作用，推进催化材料、过程强化、高分子材料结构表征及加工应用技术与装备等共性技术创新。支持企业牵头组建产业技术创新联盟、上下游合作机制等协同创新组织，支持地方合理布局建设区域创新中心、中试基地等。

（二）攻克核心技术，增强创新发展动力。加快突破新型催化、绿色合成、功能 - 结构一体化高分子材料制造、"绿氢"规模化应用等关键技术，布局基础化学品短流程制备、智能仿生材料、新型储能材料等前沿技术，巩固提升微反应连续流、反应 - 分离耦合、高效提纯浓缩、等离子体、超重力场等过程强化技术。聚焦重大项目需求，突破特殊结构反应器、大功率电加热炉、大型专用机泵、阀门、控制系统等重要装备及零部件制造技术，着力开发推广工艺参数在线检测、物性结构在线快速识别判定等感知技术以及过程控制软件、全流程智能控制系统、故障诊断与预测性维护等控制技术。

（三）实施"三品"行动，提升化工产品供给质量。围绕新一代信息技术、生物技术、新能源、高端装备等战略性新兴产业，增加有机氟硅、聚氨酯、聚酰胺等材料品种规格，加快发展高端聚烯烃、电子化学品、工业特种气体、高性能橡塑材料、高性能纤维、生物基材料、专用润滑油脂等产品。积极布局形状记忆高分子材料、金属-有机框架材料、金属元素高效分离介质、反应-分离一体化膜装置等新产品开发。提高化肥、轮胎、涂料、染料、胶粘剂等行业绿色产品占比。鼓励企业提升品质，培育创建品牌。

三、推动产业结构调整

（四）强化分类施策，科学调控产业规模。有序推进炼化项目"降油增化"，延长石油化工产业链。增强高端聚合物、专用化学品等产品供给能力。严控炼油、磷铵、电石、黄磷等行业新增产能，禁止新建用汞的（聚）氯乙烯产能，加快低效落后产能退出。促进煤化工产业高端化、多元化、低碳化发展，按照生态优先、以水定产、总量控制、集聚发展的要求，稳妥有序发展现代煤化工。

（五）加快改造提升，提高行业竞争能力。动态更新石化化工行业鼓励推广应用的技术和产品目录，鼓励利用先进适用技术实施安全、节能、减排、低碳等改造，推进智能制造。引导烯烃原料轻质化、优化芳烃原料结构，提高碳五、碳九等副产资源利用水平。加快煤制化学品向化工新材料延伸，煤制油气向特种燃料、高端化学品等高附加值产品发展，煤制乙二醇着重提升质量控制水平。

四、优化调整产业布局

（六）统筹项目布局，促进区域协调发展。依据国土空间规划、生态环境分区管控和国家重大战略安排，统筹重大项目布局，推进新建石化化工项目向原料及清洁能源匹配度好、环境容量富裕、节能环保低碳的化工园区集中。推动现代煤化工产业示范区转型升级，稳妥推进煤制油气战略基地建设，构建原料高效利用、资源要素集成、减污降碳协同、技术先进成熟、产品系列高端的产业示范基地。持续推进城镇人口密集区危险化学品生产企业搬迁改造。落实推动长江经济带发展、黄河流域生态保护和高质量发展要求,推进长江、黄河流域石化化工项目科学布局、有序转移。

(七)引导化工项目进区入园,促进高水平集聚发展。推动化工园区规范化发展,依法依规利用综合标准倒逼园区防范化解安全环境风险,加快园区污染防治等基础设施建设,加强园区污水管网排查整治,提升本质安全和清洁生产水平。引导园区内企业循环生产、产业耦合发展,鼓励化工园区间错位、差异化发展,与冶金、建材、纺织、电子等行业协同布局。鼓励化工园区建设科技创新及科研成果孵化平台、智能化管理系统。严格执行危险化学品"禁限控"目录,新建危险化学品生产项目必须进入一般或较低安全风险的化工园区(与其他行业生产装置配套建设的项目除外),引导其他石化化工项目在化工园区发展。

五、推进产业数字化转型

(八)加快新技术新模式协同创新应用,打造特色平台。加快 5G、大数据、人工智能等新一代信息技术与石化化工行业融合,不断增强化工过程数据获取能力,丰富企业生产管理、工艺控制、产品流向等方面数据,畅联生产运行信息数据"孤岛",构建生产经营、市场和供应链等分析模型,强化全过程一体化管控,推进数字孪生创新应用,加快数字化转型。打造 3-5 家面向行业的特色专业型工业互联网平台,引导中小化工企业借助平台加快工艺设备、安全环保等数字化改造。围绕化肥、轮胎等关乎民生安全的大宗产品建设基于工业互联网的产业链监测、精益化服务系统。

(九)推进示范引领,强化工业互联网赋能。发布石化化工行业智能制造标准体系建设指南,编制智能工厂、智慧园区等标准。针对行业特点,建设并遴选一批数字化车间、智能工厂、智慧园区标杆。组建石化、化工行业智能制造产业联盟,培育具有国际竞争力的智能制造系统解决方案供应商,提升化工工艺数字化模拟仿真、大型机组远程诊断运维等服务能力。基于智能制造,推广多品种、小批量的化工产品柔性生产模式,更好适应定制化差异化需求。实施石化行业工业互联网企业网络安全分类分级管理,推动商用密码应用,提升安全防护水平。

六、加快绿色低碳发展

(十)发挥碳固定碳消纳优势,协同推进产业链碳减排。有序推动石化化工行业重点领域节能降碳,提高行业能效水平。拟制高碳产品目录,稳妥调控部分高碳产品出口。提升中低品位热能利用水平,推动用能设施电气化改造,合理引导燃料"以气代煤",适度增加富氢原料比重。鼓励石化化工企业因地制宜、合理有序开发利用"绿氢"，推进炼化、煤化工与"绿电"、"绿氢"等产业耦合示范，利用炼化、煤化工装置所排二氧化碳纯度高、捕集成本低等特点，开展二氧化碳规模化捕集、封存、驱油和制化学品等示范。加快原油直接裂解制乙烯、合成气一步法制烯烃、智能连续化微反应制备化工产品等节能降碳技术开发应用。

（十一）着力发展清洁生产绿色制造，培育壮大生物化工。滚动开展绿色工艺、绿色产品、绿色工厂、绿色供应链和绿色园区认定，构建全生命周期绿色制造体系。鼓励企业采用清洁生产技术装备改造提升，从源头促进工业废物"减量化"。推进全过程挥发性有机物污染治理，加大含盐、高氨氮等废水治理力度，推进氨碱法生产纯碱废渣、废液的环保整治，提升废催化剂、废酸、废盐等危险废物利用处置能力，推进（聚）氯乙烯生产无汞化。积极发展生物化工，鼓励基于生物资源，发展生物质利用、生物炼制所需酶种，推广新型生物菌种；强化生物基大宗化学品与现有化工材料产业链衔接，开发生态环境友好的生物基材料，实现对传统石油基产品的部分替代。加强有毒有害化学物质绿色替代品研发应用，防控新污染物环境风险。

（十二）促进行业间耦合发展，提高资源循环利用效率。推动石化化工与建材、冶金、节能环保等行业耦合发展，提高磷石膏、钛石膏、氟石膏、脱硫石膏等工业副产石膏、电石渣、碱渣、粉煤灰等固废综合利用水平。鼓励企业加强磷钾伴生资源、工业废盐、矿山尾矿以及黄磷尾气、电石炉气、炼厂平衡尾气等资源化利用和无害化处置。有序发展和科学推广生物可降解塑料，推动废塑料、废弃橡胶等废旧化工材料再生和循环利用。

七、夯实安全发展基础

（十三）推广先进技术管理，提升本质安全水平。压实安全生产主体责任，推进实施责任关怀，支持企业、园区提高精细化运行管理水平，建立健全健康安全环境（HSE）管理体系、安全风险分级管控和隐患排查治理双重预防机制，建立完善灭火救援力量，提升应急处置能力。持续在危险化学品企业开展"工业互联网＋安全生产"建设，推动《全球化学品统一分类和标签制度》（GHS）实施。鼓励企业采用微反应、气体泄漏在线微量快速检测等先进适用技术，消除危险源或降低危险源等级，推进高危工艺安全化改造和替代。

（十四）增强原料资源保障，维护产业链供应链安全稳定。拓展石化原料供给渠道，构建国内基础稳固、国际多元稳定的供给体系，适度增加轻质低碳富氢原料进口。按照市场化原则，推进国际钾盐等资源开发合作。加强国内钾资源勘探，积极推进中低品位磷矿高效采选技术、非水溶性钾资源高效利用技术开发。多措并举推进磷石膏减量化、资源化、无害化，稳妥推进磷化工"以渣定产"。加强化肥生产要素保障，提高生产集中度和骨干企业产能利用率，确保化肥稳定供应。保护性开采萤石资源，鼓励开发利用伴生氟资源。

八、加强组织保障

（十五）强化组织实施。各地有关部门要结合本地实际，将重点任务统筹纳入部门重点工作，强化事中事后监管，协调推进任务落实。有关企业要结合自身实际，按照主要目标和重点任务，务实推进相关工作，依法披露环境信息。相关行业组织要发挥桥梁纽带作用，积极服务指导，强化行业自律。加强政策宣贯解读，积极回应社会舆论和民众合理关切，切实提升社会公众对石化化工的科学理性认知。

（十六）完善配套政策。加强财政、金融、区域、投资、进出口、能源、生态环境、价格等政策与产业政策的协同。发挥国家产融合作平台作用，推进银企对接和产融合作。强化知识产权保护。加强化工专业人才培养和从业员工培训。推动首台（套）装备、首批次材料示范应用。

（十七）健全标准体系。建立完善化工新材料特别是改性专用料、精细化学品尤其是专用化学品等标准体系，生物基材料、生物可降解塑料、再生塑料材料评价标识管理体系，绿色用能监测与评价体系。完善重点产品能耗限额、有毒有害化学物质含量限值和污染物排放限额。探索基于碳足迹制修订含碳化工产品碳排放核算以及低碳产品评价等标准。参与全球标准规则制定，加强国际标准评估转化。

工业和信息化部
国家发展和改革委员会
科学技术部
生态环境部
应急管理部
国家能源局
2022年3月28日

参考文献

[1] 杨挺. 中国化工园区建设管理的"六个一体化"[J]. 化工进展, 2021, 40(10): 5845-5853.

[2] 化工园区公共管廊管理规程: GB/T 36762—2018.

[3] 化工园区综合评价导则: GB/T 39217—2020.

[4] 智慧化工园区建设指南: GB/T 39218—2020.

[5] 绿色化工园区评价导则: HG/T 5906—2021.

[6] 化工园区应急事故设施(池)建设标准: T/CPCIF 0049—2020.

[7] 化工园区危险品运输车辆停车场建设标准: T/CPCIF 0050—2020.

[8] 绿色化工园区评价通则: T/CPCIF 0051—2020.

[9] 化工园区开发建设导则 第1部分 总纲: T/CPCIF 0054.1—2020(已通过国标立项,国标计划号 20203820-T-469).

[10] 化工园区开发建设导则 第3部分 规划分册: T/CPCIF 0054.3—2021.

[11] 化工园区开发建设导则 第4部分 项目准入和评价分册: T/CPCIF 0054.4—2021.

[12] 化工园区开发建设导则 第5部分 物流交通分册: T/CPCIF 0054.5—2021.

[13] 化工园区开发建设导则 第6部分 基础设施和公用工程分册: T/CPCIF 0054.6—2021.

[14] 化工园区开发建设导则 第7部分 安全应急分册: T/CPCIF 0054.7—2021.

[15] 化工园区开发建设导则 第8部分 消防救援分册: T/CPCIF 0054.8—2021.

[16] 化工园区开发建设导则 第9部分 生态环境分册: T/CPCIF 0054.9—2021.

[17] 化工园区生产安全事故应急救援体系评估指南: DB37/ 4212—2020.

［18］化工园区应急管理与救援规范：DB43/T 1778—2020.

［19］关于深入推进新型工业化产业示范基地建设的指导意见：工信部联规〔2016〕212号.

［20］关于促进化工园区规范发展的指导意见：工信部原〔2015〕433号.

［21］应急管理部办公厅关于印发《化工园区安全风险智能化管控平台建设指南（试行）》和《危险化学品企业安全风险智能化管控平台建设指南（试行）》的通知：应急厅〔2022〕5号.

［22］应急管理部关于印发《化工园区安全风险排查治理导则（试行）》和《危险化学品企业安全风险隐患排查治理导则》的通知：应急〔2019〕78号.

［23］国务院安委会办公室关于进一步加强化工园区安全管理的指导意见：安委办〔2012〕37号.

［24］中共中央国务院关于推进安全生产领域改革发展的意见：中发〔2016〕32号.

［25］工业和信息化部 自然资源部 生态环境部 住房和城乡建设部 交通运输部 应急管理部 关于印发《化工园区建设标准和认定管理办法（试行）》的通知：工信部联原〔2021〕220号.

［26］"十四五"危险化学品安全生产规划方案：应急〔2022〕22号.

［27］应急管理部. 化工园区安全风险排查治理导则（试行）[M]. 北京：应急管理出版社，2019.